高等职业教育“十三五”创新型规划教材

财务会计

（第二版）

主　编　常　茹
参　编　曹　纳　余小花
　　　　高巧利　井洁琳

中国财经出版传媒集团
经济科学出版社
Economic Science Press

图书在版编目（CIP）数据

财务会计/常茹主编．—2 版．—北京：经济科学出版社，2019. 1
高等职业教育“十三五”创新型规划教材（2020.1重印）
ISBN 978－7－5218－0171－2

Ⅰ. ①财…　Ⅱ. ①常…　Ⅲ. ①财务会计－高等职业教育－教材　Ⅳ. ①F234. 4

中国版本图书馆 CIP 数据核字（2019）第 011535 号

责任编辑：于海汛
责任校对：隗立娜
责任印制：李　鹏

财务会计（第二版）
主　编　常　茹
参　编　曹　纳　余小花
高巧利　井洁琳
经济科学出版社出版、发行　新华书店经销
社址：北京市海淀区阜成路甲 28 号　邮编：100142
总编部电话：010－88191217　发行部电话：010－88191522
网址：www. esp. com. cn
电子邮件：esp@ esp. com. cn
天猫网店：经济科学出版社旗舰店
网址：http：//jjkxcbs. tmall. com
北京密兴印刷有限公司印装
787×1092　16 开　24. 5 印张　600000 字
2019 年 1 月第 2 版　2020 年 1 月第 2 次印刷
印数：4501—7500 册
ISBN 978－7－5218－0171－2　定价：49. 00 元

前　　言

《财务会计》是高职高专财务会计类专业课程体系的系列教材之一。财务会计类专业课程体系旨在从整体上确立高职财务会计类专业人才的科学培养架构，是高职教育改革以来具有重大创新意义的成果。该书依据我国最新会计准则，紧密围绕高职教育人才培养高素质技术技能人才的目标，结合会计工作岗位职责和会计人员职业资格考试的要求，以服务学生和教师为宗旨，以通俗、简练、实用为出发点，侧重会计职业岗位能力培养，突出动手能力和实际操作水平，体现了会计职业教育的基本要求。为满足经济发展过程中的会计核算需求，社会上对会计人员的基本能力提出了越来越高的要求，会计人才的培养越来越需要适应社会需求，满足相应岗位需要。在编写《财务会计》教材时，我们在注重专业理论知识的"够用"的同时，注重了实际业务操作的训练和培养，通过大量的理论案例和实操案例来说明理论知识在实践业务中如何应用，为学生理解和掌握会计专业知识提供有力的帮助。

我国会计专业的课程和教材体系经过多年的建设，已经形成经典的框架结构，本教材吸收了我国多年来教材体系建设的优点，结合高职高专学生的教学需要，提出了新的建设思路，对一些重难点知识点给出了知识解构图表，帮助学生掌握理解，并以思维拓展的方式增加了需要学生了解的一些知识以开阔视野。同时设定情境教学，模拟企业实际业务的发生，引导学生做出会计职业判断和会计核算处理。

本教材具体特色如下：

1. 依据学院教材建设需求，开发适应市场需求的专业教材

依照学院人才培养方案的要求，本课程是学院按照基于工作过程要求新开发的课程，属于学院重点建设专业的核心专业课程之一。本教材的编写原则符合高职人才培养目标、适合会计专业特点和学生特点。

2. 构建理实一体化教材，支撑教学效果的最优化

本教材紧紧围绕高职院校应用型人才的培养目标，突出"职业教育及会计专业"两大特点，理论与实践相结合，采用任务驱动式和理实一体化的教学。

考虑到学生职业能力的形成规律，本教材共设计了8大项目，每个项目知识分设模块知识体系，模块知识系统下按情境设置具体学习内容。以理论内容、理论案例、实操案例为知识链条，使学生完成从理论到实际的完整体系学习。符合教学做一体化教学的需要。

3. 编写体例设置合理

在教材编写中，每个项目前设置学习内容框架提纲；每个模块知识之前设置学习内容框架提要，职业能力目标、典型工作任务，强化学做的目标性和引领性；每个学习情境均由理论知识、会计相关核算知识、理论案例、实操案例知识链条构成。学习情境之前设置知识链接、知识图示总结等，强化学做的逻辑思维性；每个学习情境之后设置思维延伸、知识小结。

本教材由陕西财经职业技术学院常茹主编，井洁琳、曹纳、余小花、高巧利参与编写。全书共分为8个学习项目。具体编写分工如下：项目一由常茹编写；项目二中模块一、模块二、模块三，项目八，由曹纳编写；项目二中模块四、模块五，由井洁琳编写；项目二中模块六、模块七、模块八，项目六，项目七，由余小花编写；项目三、项目四、项目五，由高巧利编写。全书由常茹负责总体构架设计、修改、补充、定稿。本教材由陕西财经职业技术学院王乃平教授主审、她对教材的编写大纲、编写内容及特点等方面提出了许多宝贵意见。

本书在编写过程中，参阅了大量的有关教材和文献资料，在此谨向有关教材及资料的作者致以诚挚的谢意。由于编者理论水平有限，书中出现不足或错误在所难免，敬请读者指正。

编　者

2018年12月

目　录

企业背景资料

1. 企业名称：西秦股份有限公司
2. 企业性质：增值税一般纳税人
3. 设立时间：2000 年 1 月 1 日
4. 开户银行：中国建设银行陕西省咸阳市西兰路分行　　行号：7310
5. 基本存款账户账号：665674890
6. 一般存款账户：中国工商银行陕西省咸阳市西兰路分行
   中国农业银行陕西省咸阳市西兰路分行
7. 纳税人税务登记号：100002000010109OO
8. 企业注册地：陕西省咸阳市文林路 37 号
9. 企业电话：029－33696782
10. 经营范围：主营工业商品的生产、销售
11. 纳税规定：一般纳税人，适用增值税税率 16%，适用所得税税率 25%，适用城市维护建设税税率 7%，教育费附加比例 3%。
12. 内部会计制度相关规定：
（1）企业执行现行《企业会计准则》；
（2）记账本位币为人民币。
13. 企业相关人员名单：
（1）法人代表：王明
（2）会计主管：李贺
（3）出纳：张铭雨
（4）记账会计：刘悦
（5）制单会计：吴亮
（6）销售主管：贺一民
（7）仓库主管：李佳
（8）收料员：陈升
14. 记账凭证格式：使用收、付、转专用记账凭证，并采用五类编号法
15. 账务处理程序：科目汇总表账务处理程序
16. 预留银行签章：

项目一

总　论

学习内容框架提纲

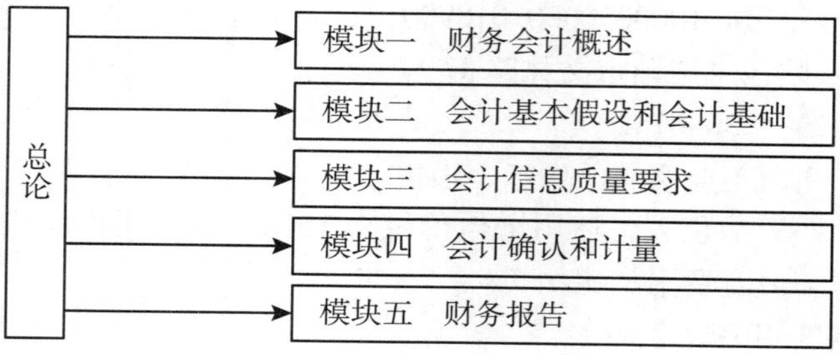

模块一　财务会计概述

学习内容框架提要

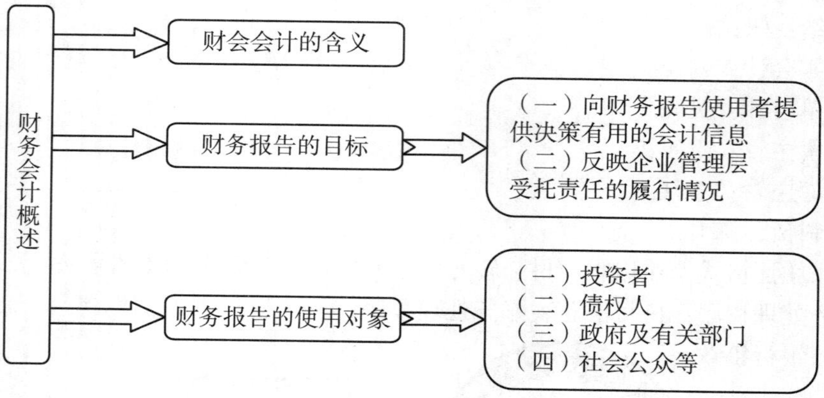

【职业能力目标】

通过本模块的学习，了解财务会计的概念和特点，明确财务报告的目标，了解财务报告的主要使用对象。

【典型工作任务】

- ◆ 财务会计的含义。
- ◆ 财务报告的目标。
- ◆ 财务报告的使用对象。

一、财务会计的含义

财务会计是以公认的会计准则为依据，对已完成或已发生的交易与事项，运用一套专门的会计核算方法，以货币作为主要计量单位，按照确认、计量和报告等程序，以财务报告为形式，定期、总括地反映企业财务状况、经营成果和现金流量等会计信息的会计系统。由此可见，财务会计是以提供会计信息为最终结果的，而会计信息则是通过会计报表反映出来的。因此，财务报告是会计工作的核心。财务会计作为传统会计的发展，同旨在向企业管理当局提供经营决策所需信息的管理会计不同。与管理会计相比，财务会计具有以下特征：

（1）主要是为企业外部提供会计信息。财务会计的目标主要是向企业的投资人、债权人、政府机构和社会公众提供相关的会计信息，以满足不同利益者的需求。投资人利用相关的会计信息进行有关决策；债权人利用相关信息了解企业的偿债能力；政府机构利用相关信息了解企业税款的缴纳情况、社会保障基金的缴纳情况等；社会公众也需要通过企业提供的相关信息了解企业的财务状况、经营状况等。

（2）以货币为主要计量单位，运用会计方法对企业的经济活动进行核算和监督。主要提供企业过去和现在的经济活动及其结果的会计信息。为了提供通用的会计报表，财务会计在处理加工信息时，依然是以传统的会计方法对已经发生的经济业务以货币作为主要计量单位进行计量、确认和报告。以核算和监督为主要职能，通过设置账户，运用复式记账原理，填制记账凭证等会计核算方法，以凭证和账簿组织为形式，进行分类记录的方式，反映企业过去和现在的经济活动及其结果的会计信息。

（3）财务会计受公认的会计准则的约束。公认会计准则是指导财务会计工作的基本准则，是组织会计活动、处理会计业务的规范。公认会计准则由基本会计准则和具体会计准则所组成。我国目前的会计准则体系是由 1 个基本准则、38 个具体会计准则和 2 个应用指南构成。企业在进行会计事务处理时，财务会计必须按照这些相关的会计准则规范执行。

二、财务报告的目标

企业应当按期编制财务会计报告。我国财务报告的目标，是向财务报告使用者提供与企业财务状况、经营成果和现金流量等有关的会计信息，反映企业管理层受托责任的履行情况，有助于财务报告使用者做出经济决策。其主要包括以下两个方面的内容：

（一）向财务报告使用者提供决策有用的会计信息

企业编制财务报告的主要目的是为了满足财务报告使用者的信息需要，有助于财务会计报告使用者做出经济决策。因此，向财务报告使用者提供决策有用的会计信息是财务报告的基本目标。如果企业在财务报告中提供的会计信息与使用者的决策无关，没有使用价值，那么财务报告就失去了编制的意义。

根据向财务报告使用者提供决策有用的会计信息这一目标的要求，财务报告所提供的会计信息应当如实反映企业所拥有或者控制的经济资源、对经济资源的要求权以及经济资源要求权的变化情况；如实反映企业的各项收入、费用、利得和损失的金额及其变动情况；如实反映企业各项经营活动、投资活动和筹资活动等所形成的现金流入和现金流出情况等，从而有助于现在或者潜在的投资者、债权人以及其他使用者正确、合理地评价企业的资产质量、偿债能力、盈利能力和营运效率等；有助于使用者根据相关的会计信息做出理性的投资和信贷决策；有助于使用者评估与投资和信贷有关的未来现金流量的金额、时间和风险等。即向财务报告使用者提供财务状况、经营成果和现金流量等数据信息。

（二）反映企业管理层受托责任的履行情况

在现代公司制下，企业所有权和经营权相分离，企业管理层是受委托人之托经营管理企业及其企业的各项资产，并负有相应的受托责任。而管理层所经营管理的企业各项资产基本上均为投资者投入的资本（或者留存收益作为再投资）或者向债权人借入的资金所形成的，企业管理层有责任妥善保管并合理、有效地运用这些资产。尤其是企业投资者和债权人等，需要及时或者经常性的了解企业管理层保管、使用资产的情况，以便于评价企业管理层受托责任的履行情况和业绩情况，并决定是否需要调整投资或者信贷政策，是否需要加强内部控制和其他制度建设，是否需要更换管理层等。因此，财务报告应当反映企业管理层受托责任的履行情况，以有助于评价企业的经营管理责任和资源使用的有效性。

三、财务报告的使用对象

财务报告使用者主要包括投资者、债权人、政府及有关部门和社会公众等其他外部使用者。

（一）投资者

投资者，包括现有的和潜在的投资者。在经营权和所有权相分离的情况下，作为公司或企业的所有者即投资者并不直接参与企业的经营，其投入资金的运作情况如何？企业的经营活动、财务状况以及经营成果等情况如何？这些方面情况的掌握一般要通过企业会计提供的信息；同时，作为投资者还需要利用会计信息进行有关的决策，如根据企业的财务状况和经营成果决定是否应该对企业投入更多的资金（购入股份）、是否应该转让其在企业中的投资（出售股份）等，与企业投资者的决策关系比较密切的是该企业经营成果、财务状况、获利能力、偿债能力等方面的信息。这些信息主要由企业的财务会计来提供。

（二）债权人

债权人，包括银行、非银行金融机构、企业债券购买人及其他提供贷款的单位和个人。他们主要通过企业的财务报表掌握其贷款的安全性，企业能否如期偿还贷款本金并支付利息，决定是否贷给企业更多的资金，或作出是否给企业贷款的决策。

（三）政府及有关部门

政府及有关部门要通过财务会计信息了解企业所承担的义务。例如，税务部门需要利用财务会计信息了解企业依法应纳多少税？是否依法纳税？未来的纳税前景如何？证券交易监督管理部门，需要了解企业（公司）公开的财务信息是否充分？是否会误导投资者的决策？投资者是否理解公司公开的财务信息？等等。

（四）社会公众等其他外部使用者

企业是社会经济的组成，它可以通过多种方式为国民经济作出贡献，而企业财务报告通过提供企业发展前景和活动范围的信息，可以对公众有所帮助。例如，社会公众是上市公司财务报告的主要使用者，因为上市公司通常也被称为社会公众公司，而社会公众往往是某些上市公司的投资者、潜在投资者或者其他利益相关者，上市公司的状况直接影响着一部分社会公众的切身利益。又如，企业的客户，由于与企业进行着各种交易活动，存在着利害关系，他们很关心他们的交易对象能否继续生存，财力是否充分，能否保证长期供货，产品的定价是否合理，等等。

此外，财务报告的使用者除了上述外部使用者以外，也可以为企业内部使用者所使用。如企业内部各阶层的管理人员和企业职工也是企业财务报告的使用者。在经营活动中，企业内部管理人员需要依据会计信息作出有关的判断和决策，如筹资决策、投资决策、生产决策、营销决策和人事决策等。企业职工关心会计信息主要是考虑：企业的财务状况与获利情况是否能保障企业持续经营、为职工提供稳定的就业，企业的工资福利待遇是否变动、是否与企业的获利情况挂钩，等等。

模块二 会计基本假设和会计基础

学习内容框架提要

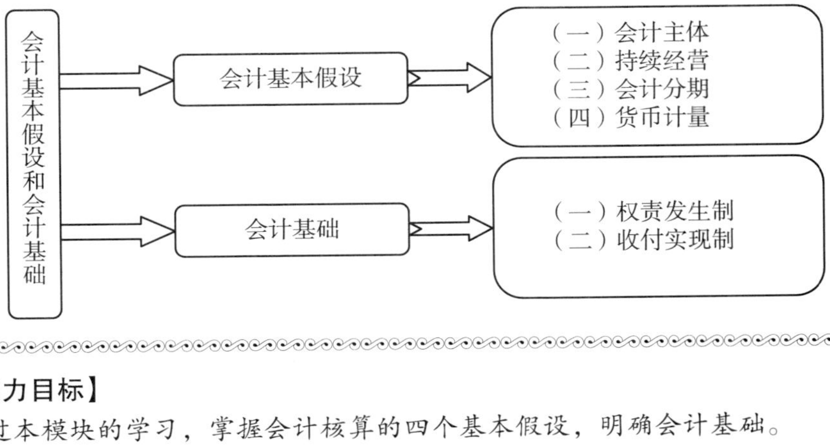

【职业能力目标】

通过本模块的学习，掌握会计核算的四个基本假设，明确会计基础。

【典型工作任务】

◆ 会计基本假设。

◆ 会计基础。

一、会计基本假设

会计核算主要包括确认、计量和报告三个方面。会计假设，又称会计核算的基本前提，是指组织会计核算工作应具备的前提条件，也是会计准则中规定的各种程序和方法适用的前提条件。会计核算的基本假设包括会计主体、持续经营、会计分期和货币计量等。

（一）会计主体

会计主体是指会计为之服务的特定单位，界定会计核算的空间范围。判断是否属于会计主体的主要依据是看是否能够独立核算。会计主体典型的是企业，但也可以是企业内部相对独立的经营单位。会计主体不同于法律主体的概念，会计主体可以是一个独立的法律主体，如企业法人；也可以不是一个独立的法律主体，如企业内部的相对独立核算单位、由多个企业法人组成的企业集团等。但法律主体一般均为会计主体。

（二）持续经营

持续经营是指企业会计确认、计量和报告应当以企业持续、正常的生产经营活动为前提，是最重要的会计假设条件，界定会计核算的时间范围。假设在可以预见的未来，企业的经营活动将以既定的经营方针和目标继续经营下去，而不会面临破产清算。有了这一前提，会计信息的可比性等会计信息质量要求才能得到满足，会计计量的历史成本计量属性才能发挥作用，企业在信息的收集和处理上所采用会计方法才能保持稳定，会计核算才能正常进行。例如，在市场经济条件下，企业破产清算的风险始终存在，一旦企业发生破产清算，所有以持续经营为前提的会计程序与方法就不再适用。而应当采用破产清算的会计程序和方法。

（三）会计分期

会计分期是指在企业持续不断的经营过程中，人为地划分一个个间距相等、首尾相接的会计期间，以便确定每一个会计期间的收入、费用和盈亏，确定该会计期间期初、期末的资产、负债和所有者权益的数量，并据以结算账目和编制财务报表。会计分期规定了会计核算的时间范围。

企业应当划分会计期间，分期结算账目和编制财务报告。会计期间分为年度和中期。以年度为会计期间通常称为会计年度，会计年度的起讫时间，各个国家的划分方式不尽相同，在我国，以公历年度作为企业的会计年度，即以公历 1 月 1 日起至 12 月 31 日止，在年度内，再划分为月度、季度和半年度等较短的会计期间，这些短于一个完整的会计年度的报告期间统称为会计中期。

划分会计期间对企业会计核算有重大影响，它是企业分期反映经营活动月度、总结经营成果的前提。

（四）货币计量

企业会计应当以货币计量。货币为记账本位币，一个单位只能选取一种，可以是人民币也可以是一种外币，但一般向中华人民共和国境内提供的会计数据均应折算为人民币。货币计量是指企业会计核算采用货币作为计量单位，记录、反映企业的经济活动，并假设币值保持不变。

对企业经济活动的计量，存在着多种计量单位，如实物数量、货币、重量、长度、体积等。我们常把货币以外的计量单位称为非货币计量单位，由于各种经济活动的非货币计量单位具有不同的性质，在量上无法比较。为了连续、系统、全面、综合地反映企业的经济活动，会计核算客观上需要一种统一的计量单位作为会计核算的计量尺度。商品经济条件下，货币是一般等价物，是衡量商品价值的共同尺度，因此，会计核算自然就选择货币作为计量单位，以货币形式来反映和核算企业经营活动的全过程。

企业会计核算采用货币作为经济活动的最好计量单位，如果企业的经济业务是多种货币计量并存的情况，就需要确定一种货币作为记账本位币。记账本位币，是指企业经营所处的主要经济环境中的货币。我国企业会计准则规定，企业通常应选择人民币作为记账本位币，业务收支以人民币以外的货币为主的企业，可以选定其中一种货币作为记账本位币。但是，编报的财务报表应当折算为人民币。企业选定记账本位币，应当考虑下列因素：

（1）该货币主要影响商品和劳务的销售价格，通常以该货币进行商品和劳务的计价和结算。

（2）该货币主要影响商品和劳务所需人工、材料和其他费用，通常以该货币进行上述费用的计价和结算。

（3）融资活动获得的货币以及保存从经营活动中收取款项所使用的货币。

企业记账本位币一经确定。不得随意变更，除非企业经营所处的主要经济环境发生重大变化。企业因经营所处的主要经济环境发生重大变化，确需变更记账本位币的，应当采用变更当日的即期汇率将所有项目折算为变更后的记账本位币。

会计上把货币作为计量单位，同时假设货币的内在价值是稳定的，即使有所变动，应不足以影响会计计量和会计信息的正确性。恶性通货膨胀环境下，货币价值的波动给会计计量带来很大的困难，按常规方法编制的财务报表会严重失实，引起报表使用者的误解，在这种情况下，就需要采用通货膨胀会计来解决。

二、会计基础

（一）权责发生制

会计基础明确了收入、费用核算的归属期问题。企业应当以权责发生制为基础进行会计确认、计量和报告。凡是当期已经实现的收入和已经发生或应当负担的费用，不论款项是否收付，都应当作为当期的收入和费用；凡是不属于当期的收入和费用，即使款项已在当期收付，都不应作为当期的收入和费用。权责发生制以权利取得和责任完成作为收入和费用发生的标志，有助于正确计算企业的经营成果。

（二）收付实现制

我国会计实务中，还存在一种与权责发生制相对应的收入和费用的确认方法，称之为收付实现制。收付实现制是以收到或支付现金作为确认收入和费用的依据。目前，我国的行政单位采用收付实现制，事业单位除经营业务采用权责发生制外，其他业务也采用收付实现制，而企业则一律以权责发生制为基础。

模块三　会计信息质量要求

学习内容框架提要

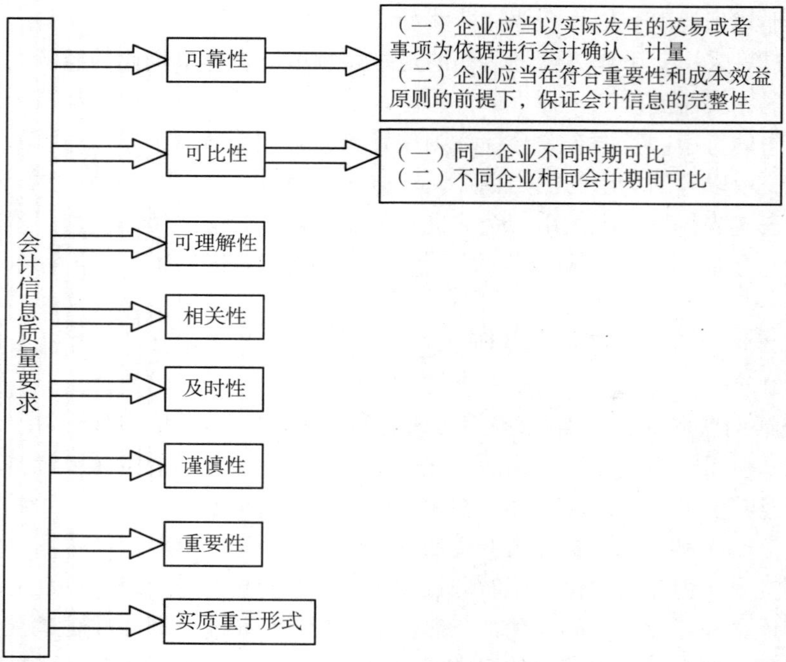

【职业能力目标】

通过本模块的学习，了解会计信息质量的八大要求。

【典型工作任务】

◆ 可比性。

◆ 谨慎性。

◆ 实质重于形式。

会计信息质量要求是对企业财务报告中所提供的会计信息质量的基本要求，是使财务报告中所提供会计信息对使用者决策有用所应具备的基本特征。根据基本准则规定，它包括可靠性、可比性、可理解性、相关性、及时性、谨慎性、重要性和实质重于形式等。其中，可靠性、相关性、可理解性和可比性是会计信息的首要质量要求，是企业财务报告中所提供会计信息应具备的基本质量特征；实质重于形式、重要性、谨慎性和及时性是会计信息的次级质量要求，是对可靠性、相关性、可理解性和可比性等首要质量要求的补充和完善。

一、可靠性

可靠性又称真实性或客观性。要求企业应当以实际发生的交易或者事项为依据进行会计确认、计量和报告，如实反映符合确认和计量要求的各项会计要素及其他相关信息，保证会计信息真实可靠、内容完整。具体包括以下要求：

（一）企业应当以实际发生的交易或者事项为依据进行会计确认、计量

企业在进行会计确认、计量时，应当以实际发生的经济业务为依据，做到内容真实、数字准确、资料可靠。会计核算时，只能将符合会计要素定义及其确认条件的资产、负债、所有者权益、收入、费用和利润等如实反映在财务报表中，不能以虚构的、没有发生的或者尚未发生的交易或者事项进行确认、计量和报告。

（二）企业应当在符合重要性和成本效益原则的前提下，保证会计信息的完整性

企业在进行会计核算时，在保证资料真实、可靠的情况下，在符合重要性和成本效益原则的前提下，应该保证会计信息的完整性，其中包括编报的报表及其附注内容应当保持完整，不能随意遗漏或者减少应予披露的信息，与使用者决策相关的有用信息都应当充分披露。

二、可比性

可比性要求企业提供的会计信息应当具有可比性。具体包括下列要求：

（一）同一企业不同时期可比

我们一般理解为纵向可比性。为了便于投资者等财务报告使用者了解企业财务状况和经营成果变化的趋势，比较企业在不同时期的财务报告信息，全面、客观地评价过去、预测未来，从而作出决策。会计信息质量的可比性要求同一企业对于不同时期发生的相同或者相似的交易或者事项，应当采用一致的会计政策，不得随意变更。但是，满足会计信息可比性的要求，并不表明企业不得变更会计政策，如果按照规定或者会计政策变更后可以提供更可靠、更相关的会计信息时，可以变更会计政策，有关会计政策变更的情况，应当在附注中予以说明。

（二）不同企业相同会计期间可比

我们一般理解为横向可比性。为了便于投资者等财务报告使用者评价不同企业的财务状况、经营成果的水平及其变动情况，会计信息质量的可比性要求不同企业同一会计期间发生的相同或者相似的交易或者事项，应当采用规定的会计政策，确保会计信息口径一致、相互可比，以使不同企业按照一致的确认、计量和报告基础提供有关的会计信息。

三、可理解性

可理解性又称明晰性。可理解性要求企业提供的会计信息应当清晰明了，便于投资者等财务会计报告使用者理解和使用。

企业编制财务报告、提供会计信息的目的在于使用，而要使使用者有效地使用会计信息，就应当让其了解会计信息的内涵，明白会计信息的内容，这就要求财务报告所提供的会

计信息应当清晰明了，易于理解。只有这样，才能提高会计信息的有用性，实现财务报告的目标，满足向使用者提供决策有用信息的要求。

鉴于会计信息是一种专业性比较强的信息产品，因此，在强调会计信息的可理解性要求的同时，还应假定使用者具有一定的有关企业生产经营活动和会计核算方面的知识，并且愿意付出努力去研究这些信息。对于某些复杂的信息，例如，交易本身较为复杂或者会计处理较为复杂，但其对使用者的经济决策是相关的，就应当在财务报告中予以披露，企业不能仅以该信息会使某些使用者难以理解而将其排除在财务报告所应披露的信息之外。

四、相关性

相关性要求企业提供的会计信息应当与财务会计报告使用者的经济决策需要相关，有助于财务会计报告使用者对企业过去、现在或者未来的情况作出评价或者预测。

会计信息是否有用，是否具有价值，关键是看其与使用者的决策需要是否相关，是否有助于决策或者提高决策水平。相关的会计信息应当有助于使用者评价企业过去的决策，证实或者修正过去的有关预测因而具有反馈价值。相关的会计信息还应当具有预测价值，有助于使用者根据财务报告所提供的会计信息预测企业未来的财务状况、经营成果和现金流量。

会计信息质量的相关性要求，需要企业在确认、计量和报告会计信息的过程中，充分考虑使用者的决策模式和信息需要。

五、及时性

及时性要求企业对于已经发生的交易或者事项，应当及时进行会计确认、计量和报告，不得提前或者延后。

会计信息的价值在于帮助使用者做出经济决策，因此具有时效性。即使是可靠的、相关的会计信息，如果不及时提供，也就失去了时效性，对于使用者的效用就大大降低，甚至不再具有任何意义。在会计确认、计量和报告过程中贯彻及时性，一是要求及时收集会计信息，即在经济交易或者事项发生后，及时收集整理各种原始单据或者凭证；二是要求及时处理会计信息，即按照企业会计准则的规定，及时对经济交易或者事项进行确认或者计量，并编制出财务报告；三是要求及时传递会计信息，即按照国家规定的有关时限，及时地将编制的财务报告传递给财务报告使用者，便于其及时使用和决策。

六、谨慎性

谨慎性要求企业对交易或者事项进行会计确认、计量和报告应当保持应有的谨慎，不应高估资产或者收益、低估负债或者费用。

在市场经济环境下，企业的生产经营活动面临许多风险和不确定性，例如，应收款项的可收回性、固定资产的使用寿命、无形资产的使用寿命、售出存货可能发生的退货或者返修等。会计信息质量的谨慎性要求，需要企业在面临不确定因素的情况下做出职业判断时，应当保持应有的谨慎，充分估计到各种风险和损失，既不高估资产或者收益，也不低估负债或者费用。例如，要求企业对售出商品所提供的产品质量保证确认一项预计负债，就体现了会计信息质量的谨慎性要求。

但是，谨慎性的应用并不允许企业设置秘密准备，如果企业故意低估资产或者收益，或者故意高估负债或者费用，将不符合会计信息的可靠性和相关性要求，损害会计信息质量，扭曲企业实际的财务状况和经营成果，从而对使用者的决策产生误导，这是企业会计准则所不允许的。

七、重要性

重要性要求企业提供的会计信息应当反映与企业财务状况、经营成果和现金流量等有关的所有重要交易或者事项。

如果财务报告中提供的会计信息的省略或者错报会影响投资者据此做出经济决策的，该信息就具有重要性。重要性的应用需要依赖职业判断，企业应当根据其所处环境和实际情况，从项目的性质和金额大小两方面来判断其重要性。

八、实质重于形式

实质重于形式要求企业应当按照交易或者事项的经济实质进行会计确认、计量和报告，不应仅以交易或者事项的法律形式为依据。

企业发生的交易或事项在多数情况下其经济实质和法律形式是一致的，但在有些情况下也会出现不一致。例如，企业按照销售合同销售商品但又签订了售后回购协议，虽然从法律形式上看实现了收入，但如果企业没有将商品所有权上的主要风险和报酬转移给购货方，没有满足收入确认的各项条件，即使签订了商品销售合同或者已将商品交付给购货方，也不应当确认销售收入。如果企业仅仅以交易或者事项的法律形式为依据进行会计确认、计量和报告，那么就容易导致会计信息失真，无法如实反映经济现实。

在会计实务中，交易或者事项的法律形式并不是总能完全真实地反映其实质内容。所以，会计信息要想反映其所反映的交易或者事项，就必须根据交易或事项的实质和经济现实来进行判断，而不能仅仅根据它们的法律形式。

模块四　会计确认和计量

学习内容框架提要

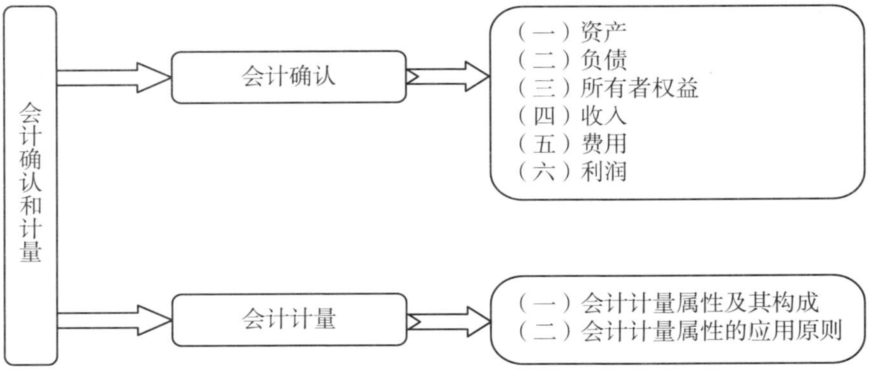

【职业能力目标】

通过本模块的学习，掌握会计六大要素的确认条件和范围，理解会计五种计量属性的含义和应用。

【典型工作任务】

◆ 要素确认。

◆ 会计计量。

一、会计确认

会计确认是指确定一项经济业务事项是否应该纳入以及应该纳入哪个会计项目的方法。它既包括将某项经济业务应记入哪个会计项目的判断和辨认，又包括应在何时将某项经济业务记入该会计项目的判断和辨认。前者为属性标准，后者为时间标准。

企业发生的经济业务最终是通过资产、负债、所有者权益、收入、费用和利润六大会计要素反映出来的，而会计六大要素又可以划分为众多项目。因此，会计的确认就意味着是对会计六大要素的确认。其具体确认的方法如下：

（一）资产

资产是指企业过去的交易或者事项形成的、由企业拥有或者控制的、预期会给企业带来经济利益的资源。

在符合了资产定义以后，如果同时满足以下条件的，就可以确认为资产：

（1）与该资源有关的经济利益很可能流入企业；

（2）该资源的成本或者价值能够可靠地计量。

因此，关于资产的确认，除了应当符合定义外，上述两个条件缺一不可，只有在同时满足的情况下，才能将其确认为一项资产。

资产按其流动性一般分为流动资产和非流动资产。

（二）负债

负债是指企业过去的交易或者事项形成的、预期会导致经济利益流出企业的现时义务。在符合了负债定义以后，如果同时满足以下条件的，就可以确认为负债：

（1）与该义务有关的经济利益很可能流出企业；

（2）未来流出的经济利益的金额能够可靠地计量。

负债按其偿还期长短可以分为流动负债和非流动负债。

（三）所有者权益

所有者权益是指企业资产扣除负债后由所有者享有的剩余权益。

由于所有者权益体现的是所有者在企业中的剩余权益，因此，所有者权益的确认主要依赖于其他会计要素，尤其是资产和负债的确认；所有者权益金额的确定也主要取决于资产和负债的计量。

所有者权益主要有以下特点：

（1）企业不需要偿还所有者权益，除非发生减资、清算。

（2）所有者凭借所有者权益能够参与企业的利润分配。

（3）企业清算时，只有在清偿所有的负债后，所有者权益才能返还给投资者。

所有者权益具体包括投入资本、资本公积、盈余公积和未分配利润等内容。

（四）收入

收入是指企业在日常活动中形成的、会导致所有者权益增加的、与所有者投入资本无关的经济利益的总流入。

收入的确认除了应当符合定义外，还应当满足严格的确认条件。即收入只有在经济利益很可能流入，从而导致企业资产增加或者负债减少，且经济利益的流入额能够可靠计量时才能予以确认。因此，收入的确认至少应当同时符合下列条件：

（1）与收入相关的经济利益很可能流入企业；

（2）经济利益流入企业的结果会导致企业资产的增加或者负债的减少；

（3）经济利益的流入额能够可靠地计量。

收入有广义的收入和狭义的收入。广义收入是指能够导致所有者权益增加的、来源于所有经营和非经营活动的所得，既包括营业收入，也包括投资收入、营业外收入等；狭义收入则仅仅是指企业在日常活动中形成的经济利益的流入，即营业收入，包括主营业务收入和其他业务收入。会计上所指的收入通常是指狭义的收入。

（五）费用

费用是指企业在日常活动中发生的、会导致所有者权益减少的、与向所有者分配利润无关的经济利益的总流出。

费用的确认除了应当符合定义外，还应当满足严格的确认条件，即费用只有在经济利益很可能流出从而导致企业资产减少或者负债增加、且经济利益的流出额能够可靠计量时才能予以确认。因此，费用的确认至少应当符合以下条件：

（1）与费用相关的经济利益应当很可能流出企业。

（2）经济利益流出的结果会导致资产的减少或者负债的增加。

（3）经济利益的流出额能够可靠地计量。

费用的确认应当注意以下几点：

（1）企业为生产产品、提供劳务等发生的可归属于产品成本、劳务成本等的费用，应当在确认产品销售收入、劳务收入等时，将已销售产品、已提供劳务的成本等计入当期损益。即这些费用应当与企业实现的相关收入相配比，并在同一会计期间予以确认，计入利润表。

（2）企业发生的支出不产生经济利益的，或者即使能够产生经济利益但不符合或者不再符合资产确认条件的，应当在发生时确认为费用，计入当期损益。

（3）企业发生的交易或者事项导致其承担了一项负债而又不确认为一项资产的，应当在发生时确认为费用，计入当期损益。

（六）利润

利润是指企业在一定会计期间的经营成果，利润包括收入减去费用后的净额、直接计入当期利润的利得和损失等。

利润反映的是收入减去费用、利得以及损失后的净额，因此，利润的确认主要依赖于收入和费用以及利得和损失的确认，其金额的确定也主要取决于收入、费用、利得和损失金额的计量。利润计算的指标主要有三类：营业利润、利润总额、净利润。

二、会计计量

会计计量，是为了将符合条件的会计要素登记入账并列报于财务报表而确定其金额的过程。企业应当按照规定的会计计量属性进行计量，确定相关金额。

（一）会计计量属性及其构成

计量属性，是指所赋予计量的某一要素的特性方面。例如，楼房的高度、沙子的重量椅子的高度等。从会计角度，计量属性反映的是会计要素金额的确定基础，它主要包括历史成本、重置成本、可变现净值、现值和公允价值等。

1. 历史成本

历史成本又称实际成本，是最基本的会计计量属性。就是取得或制造某项财产物资时所实际支付的现金或其他等价物。在历史成本计量下，资产按照购置时支付的现金或者现金等价物的金额，或者按照购置资产时所付出的对价的公允价值计量。负债按照因承担现时义务而实际收到的款项或者资产的金额，或者承担现时义务的合同金额，或者按照日常活动中为偿还负债预期需要支付的现金或者现金等价物的金额计量。

2. 重置成本

重置成本又称现行成本，是指按照当前市场条件，重新取得同样一项资产所需支付的现金或现金等价物金额。在重置成本计量下，资产按照现在购买相同或者相似资产所需支付的现金或者现金等价物的金额计量。负债按照现在偿付该项债务所需支付的现金或者现金等价物的金额计量。通常多应用于盘盈固定资产的计量等。

3. 可变现净值

可变现净值，是指在正常生产经营过程中，以预计售价减去进一步加工成本和预计销售费用以及相关税费后的净值。在可变现净值计量下，资产按照其正常对外销售所能收到现金或者现金等价物的金额扣减该资产至完工时估计将要发生的成本、估计的销售费用以及相关税费后的金额计量。通常应用于存货资产减值情况下的后续计量。

4. 现值

现值是指对未来现金流量以恰当的折现率进行折现后的价值，是考虑货币时间价值的一种计量属性。在现值计量下，资产按照预计从其持续使用和最终处置中所产生的未来净现金流入量的折现金额计量。负债按照预计期限内需要偿还的未来净现金流出量的折现金额计量。通常用于非流动资产可收回金额和以摊余成本计量的金融资产价值的确定。

5. 公允价值

公允价值，是指在公平交易中，熟悉情况的交易双方自愿进行资产交换或者债务清偿的金额。在公允价值计量下，资产和负债按照在公平交易中，熟悉情况的交易双方自愿进行资产交换或者债务清偿的金额计量。主要应用于交易性金融资产、可供出售金融资产的计量等。

（二）会计计量属性的应用原则

会计计量属性尽管包括历史成本、重置成本、可变现净值、现值和公允价值等，但是企业在对会计要素进行计量时，应当严格按照规定选择相应的计量属性。一般情况下，对于会计要素的计量，应当采用历史成本计量属性，例如，企业建造厂房、购置存货、购置无形资产等，应当以所购入资产发生的实际成本作为资产计量金额。

但在某些情况下，如果仅仅以历史成本作为计量属性，可能难以达到会计信息的质量要求，不利于实现财务报告的目标，有时甚至会损害会计信息质量，影响会计信息的有用性。例如，企业持有的衍生金融工具往往没有实际成本，或者即使有实际成本，实际成本也与其价值相差甚远。因此，如果按照历史成本对衍生金融工具进行计量的话，大量的衍生金融工具交易将成为表外事项，与衍生金融工具有关的价值及其风险信息将无法得到充分披露。在这种情况下，为了提高会计信息的有用性，向使用者提供与决策相关的信息，就有必要采用其他计量属性（比如公允价值）进行会计计量，以弥补历史成本计量属性的缺陷。

鉴于应用重置成本、可变现净值、现值、公允价值等其他计量属性，往往需要依赖于估计，为了使所估计的金额在提高会计信息的相关性的同时，又不影响其可靠性，企业会计准则要求企业应当保证根据重置成本、可变现净值、现值、公允价值所确定的会计要素金额能够取得并可靠计量；如果这些金额无法取得或者可靠地计量，则不允许采用其他计量属性。

模块五　财务报告

【职业能力目标】

通过本模块的学习，了解财务报告的概念，了解财务报告的组成内容。

【典型工作任务】

- 财务报告的概念。
- 财务报告的组成。

一、财务报告的概念

财务报告，是指企业对外提供的反映企业某一特定日期的财务状况和某一会计期间的经营成果、现金流量等会计信息的文件。

根据财务报告的定义，财务报告具有以下几层含义：

（1）财务报告应当是对外报告，其服务对象主要是投资者、债权人等外部使用者，专门为了内部管理需要的、具有特定目的的报告不属于财务报告；

（2）财务报告应当综合反映企业的生产经营状况，包括某一时点的财务状况和某一时期的经营成果和现金流量等信息，以勾画出企业整体和全貌；

（3）财务报告必须形成一个系统的文件，不应是零星的或者不完整的信息。

二、财务报告的组成

财务报告包括财务报表和其他应当在财务会计报告中披露的相关信息和资料。其中，财务报表由报表本身及其附注两部分组成。附注是财务报表的有机组成部分，而会计报表至少应当包括资产负债表、利润表和现金流量表等报表。小企业的会计报表可以不包括现金流量表。

（一）资产负债表

资产负债表是反映企业在某一特定日期的财务状况的会计报表。企业编制资产负债表的目的是通过如实反映企业的资产、负债和所有者权益的金额及其构成情况，从而有助于使用者评价企业资产的质量以及短期偿债能力、长期偿债能力、利润分配能力等。

（二）利润表

利润表是反映企业在一定会计期间的经营成果的会计报表。企业编制利润表的目的是通过如实反映企业实现的收入、发生的费用以及应当计入当期利润的利得和损失金额及其构成等情况，从而有助于使用者分析评价企业的盈利能力及其构成与质量等。

（三）现金流量表

现金流量表是反映企业在一定会计期间的现金和现金等价物流入和流出的会计报表。企业编制现金流量表的目的是通过如实反映企业各项活动的现金流入、流出的情况，从而有助于评价企业的现金流和资金周转情况。

（四）所有者权益变动表

所有者权益变动表是反映企业在一定会计期间所有者权益构成及增减变化情况的报表。企业编制所有者权益变动表的目的是通过如实反映企业各项交易或事项导致的所有者权益增减变动情况，从而有助于评价企业所有者权益各组成部分增减变动的结构性调整情况，了解企业利润分配的情况。

（五）附注

附注是对在会计报表中列示项目所作的进一步说明，以及对未能在这些报表中列示项目的说明等。企业编制附注的目的是通过在财务报表本身之外披露补充信息，以更加全面、系统地反映企业财务状况、经营成果和现金流量的全貌，从而有助于向使用者提供更为有用的信息，便于其做出更加科学合理的决策。

财务报表是财务报告的核心内容，除了财务报表以外，财务报告还应当包括其他相关信息，具体可以根据有关法律、行政法规、部门规章的规定和外部使用者的信息需求而定。

知识拓展

我国企业财务会计核算规范

会计工作应遵循一定的规范。我国的企业会计核算规范主要由《中华人民共和国会计法》（以下简称《会计法》）、企业会计准则和企业会计制度等组成，并已形成了以《会计法》为核心的一个比较完整的体系。

一、会计法

《会计法》于1985年由全国人民代表大会常务委员会通过，并于同年5月1日起施行。为适应我国社会主义市场经济发展和深化会计改革的需要，1993年12月和1999年10月人大常委会对其进行了两次修订。《会计法》是我国会计工作的根本大法，它在我国的会计规范体系中处于最高层次，是其他会计规范制定的基本依据。《会计法》对我国会计工作的主要方面做出规定，涉及我国会计工作的各个领域，它用法律形式确定了会计工作的地位和作用，对我国会计管理的体制、会计核算和会计监督的对象及内容、会计机构、会计人员的职责和权限以及有关的法律责任做出了明确的规定。这些规定是我国进行会计工作的基本依据。

此外，为了配合新修订《会计法》的实施，国务院于2000年颁布并实施了《企业财务会计报告条例》，这一条例的核心在于确保企业提供的会计资料的真实和完整，必然也是企业开展会计核算所应遵循的基本规范。

二、会计准则

会计准则也称会计标准，是制定会计核算制度和组织会计核算的基本规范。会计准则最早出现在20世纪30年代的美国，其后，一些西方资本主义国家也相继制定了本国的会计准则，70年代，一些西方国家的职业会计团体发起成立了国际会计准则委员会，制定并发布国际会计准则。我国的会计准则制定始于1988年，于1992年11月发布了我国第一个会计准则，即《企业会计准则》，并于1993年7月1日开始施行。我国的会计准则由财政部制定并颁布。我国的企业会计准则包括基本会计准则和具体会计准则两大部分。从1997年开始，财政部陆续发布了16个具体会计准则，这些具体会计准则与《企业会计制度》一起，作为并行的会计规范在企业中得到贯彻。

2005年以后，我国加快了企业会计准则制定步伐。2006年2月15日，财政部发布了包括1项基本准则和38项具体准则在内的企业会计准则体系。该企业会计准则体系自2007年1月1日起全面取代以前的企业会计准则和《企业会计制度》，并首先在上市公司施行。

2006年新企业会计准则体系将由1项基本准则、38项具体准则和应用指南等构成。基本准则在整个准则体系中起统驭作用，主要规范会计目标、会计基本假定、会计基本原则、会计要素的确认和计量等。具体准则又分为一般业务准则、特殊行业的特定业务准则和报告准则三类。而具体准则的应用指南主要对会计科目的设置、会计分录的编制和报表的填报等操作层面的内容予以做出示范性指导。

除了上述专业性会计规范外，影响企业财务会计核算工作的还有其他一些相关法规，如公司法、税收法规、证券法规、金融法规等。

模块知识小结

财务会计是以公认的会计准则为依据，对已完成或已发生的交易与事项，运用一套专门的会计核算方法，以货币作为主要计量单位，按照确认、计量和报告等程序，以财务报告为形式，定期、总括地反映企业财务状况、经营成果和现金流量等会计信息的会计系统；主要目标是向财务信息使用者提供有用的会计信息以及反映管理层受托责任的履行情况；会计基本假设包括会计主体、持续经营、会计分期和货币计量4个；会计基础主要有权责发生制和收付实现制两种；会计信息质量要求主要有8个，包括可靠性、可比性、可理解性、相关性、及时性、谨慎性、重要性和实质重于形式等；会计确认即为会计要素的认定，包括资产、负债、所有者权益、收入、费用、利润6类；会计计量属性主要有5种，分别为历史成本、重置成本、可变现净值、现值、公允价值。企业对会计要素进行计量时，一般应当采用历史成本。按规定采用其他计量属性时，应当确保相关金额能够取得并可靠计量；财务报告由财务报表和其他应当在财务报告中披露的相关信息和资料构成，财务报表至少应当包括资产负债表、利润表和现金流量表及其附注。

项目二

资　产

学习内容框架提纲

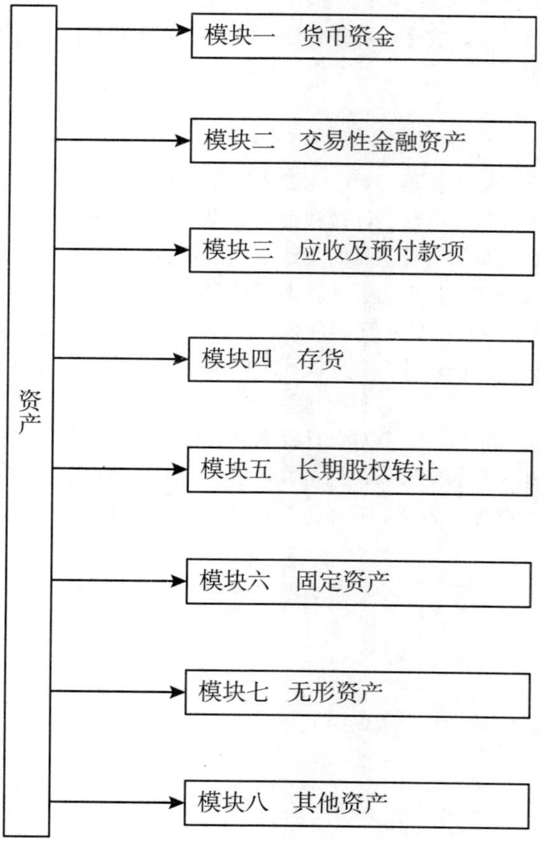

模块一　货币资金

学习内容框架提要

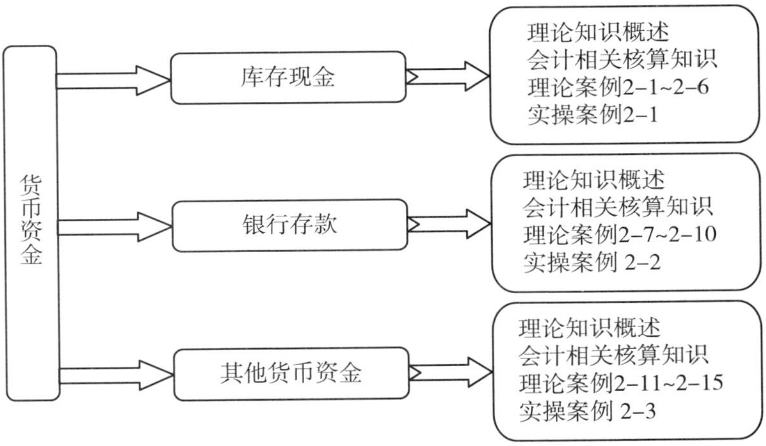

【职业能力目标】

通过本模块的学习，能明确货币资金的基本内容和有关的基本概念，了解货币资金在管理与核算过程中应遵循的各项规定；同时能熟练掌握货币资金各组成部分的核算方法。

【典型工作任务】

◆ 库存现金的确认、计量和账务处理。

◆ 银行存款的确认、计量和账务处理。

◆ 其他货币资金的确认、计量和账务处理。

模块内容概述

货币资金是指企业生产经营过程中处于货币形态的资产，是流动资产中流动性最强的资产，具有流动性大、变现能力强的特点，它既是企业资金运动的起点，又是企业资金运动的终点，在企业资金循环和周转过程起着特殊的纽带作用。因此，加强对企业货币资金的核算管理，具有十分重要的意义。

学习情境一　库存现金

理论知识概述

一、现金的含义

现金是货币资金的重要组成部分，是流动性最强的一种货币性资产，是立即可以投入流通的交换媒介，可以随时用其购买所需的物资，支付有关费用，偿还债务，也可以随时存入银行。现金的概念有广义和狭义之分，广义的现金是指除了库存现金外，还包括银行存款和其他符合现金定义的票证。本书所指为狭义的现金即企业的库存现金。

库存现金是指通常存放于企业财会部门，由出纳人员经管的货币资金。

二、现金管理的主要内容

（一）现金的使用范围

根据国家现金管理制度和结算制度的规定，企业收支的各种款项，必须按照国务院颁发的《现金管理暂行条例》的规定办理，在规定的范围内使用现金，允许企业使用现金结算的范围如下：

（1）职工工资、津贴；

（2）个人劳务报酬；

（3）根据国家规定颁发给个人的科学技术、文化艺术、体育等各种奖金；

（4）各种劳保、福利费用，以及国家规定的对个人的其他支出；

（5）向个人收购的农副产品和其他物资支付的价款；

（6）出差人员必须随身携带的差旅费；

（7）结算起点（人民币 1 000 元）以下的零星支出；

（8）中国人民银行确定需要支付库存现金的其他支出。

属于上述现金结算范围的支出，企业可以根据需要从银行提取现金支付，不属于上述规定范围的款项支付应通过银行进行转账结算。

（二）库存现金的限额

（1）现金的库存限额是指由开户银行核定的企业现金的库存最高额度。

（2）现金的库存限额由开户单位提出申请，由开户银行审查核定。

（3）现金的库存限额原则根据企业 3 ~5 天的日常零星现金开支的需要确定。边远地区和交通不发达地区可以适当放宽，但最多不超过 15 天。

（4）企业每日的现金结存数，不得超过核定的限额，超过部分必须及时送存银行；不足限额时，可签发现金支票向银行提取现金补足。

（5）库存现金限额一般每年核定一次，单位因生产和业务发展、变化需要增加或减少库存限额时，可向开户银行提出申请，经批准后，方可进行调整，单位不得擅自超出核定限额增加库存现金。

（三）现金日常收支的管理

在企业所拥有的资产中，现金的流动性最大，最容易被挪用或侵占，因此，企业必须加强对现金的管理，以提高其使用效率，保护其完整、安全。

（1）企业现金的收入应于当日送存银行，当日送存银行确有困难的，由开户银行确定送存时间。

（2）企业收支现金时，可以从本单位库存现金限额中支付或者从开户银行提取，不得坐支现金。所谓坐支，就是指企业从本单位现金收入中直接支付现金的行为。因特殊情况需要坐支现金的，应当先报开户银行审核批准，由开户银行核定坐支范围和限额。未经银行批准不得擅自坐支现金。

（3）企业签发现金支票从开户银行提取现金，应当写明用途，由本单位财会部门负责人签字盖章，经开户银行审核后，予以支付现金。

（4）企业因采购地点不固定、交通不便利以及其他特殊情况必须使用现金的，应向开户银行提出申请，经开户银行审核后，予以支付现金。

（5）对现金收支应定期或者不定期进行清查，以做到账款相符。不得"白条顶库"；不得谎报用途套取现金；不准用银行账户代其他单位和个人存入和支取现金；不准用单位收入的现金以个人名义存入储蓄（公款私存）；不准保留账外公款（小金库）。

三、库存现金的清查

为了保证现金的安全完整，企业应当按规定对库存现金进行定期和不定期的清查。库存现金的清查是指对库存现金的盘点和核对。

（1）库存现金的清查意义：就是对库存现金进行盘点与账面进行核对，检查账实是否相符。

（2）库存现金的清查目的：是为了保证账款相符，防止现金丢失和收支记账时发生差错以及贪污盗窃和挪用公款等违法行为。

（3）清查方法：实地盘点法。包括出纳人员的每日终了的清点和清查小组进行的定期和不定期的盘点和核对。

（4）清查结果：将现金日记账的余额与库存现金实际数进行比较。账实相符合或账实不符。若不符，查找原因，编写"库存现金盘点报告表"，并据以进行账务处理。

会计相关核算知识

一、账户设置

为了总括反映企业库存现金的收支和结存情况，应设置"库存现金"科目。借方登记库存现金的增加数额，贷方登记库存现金的减少数额，余额在借方，表示库存现金的结存数额。"库存现金"总分类账可以根据有关收付款凭证直接登记，也可以根据科目汇总表、汇总记账凭证定期登记，这取决于企业采用的会计核算形式。

二、具体核算

（一）库存现金收支的核算

库存现金收支的核算包括总分类核算和明细分类核算。现金收支的总分类核算是通过设置"库存现金"账户进行的。现金收支的明细分类核算是通过设置"现金日记账"进行的。"现金日记账"是出纳人员按照现金业务发生的先后顺序逐日逐笔登记的。每日终了，出纳人员应根据登记的"现金日记账"结余数与实际库存数进行核对，做到账款相符。月份终了，"现金日记账"的余额还必须与"库存现金"总账科目的余额核对相符。

企业发生每笔现金收入和现金支出业务，都必须根据审核无误的原始凭证编制记账凭证，然后据以记账。凡收入现金时，应借记"库存现金"账户，贷记有关账户；凡支出现金时，应借记有关账户，贷记"库存现金"账户。"库存现金"账户的余额反映库存现金的结存数额。

有外币现金的企业，应分别按人民币现金、外币现金设置“现金日记账”进行明细核算。

（二）库存现金的清查

现金清查过程中如果发现账款不符，应将库存现金短缺或溢余款通过“待处理财产损溢”科目核算。属于现金短缺，应按实际短缺的金额，借记“待处理财产损溢——待处理流动资产损溢”科目，贷记“库存现金”科目；属于现金溢余，应按实际溢余的金额，借记“库存现金”科目，贷记“待处理财产损溢——待处理流动资产损溢”科目。待查明原因后作如下处理：

如为现金短缺，属于应由责任人赔偿的部分，借记“其他应收款——应收现金短缺款（责任人姓名）”科目，贷记“待处理财产损溢——待处理流动资产损溢”科目；属于应由保险公司赔偿的部分，借记“其他应收款——应收保险赔款”科目，贷记“待处理财产损溢——待处理流动资产损溢”科目；属于无法查明的其他原因，根据管理权限，经批准后处理，借记“管理费用——现金短缺”科目，贷记“待处理财产损溢——待处理流动资产损溢”科目。

如为现金溢余，应借记“待处理财产损溢——待处理流动资产损溢”科目，属于应支付给有关人员或外单位的，贷记“其他应付款——应付现金溢余（××个人或单位）”科目；属于无法查明原因的现金溢余，经批准后，应借记“待处理财产损溢——待处理流动资产损溢”科目，贷记“营业外收入——现金溢余”科目。

理论案例

【案例设计2-1】 西秦股份有限公司2019年1月5日，开出现金支票一张，从开户银行提取现金1 200元。根据有关凭证，编制如下会计分录：

借：库存现金	1 200	
贷：银行存款		1 200

【案例设计2-2】 西秦股份有限公司2019年3月10日，销售产品一件，价款100元，增值税16元，共收现金116元。根据有关凭证，编制如下会计分录：

借：库存现金	116	
贷：主营业务收入		100
应交税费——应交增值税（销项税额）		16

【案例设计2-3】 西秦股份有限公司职工张文出差，2019年1月18日，预借差旅费500元，以现金付讫。根据有关凭证，编制如下会计分录：

借：其他应收款——张文	500	
贷：库存现金		500

【案例设计2-4】 西秦股份有限公司职工张文出差回来，2019年1月27日，报销差旅费800元。应根据有关凭证，作如下会计分录：

借：管理费用	800	
贷：其他应收款——张文		500
库存现金		300

【案例设计2-5】西秦股份有限公司，2019年1月31日，在现金清查时，发现库存现金溢余100元，根据“现金盘点报告表”，作如下会计分录：

借：库存现金　　100

　　贷：待处理财产损溢——待处理流动资产损溢　　100

经核查，现金溢余属于应支付给职工王华的交通费，应作如下账务处理：

借：待处理财产损溢——待处理流动资产损溢　　100

　　贷：其他应付款——王华　　100

【案例设计2-6】西秦股份有限公司，2019年2月28日，在现金清查时，发现库存现金短缺200元，根据“现金盘点报告表”，作如下会计分录：

借：待处理财产损溢——待处理流动资产损溢　　200

　　贷：库存现金　　200

经核查，属于出纳员刘东工作疏忽造成，应由出纳员赔偿，作如下账务处理：

借：其他应收款——应收现金短缺款（刘东）　　200

　　贷：待处理财产损溢——待处理流动资产损溢　　200

实操案例

【案例设计2-1】

2019年1月15日，西秦股份有限公司开出现金支票一张，从开户银行提取现金2 000元。

相关原始凭证：

中国建设银行 （陕）
现金支票存根

$\frac{B}{0}\frac{B}{2}$ 59011002

附加信息＿＿＿＿＿＿＿＿

出票日期 2019年1月15日

收款人：西秦股份有限公司
金　额：2 000元
用　途：备用

单位主管 李贺　　会计 刘悦

编制相关记账凭证：

付 款 凭 证

银付 字第 1 号

贷方科目：银行存款　　2019 年 1 月 15 日　　附件 壹 张

对方单位	摘要	借方科目		金额										记账符号
		总账科目	明细科目	千	百	十	万	千	百	十	元	角	分	
	提取现金	库存现金						2	0	0	0	0	0	□
														□
														□
														□
														□
银行结算方式及票号：			合计				¥	2	0	0	0	0	0	□

会计主管　　记账　　稽核　　出纳　　制证 吴亮

学习情境二 银行存款

理论知识概述

一、银行存款的含义

按照国家有关规定，凡是独立核算的企业都必须在当地银行开设账户；企业在银行开设账户以后，除按核定的限额保留库存现金外，超过限额的现金必须存入银行；除了在规定的范围内可以用现金直接支付外，在经营过程中所发生的其他货币收支业务，都应该通过银行存款账户进行结算。

银行存款是指企业存入银行或其他金融机构账户上的货币资金。

二、银行存款的管理

（一）银行存款账户的分类

企业银行存款账户依据用途不同可以分为基本存款账户、一般存款账户、临时存款账户、专用存款账户等。

1. 基本存款账户

基本存款账户是指企业办理日常转账结算和现金收付的账户。企业的工资、奖金等现金的支取，只能通过该账户办理。

2. 一般存款账户

一般存款账户是指企业因借款或者其他结算需要，在基本存款账户开户银行以外的银行营业机构开立的银行结算账户。本账户只能办理转账结算和现金缴存，但不能支取现金。开立基本存款账户的存款人都可以开立一般存款账户。开立一般存款账户，实行备案制，无须中国人民银行核准。

3. 临时存款账户

临时存款账户是指企业临时生产经营活动的需要而开立的账户，企业可以通过本账户办理转账结算和根据国家现金管理规定办理现金收付。企业暂时性的转账、现金收付业务可以通过本账户结算，如异地产品展销、临时性采购资金等。

4. 专用存款账户

专用存款账户是指企业因特定用途需要所开立的账户，办理各项专用资金的收付。如基本建设资金、住房基金、社会保障基金等。合格境外机构投资者在境内从事证券投资开立的人民币特殊账户和人民币结算资金账户（简称 QFII 专用存款账户）纳入专用存款账户管理。

中国人民银行对于基本存款账户、临时存款账户（因注册验资和增资验资而开立的除外）、预算单位专用存款账户和 QFII 专用存款账户实行核准制度。企业在银行开立账户后，可到开户银行购买各种银行往来使用的凭证（如现金支票、转账支票、进账单、送款簿等），用以办理银行存款的收付。

存款人因主体资格终止撤销银行结算账户的，应先撤销一般存款账户、专用存款账户、临时存款账户，将账户资金转入基本存款账户后，方可办理基本存款账户的撤销。

（二）银行存款账户的设立和结算纪律

企业通过银行存款账户办理资金收付时，必须做到以下几点：

（1）一家企业只能选择一家银行的一个营业机构开立一个基本存款账户，不得在多家银行开立基本存款账户。

（2）企业银行存款账户，只供本企业业务经营范围内的资金收付，不准出租或出借给其他单位或个人使用。

（3）各种收付款凭证，必须如实填写款项来源或用途，不得巧立名目，弄虚作假；不得套取现金，套购物资；严禁利用账户搞非法活动。

（4）在办理结算时，不准签发没有资金保证的票据或远期支票，套取银行信用；不准签发、取得和转让没有真实交易和债权债务的票据，套取银行和他人资金；不准无理拒付、任意占有他人资金；不准违规开立和使用账户。

（5）及时、正确地记录银行往来账务，并及时与银行寄来的对账单进行核对，发现不符，尽快查对清楚。

三、银行结算方式

根据中国人民银行结算办法规定，目前我国企业发生的货币资金业务主要采用以下 10 种结算方式，通过银行办理转账结算。

（一）银行汇票

1. 定义

银行汇票是出票银行签发的，由其在见票时按照实际结算金额无条件支付给收款人或者持票人的票据。银行汇票可以用于转账，填明“现金”字样的银行汇票也可以用于支取现金。

2. 适用范围

同城和异地的单位和个人进行款项结算时，均可使用银行汇票。

3. 银行汇票结算的注意事项

（1）银行汇票一律记名，允许背书转让（填明“现金”字样的除外），背书转让是指在票据上所作的以转让票据权利为目的的书面行为。

（2）银行汇票的提示付款期限为 1 个月，逾期的汇票兑付银行不予受理。

（3）汇票申请人办理银行汇票，应向签发银行填写“银行汇票委托书”，填明收款人名称、汇票金额、申请人名称、申请日期等事项并签章，签发银行受理并收妥款项后，签发银行汇票交给汇款人。

（4）汇票申请人持银行汇票向填明的收款人办理结算时，应将银行汇票和解讫通知一并交给收款人。

（5）收款人受理申请人交付的银行汇票时，应在出票金额内，根据实际需要的款项办理结算，并将实际结算金额和多余金额填入银行汇票和解讫通知的有关栏内。

（6）持票人向开户银行提示付款时，应在汇票背面“持票人向银行提示付款签章”处签章，并将银行汇票和解讫通知等送交开户银行，银行审查无误后办理转账。

（二）银行本票

1. 定义

银行本票是银行签发的，承诺在见票时无条件支付确定金额给收款人或持票人的票据。银行本票可以用于转账，注明“现金”字样的银行本票可以用于支取现金。

2. 分类

银行本票根据签发金额是否固定，可分为定额银行本票和不定额银行本票两种。定额银行本票面额为 1 000 元、5 000 元、10 000 元和 50 000 元。

3. 适用范围

单位和个人在同一票据交换区域的各种款项的结算可使用本票。

4. 特点

银行本票一律记名，允许背书转让。但出票人如果记载了“不得转让”字样，该本票不得转让。本票的提示付款期限自出票日起最长不超过 2 个月。

（三）商业汇票

1. 定义

商业汇票是出票人（银行以外的企业或者其他组织）签发的，委托付款人在指定日期无条件支付确定的金额给收款人或者持票人的票据。

2. 分类

商业汇票根据承兑人的不同，分为商业承兑汇票和银行承兑汇票。

（1）商业承兑汇票是指出票人记载银行以外的人为付款人，并由付款人予以承兑的票据。

（2）银行承兑汇票是指出票人记载银行为付款人，并由付款人（银行）予以承兑的票据。

3. 适用范围

同城异地均可使用商业汇票。

4. 注意事项

（1）商业汇票一律记名，允许背书转让。

（2）商业汇票的付款期限，最长不超过 6 个月。

（3）商业汇票的提示付款期限，自汇票到期日起 10 日。

（4）商业汇票的持票人可持未到期的商业汇票连同贴现凭证向银行申请贴现。

（5）只有在银行开立存款账户的法人以及其他组织之间，才能使用商业汇票。

（四）支票

1. 定义

支票是出票人签发的，委托银行或其他金融机构见票时无条件支付一定金额给收款人或持票人的票据。

2. 分类

（1）现金支票：只能支取现金。

（2）转账支票：只能转账。

（3）普通支票：可以支取现金，也可以转账。

（4）划线支票：普通支票在左上角画两条平行线的为划线支票，划线支票只能用于转账，不能用于支取现金。

3. 适用范围

单位和个人在同城和异地的各种款项的结算均可使用支票。

4. 特点

手续简便、结算灵活。

5. 支票结算应注意的问题

（1）支票一律记名，可以背书转让。

（2）支票的提示付款期限自出票日期 10 天，但中国人民银行另有规定的除外。

（3）支票的金额、收款人名称，可以由出票人授权补记。未补记前不得背书转让和提示付款。

（4）签发支票应使用钢笔或碳素笔填写，中国人民银行另有规定的除外。

（5）出票人不得签发空头支票，签发空头支票的，银行除退票外，还按票面金额 5% 但不低于 1 000 元的罚款。

（6）不得签发与其预留银行印章不符的支票；适用支付密码的，不得签发密码错误的支票。

（7）存款人领购支票，必须填写“票据和结算凭证领用单”并签章，签章应与预留银行的签章相符。存款账户结清时，必须将全部剩余空白支票交回银行注销。

（五）汇兑

1. 定义

汇兑结算方式是汇款人（付款企业）委托银行将其款项支付给收款人的结算方式。这种结算方式划拨款项简便、灵活，不受金额起点的限制。

2. 分类

汇兑分为信汇、电汇两种。信汇是指汇款人委托银行通过邮寄方式将款项划给收款人，电汇是指汇款人委托银行通过电报或其他电子方式将款项划转给收款人，两种方式可由汇款人根据需要选择使用。

3. 适用范围

适用于单位和个人异地之间的各种款项的结算。

（六）委托收款

1. 定义

委托收款是由收款人向其开户银行提供收款依据，委托银行向付款人收取款项的一种结算方式。

2. 分类

委托收款结算款项的划回方式，分邮寄和电报两种，由收款人选用，不受金额起点的限制。

3. 适用范围

同城、异地均可以使用。

4. 注意事项

付款单位收到银行交给的委托收款凭证及债务证明，应签收并在 3 日内审查债务证明是否真实，确认之后通知银行付款。如未通知银行，银行视同企业同意付款，并在第 4 日银行开始营业时，将款项主动划给收款人开户银行。

（七）托收承付

1. 定义

托收承付是根据购销合同由收款人发货后委托银行向异地付款人收取款项，由付款人向银行承认付款的一种结算方式。

2. 分类

托收承付结算款项的划回办法，分邮寄和电报两种。托收承付结算每笔的金额起点为 10 000 元，新华书店系统每笔的金额起点为 1 000 元。

3. 适用范围

（1）使用托收承付结算方式的收款单位和付款单位，必须是国有企业、供销合作社以及经营管理较好，并经开户银行审查同意的城乡集体所有制工业企业。

（2）办理托收承付的款项，必须是商品交易，以及因商品交易而产生的劳务供应的款项。代销、寄销、赊销商品的款项，不得办理托收承付结算。

（3）收付双方使用托收承付结算必须签有符合《中华人民共和国合同法》（以下简称《合同法》）规定的买卖合同，并在合同上订明使用异地托收承付结算方式。

（4）收款人办理托收，必须具有商品确已发运的证件（包括铁路、航运、公路等运输部门签发的运单等）。没有发运证件，可凭其他相关证件办理。

（5）收付双方办理托收承付结算，必须重合同、守信用。

4. 托收承付结算方式分为托收和承付两个阶段

托收：销货单位按合同发运商品，办妥发货手续后，根据发货票、代垫运杂费单据等填制“托收承付结算凭证”，连同发货票、运单一并送交开户银行办理托收。开户银行接到托收凭证及其附件后，应认真进行审查。对审查无误，同意办理的，应将托收凭证的回单联盖章后退回销货单位。

承付：购货单位收到银行转来的托收承付结算凭证及所附单证后，应在规定的承付期内审查核对，分为验单付款和验货付款两种。验单付款承付期为 3 天，从付款人开户银行发出承付通知的次日算起。验货付款的承付期为 10 天，从运输部门向付款人发出提货通知的次日算起。

5. 拒绝付款的处理

付款人在承付期内，对于如下情况，可向银行提出全部或部分拒绝付款：

（1）没有签订买卖合同或未订明托收承付结算方式买卖合同的款项。

（2）未经双方事先达成协议，收款人提前交货或因逾期交货，付款人不需要该项货物的款项。

（3）未按合同规定的到货地址发货的款项。

（4）代销、寄销、赊销商品的款项。

（5）验单付款，发现所列货物的品种、数量、价格与合同规定不符；或验货付款，经查验货物与合同规定或发货清单不符的款项。

（6）货款已经支付或计算有错误的款项。

付款人对以上情况提出拒绝付款时，必须填写“拒绝付款理由书”，并加盖单位公章，注明拒绝付款理由。开户银行经审查，认为拒付理由不成立，均不受理，应实行强制扣款。

（八）信用证

1. 定义

信用证是指开证行依照申请人的申请开出的，凭符合信用证条件的单据支付的付款承诺，并明确规定该信用证为不可撤销、不可转让的跟单信用证。

2. 适用范围

信用证结算方式是国际结算的一种主要方式。经中国人民银行批准经营结算业务的商业银行总行，以及经商业银行总行批准开办信用证结算业务的分支机构，也可以办理国内企业之间商品交易的信用证结算业务。

3. 特点

（1）信用证与作为其依据的买卖合同相互独立。银行处理信用证业务时，不受买卖合同的约束。

（2）信用证一般为不可撤销、不可转让的跟单信用证。“不可撤销”是指信用证开具后在有效期内，非经信用证各有关当事人（即开证行、开证申请人和受益人）的同意，开证行不得修改或者撤销。“不可转让”是指受益人不能将信用证的权利转让给他人。

（3）信用证付款方式为即期付款、延期付款和议付。延期付款期限最长不得超过 6 个月。

（4）信用证只用于转账结算，不得支取现金。

采用信用证结算方式的，收款单位收到信用证后，即备货装运，签发有关发票账单，连同运输单据和信用证，送交银行，根据退还的信用证等有关凭证编制收款凭证；付款单位在接到开证行的通知时，根据付款的有关单据编制付款凭证。

（九）银行卡

1. 定义

银行卡是由商业银行（含邮政金融机构）向社会发行的具有消费信用、转张结算、存取现金等全部或部分功能的信用支付工具。

2. 分类

银行卡按照是否给予持卡人授信额度，分为信用卡和借记卡：

（1）信用卡分为贷记卡和准贷记卡。贷记卡是发卡银行给予持卡人一定信用额度，持卡人可在信用额度内先消费、后还款；准贷记卡是持卡人须先交存一定金额的备用金，当备用金账户余额不足支付时，可在发卡银行规定的信用额度内透支。

（2）借记卡分为转账卡、专用卡和储值卡。转账卡具有转账结算、存取现金和消费功能；专用卡具有专门用途，在特定区域使用，具有转账结算、存取现金功能；储值卡是发卡银行根据持卡人要求将资金转至卡内储存，交易时直接从卡中扣款。

银行卡按使用对象分为单位卡和个人卡：

凡申领单位卡的单位，必须在中国境内金融机构开立基本存款账户，凭中国人民银行核发的开户许可证申领单位卡。单位卡的资金一律从其基本存款账户转账存入，不得交存现金，不得将销货收入的款项存入其账户。单位卡不得用于10万元以上的商品交易、劳务供应款项的结算。单位卡一律不得透支，不得支取现金。

（十）电子支付

1. 定义

电子支付是指单位、个人（即客户）直接或授权他人通过电子终端发出支付指令，实现货币支付与资金转移的行为。这里的“电子终端”是指客户可用以发起电子支付指令的计算机、电话、销售点终端、自动柜员机、移动通讯工具或其他电子设备。

2. 特点

与传统支付方式相比，电子支付具有以下显著特点：

（1）虚拟性；（2）开放性；（3）快捷性。

3. 种类

（1）网上支付：是指通过互联网完成支付的行为和过程，通常仍须以银行为中介。

（2）移动支付：指利用移动电话采取编发短信或拨打某个号码的方式实现支付。移动支付系统主要涉及三方：消费者、商家和无线运营商。

会计相关核算知识

一、账户设置

为了总括反映企业银行存款的收支和结存情况，应设置“银行存款”账户。该账户属于资产类，企业将款项存入银行或其他金融机构时，借记“银行存款”，贷记“库存现金”或有关账户；提取存款时，借记“库存现金”，贷记“银行存款”账户。期末借方金额表示银行存款的实有数额。

企业在银行的其他存款，如外埠存款、银行汇票存款、银行本票存款、信用证存款等，在“其他货币资金”账户核算，不通过“银行存款”账户核算。

二、具体核算

银行存款的核算包括银行存款的总分类核算和银行存款的序时核算。

（一）银行存款的总分类核算

“银行存款”总账与“库存现金”总账一样，应由不从事出纳工作的会计人员负责登记，登记时，既可以根据银行存款收付款凭证逐笔登记，也可以定期编制汇总收付款凭证登记，还可以根据多栏式银行存款日记账汇总登记，这取决于企业采用的会计核算形式。

（二）银行存款的序时核算

为了加强对银行存款的管理，随时掌握银行存款收付的动态和结余数额，企业可按开户银行和其他金融机构、存款种类等设置“银行存款日记账”。银行存款日记账采用订本式，可以选择“三栏式”或“多栏式”账页，由出纳人员根据审核无误的银行存款收、付款凭证和原始凭证，按照银行存款收付业务发生的先后顺序逐日逐笔序时登记。每日终了，计算出银行存款收入合计、支出合计及结余数。“银行存款日记账”应定期与“银行对账单”核对，至少每月核对一次。月份终了，“银行存款日记账”的余额必须与“银行存款”总账的余额核对相符。

三、银行存款的清查

为了防止银行存款账面发生差错，准确掌握银行存款实际金额，企业应按期对账，即将银行存款日记账的记录同银行对账单进行逐笔核对。银行存款日记账的核对主要包括三个环节：一是银行存款日记账与银行存款收款、付款凭证要互相核对，做到账证相符；二是银行存款日记账与银行存款总账要互相核对，做到账账相符；三是银行存款日记账与银行开出的银行存款对账单要相互核对，以便准确地掌握企业可动用的银行存款实有数。核对时如发现双方余额不一致，除记账错误外，还可能是由于未达账项引起的。

未达账项是指企业与银行之间，由于凭证传递上的时间差，一方已登记入账，而另一方尚未入账的账项。由于企业、银行间存款收支凭证的传递需要一定时间，因而同一笔业务企业和银行各自入账的时间不一定相同，在同一日期，企业账上银行存款的余额与银行账上企业存款的余额往往不一致。这种差别可分为银行未达账和企业未达账两大类，具体为以下四种类型。

（一）银行未达账项

（1）企业已登记银行存款增加，而银行尚未办妥入账手续（简称：企收银未收）；

（2）企业已登记银行存款减少，而银行尚未办妥付款手续（简称：企付银未付）。

（二）企业未达账项

（1）银行已登记企业存款增加，而企业尚未收到收款通知，没有入账（简称：银收企未收）；

（2）银行已登记企业存款减少，而企业尚未收到付款通知，没有入账（简称：银付企未付）。

核对过程中发现存在上述未达账项的，应编制“银行存款余额调节表”进行调节。已达方的账，无须调整。调节时，哪方未达调哪方，调的时候看已达方，已达方做收则未达方做收，已达方做减则未达方做减。具体调节的方法是在未达账那一方的账面余额的基础上，加上应收的未达账项，减去应付的未达账项，计算出调节后的余额。如果双方调节后的余额一致，说明企业银行存款日记账与其开户银行的对账单不一致的原因在于存在未达账项，一般认为双方记账没有错误；如果双方调节后的余额不一致，说明双方账面记录有错误，需进一步核对账目，找出原因，更正错账。

【案例设计 2-7】 西秦股份有限公司 2019 年 11 月 30 日银行存款日记账余额为 78 500 元，银行转来对账单的余额为 135 500 元，经逐笔核对，发现以下未达账项。

（1）西秦股份有限公司送存转账支票 68 000 元，并已登记银行存款增加，但银行尚未记账。

（2）西秦股份有限公司开出转账支票 45 000 元，但持票单位尚未到银行办理转账，银行尚未记账。

（3）西秦股份有限公司委托银行代收某企业购货款 83 000 元，银行已收妥并登记入账，但秦都股份有限公司尚未收到收款通知。

（4）银行代西秦股份有限公司支付水电费费 3 000 元，银行已登记西秦股份有限公司银行存款减少，但西秦股份有限公司未收到银行付款通知，尚未记账。

根据上述资料编制银行存款余额调节表见表 2-1。

表 2-1 **银行存款余额调节表** 单位：元

项目	金额	项目	金额
企业银行存款日记账余额	78 500	银行对账单余额	135 500
加：银行已收企业未收	83 000	加：企业已收银行未收	68 000
减：银行已付企业未付	3 000	减：企业已付银行未付	45 000
调节后的存款余额	158 500	调节后的存款余额	158 500

需要注意的是，“银行存款余额调节表”的作用是用来核对企业与银行双方的记账有无差错，并不是据以更改账簿记录的原始凭证，属于原始凭证的附件。调节后的余额为企业可以动用银行存款的实际数。对于未达账项，必须待原始结算凭证到达变成已达账项后方可进行相应账务处理。对于长期搁置的未达账项，应及时查阅凭证和有关资料，积极和银行联系，查明原因解决。

理论案例

【案例设计 2-8】 西秦股份有限公司 2019 年 3 月 15 日销售产品一批，货款 300 000 元，增值税 48 000 元，合计 348 000 元，收到购货方一张转账支票，并存入银行。根据有关凭证，编制如下会计分录：

借：银行存款 348 000

贷：主营业务收入　　300 000

应交税费——应交增值税（销项税额）　　48 000

【案例设计 2－9】西秦股份有限公司 2019 年 4 月 6 日接银行通知，收到 B 公司前欠货款 20 000 元。根据有关凭证，编制如下会计分录：

借：银行存款　　20 000

贷：应收账款——B 公司　　20 000

【案例设计 2－10】西秦股份有限公司 2019 年 4 月 8 日开出一张现金支票 60 000 元，从开户银行提取现金。根据有关凭证，编制如下会计分录：

借：库存现金　　60 000

贷：银行存款　　60 000

实操案例

【案例设计 2－2】2019 年 3 月 15 日，西秦股份有限公司向中恒有限责任公司销售产品一批，货款 250 000 元，增值税 40 000 元，合计 290 000 元，收到购货方一张转账支票，并存入银行。

相关原始凭证：

陕西省增值税专用发票

记　账　联

No.

开票日期：2019 年 3 月 15 日

<table>
<tr><td>购买方</td><td colspan="4">名　　称：中恒有限责任公司
纳税人识别号：1000200300400500
地 址 、电 话：西安市雁翔路 99 号
029－83933123
开户行及账号：工行雁翔路营业部　998895819</td><td>密码区</td><td colspan="3">67/ ＊ +3＊0/611＊ + +0/ +0＊/ ＊ +3 +2/9
＊11＊ +66666＊＊066611＊ +66666＊
1＊＊ +216＊＊＊6000＊261＊2＊4/ ＊547
203994 + －42＊64151＊6915361/3＊</td></tr>
<tr><td>货物或应税劳务、服务名称</td><td>规格型号</td><td>单位</td><td>数量</td><td>单价</td><td>金额</td><td>税率</td><td>税额</td></tr>
<tr><td>N 产品</td><td></td><td>台</td><td>1</td><td>250 000</td><td>250 000. 00</td><td>16%</td><td>40 000. 00</td></tr>
<tr><td>合计</td><td></td><td></td><td></td><td></td><td>¥250 000. 00</td><td></td><td>¥40 000. 00</td></tr>
<tr><td>价税合计（大写）</td><td colspan="7">零仟零佰贰拾玖万零仟零佰零拾零元零角零分　　（小写）¥290 000. 00</td></tr>
<tr><td>销售方</td><td colspan="4">名　　称：西秦股份有限公司
纳税人识别号：10000200001010900
地 址 、电 话：咸阳市文林路 37 号　029－33696782
开户行及账号：建行陕西省咸阳市西兰路分行
665674890</td><td>备注</td><td colspan="3">西秦股份有限公司
财务专用章</td></tr>
</table>

第一联：记账联　销售方记账凭证

收款人：　　复核：　　开票人：　　销售方：章

中国建设银行陕西省分行　**进账单（收账通知）**　　3

2019 年 3 月 15 日

出票人	全称	中恒有限责任公司	收款人	全称	西秦股份有限公司
	账号	998895819		账号	665674890
	开户银行	工行雁翔路营业部		开户银行	中国建设银行陕西省咸阳市西兰路分行

金额	人民币（大写）　贰拾玖万元整	千	百	十	万	千	百	十	元	角	分
			¥	2	9	0	0	0	0	0	0

票据种类	转账支票	票据张数	1 张	建行银行 转讫
票据号码	略			
	复核　略　　记账　略			收款人开户银行盖章

此联是收款人开户银行交给收款人的收账通知

编制相关记账凭证：

收　款　凭　证

银收　字第　3　号

借方科目：银行存款　　　　2019 年 3 月 15 日　　　　附件　贰　张

对方单位	摘要	贷方科目		金额										记账符号
		总账科目	明细科目	千	百	十	万	千	百	十	元	角	分	
	销售产品	主营业务收入				2	5	0	0	0	0	0	0	□
		应交税费	应交增值税（销）				4	0	0	0	0	0	0	□
														□
														□
														□
银行结算方式及票号：			合计		¥	2	9	0	0	0	0	0	0	□

会计主管　　　　记账　　　　稽核　　　　出纳　　　　制证　吴亮

学习情境三　其他货币资金

理论知识概述

一、其他货币资金的含义

其他货币资金是指企业除库存现金、银行存款以外的各种货币资金。

二、其他货币资金的种类

1. 外埠存款

外埠存款是指企业到外地进行临时或零星采购时，汇往采购地银行开立采购专户的款项。企业汇出款项时，须填写汇款委托书，加盖“采购资金”字样。汇入银行对汇入的采购款项，以汇款单位名义开立临时采购账户。该账户存款不计利息、只付不收、付完注销。除采购员差旅费用可以支取少量现金外，其他支出一律转账。

2. 银行汇票存款

银行汇票存款是指企业为取得银行汇票，按照规定存入银行的款项。可以支取少量现金外，一律转账。

3. 银行本票存款

银行本票存款是指企业为取得银行本票，按照规定存入银行的款项。银行本票和银行汇票的核算程序和核算方法基本相同。可以支取少量现金外，一律转账。

4. 信用卡存款

信用卡存款是指为取得信用卡存入银行信用卡专户的款项。信用卡是银行卡的一种。

5. 信用证保证金存款

信用证存款是指采用信用证结算方式的企业为开具信用证而存入银行信用证保证金专户的款项。企业向银行申请开立信用证，应按规定向银行提交开证申请书、信用证申请人承诺书和购销合同。

6. 存出投资款

存出投资款是指企业为购买股票、债券、基金等，根据有关规定存入在证券公司指定银行开立的投资款专户的款项。

会计相关核算知识

一、账户设置

为了总括反映其他货币资金的增减变动和结余情况，应设置“其他货币资金”科目，借方登记其他货币资金的增加数额，贷方登记其他货币资金的减少数额，余额在借方，表示其他货币资金的结余数额。

二、具体核算

其他货币资金应按照其种类设置明细账，进行明细核算。

理论案例

【案例设计2-11】 2019年3月11日，西秦股份有限公司委托开户银行将40 000元存款汇往采购地银行开设采购账户。根据有关凭证，编制如下会计分录：

借：其他货币资金——外埠存款　　40 000

　贷：银行存款　　40 000

3 月 22 日，收到供应单位增值税专用发票等凭证，增值税专用发票上列明价款 30 000 元，增值税税款 4 800 元，款项以上述外埠存款支付。根据有关凭证，编制如下会计分录：

借：在途物资　　30 000
　　应交税费——应交增值税（进项税额）　　4 800
　　贷：其他货币资金——外埠存款　　34 800

3 月 28 日，采购完毕，将剩余的外埠存款 5 200 元转回当地银行时，根据银行的收款通知，编制如下会计分录：

借：银行存款　　5 200
　　贷：其他货币资金——外埠存款　　5 200

【案例设计 2-12】2019 年 4 月 1 日，西秦股份有限公司向银行提交“银行汇票委托书”并将款项 50 000 元交存开户银行，取得银行汇票。根据银行盖章的委托书存根联，根据有关凭证，编制如下会计分录：

借：其他货币资金——银行汇票存款　　50 000
　　贷：银行存款　　50 000

4 月 5 日，西秦股份有限公司持该银行汇票采购材料一批，增值税专用发票上列明价款 40 000 元，增值税款 6 400 元。根据发票账单及开户行转来的银行汇票有关副联等有关凭证，编制如下会计分录：

借：在途物资　　40 000
　　应交税费——应交增值税（进项税额）　　6 400
　　贷：其他货币资金——银行汇票存款　　46 400

4 月 10 日，采购业务完毕，根据开户银行转来的银行汇票第四联（多余款收账通知），编制如下会计分录：

借：银行存款　　3 600
　　贷：其他货币资金——银行汇票存款　　3 600

【案例设计 2-13】2019 年 5 月 6 日，西秦股份有限公司按照有关规定填制信用卡申请表，同时签发一张 60 000 元的转账支票一并送发卡银行。收到信用卡后，根据支票存根和银行盖章退回的进账单，编制如下会计分录：

借：其他货币资金——信用卡存款　　60 000
　　贷：银行存款　　60 000

5 月 11 日，西秦股份有限公司用该卡支付购买办公用品一批，价税合计 41 000 元。根据银行转来的付款凭证及所附发票账单，编制如下会计分录：

借：管理费用　　41 000
　　贷：其他货币资金——信用卡存款　　41 000

【案例设计 2-14】2019 年 7 月 15 日，西秦股份有限公司拟向境外购买一批商品，向银行申请开出信用证，并存入保证金 100 000 元。根据开户银行盖章退回的“信用证委托书”回单及银行退回的进账单第一联，编制如下会计分录：

借：其他货币资金——信用证存款　　100 000
　　贷：银行存款　　100 000

7月22日，西秦股份有限公司收到供货单位信用证结算凭证及发票账单，增值税专用发票上列明价款80 000元，增值税款12 800元，商品验收入库。根据有关凭证，编制如下会计分录：

借：库存商品 80 000
　　应交税费——应交增值税（进项税额） 12 800
　　贷：其他货币资金——信用证存款 92 800

7月25日，收到未用完的信用证存款余额，编制如下会计分录：

借：银行存款 7 200
　　贷：其他货币资金——信用证存款 7 200

【案例设计2－15】 2019年3月20日，西秦股份有限公司向南方证券公司划出资金2 000 000元，根据有关凭证，编制如下会计分录：

借：其他货币资金——存出投资款 2 000 000
　　贷：银行存款 2 000 000

2019年4月2日在南方证券公司购入“中石油”股票，该笔投资在购买日的公允价值为1 000 000元，支付交易费用2 500元，取得增值税专用发票上注明的增值税为150元。西秦股份有限公司将其划分为交易性金融资产。为根据有关凭证，编制如下会计分录：

借：交易性金融资产——成本 1 000 000
　　投资收益 2 500
　　应交税费——应交增值税（进项税额） 150
　　贷：其他货币资金——存出投资款 1 002 650

实操案例

【案例设计2－3】 2019年12月5日，西秦股份有限公司向银行提交“银行汇票申请书”并将款项30 000元交存开户银行，取得银行汇票。

中国工商银行银行汇票申请书（借方凭证）2

申请日期2019年12月5日　　第7251号

收款人	西秦股份有限公司		汇款人	西秦股份有限公司									
账号或地址	咸阳市文林路37号		账号或地址	0402640119081									
兑付地点	咸阳市西兰路		兑付行	中国工商银行西兰路行									
汇款金额	人民币（大写）	叁万元整		千	百	十	万	千	百	十	元	角	分
						¥	3	0	0	0	0	0	0

此联由汇款人留存作记账传票

上列款项请从我账户内支付

申请人盖章

科　　目

对方科目

转账日期

编制相关记账凭证：

付 款 凭 证

银付 字第 25 号

贷方科目：银行存款　　2019 年 12 月 5 日　　附件 壹 张

对方单位	摘要	借方科目		金额										记账符号
		总账科目	明细科目	千	百	十	万	千	百	十	元	角	分	
	申请银行汇票	其他货币资金	银行汇票存款				3	0	0	0	0	0	0	□
														□
														□
														□
														□
银行结算方式及票号：			合计			¥	3	0	0	0	0	0	0	□

会计主管　　记账　　稽核　　出纳　　制证 吴亮

采购员持上述银行汇票，采购材料一批，取得相关增值税专用发票如下：

陕西省增值税专用发票

（全国统一发票监制章 国家税务总局监制）

记 账 联

No. 5310692580

开票日期：2019 年 12 月 7 日

购买方	名　　称：西秦股份有限公司 纳税人识别号：10000200001010900 地 址 、电 话：咸阳市文林路 37 号 029－33696782 开户行及账号：建行陕西省咸阳市西兰路支行 665674890			密码区	67/＊+3＊0/611＊++0/+0＊/＊+3+2/9 ＊11＊+66666＊＊066611＊+66666＊ 1＊＊+216＊＊＊6000＊261＊2＊4/＊547 203994+－42＊64151＊6915361/3＊		
货物或应税劳务、服务名称	规格型号	单位	数量	单价	金额	税率	税额
M 材料		吨	10	2 500.00	25 000.00	16%	4 000.00
合计					¥25 000.00		¥4 000.00
价税合计（大写）	零仟零佰零拾贰万玖仟零佰零拾零元零角零分				（小写）¥29 000.00		
销售方	名　　称：黄河有限责任公司 纳税人识别号：190078456138441 地 址 、电 话：陕西西安太白路 029－89177456 开户行及账号：工行太白路营业部 021－65973186			备注	（黄河有限责任公司 财务专用章）		

第一联：记账联 销售方记账凭证

收款人：　　复核：　　开票人：　　销售方：章

编制相关记账凭证：

转 账 凭 证

转字 第 3 号
附件 壹 张

2019 年 12 月 7 日

摘要	总账科目	明细科目	借方金额										贷方金额										记账符号
			千	百	十	万	千	百	十	元	角	分	千	百	十	万	千	百	十	元	角	分	
购买材料	材料采购	M 材料				2	5	0	0	0	0	0											□
	应交税费	应交增值税（进项）					4	0	0	0	0	0											□
	其他货币资金	银行汇票存款														2	9	0	0	0	0	0	□
																							□
																							□
合计					¥	2	9	0	0	0	0	0			¥	2	9	0	0	0	0	0	□

会计主管 记账 复核 制证 吴亮

采购业务完毕，根据银行转来的银行汇票第四联（多余款收账通知）：

付款期限
壹 个 月

中国工商银行
银 行 汇 票（多余款收账通知） 4 汇票号码

出票日期（大写） 贰零壹玖 年 壹拾贰 月 零捌 日

代理付款行：工行咸阳市西兰路营业部 行号：0631

收款人：西秦股份有限公司 账号：0402640119081

出票金额 人民币（大写） 叁万元整

实际结算金额 人民币（大写） 贰万玖仟元整

千	百	十	万	千	百	十	元	角	分
		¥	2	9	0	0	0	0	0

申请人：西秦股份有限公司 账号：0402640119081

出票行：工行咸阳市西兰路营业部 行号：0631

备 注：

凭票付款

出票行签章

密押：

多余金额

千	百	十	万	千	百	十	元	角	分
			¥	1	0	0	0	0	0

此联出票行结清多余款后交申请人

编制相关记账凭证：

收 款 凭 证

银收 字第 26 号

借方科目：银行存款　　　　2019 年 12 月 8 日　　　　附件 壹 张

对方单位	摘要	贷方科目		金额										记账符号
		总账科目	明细科目	千	百	十	万	千	百	十	元	角	分	
	退回多余票款	其他货币资金	银行汇票存款					1	0	0	0	0	0	□
														□
														□
														□
														□
银行结算方式及票号：			合计				¥	1	0	0	0	0	0	□

会计主管　　　　记账　　　　稽核　　　　出纳　　　　制证 吴亮

知识拓展

货币资金在资产负债表中的列示方法：货币资金项目应根据“库存现金”“银行存款”“其他货币资金”三个总账科目期末余额的合计数填列。

模块知识小结

货币资金是企业资产中不可缺少的、流动性最强的一种资产，是企业会计核算内容中非常重要的部分。货币资金包括库存现金、银行存款、其他货币资金等。

库存现金是指存放于财务部门、由出纳员保管的货币，包括人民币现金和外币现金，其流动性最强，应加强对库存现金的管理、日常控制，核算内容包括现金的总分类核算和序时核算。

银行存款是指企业存放在银行或其他金融机构的货币资金。银行存款应该严格按照有关管理规定进行管理，目前采用的银行结算方式主要有银行汇票、银行本票、商业汇票、支票、银行卡、汇兑、委托收款、托收承付、信用证和电子支付等十种。核算内容包括银行存款的总分类核算和银行存款的序时核算。

其他货币资金是指企业除库存现金、银行存款以外的各种货币资金。主要包括外埠存款、银行本票存款、银行汇票存款、信用卡存款、信用证存款、存出投资款等。

模块二　交易性金融资产

学习内容框架提要

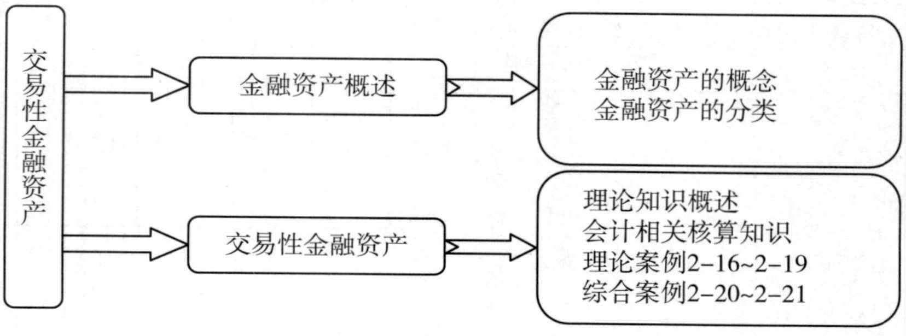

【职业能力目标】

通过本模块的学习，能了解金融资产的基本概念、内容和有关分类，熟悉交易性金融资产的含义和核算过程中应遵循的各项有关规定；同时能熟练掌握交易性金融资产的具体核算方法。

【典型工作任务】

◆ 交易性金融资产的初始计量和账务处理。
◆ 交易性金融资产的后续计量和账务处理。
◆ 交易性金融资产的处置和账务处理。

模块内容概述

交易性金融资产属于金融资产中以公允价值计量且变动计入当期损益的金融资产。本模块将通过认识交易性金融资产，介绍交易性金融资产取得、持有期间、资产负债表日和处置时的核算，引导我们学习交易性金融资产应该掌握的主要知识和技能。

学习情境一　金融资产概述

一、金融资产的概念

金融资产，是指企业持有的现金、其他方的权益工具以及符合下列条件之一的资产：

（1）从其他方收取现金或其他金融资产的合同权利。例如，企业的银行存款、应收账款、应收票据和贷款等均属于金融资产。再如，预付账款不是金融资产，因其产生的未来经济利益是商品或服务，不是收取现金或其他金融资产的权利。

（2）在潜在有利条件下，与其他方交换金融资产或金融负债的合同权利。例如，企业持有的看涨期权或看跌期权。

（3）将来须用或可用企业自身权益工具进行结算的非衍生工具合同，且企业根据该合同将收到可变数量的自身权益工具。

（4）将来须用或可用企业自身权益工具进行结算的非衍生工具合同，但以固定数量的自身权益工具交换固定金额的现金或其他金融资产的衍生工具合同除外。其中，企业自身权益工具不包括应当按照《企业会计准则第 37 号——金融工具列报》分类为权益工具的可回售工具或发行方仅在清算时才有义务向另一方按比例交付其净资产的金融工具，也不包括本身就要求在未来收取或交付企业自身权益工具的合同。

二、金融资产的分类

金融资产和金融负债的分类是确认和计量的基础。企业应当根据其管理金融资产的业务模式和金融资产的合同现金流量特征，对金融资产进行合理的分类。金融资产一般划分为以下三类：

（1）以摊余成本计量的金融资产。

（2）以公允价值计量且变动计入其他综合收益的金融资产。

（3）以公允价值计量且其变动计入当期损益的金融资产。

企业应当结合自身业务特点和风险管理要求，对金融负债进行合理的分类。对金融资产和金融负债的分类已经确定，不得随意变更。

本模块只涉及以公允价值计量且变动计入当期损益的金融资产中的交易性金融资产的内容和账务处理。

学习情境二 交易性金融资产

理论知识概述

一、交易性金融资产的含义

交易性金融资产属于金融资产中的以公允价值计量且变动计入当期损益的金融资产。主要是指企业为了近期内出售的金融资产，例如，企业以赚取差价为目的从二级市场购入的股票、债券、基金等，就属于交易性金融资产。

二、交易性金融资产的特点

1. 具备较强的变现能力

作为交易性金融资产均有活跃的市场报价，这是能够随时变现的前提。交易性金融资产的流动性仅次于现金，是企业剩余资金存放的主要形式。

2. 持有交易性金融资产的目的是为了赚取差价

交易性金融资产保持了资金的流动性和获利性，企业是为了利用生产经营过程中暂时闲置的资金获得一定的收益而持有交易性金融资产，而不是为了长期持有或为了控制被投资企业。

会计相关核算知识

一、账户设置

为了核算交易性金融资产的取得、收取现金股利或利息等业务，应设置的账户有“交易性金融资产”“公允价值变动损益”“投资收益”等科目。

“交易性金融资产”科目。核算企业为交易目的所持有的债券投资、股票投资、基金投资等交易性金融资产的公允价值。借方登记交易性金融资产的取得成本以及资产负债表日其公允价值高于账面余额的差额，贷方登记资产负债表日其公允价值低于账面余额的差额以及企业出售交易性金融资产时结转的成本和公允价值变动损益。余额在借方，反映企业持有的交易性金融资产的公允价值。本科目按交易性金融资产的类别和品种，分别设置“成本”“公允价值变动”等进行明细核算。

“公允价值变动损益”科目。核算企业交易性金融资产等公允价值变动形成的应计入当期损益的利得和损失。贷方登记资产负债表日企业持有的交易性金融资产等的公允价值高于账面余额的差额，借方登记资产负债表日企业持有的交易性金融资产等的公允价值低于账面余额的差额。期末，应将本科目的余额转入“本年利润”科目，结转后本科目无余额。本科目按交易性金融资产、交易性金融负债等进行明细核算。

“投资收益”科目。核算企业确认的投资收益或投资损失。贷方登记企业出售交易性金融资产等实现的投资收益，借方登记企业出售交易性金融资产等发生的投资损失。期末，应将本科目的余额转入“本年利润”科目，结转后本科目无余额。本科目按投资项目进行明细核算。

二、具体核算

（一）交易性金融资产的取得

企业初次取得交易性金融资产，按取得时的公允价值，借记“交易性金融资产——成本”科目，按发生交易费用，借记“投资收益”科目，按已宣告但尚未发放的现金股利或已到付息期但尚未领取的利息，借记“应收股利”或“应收利息”科目，按实际支付的金额，贷记“其他货币资金——存出投资款”等科目。

注意：企业取得交易性金融资产所发生的交易费用，如果取得了增值税专用发票，进项税额经认证后可以从当期销项税额中扣除。交易费用是指可直接归属于购买、发行或处置金融工具的增量费用。增量费用是指企业没有购买、发行或处置相关金融工具的情形就不会发生的费用，包括支付给代理机构、咨询公司、券商、证券交易所、政府有关部门等的手续费、佣金、相关税费以及其他必要支出，不包括债券溢价、折价、融资费用、内部管理成本和持有成本等与交易不直接相关的费用。

【案例设计2-16】2019年1月8日，西秦股份有限公司购入美华公司发行的公司债券，该笔债券于2018年7月1日发行，面值为100万元，票面利率为4%，债券利息按年支付。西秦股份有限公司将其划分为交易性金融资产，支付价款为110万元（其中包含已到付息期但尚未领取的债券利息2万元），另支付交易费用3万元，取得增值税专用发票上注明的增值税税额为1 800元，应作如下账务处理：

借：交易性金融资产——成本	1 080 000	
应收利息	20 000	
贷：其他货币资金——存出投资款		1 100 000
借：投资收益	30 000	
应交税费——应交增值税（进项税额）	1 800	
贷：其他货币资金——存出投资款		31 800

在本例中，取得交易性金融资产所支付价款中，包含了已到付息期但尚未领取的债券利息20 000元，应当记入“应收利息”科目，不记入“交易性金融资产”科目。

（二）交易性金融资产持有期间的现金股利或利息的会计处理

企业持有交易性金融资产期间的会计处理，交易性金融资产持有期间被投资单位宣告发放的现金股利，或在资产负债表日按分期付息、一次还本债券投资的票面利率计算的利息，借记“应收股利”或“应收利息”科目，贷记“投资收益”科目。

【案例设计 2－17】 承【案例设计 2－16】资料。2019 年 2 月 5 日，西秦股份有限公司收到该笔债券利息 2 万元。2020 年 2 月 10 日，西秦股份有限公司收到债券利息 4 万元。

2019 年 2 月 5 日，收到购买价款中包含的尚未领取的债券利息时，应作如下账务处理：

借：其他货币资金——存出投资款　　20 000

　　贷：应收利息　　20 000

2019 年 12 月 31 日，确认丙公司的公司债券利息收入时，应作如下账务处理：

借：应收利息　　40 000

　　贷：投资收益　　40 000

2020 年 2 月 10 日，收到持有丙公司的公司债券利息时，应作如下账务处理：

借：其他货币资金——存出投资款　　40 000

　　贷：应收利息　　40 000

（三）交易性金融资产的期末计量

资产负债表日，交易性金融资产应当按照公允价值计量，公允价值与账面余额之间的差额计入当期损益。如果交易性金融资产公允价值高于账面余额，将其差额记入“交易性金融资产——公允价值变动”科目的借方，同时记入“公允价值变动损益”科目的贷方；如果交易性金融资产公允价值低于账面余额，将其差额记入“交易性金融资产——公允价值变动”科目的贷方，同时记入“公允价值变动损益”科目的借方。

【案例设计 2－18】 2019 年 3 月 1 日西秦股份有限公司购入华林股票，公允价 105 万元；6 月 30 日该股票的公允价值为 100 万元。

2019 年 6 月 30 日，确认该股票的公允价值变动损益时，应作如下账务处理：

借：公允价值变动损益　　50 000

　　贷：交易性金融资产——公允价值变动　　50 000

2019 年 12 月 31 日华林股票的公允价值是 110 万元，确认该股票的公允价值变动损益时，应作如下账务处理：

借：交易性金融资产——公允价值变动　　100 000

　　贷：公允价值变动损益　　100 000

（四）交易性金融资产的处置

企业出售交易性金融资产时，应将出售交易性金融资产的公允价值与其账面余额之间的差额确认为当期投资收益，同时将原计入公允价值变动损益的该金融资产的公允价值变动转出，由公允价值变动损益转为投资收益。

在进行会计处理时，企业按实际收到的金额，记入“其他货币资金”科目的借方，按处置时交易性金融资产的账面余额，记入“交易性金融资产”科目的贷方，将实际收到的金额与交易性金融资产账面余额的差额列入“投资收益”科目的借方或贷方。同时，将原计入该金融资产的公允价值变动转出，借记或贷记“公允价值变动损益”科目，贷记或借记“投资收益”科目。

注意：金融商品转让按照卖出价扣除买入价后的余额作为销售额计算增值税，即转让金融产品按盈亏相抵后的余额作为销售额。若相抵后出现负差，可结转下一纳税期与下期转让金融商品销售额互抵，但年末是仍出现负差的，不得转入下一个会计年度。

转让金融资产当月月末，如产生转让收益，则按应纳税额，借记“投资收益”等科目，贷记“应交税费——转让金融商品应交增值税”科目；如产生转让损失，则按可结转下月抵扣税额，借记“应交税费——转让金融商品应交增值税”科目，贷记“投资收益”等科目。

年末，如果“应交税费——转让金融商品应交增值税”科目有借方余额，说明本年度的金融商品转让损失无法弥补，且本年度的金融资产转让损失不可转入下年度继续抵减转让金融资产的收益，因此，应借记“投资收益”等科目，贷记“应交税费——转让金融商品应交增值税”科目，将“应交税费——转让金融商品应交增值税”科目的借方余额转出。

【案例设计 2－19】 承【案例设计 2－18】资料。假定 2020 年 3 月 15 日，西秦股份有限公司出售了华林公司的所有股票，售价为 160 万元。应作如下账务处理：

借：其他货币资金——存出投资款　　1 600 000
　贷：交易性金融资产——成本　　1 050 000
　　　　　　　　　——公允价值变动　　50 000
　　投资收益　　500 000

同时：

借：公允价值变动损益　　50 000
　贷：投资收益　　50 000

转让金融商品应交增值税 =（1 600 000 －1 050 000）÷（1 +6%）×6% =31 132.08（元）

借：投资收益　　31 132.08
　贷：应交税费——转让金融商品应交增值税　　31 132.08

综合案例

【案例设计 2－20】 西秦股份有限公司 2019 年 3 月 1 日购入面值为 100 万元，年利率为 8% 的 A 债券；取得时支付价款 108 万元（含已到付息期尚未领取的债券利息 8 万元），另支付交易费用 1 万元，取得的增值税专用发票上注明的增值税税额为 0.06 万元。西秦股份有限公司将该金融资产划分为交易性金融资产；2019 年 4 月 5 日，收到购买时价款中所含的利息 8 万元；2019 年 12 月 31 日，A 债券的公允价值为 112 万元，2020 年 1 月 5 日，收到 A 债券 2019 年度的利息 8 万元；2020 年 4 月 20 日，西秦股份有限公司出售 A 债券售价为 116 万元。

（1）2019 年 3 月 1 日西秦股份有限公司购入金融资产时：

借：交易性金融资产——成本　　1 000 000
　　应收利息　　80 000
　　投资收益　　10 000
　　应交税费——应交增值税（进项税额）　　600
　贷：其他货币资金——存出投资款　　1 090 600

（2）2019 年 4 月 5 日秦都股份有限公司收到利息时：

借：其他货币资金——存出投资款　　80 000
　贷：应收利息　　80 000

（3）2019年12月31日A债券公允价值发生变动时：

借：交易性金融资产——公允价值变动　　120 000

　　贷：公允价值变动损益　　120 000

（4）2019年12月31日A债券计算应收利息时：

借：应收利息　　80 000

　　贷：投资收益　　80 000

（5）2020年1月5日收到利息时：

借：其他货币资金——存出投资款　　80 000

　　贷：应收利息　　80 000

（6）2020年4月20日，西秦股份有限公司出售A债券时：

借：其他货币资金——存出投资款　　1 160 000

　　贷：交易性金融资产——成本　　1 000 000

　　　　　　　　　　——公允价值变动　　120 000

　　　　投资收益　　40 000

同时：

借：公允价值变动损益　　120 000

　　贷：投资收益　　120 000

转让金融商品应交增值税 =（1 160 000 - 1 000 000）÷（1 + 6%）× 6% = 9 056.6（元）

借：投资收益　　9 056.6

　　贷：应交税费——转让金融商品应交增值税　　9 056.6

【案例设计2-21】 2019年4月13日，西秦股份有限公司支付价款1 020 000元从西部证券交易所以存出投资款购入乙公司发行的股票100 000股，每股价格10.20元（含已宣告但尚未发放的现金股利0.20元），另支付交易费用1 000元，取得的增值税专用发票上注明的增值税税额为60元。西秦股份有限公司将持有的乙公司股权划分为交易性金融资产。

西秦股份有限公司其他相关资料如下：

（1）5月23日，收到乙公司发放的现金股利；

（2）6月30日，乙公司股票价格为每股9元；

（3）12月15日，将持有的乙公司股票全部售出，每股售价11元。

假定不考虑其他因素，西秦股份有限公司的账务处理如下：

（1）2019年4月13日，购入乙公司股票：

借：交易性金融资产——成本　　1 000 000

　　应收股利　　20 000

　　投资收益　　1 000

　　应交税费——应交增值税（进项税额）　　60

　　贷：其他货币资金——存出投资款　　1 021 060

（2）2019年5月23日，收到乙公司发放的现金股利：

借：其他货币资金——存出投资款　　20 000

　　贷：应收股利　　20 000

（3）2019年6月30日，确认股票价格变动：

借：公允价值变动损益　　100 000

　　贷：交易性金融资产——公允价值变动　　100 000

（4）2019年12月15日，乙公司股票全部售出：

借：其他货币资金——存出投资款　　1 100 000

　　交易性金融资产——公允价值变动　　100 000

　　贷：交易性金融资产——成本　　1 000 000

　　　　投资收益　　200 000

同时：

借：投资收益　　100 000

　　贷：公允价值变动损益　　100 000

转让金融商品应交增值税 =（1 100 000 − 1 000 000）÷（1 + 6%）× 6% = 5 660.38（元）

借：投资收益　　5 660.38

　　贷：应交税费——转让金融商品应交增值税　　5 660.38

知识拓展

交易性金融资产在资产负债表中，根据“交易性金融资产”总账科目的余额直接填列。

模块知识小结

金融资产一般划分为以下三类：（1）以摊余成本计量的金融资产；（2）以公允价值计量且变动计入其他综合收益的金融资产；（3）以公允价值计量且其变动计入当期损益的金融资产。企业应当结合自身业务特点和风险管理要求，对金融负债进行合理的分类。对金融资产和金融负债的分类已经确定，不得随意变更。

交易性金融资产属于以公允价值计量且变动计入当期损益的金融资产，主要是企业为了近期内出售而持有的，发生的相关交易费用应当直接计入当期损益。交易性金融资产的具体核算包括取得时、持有期间、资产负债表日和处置时的核算。

企业初次取得交易性金融资产时，按取得时的公允价值，计入交易性金融资产的成本，发生交易费用，记入“投资收益”的借方，支付价款中包含已宣告但尚未发放的现金股利或已到付息期但尚未领取的利息，记入“应收股利”或“应收利息”科目。持有交易性金融资产期间被投资单位宣告发放的现金股利，或在资产负债表日按分期付息、一次还本债券投资的票面利率计算的利息，借记“应收股利”或“应收利息”科目，贷记“投资收益”科目。资产负债表日交易性金融资产公允价值高于其账面余额的差额，借记“交易性金融资产——公允价值变动”科目，贷记“公允价值变动损益”科目，公允价值低于其账面余额的差额做相反的会计分录。出售交易性金融资产，按实际收到的金额，记入“其他货币资金”等科目，按该金融资产的账面余额，贷记“交易性金融资产”等科目，按其差额，贷记或借记“投资收益”科目。同时，将原计入该金融资产的公允价值变动转出，借记或贷记“公允价值变动损益”科目，贷记或借记“投资收益”科目。

模块三　应收及预付款项

学习内容框架提要

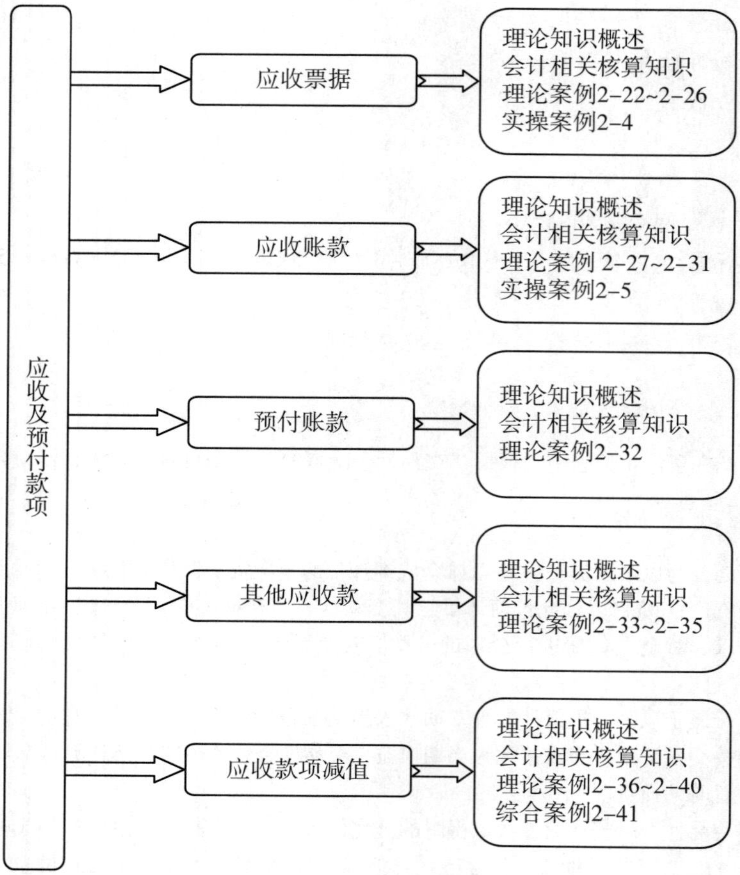

【职业能力目标】

通过本模块的学习，了解应收及预付款项的内容，明确应收及预付款项的内容构成，掌握应收票据、应收账款、预付账款、其他应收款及应收款项减值的核算。

【典型工作任务】

- ◆ 应收票据的确认、计量和账务处理。
- ◆ 应收账款的确认、计量和账务处理。
- ◆ 预付账款及其他应收款的确认、计量和账务处理。
- ◆ 应收款项减值的账务处理。

模块内容概述

应收及预付款项是指企业在日常生产经营过程中发生的各项债权，包括应收款项及预付款项。应收款项包括应收票据、应收账款和其他应收款等；预付款项则是指企业按照合同规定预付的款项，如预付账款等。

学习情境一 应 收 票 据

理论知识概述

一、应收票据的含义

应收票据是指企业因销售商品提供劳务等而收到的商业汇票。在我国，除商业汇票是远期票据外，大部分票据都是即期票据，可以即刻收款或存入银行成为货币资金，不需要作为应收票据核算。因此，我国会计实务中作为应收票据核算的是商业汇票。

二、商业汇票的分类

商业汇票按照承兑人不同，分为商业承兑汇票和银行承兑汇票。商业承兑汇票是指出票人记载银行以外的人为付款人，并由付款人予以承兑的票据。商业承兑汇票的出票人可以是收款人，也可以是付款人，但承兑人是付款人。商业承兑汇票到期，付款人直接向收款人付款；银行承兑汇票是指出票人记载银行为付款人，并由银行（付款人）予以承兑的票据。银行承兑汇票到期，由承兑银行向收款人付款，然后承兑银行再从承兑申请人的账户中划转这笔款项，如果承兑申请人的银行余额不足，则开户银行将这笔款项转为短期贷款，并加收利息。

商业汇票按照是否计息可分为不带息商业汇票和带息商业汇票。不带息商业汇票，是指商业汇票到期时，承兑人只按票面金额（即面值）向收款人或被背书人支付款项的票据。带息商业汇票是指商业汇票到期时，承兑人必须按票面金额加上应计利息向收款人或被背书人支付票款的票据。

会计相关核算知识

一、账户设置

为了总括反映应收票据取得、票款收回等情况，企业应设置“应收票据”科目。借方登记取得的应收票据的面值以及计提的票据利息；贷方登记票据到期收回票款或到期前向银行贴现的应收票据的票面余额；期末余额在借方，反映企业持有的商业汇票的票面余额。本科目可按照开出、承兑商业汇票的单位进行明细核算，并设置“应收票据备查簿”，逐笔登记每一商业汇票的种类、号数和出票日、票面金额、交易合同号和付款人、承兑人、背书人的姓名或单位名称、到期日、背书转让日、贴现日、贴现率和贴现净额以及收款日和收回金额、退票情况等资料。商业汇票到期结清票款或退票后，在备查簿中应予以注销。

二、具体核算

应收票据一般按面值计价，即企业收到应收票据时，应按照票据的面值入账。应收票据的核算主要包括应收票据的取得、收回、转让、贴现等业务。

（一）不带息应收票据的取得和收回

收到不带息商业汇票时，按应收票据的面值，借记“应收票据”科目，按实现的销售收入，贷记“主营业务收入”等科目，按增值税专用发票上注明的增值税额，贷记“应交税费——应交增值税（销项税额）”科目。票据到期收回时，按实际收到的金额，借记“银行存款”科目，按票据的面值，贷记“应收票据”科目。商业承兑汇票到期，承兑人违约拒付或无力偿还票款，收款企业应将到期票据的票面价值转入“应收账款”科目。

【案例设计 2－22】 西秦股份有限公司于 2019 年 7 月 20 日向乙企业销售一批产品，货款为 200 000 元，适用增值税税率为 16%，同时收到乙企业签发并承兑的一张 3 个月期商业承兑汇票，面值为 232 000 元。根据有关凭证，西秦股份有限公司应编制如下会计分录：

（1）销售商品收到商业汇票时：

借：应收票据	232 000	
贷：主营业务收入		200 000
应交税费——应交增值税（销项税额）		32 000

（2）如果 3 个月后，应收票据到期收回票款时：

借：银行存款	232 000	
贷：应收票据		232 000

（3）如果 3 个月后，应收票据到期乙企业无力偿还票款时：

借：应收账款	232 000	
贷：应收票据		232 000

（二）带息应收票据的取得和收回

带息应收票据到期，收取的款项等于应收票据的票面价值加上票据利息。应收票据利息的计算公式为：应收票据利息 = 应收票据的面值 × 利率 × 期限

上式中，利率一般以年利率表示。“期限”指出票日至到期日的时间间隔，一般用月或日表示。

票据期限按月表示时，应以到期月份中与出票日相同的那一天为到期日。如 5 月 15 日签发的一个月票据，到期日应为 6 月 15 日。月末签发的票据，不论月份大小，以到期月份的月末为到期日。与此同时，计算利息使用的利率要换算成月利率（年利率 ÷ 12）。

票据期限按日表示时，应从出票日起按实际经历天数计算。通常出票日和到期日，只能计算其中的一天，即“算头不算尾”或“算尾不算头”。例如，6 月 20 日签发的 90 天票据，求到期日。应为：9 月 18 日［6 月 10 天（30 − 20）+ 7 月 31 天 + 8 月 31 天 + 9 月 18 天 = 90 天］；反之，如果已知票据的出票日和到期日，计算该票据的期限也用上述方法。同时，计算利息使用的利率，要换算成日利率（年利率 ÷ 360）。

收到带息商业汇票时，按应收票据的面值，借记“应收票据”科目，按实现的销售收入，贷记“主营业务收入”等科目，按增值税专用发票上注明的增值税额，贷记“应交税费——应交增值税（销项税额）”科目。带息票据到期收回时，按实际收到的本息和，借记“银行存款”科目，按票据的账面余额，贷记“应收票据”科目，按其差额（未计提利息部分），贷记“财务费用”科目。到期不能收回的带息应收票据转入“应收账款”科目核算后，期末不再计提利息，其所包含的利息，在有关备查簿中进行登记，待实际收到时，再冲减当期的财务费用。

【案例设计 2－23】 西秦股份有限公司于 2019 年 7 月 5 日销售一批产品给 A 公司，货已发出，发票上注明的销售收入为 100 000 元，增值税额 16 000 元。收到 A 公司交来出票日为 7 月 14 日，到期日为 10 月 8 日的商业承兑汇票一张，票面利率为 10%。根据有关凭证，西秦股份有限公司应编制如下会计分录：

（1）销售商品收到商业汇票时：

借：应收票据	116 000	
贷：主营业务收入		100 000
应交税费——应交增值税（销项税额）		16 000

（2）票据到期收回货款：

票据的期限 =（31－14）+31+30+8=86（天）

收回金额 =116 000×（1+10%÷360×86）=118 771.11（元）

借：银行存款	118 771.11	
贷：应收票据		116 000
财务费用		2 771.11

（3）如票据到期 A 公司无力偿还票款（持有票据期间未计提利息）：

借：应收账款	116 000	
贷：应收票据		116 000

票据所包含的利息，在备查簿中进行登记，待实际收到时，再冲减当期的财务费用。

【案例设计 2－24】 西秦股份有限公司 2019 年 9 月 1 日销售一批产品给 B 公司，专用发票上注明的销售收入为 200 000 元，增值税为 32 000 元。收到 B 公司交来的面值为 232 000 元的商业承兑汇票一张，期限为 6 个月，票面利率为 5%，西秦股份有限公司应编制如下会计分录：

（1）销售商品收到商业汇票时：

借：应收票据	232 000	
贷：主营业务收入		200 000
应交税费——应交增值税（销项税额）		32 000

（2）年度终了（2019 年 12 月 31 日）计提票据利息时，作如下账务处理：

票据利息 =232 000×（5%÷12）×4=3 866.67（元）

借：应收票据	3 866.67	
贷：财务费用		3 866.67

（3）票据到期收回票款时，作如下账务处理：

收回金额 = 232 000 ×（1 + 5% ÷ 12 × 6）= 237 800（元）

借：银行存款　　237 800

　　贷：应收票据　　235 866.67

　　　　财务费用　　1 933.33（未计提利息部分）

（4）如票据到期 B 公司无力偿还票款：

借：应收账款　　235 866.67

　　贷：应收票据　　235 866.67

其余利息在备查簿中登记，待实际收到时，再冲减当期的财务费用。

（三）应收票据转让

应收票据转让是指持票人因偿还前欠货款、购买物资等原因，将自己持有的未到期的商业汇票背书转让给其他单位或个人的业务活动。背书是指持票人在票据背面签字，签字人称为背书人，背书人对票据的到期付款负有连带责任。

企业将持有的应收票据背书转让以取得所需物资时，按应计入物资成本的价值，借记“在途物资”“材料采购”“原材料”“库存商品”等科目，按专用发票上注明的增值税，借记“应交税费——应交增值税（进项税额）”科目，按应收票据的账面余额，贷记“应收票据”科目，如有差额，借记或贷记“银行存款”等科目。

【案例设计 2 – 25】 承【案例设计 2 – 24】西秦股份有限公司于 2019 年 7 月 25 日将上述面值为 232 000 元的应收票据背书转让给 C 公司，以取得生产经营所需的甲材料，该材料价款为 210 000 元，适用增值税税率为 16%。材料按实际成本核算，已验收入库，差额以银行存款补付。根据有关凭证，西秦股份有限公司应编制如下会计分录：

借：原材料　　210 000

　　应交税费——应交增值税（进项税额）　　33 600

　　贷：应收票据　　232 000

　　　　银行存款　　11 600

（四）应收票据的贴现

企业持有的应收票据在到期前，如果需要资金，可以持未到期的商业汇票背书转让给开户银行，即以贴现形式获得所需资金。“贴现”就是指票据持有人将未到期的商业汇票在背书后送交银行，银行受理后从票据到期值中扣除按银行贴现率计算确定的贴现利息，然后将贴现净额付给持票人的一种票据转让行为。票据贴现是金融机构向持票人融通资金的一种方式。

应收票据贴现有两种情况，一种是带追索权，另一种是不带追索权。不带追索权，视同应收债权的出售，当付款人不按期付款时，银行不可向背书企业索偿。如果是带追索权，视同应收债权为质押取得借款，当付款人不按期付款时，银行可向背书企业索偿。根据《票据法》规定，我国应收票据贴现到期时，如果商业汇票的付款人未按期付款，贴现银行可以向申请贴现的企业行使追索权，即申请贴现的企业对贴现银行收回该笔款项负有连带责任。因此，我国应收票据贴现一般都是带追索权的。

票据贴现的有关计算公式如下：

$$票据到期值 = 票据面值 \times (1 + 年利率 \times 票据到期天数 \div 360)$$

或

$$= 票据面值 \times (1 + 年利率 \times 票据到期月数 \div 12)$$

$$贴现天数 = 票据贴现日至票据到期日实际经历的天数$$

$$贴现息 = 票据到期值 \times 贴现率 \times 贴现天数 \div 360$$

$$贴现净额 = 票据到期值 - 贴现息$$

对上述公式，需要说明两点：一是对于不带息票据来说，票据的到期价值就是其面值；二是如果贴现企业与承兑企业不在同一票据交换区域的，计算贴现天数时应另加3天的划款天数。

如果企业持未到期的银行承兑汇票向银行贴现，视为将票据转让给银行，即应按扣除其贴现息后的净额，借记“银行存款”科目，按应收票据的账面余额，贷记“应收票据”科目，差额记“财务费用”科目。

企业持未到期的商业承兑汇票向银行贴现，应按扣除其贴现息后的净额，借记“银行存款”科目，按应收票据的到期值，贷记“短期借款”科目，差额记“财务费用”科目。票据到期时，付款人付款，借记“短期借款”科目，按应收票据的账面余额，贷记“应收票据”科目，如有差额记“财务费用”科目。如果票据到期，付款人拒绝付款，由于贴现企业负有连带责任，贴现银行会向贴现企业扣划款项，借记“短期借款”科目，贷记“银行存款”科目，同时借记“应收账款”科目，按应收票据的账面余额，贷记“应收票据”科目。

【案例设计2－26】 西秦股份有限公司于2019年7月25日持所收取的出票日为5月23日，期限为4个月面值为110 000元的不带息商业承兑汇票一张到银行贴现，假设该企业与承兑企业在同一票据交换区域内，银行年贴现率为12%。

票据到期值＝110 000（元），到期日为：9月23日。

贴现天数＝(31－25)＋31＋23＝60（天）

贴现息＝110 000×12%×60÷360＝2 200（元）

贴现净额＝110 000－2 200＝107 800（元）

有关会计分录如下：

（1）7月25日贴现时：

借：银行存款	107 800	
财务费用	2 200	
贷：短期借款		110 000

（2）9月23日商业汇票到期时：

如付款人按期付款：

借：短期借款	110 000	
贷：应收票据		110 000

如付款人的银行账户不足支付，银行即将已贴现的票据退回申请贴现的企业，同时从贴现企业的账户中将票据款划回。

借：短期借款　　110 000

　　贷：银行存款　　110 000

同时：

借：应收账款　　110 000

　　贷：应收票据　　110 000

实操案例

【案例设计 2－4】

西秦股份有限公司于 2019 年 12 月 10 日，向黄河有限责任公司销售 G 产品一批。收到一张面值为 83 520 元的不带息商业承兑汇票。

相关原始凭证：

陕西省增值税专用发票

No. 5310692586

记　账　联

开票日期：2019 年 12 月 10 日

购买方	名　　称：黄河有限责任公司 纳税人识别号：1900748456138441 地 址 、电 话：陕西西安太白路 029－89177456 开户行及账号：工行太白路营业部 021－65973186	密码区	67/ * +3 * 0/611 * + +0/ +0 * / * +3 +2/9 * 11 * +66666 ** 066611 * +66666 * 1 ** +216 *** 6000 * 261 * 2 * 4/ * 547 203994 + －42 * 64151 * 6915361/3 *

货物或应税劳务、服务名称	规格型号	单位	数量	单价	金额	税率	税额
G 产品		台	24	3 000	72 000.00	16%	11 520.00
合计					¥72 000.00		¥11 520.00
价税合计（大写）	零仟零佰零拾捌万叁仟伍佰贰拾元整					（小写）	¥83 520.00

销售方	名　　称：西秦股份有限公司 纳税人识别号：10000200001010900 地 址 、电 话：咸阳市文林路 37 号　029－33696782 开户行及账号：建行陕西省咸阳市西兰路分行 665674890	备注	西秦股份有限公司 财务专用章

收款人：　　复核：　　开票人：　　销售方：章

第一联：记账联　销售方记账凭证

商业承兑汇票

2 $\frac{A}{0}$ $\frac{B}{1}$ 00354729

出票日期（大写）　贰零壹玖年　壹拾贰月　零壹拾日

汇款人	全称	黄河有限责任公司	收款人	全称	西秦股份有限公司
	账号	190078456138441		账号	10000200001010900
	开户银行	工行太白路营业部		开户银行	建行咸阳市西兰路行

出票金额	人民币（大写）	亿	千	百	十	万	千	百	十	元	角	分
	捌万叁仟伍佰贰拾元整				¥	8	3	5	2	0	0	0

汇票到期日（大写）	贰零贰零年叁月壹拾日	付款行	行号	1750
交易合同号码	00847		地址	陕西西安太白路

本汇票已经承兑，到期无条件支付汇款 黄河有限责任公司 财务专用章 税兑人签章： 承兑日期：2019 年 12 月 10 日	本汇票请予以承兑于到期日汇款 出票人签章：

此联收款人开户行随托收凭证寄付款行作借方凭证附件

注意事项
一、本票在指定的城市范围使用。
二、本票经背书人可以转让。

被背书人	被背书人	被背书人
背书人签章 年　月　日	背书人签章 年　月　日	背书人签章 年　月　日

编制相关记账凭证：

转　账　凭　证

转字　第　13　号
附件　贰　张

2019 年 12 月 10 日

摘要	总账科目	明细科目	借方金额 千	百	十	万	千	百	十	元	角	分	贷方金额 千	百	十	万	千	百	十	元	角	分	记账符号
销售产品	应收票据					8	3	5	2	0	0	0											□
	主营业务收入															7	2	0	0	0	0	0	□
	应交税费	应交增值税（销项）														1	1	5	2	0	0	0	□
																							□
																							□
合计					¥	8	3	5	2	0	0	0			¥	8	3	5	2	0	0	0	□

会计主管　　记账　　复核　　制证　吴亮

学习情境二　应收账款

理论知识概述

一、应收账款的含义

应收账款是指企业因销售商品、提供劳务等而形成的应向购货单位或接受劳务单位收取的款项，包括销售商品或提供劳务的价款、增值税额、代购货单位或接受劳务单位垫付的运杂费等。

企业在非购销活动中产生的应收款项，如企业与外单位之间的各种应收罚款、赔款、存出保证金，以及应向职工收取的各种垫付款项等，不属于应收账款而应属于其他应收款。企业购销活动中采用商业汇票结算的款项，也不属于应收账款而属于应收票据。

二、应收账款的确认与计价

应收账款应于收入实现时予以确认，即以销售收入确认的时间作为应收账款的入账时间。关于收入实现的具体条件见本书收入模块相关内容。

应收账款的计价就是确定应收账款的入账金额。按照历史成本计量属性，应收账款应按实际发生额（包括发票金额和代购货单位垫付的包装费、运杂费等）计价入账。如果企业在销售过程中存在商业折扣和现金折扣，应收账款的计量就需要考虑商业折扣和现金折扣等因素。

（一）商业折扣

商业折扣是指企业根据市场供需情况，或针对不同的客户，在商品标价上给予的扣除。商业折扣是数量折扣，是企业为了鼓励客户加大购买量而采用的销量越多、价格越低的促销手段，以达到“薄利多销”的目的。

商业折扣通常用百分比表示，扣除商业折扣后的价格才是商品的实际售价。购买方应付的货款和销售方应收的货款都是按扣除商业折扣后的价格计算。例如，甲企业销售 B 产品，产品价目表所列示的 B 产品的单价为 300 元，但对购买量达 500 件者给予 10% 的商业折扣。2019 年 6 月，乙企业一次性从甲企业购买 B 产品 600 件，则甲企业销售 600 件 B 产品销售单价为 270 元（300 − 300 × 10%），应收货款 162 000 元（270 × 600）。由此可见，商业折扣在交易发生时即已确定，它仅仅是确定实际销售价格的一种手段，不必在买卖双方任何一方的账上反映。因此，在存在商业折扣的情况下，企业应收账款入账金额应按扣除商业折扣后的实际售价确认。

（二）现金折扣

现金折扣是指债权人为鼓励债务人在规定的期限内付款，而向债务人提供的债务扣除。现金折扣通常发生在以赊销方式销售商品及提供劳务的交易中。企业为了鼓励客户提前偿付货款，通常与债务人达成协议，债务人在不同期限内付款可享受不同比例的折扣。现金折扣一般用符号“折扣率/付款期限”表示。例如，“2/10，1/20，n/30”表示买方在10天内付款给予2%的折扣；在20天内付款给予1%的折扣；在30天内付款则不给折扣。现金折扣发生在销售之后，折扣是否发生要视债务人的付款时间而定。因此，存在现金折扣的情况下，应收账款入账金额的确认有两种方法：一种是总价法；另一种是净价法。

总价法是按未减去现金折扣的发票金额作为应收账款的入账价值。只有客户在折扣期内支付货款时，现金折扣才予以确认。在这种方法下，销货方把给予客户的现金折扣视为融资的理财费用，会计上作为财务费用处理。

净价法是按减去现金折扣后的金额作为应收账款的入账价值。这种方法是把客户取得折扣视为正常现象，认为客户一般都会提前付款，而将由于客户超过折扣期而多收入的金额，视为企业的理财收益，冲减财务费用。

在我国会计实务中，对含有现金折扣的应收账款采用总价法进行核算。

会计相关核算知识

一、账户设置

为了总括反映应收账款的增减变动及其结存情况，企业应设置“应收账款”科目，不单独设置“预收账款”科目的企业，预收的账款也在“应收账款”科目核算。“应收账款”科目借方登记应收账款的增加；贷方登记应收账款的收回及确认的坏账损失；余额在借方，反映企业尚未收回的应收账款，余额在贷方，一般反映企业预收的账款。本科目按债务人进行明细核算。

二、具体核算

（一）无商业折扣和现金折扣情况下应收账款的账务处理

没有商业折扣和现金折扣的情况下，企业发生应收账款时按应收的全部金额，借记“应收账款”科目户，按实现的营业收入，贷记“主营业务收入”“其他业务收入”等科目，按增值税专用发票上注明的增值税额，贷记“应交税费——应交增值税（销项税额）”科目。收回应收账款时，借记“银行存款”等科目，贷记“应收账款”科目。企业代购货单位垫付的包装费、运杂费等也通过“应收账款”科目核算。

【案例设计2-27】 西秦股份有限公司于2019年8月10日赊销一批商品给美华公司，货已发出，增值税专用发票上注明价款为50 000元，增值税为8 000元。另代美华公司垫付运杂费1 000元。已办妥委托银行收款手续。根据有关凭证，应编制如下会计分录：

借：应收账款——美华公司	59 000	
贷：主营业务收入		50 000
应交税费——应交增值税（销项税额）		8 000
银行存款		1 000

【案例设计2-28】 西秦股份有限公司于2019年8月30日收到美华公司交来转账支票一张，金额59 000元，系支付8月10日货款。根据有关凭证，应编制如下会计分录：

借：银行存款　　59 000

　　贷：应收账款——美华公司　　59 000

（二）存在商业折扣情况下应收账款的账务处理

有商业折扣的情况下，企业发生应收账款时应按扣除商业折扣后的金额入账。

【案例设计2-29】 西秦股份有限公司于2019年9月15日赊销一批商品给华林公司，按价目表标明的价格计算，金额为200 000元，由于是成批销售，西秦股份有限公司给购货方10%的商业折扣。货已发出，增值税专用发票上注明价款为180 000元，增值税为28 800元。根据有关凭证，应编制如下会计分录：

借：应收账款——华林公司　　208 800

　　贷：主营业务收入　　180 000

　　　　应交税费——应交增值税（销项税额）　　28 800

【案例设计2-30】 西秦股份有限公司于2019年10月8日收到华林公司交来转账支票一张，金额208 800元，支付前欠9月15日货款。根据有关凭证，应编制如下会计分录：

借：银行存款　　208 800

　　贷：应收账款——华林公司　　208 800

（三）存在现金折扣情况下应收账款的账务处理

在我国会计实务中，对含有现金折扣的应收账款采用总价法进行核算，对现金折扣的计算存在两种计算方法：一种是考虑增值税的折扣，即按价款与增值税之和计算现金折扣；另一种是不考虑增值税的折扣，即只对价款计算现金折扣。

【案例设计2-31】 西秦股份有限公司于2019年10月12日赊销一批商品给红旗公司，增值税专用发票上注明价款为20 000元，增值税为3 200元。合同规定的现金折扣条件为“2/10，n/30”。货已发出并办妥托收手续。根据有关凭证，采用总价法应编制如下会计分录：

（1）10月12日销售商品时：

借：应收账款——红旗公司　　23 200

　　贷：主营业务收入　　20 000

　　　　应交税费——应交增值税（销项税额）　　3 200

（2）如果红旗公司在10天内付款，则红旗公司可享受2%的现金折扣。

①若合同规定计算现金折扣时考虑增值税，则西秦股份有限公司收到货款为22 736元（23 200－23 200×2%）时：

借：银行存款　　22 736

　　财务费用　　464

　　贷：应收账款——红旗公司　　23 200

②若合同规定计算现金折扣时不考虑增值税，则西秦股份有限公司收到货款为 22 800 元（23 200 − 20 000 × 2%）时：

借：银行存款　　22 800
　　财务费用　　400
　贷：应收账款——红旗公司　　23 200

（3）如果新华公司在 10 天后付款，则不能享受现金折扣，西秦股份有限公司收到货款为 23 200 元时：

借：银行存款　　23 200
　贷：应收账款——红旗公司　　23 200

实操案例

【案例设计 2 − 5】

西秦股份有限公司 2019 年 12 月 18 日，采用托收承付方式结算，销售产品。

相关原始凭证：

托收凭证（受理回单）　1

委托日期：2019 年 12 月 18 日

业务类型	委托收款（□邮划、☑电划）		托收承付（□邮划、☑电划）		
付款人 全称	秦川有限责任公司		收款人 全称	西秦股份有限公司	
付款人 账号	02043889956434		收款人 账号	665674890	
付款人 地址	陕西省宝鸡市 市县	开户行 建设银行经二路支行	收款人 地址	陕西省咸阳 市县	开户行 建行西兰路行
金额	人民币（大写）　肆拾万零陆仟元整		千百十万千百十元角分	¥ 4 0 6 0 0 0 0 0	
款项内容	销售 M 产品	托收凭据名称		附寄单证张数	五张
商品发运情况	已经托运		合同名称号码	购货合同 01145	
备注： 复核　　记账		款项收妥日期 年　月　日		建行银行 转讫 收款人开户银行签章 2019 年 12 月 18 日	

此联作收款人开户银行给收款人的受理回单

陕西省增值税专用发票

全国统一发票监制章 国家税务总局监制

记　账　联

No. 5310692599

开票日期：2019 年 12 月 18 日

购买方	名　　称：秦川有限责任公司 纳税人识别号：243366678899 地 址 、电 话：宝鸡市经二路 0917 － 33664569 开户行及账号：建设银行经二路支行 667795818			密码区	67/ ＊ ＋3 ＊0/611 ＊ ＋ ＋0/ ＋0 ＊/ ＊ ＋3 ＋2/9 ＊11 ＊ ＋66666 ＊＊066611 ＊ ＋66666 ＊ 1 ＊＊ ＋216 ＊＊＊6000 ＊261 ＊2 ＊4/ ＊547 203994 ＋ －42 ＊64151 ＊6915361/3 ＊		
货物或应税劳务、服务名称	规格型号	单位	数量	单价	金额	税率	税额
M 产品		台	10	350 000	350 000. 00	16%	56 000. 00
合计					¥350 000. 00		¥56 000. 00
价税合计（大写）	零仟零佰肆拾零万陆仟零佰零拾零元零角零分				（小写） ¥406 000. 00		
销售方	名　　称：西秦股份有限公司 纳税人识别号：10000200001010900 地 址 、电 话：咸阳市文林路 37 号 029 － 33696782 开户行及账号：建行陕西省咸阳市西兰路分行 665674890			备注	西秦股份有限公司 财务专用章		

第一联：记账联 销售方记账凭证

收款人：　　　　复核：　　　　开票人：　　　　销售方：章

编制相关记账凭证：

转　账　凭　证

转字　第 19 号

2019 年 12 月 18 日　　　　附件　贰　张

摘要	总账科目	明细科目	借方金额										贷方金额										记账符号
			千	百	十	万	千	百	十	元	角	分	千	百	十	万	千	百	十	元	角	分	
销售产品	应收账款				4	0	6	0	0	0	0	0											□
	主营业务收入														3	5	0	0	0	0	0	0	□
	应交税费	应交增值税（销项）														5	6	0	0	0	0	0	□
																							□
																							□
合计				¥	4	0	6	0	0	0	0	0		¥	4	0	6	0	0	0	0	0	□

会计主管　　　　记账　　　　复核　　　　制证　吴亮

学习情境三 预付账款

理论知识概述

预付账款是指企业按照购货合同或劳务合同规定，预先支付给供货方或提供劳务方的款项。企业预付货款后，有权要求对方按照购货合同规定发货。预付账款作为企业的一项债权，与其他债权的不同之处在于，将来应收回的不是货币资金，主要是材料、商品等非货币性资产。

会计相关核算知识

一、账户设置

为了总括反映预付账款的增减变动及其结存情况，企业应当设置“预付账款”科目。借方登记预付、补付的款项，贷方登记收到所购货物时应结转的预付款项及退回的多付款项，期末余额在借方，反映企业实际预付的款项；余额在贷方，则表示企业尚未补付的款项，即应付款项。本科目应按供应单位进行明细核算。预付账款不多的企业，可以不设置“预付账款”科目，而将预付的款项并入“应付账款”科目核算。

二、具体核算

企业按购货合同的规定预付款时，按预付金额，借记“预付账款”科目，贷记“银行存款”科目。企业收到预定的货物时，根据发票账单上列明的应计入购货成本的金额，借记“原材料”等科目，按增值税专用发票上注明的增值税，借记“应交税费——应交增值税（进项税额）”科目，按应付的金额，贷记“预付账款”科目；补付货款时，借记“预付账款”科目，贷记“银行存款”科目。收回多预付的款项，借记“银行存款”科目，贷记“预付账款”科目。

理论案例

【案例设计2-32】 西秦股份有限公司于2019年7月25日向乙公司采购材料50吨，单价2 000元，按照合同规定向乙公司预付货款的50%，验收货物后补付剩余款项。根据有关凭证，西秦股份有限公司应编制如下会计分录：

（1）7月25日预付货款时：

借：预付账款	50 000	
贷：银行存款		50 000

（2）8月30日收到乙公司发来的50吨材料，验收无误，材料入库。增值税专用发票上注明的货款为100 000元，增值税额16 000元。

借：原材料	100 000	
应交税费——应交增值税（进项税额）	16 000	
贷：预付账款		116 000

（3）8月31日西秦股份有限公司以银行存款补付所欠款项66 000元。

借：预付账款　　66 000

　　贷：银行存款　　66 000

学习情境四　其他应收款

理论知识概述

一、其他应收款的含义

其他应收款是指企业应收款项的另一重要组成部分。是企业除应收账款、应收票据、预付账款等以外的其他各种应收及暂付款项。

二、其他应收款包括的主要内容

（1）应收的各种赔款、罚款，如因企业财产等遭受意外损失而向有关保险公司收取的赔款等。

（2）应收出租包装物的租金。

（3）应向职工收取的各种垫付款项，如为职工垫付的水电费、应由职工负担的医药费、房租费等。

（4）存出保证金，如租入包装物支付的押金。

（5）备用金（向企业各职能科室、车间等拨出的备用金）。

（6）其他各种应收、暂付款项。

会计相关核算知识

一、账户设置

为了反映和监督其他应收款的增减变动和结存情况，企业应当设置“其他应收款”科目。借方登记其他应收款的增加；贷方登记其他应收款的收回；期末余额一般在借方，反映企业尚未收回的其他应收款项。该科目应按其他应收款的项目分类，并按不同的债务人进行明细核算。

二、具体核算

企业发生其他应收款时，按应收金额借记“其他应收款”科目，贷记有关科目；收回各种款项时，借记“银行存款”等科目，贷记“其他应收款”科目。

理论案例

【案例设计2－33】2019年6月25日，西秦股份有限公司在采购过程中发生材料毁损，保险公司已确认赔偿损失34 800元。假定该公司对原材料采用计划成本核算。根据有关凭证，西秦股份有限公司应编制如下会计分录：

（1）发生毁损，确认赔偿损失时：

借：其他应收款——应收赔偿款（某保险公司）　　34 800

贷：材料采购　　30 000

应交税费——应交增值税（进项税额转出）　　4 800

（2）西秦股份有限公司收到上述保险公司的赔款：

借：银行存款　　34 800

贷：其他应收款——应收赔偿款（某保险公司）　　34 800

【案例设计2－34】2019年6月28日，西秦股份有限公司租入包装物一批，以银行存款向出租方某公司支付押金20 000元。根据有关凭证，西秦股份有限公司应编制如下会计分录：

（1）支付押金时：

借：其他应收款——存出保证金（某公司）　　20 000

贷：银行存款　　20 000

（2）如数归还包装物，收回全部押金并存入银行。

借：银行存款　　20 000

贷：其他应收款——存出保证金（某公司）　　20 000

【案例设计2－35】2019年7月4日，西秦股份有限公司以银行存款替职工王明垫付应由其个人负担的医疗费5 000元，拟从其工资中扣回。根据有关凭证，西秦股份有限公司应编制如下会计分录：

（1）垫付时：

借：其他应收款——王明　　5 000

贷：银行存款　　5 000

（2）扣款时：

借：应付职工薪酬——工资　　5 000

贷：其他应收款——王明　　5 000

学习情境五　应收款项减值

理论知识概述

一、应收款项减值损失的确认

企业应当在资产负债表日对应收款项的账面价值进行检查，有客观证据表明该应收款项发生减值的，应当将该应收款项的账面价值减记至预计未来现金流量现值，应当确认减值损失，计提应收款项减值准备（又称坏账准备）。

应收款项减值损失的确认必须有客观证据。证明应收款项减值的证据是指该应收款项初始确认后发生的，对该应收款项的预计未来现金流量产生影响，且企业能够对该影响进行可靠计量的事项。

一般认为，应收款项符合下列条件之一的，可以判断该应收款项发生减值：

（1）债务人发生严重财务困难。

（2）债务人违反合同条款，如债务人偿付利息或本金发生违约或逾期等。

（3）债权人出于经济或法律等方面因素的考虑，对发生财务困难的债务人作出让步。

（4）债务人可能倒闭或进行其他财务重组。

（5）无法辨认一组应收款项中的某项应收款项的未来现金流量是否已经减少，但根据公开的数据对其进行总体评价后发现，该组应收款项自确认以来的预计未来现金流量的确已经减少而且可以计量，如债务人所在国家或地区的失业率快速提高、担保物在其所在地区的价格明显下降、所处行业不景气等。

（6）其他表明应收款项发生减值的客观证据。

二、计提坏账准备的范围

坏账准备是指对应收款项预提的，用来对不能收回的应收款项抵销的账户，是应收款项的备抵调整账户。商业信用的高度发展是市场经济的重要特征之一，商业信用的发展在为企业带来销售收入增加的同时，不可避免地导致坏账的发生。企业对于应收账款、其他应收款及符合条件的应收票据、预付账款、应收股利及应收利息计提坏账准备。

企业持有的未到期的应收票据，如有确凿证据证明不能够收回或收回的可能性不大时，企业的预付账款如有确凿证据表明其不符合预付账款性质，或者因供货单位破产、撤销等原因已无望再收到所购货物的，都应当计提相应的坏账准备。

三、确认坏账损失的方法

根据确认坏账损失的时间不同，对于确认的应收款项减值，在会计核算上有两种方法，即直接转销法和备抵法。

（一）直接转销法

直接转销法下，对于应收款项可能发生的坏账损失在日常核算中不予考虑，只有在实际发生坏账时，才作为坏账损失计入当期损益，同时直接冲销应收款项，借记“资产减值损失”科目，贷记“应收账款”等科目。

这种方法的优点是账务处理简单，其缺点是不符合权责发生制原则，也与资产定义相冲突。在这种方法下，只有坏账实际发生时，才将其确认为当期费用，导致资产不实、各期损益不实；另外，在资产负债表上，应收账款是按账面余额而不是账面价值反映，这在一定程度上歪曲了期末的财务状况。所以，我国企业会计准则规定确定应收款项的减值只能采用备抵法，不得采用直接转销法。

（二）备抵法

备抵法是采用一定的方法按期估计坏账损失，计入当期损益，同时建立坏账准备，当某一应收款项全部或者部分被确认为坏账时，应根据其金额冲减应收款项减值准备，同时转销相应的应收款项。采用这种方法，在报表上列示应收款项的净额，使报表使用者能了解企业应收款项的可回收金额。在备抵法下，计提坏账准备的方法有余额百分比法、销货百分比法、账龄分析法等，具体采用何种方法可由企业自行确定。

（1）余额百分比法，是根据会计期末应收款项的余额和估计的坏账率，估计坏账损失，计提坏账准备的方法。

在此法下，会计期末，当企业按估计的坏账率提取的坏账准备大于“坏账准备”的账面余额时，应按差额补提坏账准备；当企业按估计的坏账率提取的坏账准备小于“坏账准备”的账面余额时，应按差额冲回多提的坏账准备。

（2）销货百分比法，是根据赊销金额的一定百分比估计坏账损失的方法。坏账百分比是根据企业以往的经验，按赊销金额中平均发生坏账损失的比率计算确定的。

（3）账龄分析法，是根据应收款项入账时间的长短来估计坏账损失的方法。账龄分析法的理论基础是账款拖欠的时间越长，发生坏账的可能性越大，应提取的坏账准备金越多。

会计相关核算知识

一、账户设置

采用备抵法核算的企业，为了总括反映应收款项减值损失的计提、转销等情况，应当设置“坏账准备”科目。该科目是应收款项科目的备抵调整科目，借方登记实际发生的坏账损失金额和冲减的坏账准备金额；贷方登记当期计提的坏账准备金额以及收回前已确认并核销的坏账准备金额；期末余额一般在贷方，反映已经计提但尚未转销的坏账准备。

二、具体核算

（1）资产负债表日，应收款项发生减值的，按应减记的金额，借记“资产减值损失——计提的坏账准备”科目，贷记“坏账准备”科目。冲减多计提的减值准备时，借记“坏账准备”科目，贷记“资产减值损失——计提的坏账准备”科目。

（2）对于确实无法收回的应收款项，按管理权限报经批准后作为坏账，转销应收账款，借记“坏账准备”科目，贷记“应收账款”等科目。

（3）已确认并转销的应收款项以后又收回的，应按实际收回的金额，借记“应收账款”等科目，贷记“坏账准备”科目；同时，借记“银行存款”科目，贷记“应收账款”等科目。

为简化处理，也可以按照实际收回的金额，借记“银行存款”，贷记“坏账准备”科目。

应收款项减值准备可按以下公式计算：

$$\text{当期应计提的坏账准备} = \text{当期按应收款项计算应提坏账准备金额} - (\text{或}+)\text{“坏账准备”科目的贷方（或借方）余额}$$

理论案例

【案例设计2－36】 2017年12月31日，西秦股份有限公司对丙公司的应收账款余额共计1 200 000元。进行减值测试时，根据丙公司的资信情况确定按10%计提坏账准备。（该公司首次计提坏账准备）2017年年末计提坏账准备的会计分录为：

借：资产减值损失——计提的坏账准备　　120 000

　　贷：坏账准备　　120 000

【案例设计2－37】 西秦股份有限公司2018年8月将丙公司的应收账款40 000元确认为坏账损失，应编制如下会计分录：

借：坏账准备　　40 000

　　贷：应收账款——丙公司　　40 000

【案例设计2－38】 承【案例设计2－36】和【案例设计2－37】西秦股份有限公司2018年年末对丙公司的应收账款余额共1 500 000元，经减值测试，西秦股份有限公司决定仍按10%计提的坏账准备。

根据西秦股份有限公司坏账核算方法，其“坏账准备”科目应保持的贷方余额为150 000元（1 500 000×10%）；计提坏账准备前，“坏账准备”科目的实际余额为贷方80 000元（120 000－40 000），因此本年实际计提的坏账准备金额为70 000元（150 000－80 000）。西秦股份有限公司应编制如下会计分录：

借：资产减值损失——计提的坏账准备　　70 000
　　贷：坏账准备　　70 000

【案例设计2－39】 西秦都股份有限公司2019年7月15日收到2018年已转销的坏账40 000元，已存入银行。西秦股份有限公司应编制如下会计分录：

借：应收账款——丙公司　　40 000
　　贷：坏账准备　　40 000

同时：

借：银行存款　　40 000
　　贷：应收账款——丙公司　　40 000

或者：

借：银行存款　　40 000
　　贷：坏账准备　　40 000

【案例设计2－40】 承【案例设计2－36】～【案例设计2－38】西秦股份有限公司2019年12月31日，对丙公司的应收账款余额共1 000 000元，经减值测试，西秦股份有限公司决定仍按10%计提的坏账准备。

根据西秦股份有限公司坏账核算方法，其“坏账准备”科目应保持的贷方余额为100 000元（1 000 000×10%）；计提坏账准备前，“坏账准备”科目的实际余额为贷方190 000元（150 000＋40 000），因此本年实际冲减的坏账准备金额为90 000元（190 000－100 000）。西秦股份有限公司应编制如下会计分录：

借：坏账准备　　90 000
　　贷：资产减值损失——计提的坏账准备　　90 000

综合案例

【案例设计2－41】 西秦股份有限公司为一般纳税人，增值税率为16%。采用备抵法核算坏账。2019年12月，西秦股份有限公司“应收账款”科目借方余额为500万元，“坏账准备”科目贷方余额为25万元，计提坏账的比例为期末应收账款余额的5%。12月份，西秦股份有限公司发生如下相关业务：

（1）12月5日，向乙企业赊销商品一批，按商品价目表标明的价格计算的金额为1 000万元（不含增值税），由于是成批销售，给予乙企业10%的商业折扣。

（2）12月9日，一客户破产，根据破产清算程序，有应收账款40万元不能收回，确认为坏账。

（3）12月11日，收到乙企业的销货款500万元，存入银行。

（4）12 月 15 日，收到 2018 年已转销为坏账的应收账款 10 万元，存入银行。

（5）12 月 16 日，向丙企业销售商品一批，增值税专用发票上注明的售价为 100 万元，增值税为 16 万元。西秦股份有限公司为了及早收回货款而在合同中规定的现金折扣条件为“2/10，1/20，n/30”。假定计算现金折扣不考虑增值税因素。

（6）12 月 25 日，西秦股份有限公司收到丙企业的商品款，存入银行。

西秦股份有限公司 12 月份应编制如下会计分录：

（1）12 月 5 日：

借：应收账款	10 440 000	
贷：主营业务收入		9 000 000
应交税费——应交增值税（销项税额）		1 440 000

（2）12 月 9 日：

借：坏账准备	400 000	
贷：应收账款		400 000

（3）12 月 11 日：

借：银行存款	5 000 000	
贷：应收账款		5 000 000

（4）12 月 15 日：

借：应收账款	100 000	
贷：坏账准备		100 000
借：银行存款	100 000	
贷：应收账款		100 000

（5）12 月 16 日：

借：应收账款	1 160 000	
贷：主营业务收入		1 000 000
应交税费——应交增值税（销项税额）		160 000

（6）12 月 25 日：

借：银行存款	1 140 000	
财务费用	20 000	
贷：应收账款		1 160 000

（7）12 月 31 日，西秦股份有限公司计算本期应计提的坏账准备时：

第一步：计算本期“应收账款”科目的期末余额：

5 000 000 + 10 440 000 − 400 000 − 5 000 000 +（100 000 − 100 000）+（1 160 000 − 1 160 000）= 10 040 000（元）

第二步：计算本期计提坏账前“坏账准备”科目的期末余额：

250 000 − 400 000 + 100 000 = −50 000（元）（负数为借方余额）

第三步：计算本期实际计提的坏账准备 = 10 040 000 × 5% −（−50 000）= 552 000（元）

借：资产减值损失——计提的坏账准备	552 000	
贷：坏账准备		552 000

知识拓展

应收及预付款各项目在资产负债表中的列示方法：“应收票据及应收账款”项目应根据“应收票据”和“应收账款”科目的期末余额，减去“坏账准备”科目中相关坏账准备期末余额后的金额填列；“预付款项”项目，需要根据“预付账款”和“应付账款”两个科目所属明细科目的期末借方余额合计数，减去“坏账准备”科目期末余额中预付账款坏账准备后的数额填列；“其他应收款”项目，应根据“应收利息”“应收股利”和“其他应收款”科目的期末余额合计数，减去“坏账准备”科目中相关坏账准备期末余额后的金额填列。

模块知识小结

应收及预付款项是企业一种重要的金融资产，包括应收票据、应收账款、预付账款和其他应收款等。

应收票据是指企业因销售商品、提供劳务等而收到的商业汇票，核算内容包括不带息的应收票据和带息的应收票据两种情况。具体包括应收票据的取得、收回、贴现、转让等业务的会计处理。

应收账款是指企业因销售商品、提供劳务等而形成的应向购货单位或接受劳务单位收取的款项，应收账款应于收入实现时予以确认，应收账款应按实际发生额计价。核算内容包括不存在现金折扣和商业折扣的会计处理以及包括商业折扣和现金折扣会计处理两种情况。

预付账款是指企业按照购货合同或劳务合同规定，预先支付给供货方或提供劳务方的款项。企业应当设置“预付账款”科目进行核算，预付账款不多的企业，也可以不设“预付账款”科目，而将企业的预付账款并入“应付账款”科目核算。

其他应收款是指企业除应收账款、应收票据、预付账款等以外的其他各种应收及暂付款项。主要内容包括：应收的各种赔款、罚款，应收出租包装物的租金，应向职工收取的各种垫付款项，存出保证金及其他各种应收、暂付款项。

企业应当在资产负债表日对应收账款的账面价值进行检查，有客观证据表明该应收账款发生减值的，应当将该应收账款的账面价值减记至预计未来现金流量现值，应当确认减值损失，计提应收账款减值准备。

模块四 存 货

学习内容框架提要

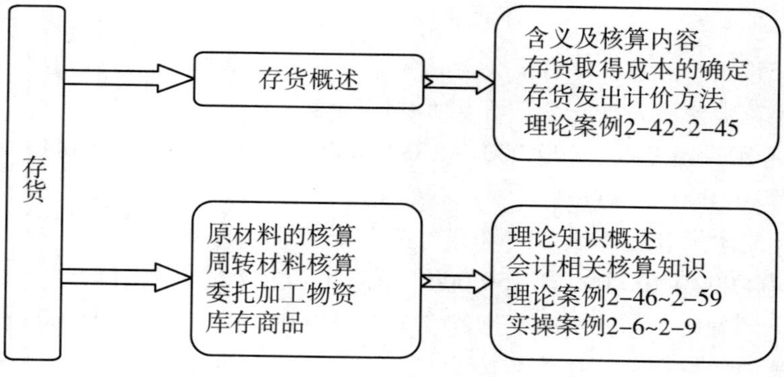

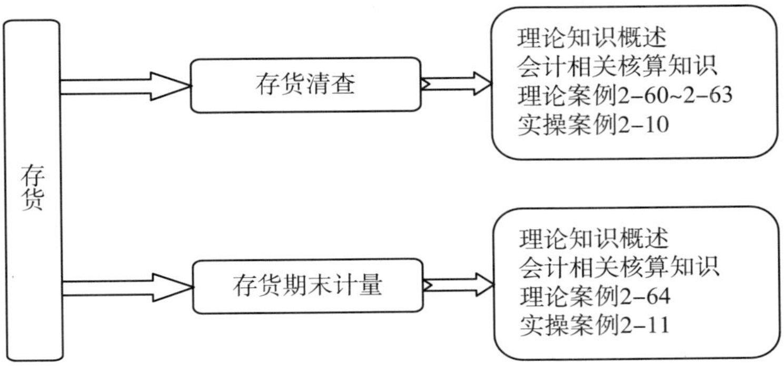

【职业能力目标】

通过本模块的学习，了解存货的概念、内容和确认条件，理解存货的计价方法和适用范围，掌握原材料、周转材料、委托加工物资、库存商品的会计处理方法；掌握存货的期末计价方法和会计处理方法。

【典型工作任务】

◆ 存货取得成本的确定。

◆ 存货发出计价方法。

◆ 原材料、周转材料、委托加工物资、库存商品的核算。

◆ 存货清查及减值核算。

模块内容概述

存货是企业流动资产中较为重要的核算内容。主要包括原材料、原料及主要材料、燃料等加工对象的核算；周转材料即包装物和低值易耗品的核算；委托加工物资的核算；库存商品的核算等。一般存货的核算既包括取得的核算还包括期末清查及减值的核算。

学习情境一 存货概述

一、含义及核算内容

存货，是指企业在日常活动中持有以备销售的产成品或商品、处在生产过程中的在产品、在生产过程或提供劳务过程中耗用的材料和物料。

企业的存货通常包括以下内容：

（1）原材料，是指企业在生产过程中经过加工改变其形态或性质并构成产品主要实体的各种原料及主要材料、辅助材料、外购半成品（外购件）、修理用备件（备品备件）、包装材料、燃料等。

（2）在产品，是指企业正在制造尚未完工的产品，包括正在各个生产工序加工的产品和已加工完毕但尚未检验或已检验但尚未办理入库手续的产品。

（3）半成品，是指经过一定生产过程并已检验合格交付半成品仓库保管，但尚未制造完工成为产成品，仍需进一步加工的中间产品。

（4）产成品，是指工业企业已经完成全部生产过程并验收入库，可以按照合同规定的条件送交订货单位，或者可以作为商品对外销售的产品。企业接受外来原材料加工制造的代制品和为外单位加工修理的代修品，制造和修理完成验收入库后应视同企业的产成品。

（5）商品，是指商品流通企业外购或委托加工完成验收入库用于销售的各种商品。

（6）周转材料，是指企业能够多次使用、逐渐转移价值但仍保持原有形态不确认为固定资产的材料，如包装物和低值易耗品。

（7）委托代销商品，是指企业委托其他单位代销的商品。

二、存货取得成本的确定

（一）外购取得存货成本

外购的存货成本，包括购买价款和相关税费以及运杂费，而运杂费中包括运输费、装卸费、保险费、包装费等，另外运输途中的合理损耗、入库前的挑选整理费用以及按规定应计入成本的税费和其他费用。

其中，存货的购买价款，是指企业购入的材料或商品的发票账单上列明的价款，但不包括按规定可以抵扣的增值税额。

存货的相关税费，是指企业购买存货发生的进口关税、消费税、资源税和不能抵扣的增值税进项税额等应计入存货采购成本的税费。

其他可归属于存货采购成本的费用，即采购成本中除上述各项以外的可直接归属于存货采购的费用，如在存货采购过程中发生的仓储费、包装费、运输途中的合理损耗、入库前的挑选整理费用等。这些费用能分清负担对象的，应直接计入存货的采购成本；不能分清负担对象的，应选择合理的分配方法，分配计入有关存货的采购成本。

（二）加工取得存货的成本

加工取得存货的成本由采购成本、加工成本构成。存货加工成本由直接人工和制造费用构成。制造费用是一项间接生产成本，包括企业生产部门（如生产车间）管理人员的职工薪酬、折旧费、办公费、水电费、机物料损耗、劳动保护费、季节性和修理期间停工损失等。

（三）委托外单位加工取得的存货成本

委托外单位加工完成的存货的实际成本包括：实际耗用的原材料或者半成品、运输费、加工费、装卸费等费用以及按规定应计入成本的税金。

（四）其他方式取得存货的成本

1. 投资者投入存货的成本

投资者投入存货的成本，应当按照投资合同或协议约定的价值确定，但合同或协议约定的价值不公允的除外。如果投资合同或协议约定价值不公允的情况下，按照该项存货的公允价值作为其入账价值。

2. 盘盈存货的成本

盘盈的存货应按其重置成本作为入账价值，并通过“待处理财产损溢”科目进行会计处理，按管理权限报经批准后，冲减当期的管理费用。

三、发出存货的计价方法

日常工作中，企业发出的存货，可以按实际成本核算，也可以按计划成本核算。如采用计划成本核算，会计期末应把相应的存货调整为实际成本。存货计价方法流程见图2－1。

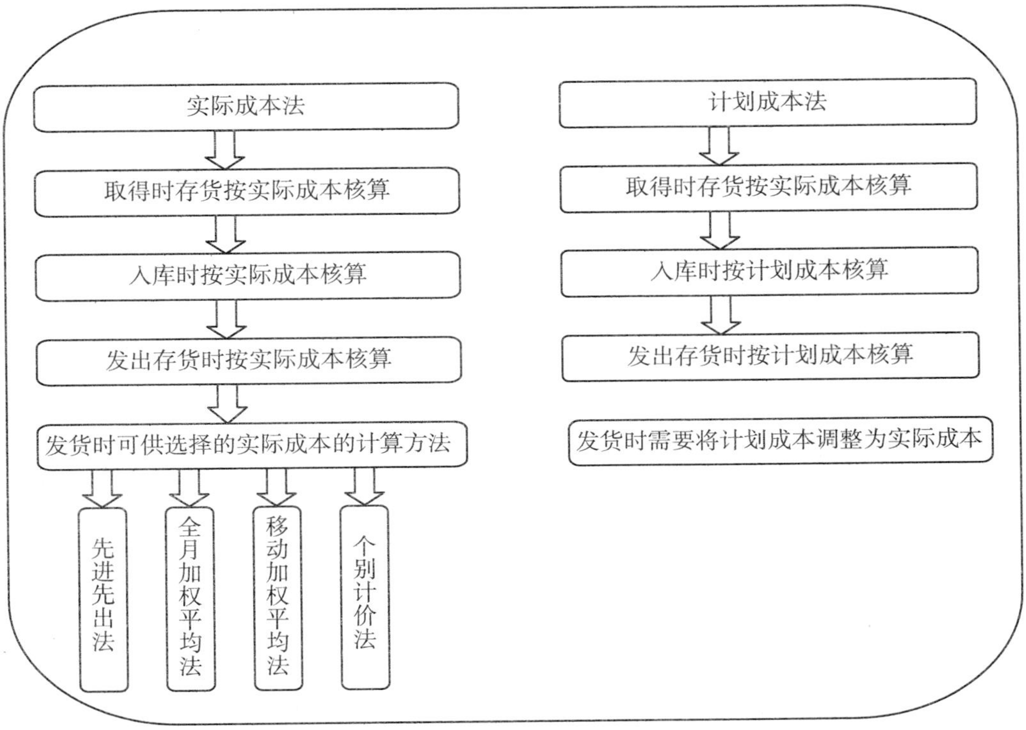

图2－1 存货计价方法流程

企业应当根据各类存货的实物流转方式、企业管理的要求、存货的性质等实际情况，合理的确定存货成本的计算方法。企业在实际成本核算方式下，可以采用的发出存货成本的计价方法包括先进先出法、月末一次加权平均法、移动加权平均法和个别计价法等。

（一）实际成本法下发出存货的计价

1. 先进先出法

先进先出法是指以先购入的存货应先发出（例如销售或耗用）这样一种存货实物流动假设为前提对发出存货进行计价的一种方法。

采用这种方法，先购入的存货成本在后购入存货成本之前转出，以此确定发出存货和期末存货成本。这种方法的优点是使企业不能随意挑选存货计价以调整当期利润，这种方法的缺点是工作量比较繁琐复杂，特别对于存货进出量频繁的企业更是如此。而且当物价上涨时，会高估企业当期利润和库存存货价值；反之，会低估企业存货价值和当期利润。

【案例设计2－42】 西秦股份有限公司D商品本期收入、发出和结存情况如表2－2所述。从该表可以看出存货成本的计价顺序，如11日发出的200件存货，按照先进先出法的流转顺序，公司应先发出期初库存存货 1 500 元（150×10），然后再发出 5 日购入的 50 件，即 600 元（50×12），后面以此类推。从表中看出，使用先进先出法这种方法得出的发出存货成本和期末存货成本分别为 4 800 元和 2 200 元。

表 2-2　　D 商品购销明细账（先进先出法）　　单位：元

日期		摘要	收入			发出			结存		
月	日		数量	单价	金额	数量	单价	金额	数量	单价	金额
5	1	期初余额							150	10	1 500
	5	购入	100	12	1 200				150 100	10 12	1 500 1 200
	11	销售				150 50	10 12	1 500 600	50	12	600
	16	购入	200	14	2 800				50 200	12 14	600 2 800
	20	销售				50 50	12 14	600 700	150	14	2 100
	23	购入	100	15	1 500				150 100	14 15	2 100 1 500
	27	销售				100	14	1 400	50 100	14 15	700 1 500
	30	本期合计	400	—	5 500	400	—	4 800	50 100	14 15	700 1 500

5 月 D 商品的发出存货成本 =（10×150+12×50）+（12×50+14×50）+14×100 = 4 800（元）

5 月 D 商品的期末结存成本 = 1 500 + 5 500 - 4 800 = 2 200（元）

2. 月末一次加权平均法

月末一次加权平均法是指以月初结存存货数量加上本月全部进货数量作为权数，去除月初结存存货成本加上本月全部进货成本，计算出存货的加权平均单位成本，以此为基础计算本月发出存货的成本和期末存货的成本的一种方法。计算公式如下所示：

存货的单位成本 =（月初库存存货成本 + 本月购入存货成本）÷（月初库存存货数量 + 本月购入存货数量）

本月发出存货的成本 = 本月发出存货的数量 × 存货单位成本

本月月末库存存货成本 = 月末库存存货的数量 × 存货单位成本

采用加权平均法只在月末一次计算加权平均单价，所以对于企业的核算人员来说比较简单，有利于简化成本计算工作，但由于这种方法平时无法从账上提供发出和结存存货的单价及金额，因此不利于企业对于存货成本的日常管理与控制。

【案例设计 2-43】 承【案例设计 2-42】西秦股份有限公司采用月末一次加权平均法，根据表 2-2，则 5 月 D 商品的平均单位成本为：

5 月 D 商品平均单位成本

=（期初结存存货金额 + 本期购入存货金额）÷（期初存货结存数量 + 本期购入存货数量）

$=(150\times10+100\times12+200\times14+100\times15)\div(150+100+200+100)$

≈12.727（元）

5 月 D 商品的发出存货成本 $=400\times12.727=5\ 090.8$（元）

5 月 D 商品的期末结存成本 $=7\ 000-5\ 090.8=1\ 909.2$（元）

3. 移动加权平均法

移动加权平均法是指每次进货时都要计算一次加权平均单位成本，具体方法是每次进货的成本加上原有企业库存存货的成本的合计额，除以每次进货数量加上原有库存存货的数量的合计数，以此计算加权平均单位成本，作为在下次进货前计算各次发出存货成本依据的一种方法。计算公式如下：

存货单位成本 =（原有库存存货实际成本 + 本次进货实际成本）
÷（原有库存存货数量 + 本次进货数量）

本次发出存货成本 = 本次发货数量 × 本次发货前存货单位成本

本月月末库存存货成本 = 月末库存存货数量 × 本月月末存货单位成本

移动加权平均法计算出来的存货成本比较均衡和准确，但计算的工作量大，适用范围一般是经营品种不多或者前后购进商品的单价相差幅度较大的商品流通类企业。

【案例设计 2－44】 承【案例设计 2－42】西秦股份有限公司采用移动加权平均法，则 5 月 D 商品本期收入、发出和结存情况如表 2－3 所述。从表 2－3 中看出，存货的平均单位成本从期初的 10 元，变为 10.8 元、13.6 元，再变为 14.016 元。各平均单位成本计算如下：

5 月 5 日购入存货后的移动加权平均单位成本

$=(10\times150+12\times100)\div(150+100)=10.8$（元）

5 月 16 日购入存货后的移动加权平均单位成本

$=(10.8\times50+14\times200)\div(50+200)=13.36$（元）

5 月 23 日购入存货后的移动加权平均单位成本

$=(13.6\times150+15\times100)\div(150+100)=14.016$（元）

表 2－3 **D 商品购销明细账（移动加权平均法）** 单位：元

日期		摘要	收入			发出			结存		
月	日		数量	单价	金额	数量	单价	金额	数量	单价	金额
5	1	期初余额							150	10	1 500
	5	购入	100	12	1 200				250	10.8	2 700
	11	销售				200	10.8	2 160	50	10.8	540
	16	购入	200	14	2 800				250	13.36	3 340
	20	销售				100	13.36	1 336	150	13.36	2 004
	23	购入	100	15	1 500				250	14.016	3 505
	27	销售				100	14.016	1 402	150	14.016	2 102.4
	30	本期合计	400	—	5 500	400	—	4 897.6	150	14.016	2 102.4

5 月 D 商品的发出存货成本 $=2\ 160+1\ 336+1\ 402=4\ 898$（元）

5 月 D 商品的期末结存成本 = 1 500 + 5 500 − 4 898 = 1 909.2（元）

4. 个别计价法

采用这一方法是假设存货的成本流转与实物流转相一致，按照各种存货，逐一辨认各批发出的存货和期末的存货所属的购进批别或生产批别，分别按其购入或生产时所确定的单位成本作为计算各批发出存货和期末存货成本的一种方法。在这种方法下，是把每一种存货的实际成本作为基础计算发出存货成本和期末存货成本的。

这种方法的优点是计算发出存货的成本和期末存货的成本比较合理、准确。缺点是实务操作的工作量繁重，困难较大。所以这种方法适用于容易识别、存货品种数量不是很多、单位成本较高的存货计价。例如，珠宝、名画等贵重物品。

（二）计划成本法下发出存货的计价

计划成本法下发出存货的成本计算可分为三个步骤：

1. 计算发出存货的计划成本

发出存货的计划成本 = 发出存货的数量 × 发出存货的计划单价

2. 计算发出存货应负担的成本差异

发出存货应负担的材料成本差异率

=（± 月初结存的材料成本差异 ± 本月购进的材料成本差异）

÷（月初结存的计划成本 + 本月购进的计划成本）

差异率为正数，表示超支差异；差异率为负数，表示节约差异。

发出存货应负担的成本差异

= 发出存货的计划成本 ×（± 材料成本差异率）

3. 发出存货的实际成本

发出存货实际成本 = 发出存货计划成本 + 发出存货应负担的成本差异

【案例设计 2 − 45】 西秦股份有限公司 4 月初结存 A 材料的计划成本为 100 000 元，成本差异为超支 3 074 元；当月入库 A 材料的计划成本 320 000 元，成本差异为节约 11 000 元，当月发出 A 材料的计划成本为 200 000 元，计算发出 A 材料的实际成本。

材料成本差异率 =（3 074 − 11 000）÷（100 000 + 320 000）× 100% = − 1.89%

发出 A 材料应负担的成本差异 = 200 000 × − 1.89% = − 3 780（元）

发出 A 材料的实际成本 = 200 000 − 3 780 = 196 200（元）

学习情境二　原材料的核算

理论知识概述

原材料，指企业在生产过程中经过加工改变其形态或性质并构成产品主要实体的各种原料及主要材料、辅助材料、外购半成品（外购件）、修理用备件（备品备件）、包装材料、燃料等。原材料是企业存货的主要组成部分，其计价方法可选择实际成本计价，也可选择计划成本计价。

会计相关核算知识

一、原材料按实际成本计价核算

（一）主账户设置

采用实际成本法核算，使用的会计科目有“原材料”“在途物资”“应付账款”“预付账款”等科目。

（1）“在途物资”账户，资产类，增加计入借方，减少计入贷方，期末余额在借方。本账户核算企业采用实际成本（或进价）进行材料、商品等物资的日常核算，已取得发票账单但物资尚未验收入库的购入材料或商品的实际采购成本。

（2）“原材料”账户，资产类，增加计入借方，减少计入贷方，期末余额在借方。本账户在实际成本法下，核算实际成本，原材料借方登记入库材料的实际成本，贷方登记发出材料的实际成本，期末余额在借方，反映企业库存材料的实际成本。

（二）具体核算

1. 原材料采购及入库的核算

（1）取得发票账单并且材料验收入库，应按相关采购发票账单，借记“原材料”和“应交税费——应交增值税（进项税额）”账户，贷记“银行存款”等账户。

（2）取得发票账单，材料尚未验收入库，应按相关采购发票账单，借记“在途物资”和“应交税费——应交增值税（进项税额）”等账户，贷记“应付账款”等账户。待验收入库时再将“在途物资”账户结转计入“原材料”账户。

（3）尚未取得发票账单，材料已经验收入库，月内不作账务处理，月末仍未收到相关发票等凭证（按照暂估价入账），应借记“原材料”账户，贷记“应付账款”账户。下月初作相反分录予以冲回，收到相关发票账单后再编制相关会计分录。

2. 原材料出库的核算

月末根据当期“领料单”和“限额领料单”编制“发料凭证汇总表”并据此进行账务处理。借方科目，根据原材料的使用部门及用途，生产车间生产产品领用记入“生产成本”账户，生产车间一般耗用记入“制造费用”账户，行政管理部门一般耗用记入“管理费用”账户，企业销售部门领用记入“销售费用”账户，贷记“原材料”账户。记账金额按发出存货的四种计价方法，选取其中一种确定，方法一经选定不得随意变更，主要是为保证会计信息质量要求的可比性。

理论案例

【案例设计 2－46】 西秦股份有限公司为增值税一般纳税人，增值税率 16%，原材料的日常核算按实际成本计价。2019 年 3 月发生以下经济业务：

（1）2019 年 3 月 2 日，从本地购入 A 材料一批，增值税专用发票注明的材料价款为 40 000 元，增值税额 6 400 元，运输发票注明运费 1 000 元，可抵扣进项税额 100 元，保险费发票注明保险费 2 000 元，材料已验收入库，发票账单等结算凭证已经收到，款项均以用银行存款支付。应作如下账务处理：

借：原材料——A 材料　　43 000

应交税费——应交增值税（进项税额） 6 400

贷：银行存款 49 400

（2）2019 年 3 月 15 日，从外地采购 B 原材料一批，发票账单等结算凭证已到，增值税专用发票注明的材料价款为 20 000 元，增值税进项税额 3 200 元对方企业代垫运杂费 3 000 元，货款尚未支付，材料尚未到达验收入库。应作如下账务处理：

借：在途物资——B 材料 23 000

应交税费——应交增值税（进项税额） 3 200

贷：应付账款 26 200

（3）2019 年 3 月 18 日上述采购 B 材料验收入库。

借：原材料——B 材料 23 000

贷：在途物资 ——B 材料 23 000

（4）2019 年 3 月 25 日，从本地购入 C 材料一批，材料已验收入库，但结算凭证未到，货款尚未支付，暂估价 25 000 元。应作如下账务处理：

①2019 年 3 月 31 日：

借：原材料——C 材料 25 000

贷：应付账款——暂估应付账款 25 000

②2019 年 4 月 1 日：

借：应付账款——暂估应付账款 25 000

贷：原材料 25 000

（5）2019 年 4 月 8 日，收到采购上述 C 材料的结算凭证，增值税专用发票注明的材料价款 26 000 元，增值税 4 160 元，款项以银行承兑汇票结算。应作如下账务处理：

借：原材料 26 000

应交税费——应交增值税（进项税额） 4 160

贷：应付票据 30 160

（6）2019 年 3 月 31 日，西秦股份有限公司"发料凭证汇总表"如表 2－4 所示。

表 2－4 **发料凭证汇总表**

2019 年 3 月 31 日

单位：元

会计科目	领用单位及用途	原材料	燃料	合计
生产成本——基本生产成本	一车间	560 000	12 000	572 000
	二车间	340 000	8 000	348 000
	小计	900 000	20 000	920 000
生产成本——辅助生产成本	机修车间	85 000	6 000	91 000
	供气车间	54 000	4 300	58 300
	小计	139 000	10 300	149 300
制造费用	一车间	50 000	4 300	54 300
	二车间	32 000	2 500	34 500
	小计	82 000	6 800	88 800

续表

会计科目	领用单位及用途	原材料	燃料	合计
管理费用		35 000	2 800	37 800
销售费用		2 500	220	2 720
合计		1 158 500	40 120	1 198 620

应作如下账务处理：

借：生产成本——基本生产成本 920 000
　　　　　——辅助生产成本 149 300
　　制造费用——一车间 54 300
　　　　　——二车间 34 500
　　管理费用 37 800
　　销售费用 2 720
　　贷：原材料 1 198 620

二、原材料按计划成本计价核算

（一）主账户设置

采用计划成本法核算，使用的会计科目主要有“材料采购”“原材料”“材料成本差异”。计划成本法核算流程如图 2－2 所示。

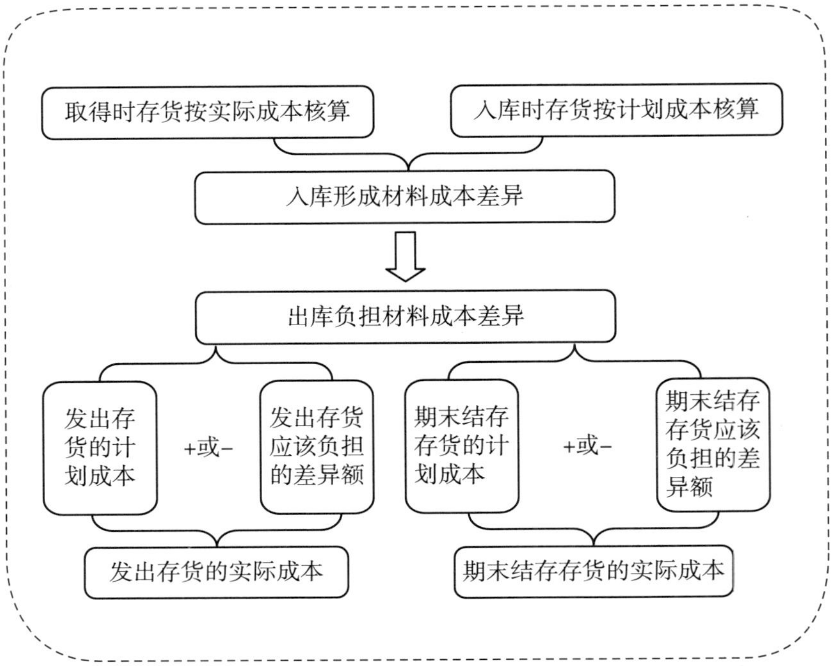

图 2－2　计划成本法下材料成本差异运用的理解简图

（1）“材料采购”账户，资产类，增加计入借方，减少计入贷方，期末余额在借方。借方登记企业采购材料的实际成本和原材料入库产生的节约差；贷方登记入库材料的计划成本和原材料入库产生的超支差；期末余额，反映企业在途材料的实际采购成本。

（2）“原材料”账户，资产类，增加计入借方，减少计入贷方，期末余额在借方。计划成本法下，借方登记入库材料的计划成本，贷方登记发出材料的计划成本，期末余额，反映企业库存材料的计划成本。

（3）“材料成本差异”账户，资产类，本账户属于“原材料”账户的备抵附加调整账户。反映企业入库各种材料的实际成本与计划成本的差异，借方登记的是入库产生的超支差异及发出材料应负担的节约差异；贷方登记的是入库产生的节约差异及发出材料应负担的超支差异。期末如为借方余额，反映企业库存材料的实际成本大于计划成本的差异（即超支差异）；如为贷方余额，反映企业库存材料实际成本小于计划成本的差异（即节约差异）。

（二）具体核算

1. 原材料采购及入库的核算

（1）取得发票账单并且材料验收入库。在购入原材料时，按发票账单的实际结算金额，借记“材料采购”账户和“应交税费——应交增值税（进项税额）”账户，贷记“银行存款”等账户。

当原材料验收入库时，按原材料的计划成本，借记“原材料”账户，贷记“材料采购”账户；同时将实际成本与计划成本产生的差异记入“材料采购”账户和“材料成本差异”账户。

（2）取得发票账单，材料尚未验收入库。应按相关采购发票账单，借记“材料采购”和“应交税费——应交增值税（进项税额）”等账户，贷记“应付账款”等账户。待验收入库时再将“材料采购”账户结转记入“原材料”和“材料成本差异”账户。

（3）尚未取得发票账单。材料已经验收入库月内不做账务处理，月末仍未收到相关发票等凭证（按照计划成本入账），应借记“原材料”账户，贷记“应付账款”账户。下月初作相反分录予以冲回，收到相关发票账单后再编制相关会计分录。

2. 原材料出库的核算

月末根据当期“领料单”和“限额领料单”编制“发料凭证汇总表”并据此进行账务处理。借方科目，根据原材料的使用部门及用途，生产车间生产产品领用记入“生产成本”账户，生产车间一般耗用记入“制造费用”账户，行政管理部门一般耗用记入“管理费用”账户，企业销售部门领用记入“销售费用”账户，贷记“原材料”账户。记账金额为计划成本；根据材料成本差异率，计算发出材料应负担的成本差异，做出调整分录，一方记入“生产成本”“制造费用”“管理费用”“销售费用”等账户，另一方记入“材料成本差异”账户。

理论案例

【案例设计 2－47】 西秦股份有限公司为增值税一般纳税人，增值税率 16%，A 材料的日常核算按计划成本计价。2019 年 4 月发生以下经济业务：

（1）2019 年 4 月 3 日，从外地购入 L 材料一批，专用发票上记载的货款为 300 000 元，增值税额 48 000 元，运输发票注明运费 2 000 元，可抵扣进项税额 200 元，发票账单已收到，计划成本为 321 000 元，材料已验收入库，全部款项以银行汇票结算。应作如下账务处理：

①采购材料时：

借：材料采购 302 000

应交税费——应交增值税（进项税额） 48 200

贷：其他货币资金——银行汇票 350 200

②材料验收入库时：

借：原材料 321 000

贷：材料采购 321 000

借：材料采购 19 000

贷：材料成本差异 19 000

（2）2019 年 4 月 13 日，采用汇兑结算方式购入 M 材料一批，专用发票上记载的货款为 200 000 元，增值税额 32 000 元，对方代垫保险费 1 000 元，发票账单已收到，计划成本 190 000 元，材料尚未入库。应作如下账务处理：

借：材料采购 201 000

应交税费——应交增值税（进项税额） 32 000

贷：银行存款 233 000

（3）2019 年 4 月 13 日，从本地购入 Z 材料一批，材料已验收入库，发票账单未到，月末按照计划成本 300 000 元估价入账。应作如下账务处理：

2019 年 4 月 30 日：

借：原材料 300 000

贷：应付账款——暂估应付账款 300 000

2019 年 5 月 1 日，作相反的会计分录予以冲回：

借：应付账款——暂估应付账款 300 000

贷：原材料 300 000

（4）2019 年 4 月 30 日，西秦股份有限公司按计划成本发料的情况如表 2－5 所示，材料成本差异率为－2%：

表 2－5 **发料凭证汇总表**

2019 年 4 月 30 日 单位：元

会计科目	领用单位及用途	原材料	燃料	合计
生产成本——基本生产成本	一车间	56 000	12 000	68 000
	二车间	34 000	8 000	42 000
	小计	90 000	20 000	110 000
制造费用	一车间	20 000	8 000	28 000
	二车间	10 000	5 000	15 000
	小计	30 000	13 000	43 000
管理费用		15 000	8 000	23 000
销售费用		2 500	2 200	4 700
合计		137 500	43 200	180 700

账务处理如下：

①发出材料的计划成本：

借：生产成本——基本生产成本　110 000

　　制造费用——一车间　28 000

　　　　　　　二车间　15 000

　　管理费用　23 000

　　销售费用　4 700

　　贷：原材料　180 700

②发出材料应负担的成本差异：

借：材料成本差异　3 614

　　贷：生产成本——基本生产成本　2 200

　　　　制造费用——一车间　560

　　　　　　　——二车间　300

　　　　管理费用　460

　　　　销售费用　94

实操案例

【案例设计 2－6】

2019 年 2 月 17 日，西秦股份有限公司购买 1#原材料 20 000 千克，单价 100 元，共计 2 000 000 元，增值税进项税 320 000 元，取得增值税专用发票。发生运费 3 000 元，增值税进项税 300 元，材料已验收入库，款项银行存款支付。

相关原始凭证：

入　库　单

No. 001

送货厂商：陕西钢铁集团有限责任公司

特科类别：☑原材料　☐成品　☐其他　　　　2019 年 2 月 17 日

品名/牌号	订单号	规格	数量	单位	单价	金额
钢材	24356	1#	20 000	公斤	100	2 000 000
合计						￥2 000 000

第二联交财务部

主管：李佳　　品管：　　仓库：陈升　　送货人：李悦

中国建设银行
转账支票存根 （陕）

$\frac{B}{0}\frac{B}{2}$ 59011002

附加信息

出票日期 2019 年 2 月 17 日

收款人：	陕西钢铁集团股份有限公司
金 额：	2 323 300 元
用 途：	材料款

单位主管 李贺 会计 刘悦

增值税专用发票

发 票 联

No. 5310692583

100052344

开票日期：2019 年 2 月 17 日

购买方	名 称：西秦股份有限公司 纳税人识别号：10000200001010900 地 址 、电 话：陕西省咸阳市文林路 37 号 029－33696782 开户行及账号：中国建设银行陕西省咸阳市西兰路分行 665674890	密码区	67/ ＊ +3＊0/611＊ + +0/ +0＊/ ＊ +3 +2/9 ＊11＊ +66666＊＊066611＊ +66666＊ 1＊＊ +216＊＊＊6000＊261＊2＊4/ ＊547 203994 + −42＊64151＊6915361/3＊

货物或应税劳务、服务名称	规格型号	单位	数量	单价	金额	税率	税额
钢材	1#	公斤	20 000	100	2 000 000. 00	16%	320 000. 00
合计					￥2 000 000. 00		￥320 000. 00
价税合计（大写）	零仟贰佰叁拾贰万零仟零佰零拾零元零角零分				（小写）￥2 320 000. 00		

销售方	名 称：陕西钢铁集团有限责任公司 纳税人识别号：191178456138441 地 址 、电 话：陕西西安长安路 029－89177455 开户行及账号：工行长安路营业部 021－65973166	备注	陕西钢铁集团有限责任公司

收款人： 复核：李培 开票人：王静 销售方：章

国税函（2014）257号浙江印钞厂

第三联：发票联 购买方记账凭证

货物运输业增值税专用发票

No.

发票联

开票日期：2019 年 2 月 17 日

承运人及纳税人识别号	陕西运达货运公司 14998700000789000	密码区	>/59220556 +4/75 > +980/ >/59220556 +4/75 >/59220556 +4/75 > +980/ >/59220556 +4/75 >/59220556 +4/75 > +980/ >/59220556 +4/75 >/59220556 +4/75 > +980/ >/59220556 +4/75	
实际受票方及纳税人识别号	西秦股份有限公司 10000200001010900			
收货人及纳税人识别号	西秦股份有限公司 10000200001010900	发货人及纳税人识别号	陕西钢铁集团有限责任公司 191178456138441	
起运地、经由、到达地	西安至咸阳			
费用项目及金额	费用项目 金额 费用项目 金额 运费 3 000	运输货物信息		

合计金额	¥3 000	税率	10%	税额	¥300	机器编号	234678
价税合计（大写）	零仟零佰零拾零万叁仟叁佰零拾零元零角零分				（小写）¥3 300		

车种车号		车船吨位		备注	陕西运达货运公司
主管税务机关及代码		西安长安区国税局 4256788			

收款人：　　复核人：王红　　开票人：李怡　　承运人：（章）

国税函（2014）257号浙江印钞厂

第三联 发票联 受票方付款凭证

编制相关记账凭证：

付 款 凭 证

银付 字第 01 号

贷方科目：银行存款　　2019 年 2 月 17 日　　附件 肆 张

对方单位	摘要	借方科目		金额										记账符号
		总账科目	明细科目	千	百	十	万	千	百	十	元	角	分	
	购材料	原材料	1#钢材		2	0	0	3	0	0	0	0	0	□
		应交税费	应交增值税（进）			3	2	0	3	0	0	0	0	□
														□
														□
														□
银行结算方式及票号：转账支票 59011002			合计	¥	2	3	2	0	3	0	0	0	0	□

会计主管　　记账　　稽核　　出纳　　制证 吴亮

实操案例

【案例设计 2-7】

2019 年 2 月 20 日，西秦股份有限公司生产部门领用 2#钢材 100 吨，单价 1 000 元，共计 100 000 元。（企业原材料核算采用实际成本法）

相关原始凭证：

领 料 单

仓库：1 号　　　　2019 年 2 月 20 日

编号	类别	材料名称	规格	单位	数量		实际价格	
					请领	实发	单价	金额
0001	原料及主要材料	钢材	2#	吨	100	100	1 000	100 000
合计								¥100 000
用途	生产领料		领料部门		发料部门		财务部门	
			负责人	领料人	核准人	发料人	审核	会计
			陈伟	李刚	李佳	陈升	李贺	刘悦

会计记账联

编制相关记账凭证：

转 账 凭 证

转字 第 01 号

2019 年 2 月 20 日　　　　附件 壹 张

摘要	总账科目	明细科目	借方金额										贷方金额										记账符号
			千	百	十	万	千	百	十	元	角	分	千	百	十	万	千	百	十	元	角	分	
生产领料	生产成本				1	0	0	0	0	0	0	0											□
	原材料	2#钢材													1	0	0	0	0	0	0	0	□
																							□
																							□
																							□
合计				¥	1	0	0	0	0	0	0	0		¥	1	0	0	0	0	0	0	0	□

会计主管　　　　记账　　　　复核　　　　制证 吴亮

学习情境三　周转材料核算

一、包装物

理论知识概述

包装物是指为了包装本企业商品而储备的各种包装容器，例如桶、箱、瓶、坛、袋等。一般为一次性使用，若为多次使用的包装物也可根据使用次数进行摊销。

会计相关核算知识

（一）主账户设置

为了总括反映包装物的增减变化和结余情况，应设置“周转材料——包装物”会计科目。也可以单独设置“包装物”科目进行核算。借方登记入库包装物的计划成本或实际成本，贷方登记领用、摊销包装物的实际成本或计划成本，余额在借方，反映企业在库包装物的计划成本或实际成本。

（二）具体核算

包装物在进行会计核算时，其采购及入库的会计处理和“原材料”的核算基本相同；主要核算点在于出库即领用的核算。

（1）生产过程中领用，作为产品组成部分的包装物，账务处理应借记“生产成本”账户，贷记“周转材料——包装物”账户，若包装物采用计划成本核算，还应根据差异率调整差异，记入“材料成本差异”账户。

（2）随同商品出售而不单独计价的包装物，账务处理应借记“销售费用”账户，贷记“周转材料——包装物”账户，若包装物采用计划成本核算，还应根据差异率调整差异，记入“材料成本差异”账户。

（3）随同商品出售而单独计价的包装物，出售时应借记“银行存款”账户，贷记“其他业务收入”和“应交税费——应交增值税（销项税额）”账户。结转成本时借记“其他业务成本”账户，贷记“周转材料——包装物”账户。

（4）出租或出借给购买单位使用的包装物，向出租或出借方收取的押金，应借记“银行存款”账户，贷记“其他应付款——存入保证金”账户；因出租而向承租方收取的租金，应借记“银行存款”等账户，贷记“其他业务收入”和“应交税费——应交增值税”（销项税额）账户；出借的包装物应将成本记入“销售费用”账户的借方，出租的包装物，应将成本记入“其他业务成本”账户的借方。

理论案例

【案例设计2－48】西秦股份有限公司为增值税一般纳税人，对包装袋采用计划成本核算，2019年4月15日，生产产品领用包装袋一批，计划成本为50 000元，材料成本差异率为－2%。应作如下账务处理：

借：生产成本　　49 000

材料成本差异　　1 000

贷：周转材料——包装物　　50 000

【案例设计 2-49】 西秦股份有限公司对包装箱采用计划成本核算，2019 年 4 月 20 日，为销售商品领用不单独计价的包装箱 100 个，计划成本为 3 000 元，材料成本差异率为 1%。应作如下账务处理：

借：销售费用　　3 030

贷：周转材料——包装物　　3 000

材料成本差异　　30

【案例设计 2-50】 西秦股份有限公司对包装箱采用实际成本核算，2019 年 4 月 23 日，销售商品领用单独计价的包装箱 2 000 个，实际成本为 10 000 元，销售收入为 20 000 元，增值税额为 3 200 元，款项已存入银行。应作如下账务处理：

（1）确认销售收入：

借：银行存款　　23 400

贷：其他业务收入　　20 000

应交税费——应交增值税（销项税额）　　3 200

（2）结转已销包装物成本：

借：其他业务成本　　10 000

贷：周转材料——包装物　　10 000

【案例设计 2-51】 西秦股份有限公司对包装箱采用实际成本核算，2019 年 4 月 28 日，随同商品销售而出借包装用的木箱 30 个，实际成本为 1 000 元，收取押金 3 000 元存入银行。应作如下账务处理：

（1）收取押金时：

借：银行存款　　3 000

贷：其他应付款——存入保证金　　3 000

（2）领用包装物时：

借：其他业务成本　　1 000

贷：周转材料——包装物　　1 000

二、低值易耗品

理论知识概述

（一）核算内容

作为存货核算和管理的低值易耗品，一般划分为一般工具、专用工具、替换设备、管理用具、劳动保护用具和其他用具等。

（1）一般工具，是指在生产中常用的工具，如刀具、量具、装配工具等。

（2）专用工具，是指专门用于制造某一特定产品，或在某一特定工序上使用的工具，如专用模具等。

（3）替换设备，是指容易磨损或为制造不同产品需要替换使用的各种设备，如轧钢用的钢辊等。

（4）管理用具，是指为了安全生产而发给工人作为劳动保护用的工作服、工作鞋和各种防护用品等。

（5）其他，是指不属于上述各类的低值易耗品。

（二）低值易耗品的特点

（1）反复使用不改变实物形态。

（2）使用寿命核算期间在一年以内（含一年）。这一特点是其与“固定资产”核算的主要区别。

会计相关核算知识

低值易耗品属于存货的核算范畴，既可以按实际成本计价，也可以按计划成本计价。低值易耗品取得的相关核算与“原材料”取得核算基本相同；低值易耗品出库的核算即为摊销，金额较小的，可在领用时一次计入成本费用，以便简化核算，但为加强实物管理，应当在备查簿上进行登记。低值易耗品的摊销方法有一次转销法和分次摊销法。

一次摊销法。这种方法在领用低值易耗品时，将其价值一次、全部计入有关资产成本或者当期损益的一种摊销方法。借方记入“制造费用”“管理费用”等账户，贷方记入“周转材料——低值易耗品”账户，若低值易耗品采用计划成本核算，还应根据差异率调整差异，记入“材料成本差异”账户。

分次摊销法。这种方法低值易耗品在领用时摊销其账面价值的单次平均摊销额。分次摊销法适用于可供多次反复使用的低值易耗品。常用的是“五五摊销法”，采用分次摊销法中的“五五摊销法”摊销低值易耗品的会计处理：

（1）领用时，应借记“周转材料——低值易耗品——在用”，贷记“周转材料——低值易耗品——在库”；领用时摊销低值易耗品价值的单次摊销额，借记“制造费用”“管理费用”等账户，贷记“周转材料——低值易耗品——摊销”账户。

（2）报废时，按照摊销低值易耗品单次摊销价借记“制造费用”“管理费用”等账户，贷记“周转材料——低值易耗品——摊销”账户，同时将“周转材料——低值易耗品——摊销”与“周转材料——低值易耗品——在用”对冲，应借记“周转材料——低值易耗品——摊销”，贷记“周转材料——低值易耗品——在用”。

理论案例

【案例设计2－52】西秦股份有限公司对一般工具采用实际成本核算，2019年5月3日，基本生产车间领用一般工具50个，实际成本为3 000元。应作如下账务处理：

借：制造费用	3 000	
贷：周转材料——低值易耗品		3 000

【案例设计 2－53】 西秦股份有限公司对专用工具采用实际成本核算，2019 年 5 月 15 日，基本生产车间领用专用工具一批，实际成本为 100 000 元，不符合固定资产的定义，采用分次摊销法进行摊销。该专用工具的估计使用次数为 2 次，该批专用工具 2019 年 12 月 31 日报废。应编制如下相关会计分录：

（1）2019 年 5 月 15 日领用专用工具时：

借：周转材料——低值易耗品——在用　　100 000

　　贷：周转材料——低值易耗品——在库　　100 000

借：制造费用　　50 000

　　贷：周转材料——低值易耗品——摊销　　50 000

（2）2019 年 12 月 31 日报废专用工具时：

借：制造费用　　50 000

　　贷：周转材料——低值易耗品——摊销　　50 000

同时：

借：周转材料——低值易耗品——摊销　　100 000

　　贷：周转材料——低值易耗品——在用　　100 000

实操案例

【案例设计 2－8】 西秦股份有限公司 2019 年 4 月 3 日基本生产车间领用专用工具一批，实际成本为 10 000 元，不符合固定资产定义，采用一次摊销法进行摊销。

相关原始凭证：

领　料　单

仓库：2 号　　2019 年 4 月 3 日

编号	类别	材料名称	规格	单位	数量		实际价格	
					请领	实发	单价	金额
002	周转材料	专用工具		件	1	1	10 000	10 000
合计								¥10 000
用途	生产 CH101		领料部门		发料部门		财务部门	
			负责人	领料人	核准人	发料人	审核	会计
			王一	李维	李佳	陈升	李贺	刘悦

会计记账联

编制相关记账凭证：

转 账 凭 证

转字 第 02 号
2019 年 4 月 3 日 附件 壹 张

摘要	总账科目	明细科目	借方金额										贷方金额										记账符号
			千	百	十	万	千	百	十	元	角	分	千	百	十	万	千	百	十	元	角	分	
低值易耗品出库	制造费用					1	0	0	0	0	0	0											□
	周转材料	低值易耗品														1	0	0	0	0	0	0	□
																							□
																							□
																							□
合计					¥	1	0	0	0	0	0	0			¥	1	0	0	0	0	0	0	□

会计主管 记账 复核 制证 吴亮

学习情境四 委托加工物资

理论知识概述

委托加工是指由委托方提供原料及主要材料，受托方只提供加工劳务，代垫辅助材料的经济业务。委托方应提供原料及主要材料的入库及出库手续。若由受托方提供原料及主要材料，或由受托方采购原料及主要材料再提供给委托方，均不属于委托加工经济业务。若属于委托加工业务，仅以加工费为计税依据，计算缴纳增值税。

会计相关核算知识

一、主账户设置

对于委托方的会计核算，主要设置“委托加工物资”账户。资产类，增加计入借方，减少计入贷方，期末余额在借方。该账户借方主要核算四项内容：（1）发出委托加工材料所发生的实际成本；（2）负担的往返运杂费等；（3）加工费用；（4）收回后直接出售的委托加工物资在该环节所负担的消费税；贷方核算收回委托加工物资的实际成本；期末借方余额表示尚未收回委托加工物资的实际成本。该账户应按加工合同和受托加工单位设置明细账，以反映各种委托加工物资的详细资料。

二、委托加工涉及的相关税金

1. 增值税

委托方为购进委托加工劳务方，依据加工费和相应的增值税税率确认增值税的进项税额；受托方为销售委托加工劳务方，依据加工费和相应的增值税税率确认增值税的销项税额。

2. 消费税

若委托加工的对象为应纳消费税的应税行为，还应缴纳消费税。委托方为消费税的负担主体，应向受托方结算本环节应缴纳的消费税；受托方为该环节消费税的扣缴义务人，在该环节代扣代缴消费税与税务机关结算。

三、具体核算

1. 发出委托加工物资

按实际成本，借记“委托加工物资”，贷记“原材料”“库存商品”等科目；如按计划成本或售价核算的，还应同时结转材料成本差异或商品进销差价，借记本科目，贷记“材料成本差异”或“商品进销差价”等账户；实际成本小于计划成本的差异，作相反的会计分录。

2. 负担往返运杂费等

按照运杂费发生的相关原始票据，借记“委托加工物资”账户，贷记“银行存款”“应付账款”等账户。

3. 支付加工费

按照发生加工费的相关发票，借记“委托加工物资”“应交税费——应交增值税（进项税额）”账户，贷记“银行存款”等账户。

4. 本环节负担的消费税

若收回后直接用于出售的委托加工物资，委托方应将该环节负担的消费税，借记“委托加工物资”；若收回后用于继续加工应税消费品的委托加工物资，该环节负担的消费税可以抵扣，借记“应交税费——应交消费税”科目；贷记“应付账款”“银行存款”等科目。

5. 加工完成验收入库的委托加工物资

按加工收回物资的实际成本和剩余物资的实际成本，借记“原材料”“库存商品”等科目，贷记“委托加工物资”。如果采用计划成本或售价核算的，按计划成本或售价，借记“原材料”或者“库存商品”科目，按实际成本贷记本科目，实际成本与计划成本或售价之间的差额，按照差异额借记或贷记“材料成本差异”或贷记“商品进销差价”科目。

理论案例

【案例设计2－54】 西秦股份有限公司委托乙企业加工材料一批（属于应税消费品），双方均为增值税一般纳税人，适用的增值税税率均为16%。发出原材料的计划成本为20 000元，材料成本差异率为2%；负担往返运杂费800元；支付的加工费为7 000元（不含增值税），该环节西秦股份有限公司负担的消费税为3 000元；材料加工完成形成商品，直接对外销售并已验收入库；加工费用等均用银行存款支付。西秦股份有限公司相关账务处理如下：

（1）发出委托加工材料：

借：委托加工物资	20 200	
贷：原材料		20 000
材料成本差异		200

（2）支付往返运杂费：

借：委托加工物资　　800

　　贷：银行存款　　800

（3）支付加工费和增值税：

应交增值税税额 =7 000 ×16% =1 120（元）

借：委托加工物资　　7 000

　　应交税费——应交增值税（进项税额）　　1 120

　　贷：银行存款　　8 120

（4）负担的消费税：

借：委托加工物资　　3 000

　　贷：银行存款　　3 000

假设西秦股份有限公司加工收回的物资用于连续生产应税消费品：

借：应交税费——应交消费税　　3000

　　贷：银行存款　　3 000

（5）加工完成，收回委托加工材物资：

借：库存商品　　31 000

　　贷：委托加工物资　　31 000

学习情境五　库存商品

理论知识概述

库存商品是指企业已完成全部生产过程并已验收入库、合乎标准规格和技术条件，可以按照合同规定的条件送交订货单位，或可以作为商品对外销售的产品，以及外购或委托加工完成验收入库用于销售的各种商品。

库存商品包括库存产成品、外购商品、存放在门市部准备出售的商品、发出展览的商品、寄存在外的商品、接受来料加工制造的代制品和为外单位加工修理的代修品等。已完成销售手续、但购买单位在月末未提取的产品，不应作为企业的库存商品，而应作为代管商品处理，单独设置代管商品备查簿进行登记。

企业接受来料加工制造的代制品和为外单位加工修理的代修品，在制造和修理完成验收入库后，视同本企业的产成品，也通过“库存商品”科目核算。本科目可按库存商品的种类、品种和规格等进行明细核算。

会计相关核算知识

一、主账户设置

为了核算企业产成品，应设置“库存商品”和“主营业务成本”等科目。

（1）“库存商品”账户，资产类，增加记入借方，减少记入贷方，期末余额在借方。借方登记验收入库商品的实际成本或计划成本，贷方登记发出商品的实际成本或计划成本，期末借方余额表示库存商品的实际或计划成本。

（2）“主营业务成本”账户，费用类，增加记入借方，减少记入贷方，期末无余额。借方登记主营业务成本费用的增加，贷方登记该费用的减少或转入“本年利润”账户的金额。

二、具体核算

（一）制造企业库存商品的核算

制造型企业的库存商品一般为自己加工制造完成，生产的产成品一般应按实际成本核算，产成品的入库和出库，平时只记数量不计产成品的金额，期（月）末计算入库产成品的实际成本。对于生产完成验收入库的产成品，按照其实际成本，借记“库存商品”账户，贷记“生产成本”账户。当期出库的商品，根据“商品出库单”等原始凭证，借记“主营业务成本”等账户，贷记“库存商品”账户。另外采用计划成本核算的，发出商品还应结转产品成本差异，将发出产成品的计划成本调整为实际成本。

企业产成品种类较多的，也可按计划成本进行日常核算，其实际成本与计划成本的差异，可以单独设置“产品成本差异”科目，原理比照“材料成本差异”科目核算。采用实际成本进行产成品日常核算的，发出产成品的实际成本，可以采用先进先出法、加权平均法或个别认定法来计算确定。

（二）商业企业库存商品的核算

商业企业库存商品一般为外购形成。购入商品采用进价核算的，在商品到达验收入库后，按商品进价，应借记“库存商品”科目，贷记“银行存款”“在途物资”等账户。如果是委托外单位加工收回的商品，按商品进价，借记“库存商品”科目，贷记“委托加工物资”科目。

购入商品采用售价核算的，在商品到达验收入库后，按其商品售价，借记“库存商品”科目，按商品进价，贷记“银行存款”“在途物资”等科目，商品售价与进价的差额应贷记“商品进销差价”科目。委托外单位加工收回的商品，按商品售价，借记“库存商品”科目，委托加工商品的账面余额应贷记“委托加工物资”科目，按商品售价与进价的差价额，贷记“商品进销差价”科目。

企业销售商品应确认收入时，同时应结转其销售成本，借记“主营业务成本”等科目，贷记“库存商品”科目。采用进价进行商品日常核算的，发出商品的实际成本可以采用先进先出法、加权平均法或个别认定法来计算确定。采用售价核算的，还应结转应分摊的商品进销差价。商品销售成本的确定方法一般有两种：

1. 毛利率法

毛利率法是指根据本期销售净额乘以上期实际（或本期计划）毛利率来匡算本期销售毛利，并据以计算发出存货和期末存货成本的一种方法。

计算公式如下：

（1）已销商品的成本 = 销售收入净额 ×（1 − 毛利率）

销售净额 = 商品销售收入 − 销售退回与折让

（2）期末结存商品成本 = 期初结存商品成本 + 本期入库商品成本 − 本期销售商品成本

这种方法适用于商业批发企业，因为同类商品的毛利率大致相同，采用这种存货计价方法既能减轻工作量，也能满足对存货管理的需要。

2. 售价金额核算法

售价金额核算法是指平时商品的购入、加工收回、销售均按售价记账，售价与进价的差额应通过“商品进销差价”科目核算，商品进销差价的实质就是毛利率。期末计算进销差价率和本期已售商品应分摊的进销差价，并据以调整本期销售成本的一种方法。计算公式如下：

商品进销差价率 =（期初结存商品进销差价 + 本期入库商品进销差价）÷（期初结存商品售价 + 本期入库商品售价）×100%

（1）已销商品的成本 = 销售收入净额 ×（1 − 商品进销差价率）

销售净额 = 商品销售收入 − 销售退回与折让

（2）期末结存商品成本 = 期初结存商品进价 + 本期入库商品进价 − 本期销售商品成本

这种方法适用于零售企业，因为零售企业要求按商品零售价格标价，采用该方法更简单。

理论案例

【案例设计 2 − 55】 西秦股份有限公司为工业企业，2019 年 6 月“商品入库汇总表”显示，本月已验收入库 A 产品 700 台，实际单位成本 300 元，计 210 000 元；B 产品 400 台，实际单位成本 200 元，计 80 000 元。应作如下账务处理：

借：库存商品——A 产品　　210 000
　　　　　　——B 产品　　80 000
　贷：生产成本——A 产品　　210 000
　　　　　　　——B 产品　　80 000

【案例设计 2 − 56】 西秦股份有限公司为工业企业，2019 年 6 月 30 日，汇总的发出商品中，当月已实现销售的 A 产品有 500 台，B 产品有 300 台。该月 A 产品实际单位成本 300 元，B 产品实际单位成本 200 元。应作如下账务处理：

借：主营业务成本　　210 000
　贷：库存商品——A 产品　　150 000
　　　　　　　——B 产品　　60 000

【案例设计 2 − 57】 西秦股份有限公司下设商场采用毛利率法进行核算，2019 年 4 月 1 日日用品存货 1 800 万元，本月购进 4 000 万元，本月销售收入 4 000 万元，销售折让为 500 万元，上季度该类商品毛利率为 20%。要求：计算西秦股份有限公司下设商场，本期销售商品的成本和月末库存商品的成本。

（1）已销商品成本 = 销售收入净额 ×（1 − 毛利率）
= (4 000 − 500) × (1 − 20%)
= 3 500 × 80%
= 2 800（万元）

（2）期末结存商品成本 = 1 800 + 4 000 − 2 800 = 3 000（万元）

应做账务处理为（金额以“万元”列示）：

借：主营业务成本　　2 800
　贷：库存商品　　2 800

【案例设计2-58】 西秦股份有限公司下设商场，采用售价金额核算法对库存商品进行核算。2019年4月，月初库存商品进价成本总额30万元，售价总额为46万元；本月购进商品进价成本总额40万元，售价总额54万元；本月销售商品售价总额80万元。假设不考虑相关税费。要求：计算西秦股份有限公司下设商场，本期销售商品的成本和月末库存商品的成本。

商品进销差价率 = [(46 - 30) + (54 - 40)] ÷ (46 + 54) × 100% = 30%

(1) 已销商品成本 = 销售收入净额 × (1 - 商品进销差价率)

= 80 × (1 - 30%)

= 80 × 70%

= 56（万元）

(2) 期末结存商品成本 = 30 + 40 - 56 = 14（万元）

应做账务处理为（金额以“万元”列示）：

借：商品销售成本　　80

　贷：库存商品　　80

借：商品进销差价　　24

　贷：商品销售成本　　24

【案例设计2-59】 西秦股份有限公司2019年5月1日日用品存货18万元，本月购进40万元，本月销售收入40万元，销售折让5万元，上季度该类商品毛利率为20%。要求：计算本期销售商品的成本并要求写出账务处理。

已销商品成本 = 销售收入净额 × (1 - 毛利率)

= (40 - 5) × (1 - 20%)

= 35 × 80%

= 28（万元）

实操案例

【案例设计2-9】 西秦股份有限公司2019年5月1日销售部门出库已销商品。

相关原始凭证：

出　库　单

No.

会计部门编号

仓库部门编号　3号　　　　2019年5月1日

编号	名称	规格	单位	出库数量	单价	金额	备注
004	日用品		件	28	10 000	280 000	
合计						¥280 000	

第二联交财务部

生产车间或部门：　　　　仓库管理员：李佳

编制相关记账凭证：

转账凭证

转字 第 03 号

2019 年 5 月 1 日　　　　附件 壹 张

摘要	总账科目	明细科目	借方金额										贷方金额										记账符号
			千	百	十	万	千	百	十	元	角	分	千	百	十	万	千	百	十	元	角	分	
产品出库	主营业务成本				2	8	0	0	0	0	0	0											☐
	库存商品														2	8	0	0	0	0	0	0	☐
																							☐
																							☐
																							☐
合计				¥	2	8	0	0	0	0	0	0		¥	2	8	0	0	0	0	0	0	☐

会计主管　　　　记账　　　　复核　　　　制证 吴亮

学习情境六　存货清查

理论知识概述

存货清查是指通过对存货的实地盘点，确定存货的实有数量，并与存货的账面结存数核对，从而确定存货实存数与账面结存数是否相符的一种专门方法。存货清查的方法一般采用实地盘点法。存货清查按照清查的对象和范围不同，分为全面清查和局部清查。按清查时间分为定期清查与不定期清查。

会计相关核算知识

一、主账户设置

为了反映企业在财产清查中查明的各种存货的盘盈、盘亏和毁损情况，企业应当设置“待处理财产损溢”账户。该账户为资产类账户，借方登记待处理财产的盘亏或毁损数和当期转销的盘盈数；贷方登记待处理财产的盘盈数和当期转销的盘亏或毁损数。期末结转处理后该账户无余额。

二、具体核算

存货清查核算一般分为两个步骤。第一步，批准处理，前将存货账面数调整为实际数；第二步，批准处理后或月末，结转“待处理财产损溢”账户至相关账户。

（1）存货盘盈处理时，依据“实存账存对比表”，借记“原材料”等科目，贷记“待处理财产损溢——待处理流动资产损溢”账户；批准处理后或月末，借记“待处理财产损溢——待处理流动资产损溢”账户，贷记“管理费用”账户。

（2）存货盘亏处理时，依据“实存账存对比表”，借记“待处理财产损溢——待处理流动资产损溢”账户，贷记“原材料”和“应交税费——应交增值税（进项税额转出）”账户；进项税转出详解见图2－3，批准处理后或月末，借记“其他应收款”（保险公司或责任人赔偿）、“原材料”（残料入库）、“管理费用”（一般原因损失和定额内损耗）、“营业外支出”（自然灾害等非常损失），贷记“待处理财产损溢——待处理流动资产损溢”账户。

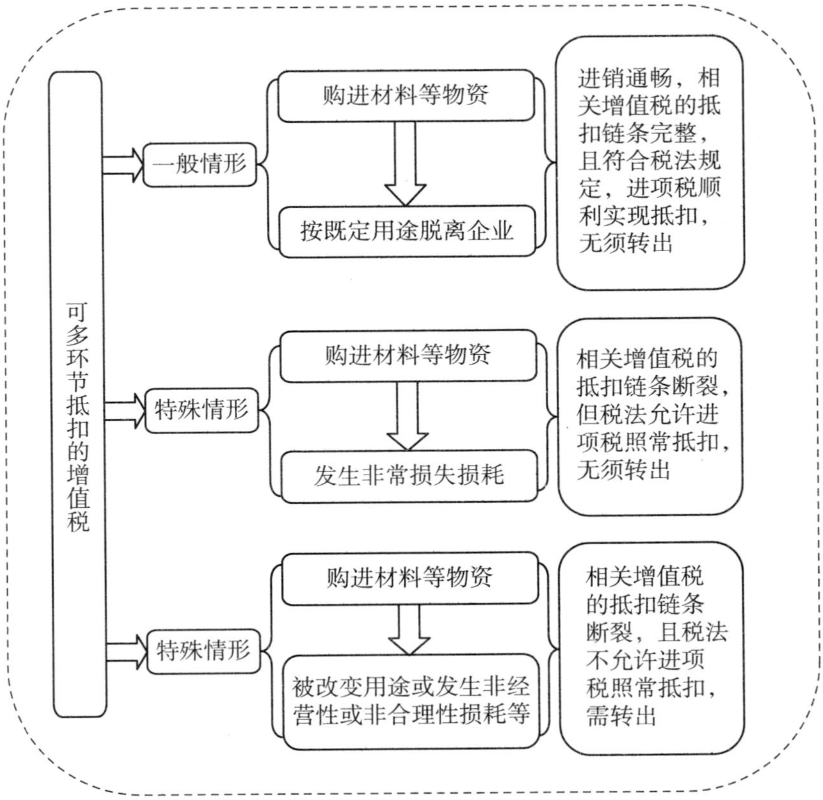

图2－3 进项税转出详解（一般纳税人）

理论案例

【案例设计2－60】 西秦股份有限公司2019年7月31日，财产清查中盘盈A材料100千克，单位成本20元；经查明属于收发计量产生的差错。应作如下账务处理：

（1）批准处理前：

借：原材料——A材料　　2 000

　　贷：待处理财产损溢——待处理流动资产损溢　　2 000

（2）批准处理后：

借：待处理财产损溢——待处理流动资产损溢　　2 000
　　贷：管理费用　　2 000

【案例设计 2－61】 西秦股份有限公司 2019 年 7 月 31 日，财产清查中盘亏 B 材料 200 千克，单位成本 30 元，经查明属于合理的一般经营损失。应作如下账务处理：

（1）批准处理前：

借：待处理财产损溢——待处理流动资产损溢　　6 000
　　贷：原材料——B 材料　　6 000

（2）批准处理后：

借：管理费用　　4 000
　　贷：待处理财产损溢——待处理流动资产损溢　　4 000

【案例设计 2－62】 西秦股份有限公司 2019 年 7 月 31 日，在财产清查中盘亏 C 材料 600 千克，单位成本 50 元；经查明属于库管员的过失造成的，按规定应由库管员赔偿 70% 的损失。应作如下账务处理：

（1）批准处理前：

借：待处理财产损溢——待处理流动资产损溢　　35 100
　　贷：原材料　　30 000
　　　　应交税费——应交增值税（进项税转出）　　5 100

（2）批准处理后：

借：其他应收款　　24 570
　　管理费用　　10 530
　　贷：待处理财产损溢——待处理流动资产损溢　　35 100

【案例设计 2－63】 西秦股份有限公司 2019 年 7 月 15 日，由于火灾造成库存 D 材料毁损，实际成本为 60 000 元，购进时的增值税为 10 200 元；根据保险合同以及公安部门出具的“火灾鉴定报告”，由于非人为原因造成，保险公司应赔偿 60% 损失。应作如下账务处理：

（1）批准处理前：

借：待处理财产损溢——待处理流动资产损溢　　60 000
　　贷：原材料　　60 000

（2）批准处理后：

借：其他应收款——保险公司　　36 000
　　营业外支出　　24 000
　　贷：待处理财产损溢——待处理流动资产损溢　　60 000

实操案例

【案例设计 2－10】 西秦股份有限公司库存 A 产品账面结存数量 2 000 件，单位成本 35 元，金额 70 000 元。实存 1 985 件，盘亏 15 件，价值 525 元。经查明系保管人员过失所致，经批准责令赔偿。

相关原始凭证：

存货盘点报告

2019 年 12 月 31 日

类别	名称	单位	单价	数量		盘盈		盘亏		原因
				账存	实存	数量	金额	数量	金额	
	A 产品	件	35	2 000	1 985			15	525	保管人员过失
合计									¥525	

主客：李佳　　盘点人：李一　　保管员：陈升

编制相关记账凭证：

转 账 凭 证

转字 第 04 号
附件 壹 张

2019 年 12 月 31 日

摘要	总账科目	明细科目	借方金额										贷方金额										记账符号
			千	百	十	万	千	百	十	元	角	分	千	百	十	万	千	百	十	元	角	分	
存货清查	待处理财产损溢	待处理流动资产损溢						5	2	5	0	0											□
	库存商品																	5	2	5	0	0	□
																							□
																							□
																							□
合计							¥	5	2	5	0	0					¥	5	2	5	0	0	□

会计主管　　记账　　复核　　制证 吴亮

转 账 凭 证

转字　　第 05 号

2019 年 12 月 31 日　　附件　见转字 04 号　张

摘要	总账科目	明细科目	借方金额										贷方金额										记账符号
			千	百	十	万	千	百	十	元	角	分	千	百	十	万	千	百	十	元	角	分	
批准盘亏的存货	其他应收款							5	2	5	0	0											□
	待处理财产损溢	待处理流动资产损溢																5	2	5	0	0	□
																							□
																							□
																							□
合计							¥	5	2	5	0	0					¥	5	2	5	0		□

会计主管　　记账　　复核　　制证　吴亮

学习情境七　存货期末计量

理论知识概述

一、存货期末减值的方法

资产负债表日，存货应当按照成本与可变现净值孰低计量。存货成本高于其可变现净值的，应当计提存货跌价准备，计入当期损益。其中，可变现净值，是指在日常活动中，存货的估计售价减去至完工时估计将要发生的成本、估计的销售费用以及相关税费后的金额；存货成本，是指期末存货的实际成本如企业在存货成本的日常核算中采用计划成本、售价金额核算法等简化核算方法，则成本应调整为实际成本。

二、存货减值迹象的判断

（一）存货存在下列情况之一的，表明存货的可变现净值低于成本

（1）该存货的市场价格持续下跌，并且在可预见的未来无回升的希望；

（2）企业使用该项原材料生产的产品成本大于产品的销售价格；

（3）企业因产品更新换代，原有库存原材料已不适应新产品的需要，而该原材料的市场价格又低于其账面成本；

（4）因企业所提供的商品或劳务过时或消费者偏好改变而使市场的需求发生变化，导致市场价格逐渐下跌；

（5）其他足以证明该项存货实质上已经发生减值的情形。

（二）存货存在下列情形之一的，表明存货的可变现净值为零

（1）已霉烂变质的存货；

（2）已过期且无转让价值的存货；

（3）生产中已不需要，并且已无使用价值和转让价值的存货；

（4）其他足以证明已无使用价值和转让价值的存货。

会计相关核算知识

一、主账户设置

（1）"存货跌价准备"账户，核算存货跌价准备的计提、转回和转销。该账户为资产类，属于存货项目的备抵调整账户。借方登记转回的存货跌价准备，贷方登记计提的存货跌价准备，期末余额在贷方，表示存货跌价准备的期末账面数。

（2）"资产减值损失"账户，费用类，增加记入借方，减少或结转记入贷方，月末无余额。借方登记当期增加的减值损失，贷方登记当期转回的减值损失，期末无余额，转入"本年利润"账户。

二、具体核算

（一）存货跌价准备的计提

资产负债表日，存货的成本高于其可变现净值的，企业应当计提存货跌价准备。借记"资产减值损失"账户，贷记"存货跌价准备"账户。

1. 存货跌价准备通常应当按单个存货项目计提

企业应在每一资产负债表日，比较每个存货项目的成本与可变现净值，对可变现净值低于成本的计算出应计提的存货跌价准备，再与已提数进行比较，若应提数大于已提数，应予补提。企业计提的存货跌价准备，应计入当期损益（资产减值损失）。

2. 对于数量繁多、单价较低的存货，可以按照存货类别计提存货跌价准备

本期应计提存货跌价准备 = 期末存货成本低于可变现净值的差额
　　　　　　　　　　　　　－"存货跌价准备"账户的贷方余额

（二）存货跌价准备的转回

当以前减计存货价值的影响因素已经消失，减计的金额应当予以恢复，并在原已计提的存货跌价准备金额内转回，转回的金额计入当期损益（资产减值损失）。借记"存货跌价准备"账户，贷记"资产减值损失"账户。

在核算存货跌价准备的转回时，转回的存货跌价准备与计提该准备的存货项目或类别应当存在直接对应关系。在原已计提的存货跌价准备金额转回，意味着转回的金额以将存货跌价准备的余额冲减至零为限。

理论案例

【案例设计 2－64】 西秦股份有限公司对 A 类存货采用单项计提法计提减值准备。2019 年首次计提减值准备。2019 年 A 类存货的实际成本为 800 000 元（假设当年内不做变化）。

（1）2019 年 6 月 30 日，A 类存货的可变现净值为 750 000 元，应作如下账务处理：

借：资产减值损失　　50 000

　　贷：存货跌价准备　　50 000

（2）2019 年 7 月 31 日，A 类存货的可变现净值为 680 000 元，应作如下账务处理：

借：资产减值损失　　70 000

　　贷：存货跌价准备　　70 000

（3）2019 年 8 月 31 日，A 类存货的可变现净值为 780 000 元，应作如下账务处理：

借：存货跌价准备　　100 000

　　贷：资产减值损失　　100 000

（4）2019 年 9 月 30 日，A 类存货的可变现净值为 810 000 元，应作如下账务处理：

借：存货跌价准备　　20 000

　　贷：资产减值损失　　20 000

实操案例

【案例设计 2－11】 西秦股份有限公司对 A 类存货采用单项计提法计提减值准备。2019 年首次计提减值准备。2019 年 A 类存货的实际成本为 1 200 000 元。2019 年 12 月 31 日，A 类存货的可变现净值为 1 000 000 元，应作如下账务处理：

相关原始凭证：

存货减值测试表

2019 年 12 月 31 日

日期	成本	可变现净值	差额
2019. 12. 31	1 200 000	1 000 000	200 000

相关记账凭证：

转　账　凭　证

转字　第　06　号

2019 年 12 月 31 日　　　　附件　　壹　张

摘要	总账科目	明细科目	借方金额										贷方金额										记账符号
			千	百	十	万	千	百	十	元	角	分	千	百	十	万	千	百	十	元	角	分	
计提减值	资产减值损失				2	0	0	0	0	0	0	0											☐
	存货减值准备														2	0	0	0	0	0	0	0	☐
																							☐
																							☐
																							☐
合计				¥	2	0	0	0	0	0	0	0		¥	2	0	0	0	0	0	0	0	☐

会计主管　　　　记账　　　　复核　　　　制证　吴亮

知识拓展

“存货”在资产负债表中的列示方法

资产负债表中的“存货”项目，应根据“材料采购”“原材料”“发出商品”“库存商品”“周转材料”“委托加工物资”“生产成本”“受托代销商品”等账户的期末余额合计，减去“受托代销商品款”“存货跌价准备”等账户期末余额后的金额填列。

模块知识小结

在不同行业的企业中，存货的范围有所不同。在商品流通企业中，存货主要包括各种商品；而在工业企业中，则包括各种原材料、包装物、低值易耗品、在产品、自制半成品和产成品等。

存货的确认，除应确定的性质上是否属于存货外，还应确定所有权。通常是以是否拥有所有权作为判断标准，凡所有权已属于企业，不论企业是否已收到或持有，均应作为本企业的存货；反之，如果无所有权，即使存放于企业，也不作为本企业的存货。例如，工业企业的产成品，不但应该包括企业用自有材料加工完成的产品，还包括用定货者来料加工制造完成的代制品以及为客户修理完成的代修品；不仅应该包括企业仓库中所存放的产成品，还应包括存放在企业门市部的准备销售产成品，寄放在其他企业委托代销的产成品，寄存在企业以外仓库的产成品，发出展览的产成品，以及已经发出但尚未取得价款或索取价款凭证的产成品。相反，已经售出但是客户尚未提货还在本企业仓库中存放的产成品，因为所有权已非本企业所有，则不应包括在企业存货的核算之内。又如，企业已经付款，但在运输途中尚未到达企业（包括到达企业后尚未验收入库）的存货，应该包括在企业的存货范围内。但是，如果企业按照购货合同预付部分货款或预付购货定金，因为没有取得所有权，则不应包括在企业的存货内。

按企业会计制度规定，存货在取得时应按照实际成本入账。存货实际成本的计量因其来源渠道不同而有所不同。企业对于各项存货的日常收、发，必须根据有关收、发凭证，在既有数量又有金额的明细账内，逐项逐笔进行登记。企业进行存货的核算通常有两种方法：一种是采用实际成本进行核算；另一种是采用计划成本进行核算。

长期以来，存货是按照历史成本计价的，历史成本是指存货按照实际取得的成本登记入账。企业采用历史成本计价主要有两个原因：一是由于过去我国是计划经济，商品的价格是稳定的，一般不会出现跌价现象；二是历史成本计价提供的数据是客观的，可以查实的，且易于确定。但是现在是市场经济，存货的价格由市场决定，而不再是一成不变的。特别是科技的发展，使得产品的更新速度越来越快，企业的许多存货会面临跌价。如果仍以历史成本计价，显然不利于企业资金周转，也不符合会计谨慎原则。因为谨慎原则要求估计可能发生的风险和损失。对存货计提跌价准备，不但解决这些问题，还可以有效督促企业关注市场、以销定产、产销对路。所以从实际情况看，由于市场价格的变动、市场供需情况的变化等原因，企业存货的价值如果仍然按照成本计价很可能不能反映其实所拥有的价值。会计期末，为了客观、真实、准确地反映企业期末存货的实际价值，企业在编制资产负债表时，要客观反映期末存货的价值，但是企业期末存货的价值通常是以历史成本来确定。由于存货市价的下跌、存货陈旧、过时、毁损等原因，导致存货的价值减少，采用历史成本不能真实地反映存货的价值，因此，为了遵循谨慎性原则，企业会计制度规定存货采用成本与可变现净值孰低来计价。

模块五　长期股权投资

学习内容框架提要

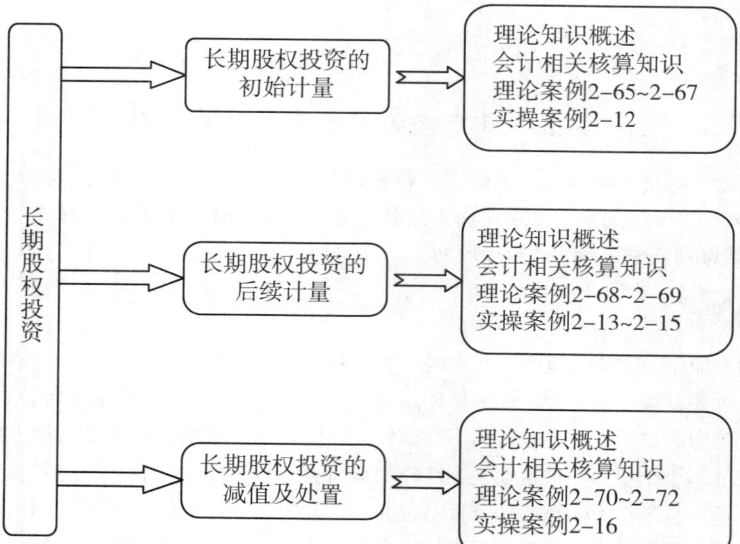

【职业能力目标】

通过本模块的学习，能明确长期股权投资的核算内容，了解长期股权投资初始计量；同时能熟练掌握长期股权投资的后续计量的两种方法。

【典型工作任务】

◆ 长期股权投资的初始计量。

◆ 长期股权投资的后续计量。

◆ 其长期股权投资的减值及处置。

模块内容概述

长期股权投资是会计实务中较为重要的一个模块，也是一个较难的模块，熟悉长期股权投资概念和类型，重点掌握长期股权投资的初始投资成本的确定和后续方法的选择，并能运用这些方法进行长期股权投资的账务处理。

学习情境一　长期股权投资的初始计量

理论知识概述

一、长期股权投资的概念

长期股权投资是指投资方对被投资单位实施控制、重大影响的权益性投资，以及对其合营企业的权益性投资。除此之外，其他权益性投资不作为长期股权投资核算而应当按照《企业会计准则第 22 号——金融工具确认和计量》的规定进行会计核算。

二、长期股权投资的类型

会计准则所称的长期股权投资，是指投资方对被投资单位实施控制、共同控制、重大影响的权益性投资。

（一）控制投资与子公司

控制是指一家企业能够决定另一家企业的财务和经营政策，并能据以从另一个企业的经营活动中获取利益的权力。母公司直接或通过子公司间接拥有被投资单位半数以上的表决权，表明母公司能够控制被投资单位，应当将该被投资单位认定为子公司。但是母公司不能控制被投资单位的除外。母公司拥有被投资单位半数或以下的表决权，满足以下条件之一的，视为母公司能够控制被投资单位，应当将该被投资单位认定为子公司。但是，有证据表明母公司不能控制被投资单位的除外：

（1）通过与被投资单位其他投资者之间的协议，拥有被投资单位半数以上的表决权。

（2）根据公司章程或协议，有权决定被投资单位的财务和经营政策。

（3）有权任免被投资单位的董事会或类似机构的多数成员。

（4）在被投资单位的董事会或类似机构占多数表决权。

在确定能否控制被投资单位时，应当考虑企业和其他企业持有的被投资单位的当期可转换公司债券、当期可执行的认股权证等。

（二）共同控制投资与合营企业

共同控制投资是指企业持有的能够与其他合营方一同对被投资单位实施共同控制的权益性投资，即对合营企业投资。共同控制，是指按照合同约定对某项经济活动所共有的控制，仅在与该项经济活动相关的重要财务和经营决策需要分享控制权的投资方一致同意时存在。在确定是否构成共同控制时，一般可以考虑以下情况作为确定基础：

（1）任何一方均不能单独控制合营企业的生产经营活动。

（2）合营企业基本经营活动的决策需要各合并方一致同意。

（3）各合营方可能通过合同或协议的形式任命其中的一个合营方对合营企业的日常活

动进行管理，但其必须在各合营方已经一致同意的财务和经营政策范围内行使管理权。

（三）重大影响投资与联营企业

是指投资方对被投资单位的财务和经营政策有参与决策的权力，但并不能够控制或者与其他方一起共同控制这些政策的制定。在确定能否对被投资单位施加重大影响时，应当考虑投资方和其他方持有的被投资单位当期可转换公司债券、当期可执行认股权证等潜在表决权因素。投资方能够对被投资单位施加重大影响的，被投资单位为其联营企业。投资企业通常可以通过以下一种或几种情形来判断是否对被投资单位具有重大影响：

（1）在被投资单位的董事会或类似的权力机构中派有代表。这种情况下，由于在被投资单位的董事会或类似权力机构派有代表，并相应享有实质性的参与决策权，投资方可以通过该代表参与被投资单位财务和经营政策的制定，从而达到对该被投资单位实施重大影响。

（2）参与被投资单位财务和经营政策制定过程。这种情况是指投资企业可以参与被投资单位的政策制定过程，派出代表为其投资企业自身利益而提出建议和意见，由此可以对被投资单位实施重大影响。

（3）与被投资单位之间发生重要交易。有关的交易因对被投资单位的日常经营具有重要性，进而一定程度上可以影响到被投资单位的生产经营决策。

（4）向被投资单位派出管理人员。这种情况是指投资企业管理人员有权力主导被投资单位的相关活动，从而能对被投资单位实施重大影响。

（5）向被投资单位提供关键技术资料。因被投资单位的生产经营需要依赖投资方的技术或资料，从而表明投资企业对被投资单位具有重大影响。

三、长期股权投资初始计量原则

长期股权投资在取得时，应按初始投资成本入账。长期股权投资初始计量具体内容如图2-4所示。

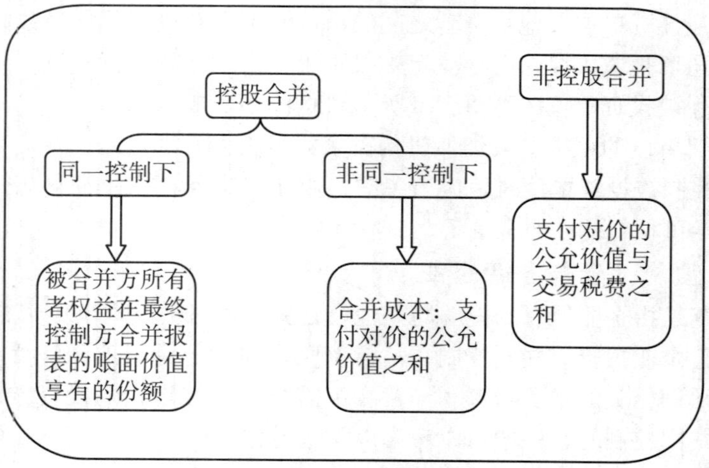

图2-4 长期股权投资初始计量成本

四、投资成本中包含的已宣告但尚未发放的现金股利或利润（应收股利）的处理

企业无论以什么方式取得长期股权投资，取得投资时，对于支付的价款中包含的应享有被投资单位已经宣告但尚未发放的现金股利或利润应确认为应收项目，不构成取得长期股权投资的初始投资成本。

会计相关核算知识

一、账户设置

为了反映和监督长期股权投资的取得，投资企业应当设置“长期股权投资”科目，“长期股权投资”科目核算企业持有的采用成本法和权益法核算的长期股权投资。企业采用权益法对长期股权投资进行核算的，应当设置“成本”“损益调整”“其他权益变动”、其他综合收益四个二级明细科目。企业采用成本法对长期股权投资进行核算的，可按被投资单位进行明细核算。

二、具体核算

（一）形成控股合并的长期股权投资（持股比例在50%以上）

形成同一控制下控股合并的长期股权投资（合并之前，合并方和被合并方在同一个集团），合并方对被合并方的长期股权投资，其成本代表的是在被合并方账面所有者权益中享有的份额。

被合并方账面所有者权益是指被合并方的所有者权益相对于最终控制方而言的账面价值，即同一控制下企业合并形成的长期股权投资，其初始投资成本是合并日按照持股比例与被合并方所有者权益在最终控制方合并财务报表上的账面价值中享有的份额计算的结果。

形成同一控制下控股合并的长期股权投资，如果子公司按照改制时确定的资产、负债经评估确认的价值调整资产、负债账面价值的，合并方应当按照取得子公司经评估确认的净资产的份额作为长期股权投资的初始投资成本。

通过多次交换交易，分步取得股权最终形成控股合并的，在个别财务报表中，应当以持股比例计算的合并日应享有被合并方账面所有者权益份额作为该项投资的初始投资成本。初始投资成本与其原长期股权投资账面价值加上合并日为取得新的股份所支付对价的公允价值之和的差额，调整资本公积（资本溢价或股本溢价），资本公积不足冲减的，冲减留存收益。

在企业合并中，合并方发生的审计、法律服务、评估咨询等中介费用以及其他相关管理费用，应当于发生时计入当期损益（管理费用）。

（二）形成非同一控制下控股合并的长期股权投资

（1）非同一控制下的控股合并中，购买方应当按照确定的企业合并成本作为长期股权投资的初始投资成本。企业合并成本包括购买方付出的资产、发生或承担的负债、发行的权益性证券的公允价值之和。

（2）通过多次交换交易，分步取得股权最终形成企业合并的，在个别财务报表中，应

当以购买日之前所持被购买方的股权投资的账面价值与购买日新增投资成本之和，作为该项投资的初始投资成本。

购买日之前持有的被购买方的股权涉及其他综合收益的，购买日对这部分其他综合收益不作处理，等到处置该项投资时将与其相关的其他综合收益转入当期投资收益（反方向结转）。

（三）不形成控股合并的长期股权投资（持股比例在50%或50%以下）

（1）以支付现金（广义）取得的长期股权投资，应当按照实际支付的购买价款作为长期股权投资的初始投资成本，包括与取得长期股权投资直接相关的费用、税金及其他必要支出。

（2）以发行权益性证券方式取得的长期股权投资，其成本为所发行权益性证券的公允价值。

（3）为发行权益性证券支付给有关证券承销机构等的手续费、佣金等与权益性证券发行直接相关的费用，不构成取得长期股权投资的成本。该部分费用应自权益性证券的溢价发行收入中扣除（冲减“资本公积——股本溢价”），权益性证券的溢价收入不足冲减的，应冲减盈余公积和未分配利润。

理论案例

【案例设计2-65】 2019年6月30日，西秦股份有限公司向同一集团内S公司的原股东定向增发1 500万只普通股（每股面值为1元，市价为13.02元），取得S公司100%的股份，并于当日起能够对S公司实施控制。合并后S公司仍维持其独立法人资格继续经营。两公司在企业合并前采用的会计政策相同。合并日，S公司的账面所有者权益总额为6 606万元。账务处理为：

借：长期股权投资　　66 060 000

　贷：股本　　15 000 000

　　资本公积——股本溢价　　51 060 000

【案例设计2-66】 西秦股份有限公司于2019年3月31日取得B公司70%的股权。为核实B公司的资产价值，西秦股份有限公司聘请专业资产评估机构对B公司的资产进行评估，支付评估费用300万元。合并中，西秦股份有限公司支付的有关资产在购买日的账面价值与公允价值如表2-6所示。

表2-6　　**2019年3月31日**　　单位：万元

项目	账面价值	公允价值
土地使用权（自用）	6 000	9 600
专利技术	2 400	3 000
银行存款	2 400	2 400
合计	10 800	15 000

假定合并前西秦股份有限公司与B公司不存在任何关联方关系，西秦股份有限公司用作合并对价的土地使用权和专利技术原价为9 600万元，至企业合并发生时已累计摊销1 200万元。西秦股份有限公司应进行如下账务处理：

借：长期股权投资　150 000 000
　　管理费用　3 000 000
　　累计摊销　12 000 000
　　贷：无形资产　96 000 000
　　　　银行存款　27 000 000
　　　　营业外收入　42 000 000

【案例设计2-67】2019年3月5日，西秦股份有限公司通过增发9 000万股本公司普通股（每股面值1元）取得B公司20%的股权，该9 000万股股份的公允价值为15 600万元。为增发该部分股份，西秦股份有限公司向证券承销机构等支付了600万元的佣金和手续费。假定西秦股份有限公司取得该部分股权后，能够对B公司的财务和生产经营决策施加重大影响。西秦股份有限公司应当以所发行股份的公允价值作为取得长期股权投资的成本，账务处理为：

借：长期股权投资　156 000 000
　　贷：股本　90 000 000
　　　　资本公积——股本溢价　66 000 000

发行权益性证券过程中支付的佣金和手续费，应冲减权益性证券的溢价发行收入，账务处理为：

借：资本公积——股本溢价　6 000 000
　　贷：银行存款　6 000 000

实操案例

【案例设计2-12】2019年1月15日，西秦股份有限公司通过西部证券从股票市场上买入三一化工的股票10 000股，占其股份20%。

交　割　单

营业部名：西部证券营业部
股东姓名：西秦股份有限公司
资金账户：7738123
当前币种：人民币

成交日期	交易类别	证券名称	成交价格	成交数量	成交金额	结算价	实收佣金	印花税	应付金额
2019年1月15日	证券买入	三一化工	20.00	10 000	200 000	200 000	5	0	200 005

编制相关记账凭证：

转 账 凭 证

转字 第 01 号

2019 年 1 月 15 日　　　　附件 壹 张

摘要	总账科目	明细科目	借方金额										贷方金额										记账符号
			千	百	十	万	千	百	十	元	角	分	千	百	十	万	千	百	十	元	角	分	
购买股票	长期股权投资	三一化工			2	0	0	0	0	5	0	0											□
	其他货币资金	存出投资款													2	0	0	0	0	5	0	0	□
																							□
																							□
																							□
合计				¥	2	0	0	0	5	0	0	0		¥	2	0	0	0	0	5	0	0	□

会计主管　　　　记账　　　　复核　　　　制证 吴亮

学习情境二　长期股权投资的后续计量

理论知识概述

长期股权投资在持有期间，根据投资企业对被投资单位的影响程度进行划分，应当分别采用成本法及权益法进行核算。长期股权投资后续计量适应范围如图 2－5 所示。

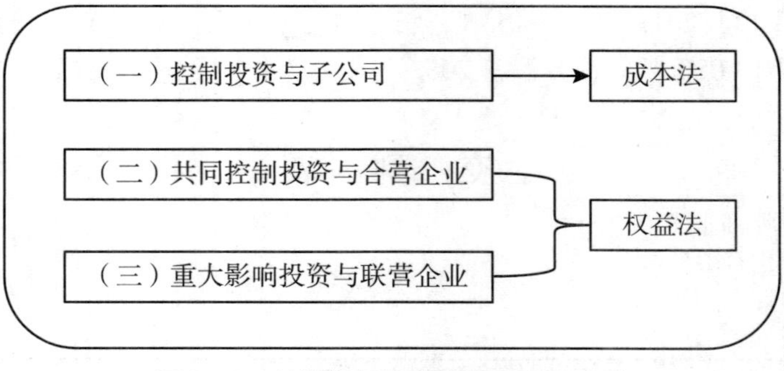

图 2－5　长期股权投资种类及后续计量

一、长期股权投资的成本法

长期股权投资的成本法适用于企业持有的、能够对被投资单位实施控制的长期股权投资。

二、长期股权投资的权益法

投资企业对被投资单位具有共同控制或重大影响的长期股权投资，即对合营企业投资及联营企业投资，应当采用权益法核算。

会计相关核算知识

一、账户设置

投资企业应当设置“长期股权投资”科目和“投资收益”，“长期股权投资”科目核算企业持有的采用成本法和权益法核算的长期股权投资。企业采用权益法对长期股权投资进行核算的，应当设置“成本”“损益调整”“其他权益变动”其他综合收益四个二级明细科目。“投资收益”科目核算企业确认的投资收益或投资损失。企业（金融）债券投资持有期间取得的利息收入，也可在“利息收入”科目核算。本科目可按投资项目进行明细核算。

二、具体核算

长期股权投资后续计量如图 2－6 所示。

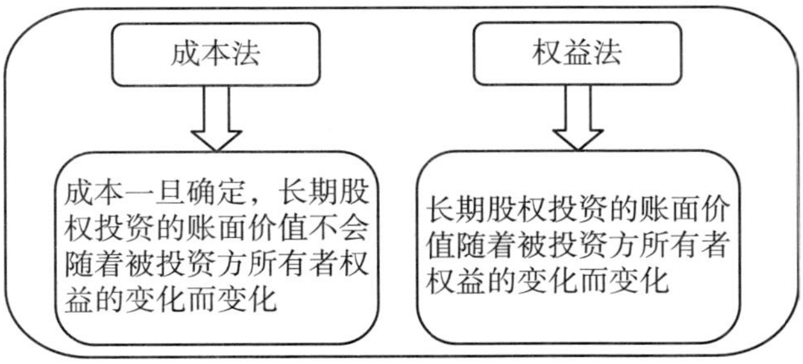

图 2－6　长期股权投资后续计量流程

（一）成本法的核算

（1）投资发生时，按初始投资成本作为长期股权投资的入账价值。投资入账后，除追加投资应按追加投资的成本增加长期股权投资外，长期股权投资的账面价值一般保持不变。

（2）采用成本法核算的长期股权投资，投资企业取得被投资单位宣告发放的现金股利或利润，除取得投资时实际支付的价款或对价中包含的已宣告但尚未发放的现金股利或利润外，投资企业应当按照享有被投资单位宣告发放的现金股利或利润确认投资收益，借记“应收股利”科目，贷记“投资收益”科目。

【案例设计 2－68】（1）西秦股份有限公司 2018 年 1 月 2 日，从上海证券交易所购买乙公司发行的股票 5 000 000 股，从而对该公司拥有控制权。买价 1 100 万元，价款中含乙公司已宣告但尚未发放的现金股利 100 万元，西秦股份有限公司准备长期持有乙公司股权。购买过程中西秦股份有限公司另支付相关税费 5 万元。因西秦股份有限公司对乙公司具有控制权，因而对乙公司的该投资采用成本法核算。取得投资后，乙公司实现净利润及股利分配情况如下：

（2）2018 年 3 月 5 日，西秦股份有限公司收到购入时的现金股利 100 万元。

（3）2018 年乙公司实现净利润 200 万元。

（4）2019 年 3 月 8 日乙公司宣告分派 2012 年度的现金股利，西秦股份有限公司可分得现金股利 20 万元。

要求：编制西秦股份有限公司的会计分录。

（1）2018 年 1 月 2 日，西秦股份有限公司取得投资时：

借：长期股权投资——乙公司　　10 050 000

　　应收股利　　1 000 000

　　贷：其他货币资金——存出投资款　　11 050 000

（2）2018 年 3 月 5 日，西秦股份有限公司收到购入时的现金股利时：

借：银行存款　　1 000 000

　　贷：应收股利　　1 000 000

（3）2018 年乙公司实现净利润 200 万元，西秦股份有限公司不进行会计处理。

（4）2019 年 3 月 8 日乙公司宣告分派 2018 年度的现金股利：

借：应收股利　　200 000

　　贷：投资收益　　200 000

实际收到时：

借：银行存款　　200 000

　　贷：应收股利　　200 000

无论确认投资之前还是投资之后的现金股利，均计入当期的“投资收益”账户核算

（二）权益法的核算

1. 初始投资核算

采用“长期股权投资——成本”核算。当投资企业取得对联营企业的投资以后，对于取得投资时投资成本与应享有被投资单位可辨认净资产公允价值份额之间的差额，应区分情况分别处理。（1）长期股权投资的初始投资成本大于投资时应享有被投资单位可辨认净资产公允价值份额的，不调整长期股权投资的初始投资成本。（2）长期股权投资的初始投资成本小于投资时应享有被投资单位可辨认净资产公允价值份额的，其差额应当计入当期的营业外收入，同时调整长期股权投资的成本。

2. 持有期间核算

（1）“长期股权投资——损益调整”账户的核算。投资企业取得长期股权投资后，应当按照应享有或应分担的被投资单位实现的净损益的份额，确认投资损益并调整长期股权投资的账面价值。投资企业按照被投资单位宣告分派的利润或现金股利计算应分得的部分，相应减少长期股权投资的账面价值。如果被投资单位发生盈利，借记“长期股权投资——某公司（损益调整）”科目，贷记“投资收益”；如果被投资单位发生亏损，借记“投资收益”科目，贷记“长期股权投资——某公司（损益调整）”科目；当被投资单位宣告分派现金股利时，借记“应收股利”科目，贷记“长期股权投资——某公司（损益调整）”科目。

被投资单位发生超额亏损的处理。投资企业确认被投资单位发生的净亏损，应当以长期

股权投资的账面价值以及其他实质上构成对被投资单位净投资的长期权益减记至零为限，投资企业负有承担额外损失的情况除外。被投资单位以后实现净利润的，投资企业在其收益分享额弥补未确认的亏分担额后，恢复确认收益分享额。

其他实质上构成对被投资单位净投资的长期权益通常指的是长期应收款项目。比如，企业对被投资单位的长期债权，该债权没有明确的清收计划，且在可预计的未来不准备收回的，实际上构成对被投资单位的净投资。

在确认被投资单位发生亏损时，应按以下顺序冲减：

首先，冲减长期股权投资的账面价值（冲至零为限）；

其次，长期股权投资的账面价值不足冲减的，应当以其他实质上构成对被投资单位净投资的长期权益账面价值为限继续确认投资损失，冲减长期应收款项目的账面价值；

最后，经过上述处理，按照投资合同或协议约定企业仍承担额外义务的，应按预计承担的义务确认预计负债，计入当期投资损失。

被投资单位以后期间实现盈利的，企业扣除未确认的亏损分担额后，应按与上述相反的顺序处理。

（2）投资企业对权益法下的长期股权投资确认投资收益和其他综合收益时，还需要注意以下两个方面：

一是被投资单位采用的会计政策及会计期间与投资企业不一致时，应当按照投资企业的会计政策及会计期间对被投资单位的财务报表进行调整，并据以确认投资收益和其他综合收益等。

二是投资企业计算确认应享有或应分担被投资单位的净损益时，与联营企业、合营企业之间发生的未实现内部交易损失按照应享有的比例计算归属于投资企业的部分，应予以抵销，在此基础上确认投资收益。投资企业与被投资单位发生的未实现内部交易损失，按照《企业会计准则第 8 号——资产减值》等的有关规定属于资产减值损失的，应当全额确认。

3. 其他综合收益的处理

当被投资单位其他综合收益发生变动时，投资企业应当按照归属于本企业的部分，相应调整长期股权投资的账面价值，同时增加或减少其他综合收益。

4. 被投资单位所有者权益其他变动的处理

采用权益法核算时，投资企业对于被投资单位除净损益、其他综合收益以及利润分配以外所有者权益的其他变动，应按照持股比例与被投资单位所有者权益的其他变动计算的归属于本企业的部分，相应调整长期股权投资的账面价值，同时增加或减少资本公积（其他资本公积）。被投资单位除净损益、其他综合收益以及利润分配以外的所有者权益的其他变动，主要包括：被投资单位接受其他股东的资本性投入、被投资单位发行可分离交易的可转换公司债券中包含的权益成分、以权益结算的股份支付等。

理论案例

【案例设计 2－69】 西秦股份有限公司 2018 年 3 月 10 日，以银行存款 1 000 万元取得乙公司 30% 的股权，取得投资时乙公司可辨认的净资产的公允价值为 3 000 万元，并且各项可辨认资产、负债的公允价值等于其账面价值，双方采用的会计政策、会计期间相同。西秦股份有限公司能够对乙公司施加重大影响。

（1）2018 年乙公司实现净利润 800 万元。

（2）2019 年 3 月 15 日，乙公司宣告分配现金股利 500 万元。

（3）2019 年 4 月 30 日乙公司持有的一项成本为 80 万元的可供出售金融资产，公允价值升为 100 万元，乙公司按公允价值超过成本的差额 20 万元调增该项可供出售金融资产的账面价值，并计入其他综合收益。

（4）2019 年 5 月 15 日，收到分配的现金股利。

则西秦股份公司会计处理：

（1）2018 年 3 月 10 日，取得长期股权投资时：

借：长期股权投资——乙公司（成本）　　10 000 000

　　贷：银行存款　　10 000 000

若西秦股份有限公司以银行存款 850 万元取得上述投资，其他条件不变，则应进行的账务处理为：

借：长期股权投资——乙公司（成本）　　8 500 000

　　贷：银行存款　　8 500 000

长期股权投资的成本应确认为 900 万元（3 000 万元 ×30%），则同时调整账面价值：

借：长期股权投资——乙公司（成本）　　500 000

　　贷：营业外收入　　500 000

（2）2018 年 12 月 31 日确认投资收益时：

借：长期股权投资——乙公司（损益调整）　　2 400 000

　　贷：投资收益　　2 400 000

（3）2019 年 3 月 15 日乙确认应收乙公司现金股利时：

借：应收股利　　1 500 000

　　贷：长期股权投资——乙公司（损益调整）　　1 500 000

（4）2019 年 4 月 30 日确认其他权益变动时：

借：长期股权投资——乙公司（其他综合收益）　　60 000

　　贷：其他综合收益　　60 000

（5）2019 年 5 月 15 日，收到分配的现金股利时：

借：银行存款　　1 500 000

　　贷：应收股利　　1 500 000

实操案例

【案例设计 2－13】 西秦股份有限公司于 2019 年 2 月取得万佳科技公司 30% 的股权，支付价款 9 000 万元（初始成本）。取得投资时被投资单位可辨认净资产的公允价值为 36 000 万元，西秦股份有限公司按持股比例 30% 计算确定应享有 10 800 万元，则初始投资成本与应享有被投资单位可辨认净资产公允价值份额之间的差额 1 800 万元应计入取得投资当期的营业外收入。

相关原始凭证：

中国建设银行信汇凭证（回单）1

委托日期：2019 年 2 月 1 日

汇款人	全称	西秦股份有限公司	收款人	全称	万佳科技公司
	账号	665674890		账号	5678842221
	汇出地点	陕西省咸阳市/县		汇入地点	陕西省西安市/县
汇出行名称			汇入行名称		
金额	人民币（大写）	玖仟零佰零拾零万零仟零佰零拾零元零角零分			

亿	千	万	十	万	千	百	十	元	角	分
¥	9	0	0	0	0	0	0	0	0	0

支付密码	******
附加信息及用途：	

西秦股份有限公司 财务专用章

汇出行签章

复核： 记账

此联汇出行给汇款人的回单

股权投资差额计算表

2019 年 2 月 1 日 单位：万元

股票名称	持股比例	被投资单位净资产公允价值	净资产公允价值份额	应调整初始投资成本金额
万佳科技	30%	36 000	10 800	1 800
	成交金额	相关税费	初始投资成本	
	8 990	10	9 000	

编制相关记账凭证：

付 款 凭 证

银付 字第 01 号

贷方科目：银行存款 2019 年 2 月 1 日 附件 壹 张

对方单位	摘要	借方科目		金额										记账符号
		总账科目	明细科目	千	百	十	万	千	百	十	元	角	分	
	投资	长期股权投资	投资成本	9	0	0	0	0	0	0	0	0	0	□
														□
														□
														□
														□
银行结算方式及票号：			合计	9	0	0	0	0	0	0	0	0	0	□

杭州青联印刷有限公司出品

会计主管 记账 稽核 出纳 制证 吴亮

转 账 凭 证

转字 第 02 号

2019 年 2 月 1 日 附件 壹 张

摘要	总账科目	明细科目	借方金额										贷方金额										记账符号
			千	百	十	万	千	百	十	元	角	分	千	百	十	万	千	百	十	元	角	分	
购买股票	长期股权投资	投资成本	1	8	0	0	0	0	0	0	0	0											□
	营业外收入												1	8	0	0	0	0	0	0	0	0	□
																							□
																							□
																							□
合计			1	8	0	0	0	0	0	0	0	0	1	8	0	0	0	0	0	0	0	0	□

会计主管 记账 复核 制证 吴亮

【案例设计 2－14】 西秦股份有限公司于 2019 年 2 月取得万佳科技公司 30% 有表决权股份，能够对万佳科技公司施加重大影响。假定西秦股份有限公司取得该项投资时，乙公司各项可辨认资产、负债的公允价值与其账面价值相同。2019 年 8 月，乙公司将其成本为 600 万元的某商品以 1 000 万元的价格出售给西秦股份有限公司，西秦股份有限公司将取得的商品作为存货。至 2019 年资产负债表日，西秦股份有限公司仍未对外出售该存货。乙公司 2019 年实现净利润为 3 200 万元。假定不考虑所得税因素。

相关原始凭证：

长期股权投资损益计算表

2019 年 12 月 31 日　　　　单位：万元

被投资企业	净利润（亏损）	调整后净利润	持股比例	应享有净利润（亏损）	应确认投资收益
万佳科技	3 200	2 800	30%	840	840
长期股权投资账面价值	长期应收款	对被投资单位预计	合计	未弥补亏损分担	
11 640	0	0	11 640		

编制相关记账凭证：

转　账　凭　证

转字　第　03　号

2019 年 12 月 31 日　　　　附件　　壹　　张

摘要	总账科目	明细科目	借方金额										贷方金额										记账符号
			千	百	十	万	千	百	十	元	角	分	千	百	十	万	千	百	十	元	角	分	
损益调整	长期股权投资	损益调整		8	4	0	0	0	0	0	0	0											☐
	投资收益													8	4	0	0	0	0	0	0	0	☐
																							☐
																							☐
																							☐
合计			¥	8	4	0	0	0	0	0	0	0	¥	8	4	0	0	0	0	0	0	0	☐

会计主管　　　　记账　　　　复核　　　　制证　吴亮

【案例设计 2－15】 西秦股份有限公司持有万佳科技公司 30% 的股份，能够对万佳科技施加重大影响。万佳科技公司为上市公司，当期万佳科技公司的母公司给予万佳科技公司捐赠 1 000万元，该捐赠实质上属于资本性投入，万佳科技公司将其计入资本公积（股本溢价）。

相关原始凭证：

长期股权投资其他权益变动计算表

2019 年 12 月 31 日

单位：万元

本投资企业	其他权益变动额	持股比例	归属企业的其他权益变动
万佳科技	1 000	30%	300

编制相关记账凭证：

转 账 凭 证

转字 第 04 号

2019 年 12 月 31 日

附件 壹 张

摘要	总账科目	明细科目	借方金额 千	百	十	万	千	百	十	元	角	分	贷方金额 千	百	十	万	千	百	十	元	角	分	记账符号
其他权益变动	长期股权投资	其他权益变动		3	0	0	0	0	0	0	0	0											□
	资本公积	其他资本公积												3	0	0	0	0	0	0	0	0	□
																							□
																							□
																							□
合计			¥	3	0	0	0	0	0	0	0	0	¥	3	0	0	0	0	0	0	0	0	□

会计主管　　　记账　　　复核　　　制证 吴亮

学习情境三　长期股权投资的减值及处置

理论知识概述

一、长期股权投资的减值

长期股权投资在按照规定进行核算确定其账面价值的基础上，如果存在减值迹象的，应当按照相关准则的规定计提减值准备。长期股权投资减值原则如图 2－7 所示。

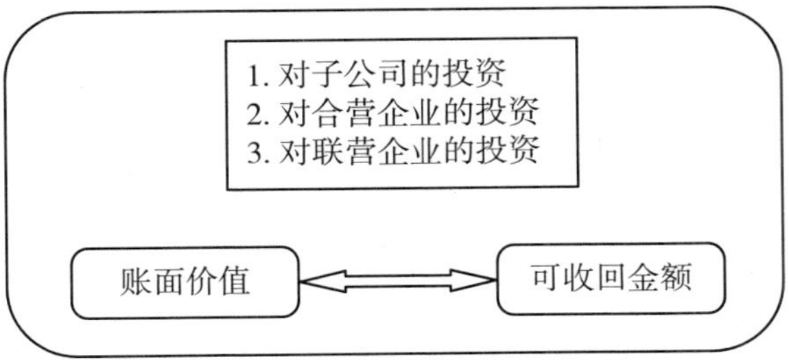

图 2－7 长期股权投资减值确认指标对比

二、长期股权投资的处置

企业在某些情况下，出于对各方面的考虑，可能会将长期股权投资进行处置而收回。企业决定将所持有的对被投资单位的股权全部或部分对外出售时，应相应结转与所售股权相对应的长期股权投资的账面价值，将出售所得价款与处置长期股权投资账面价值之间的差额确认为当期损益。

会计相关核算知识

一、账户设置

“长期股权投资减值准备”科目。用于核算企业长期股权投资的减值准备。贷方登记在资产负债表日、长期股权投资发生减值的金额，借方登记处置长期股权投资时、应转回已计提的长期股权投资准备，期末余额一般在贷方，反映企业已计提但尚未转销的长期股权投资准备。本科目按被投资单位进行明细核算。

二、具体核算

（一）长期股权投资的减值

企业在资产负债表日，根据资产减值或金融工具确认和计量准则确定的长期股权投资发生的减值的，按应减记的金额；借记“资产减值损失”科目，贷记“长期股权投资减值准备”科目。处置长期股权投资时，应同时结转已计提的长期股权投资减值准备。长期股权投资减值流程如图 2－8 所示。

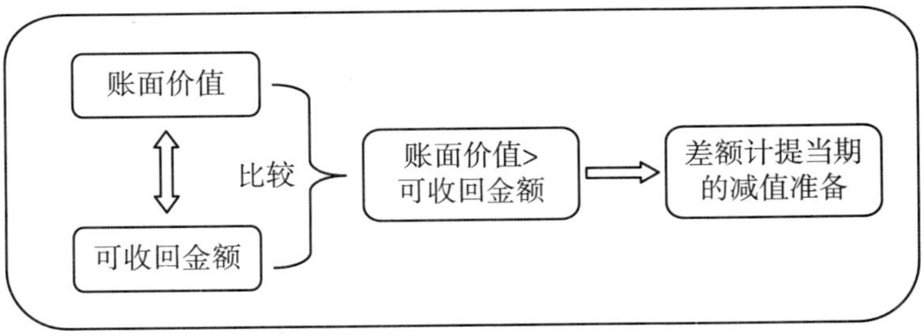

图 2－8 长期股权投资减值流程

长期股权投资减值损失一经确认，在以后会计期间不得转回。

【案例设计 2-70】 西秦股份有限公司对丙公司的股权投资按成本法核算。2019 年 1 月西秦股份有限公司以银行存款 10 万元购入丙公司股票，作为长期股权投资。考虑到丙公司在 2019 年度发生严重亏损，其股票市价已低于账面价值的情况，至 2019 年 12 月 31 日，预计西秦股份有限公司对丙公司投资的可收回金额 7 万元，则西秦股份有限公司应计提长期股权投资减值准备 3 万元。

西秦股份有限公司的会计处理：

借：资产减值损失	30 000	
贷：长期股权投资减值准备		30 000

（二）长期股权投资的处置

长期股权投资处置的核算。企业在某些情况下，出于对各方面的考虑，可能会将长期股权投资进行处置而收回。企业决定将所持有的对被投资单位的股权全部或部分对外出售时，应相应结转与所售股权相对应的长期股权投资的账面价值，将出售所得价款与处置长期股权投资账面价值之间的差额确认为当期损益。

处置长期股权投资的会计处理时，应按实际收到的金额，借记“银行存款”等科目，原已计提减值准备的，借记“长期股权投资减值准备”科目，按其账面余额，贷记“长期股权投资”科目，按尚未领取的现金股利或利润，贷记“应收股利”科目，按其差额，贷记或借记“投资收益”科目。处置采用权益法核算的长期股权投资时，还应按处置长期股权投资的投资成本比例结转原记入“其他综合收益”科目的余额，借记或贷记“其他综合收益”科目，贷记或借记“投资收益”科目。

【案例设计 2-71】 承【案例设计 2-68】2019 年 9 月 15 日，秦都股份有限公司出售了对乙公司的全部股权投资，出售所得价款为 1 200 万元，价款已存入银行。

2019 年 9 月 15 日，出售乙公司股权投资时：

借：银行存款	12 000 000	
贷：长期股权投资——乙公司		10 050 000
投资收益		1 950 000

【案例设计 2-72】 承【案例设计 2-69】2019 年 7 月 18 日，秦都股份有限公司出售了对乙公司的全部股权投资，出售所得价款为 1 150 万元，价款已存入银行。

2019 年 7 月 18 日，出售乙公司股权投资时：

借：银行存款	11 500 000	
贷：长期股权投资——乙公司（成本）		10 000 000
——乙公司（损益调整）		900 000
——乙公司（其他综合收益）		60 000
投资收益		540 000

同时：

借：其他综合收益	60 000	
贷：投资收益		60 000

实操案例

【案例设计 2－16】 西秦股份有限公司 2019 年 12 月 31 日长期股权投资的账面价值 10 万元。计西秦股份有限公司对丙公司投资的可收回金额 7 万元，则西秦股份有限公司应计提长期股权投资减值准备 3 万元。

相关原始凭证：

长期股权投资减值计提表

单据编号	00002	单据日期	2015. 12. 31
减值项目	长期股权投资	计提减值额	30 000
当前账面价值	100 000	计提后的账面价值	70 000

编制相关记账凭证：

转 账 凭 证

转字 第 05 号

2019 年 12 月 31 日　　附件 壹 张

摘要	总账科目	明细科目	借方金额										贷方金额										记账符号
			千	百	十	万	千	百	十	元	角	分	千	百	十	万	千	百	十	元	角	分	
计提减值	资产减值损失					3	0	0	0	0	0	0											□
	长期股权投资减值															3	0	0	0	0	0	0	□
																							□
																							□
																							□
合计					¥	3	0	0	0	0	0	0			¥	3	0	0	0	0	0	0	□

会计主管　　记账　　复核　　制证 吴亮

知识拓展

长期股权投资在资产负债表中的列示方法：长期股权投资项目应根据“长期股权投资”总账科目期末借方余额减去“长期股权投资减值准备”总账科目期末贷方余额填列。

模块知识小结

长期股权投资是指为了获得被投资单位的股权而进行的长期权益性投资。具体可分为对其子公司投资、对合营企业及联营企业的权益性投资以及企业持有的对被投资单位不具有控制、共同控制或重大影响权益性投资。

长期股权投资的初始投资成本计量，又分为企业合并形成的长期股权投资的初始计量和非企业合并形成的长期股权投资的初始计量。企业合并形成的长期股权投资的初始计量又分为同一控制下的企业合并形成的长期股权投资和非同一控制下的企业合并形成的长期股权投资。

长期股权投资的后续计量涉及成本法和权益法的核算方法。

成本法，是指投资时按成本计价的方法，投资企业取得被投资单位宣告发放的现金股利或利润，除取得投资时实际支付的价款或对价中包含的已宣告但尚未发放的现金股利或利润外，投资企业应当按照享有被投资单位宣告发放的现金股利或利润确认投资收益。

权益法，是指投资以初始投资成本计量以后，在持有期间根据投资企业享有被投资单位所有者权益的份额的变动对投资的账面价值进行调整的方法。在初始确认时长期股权投资的初始投资成本大于投资时应享有被投资单位可辨认净资产公允价值份额的，不调整长期股权投资的初始投资成本；长期股权投资的初始投资成本小于投资时应享有被投资单位可辨认净资产公允价值份额的，其差额应当计入当期的营业外收入，同时调整长期股权投资的成本。

长期股权投资在持有期间，因各方面情况的变化，可能导致其核算需要由成本法核算和权益法核算相互转换以及有可能发生减值处置核算。

模块六　固定资产

学习内容框架提要

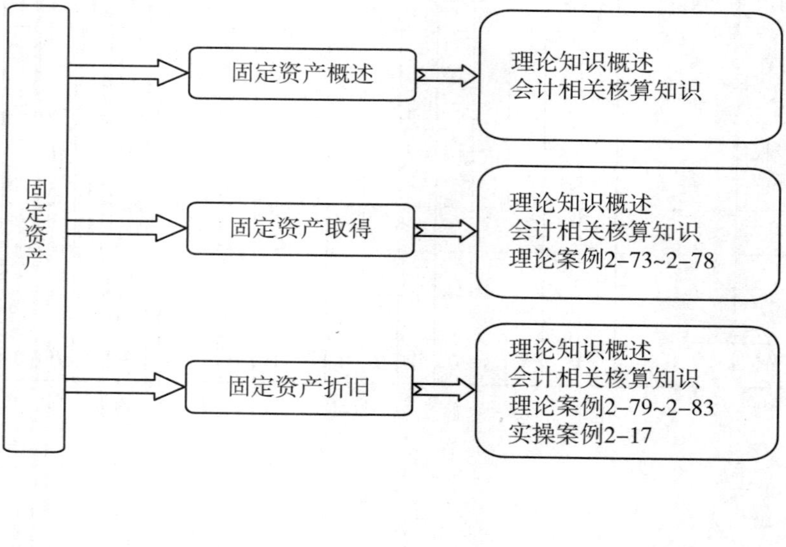

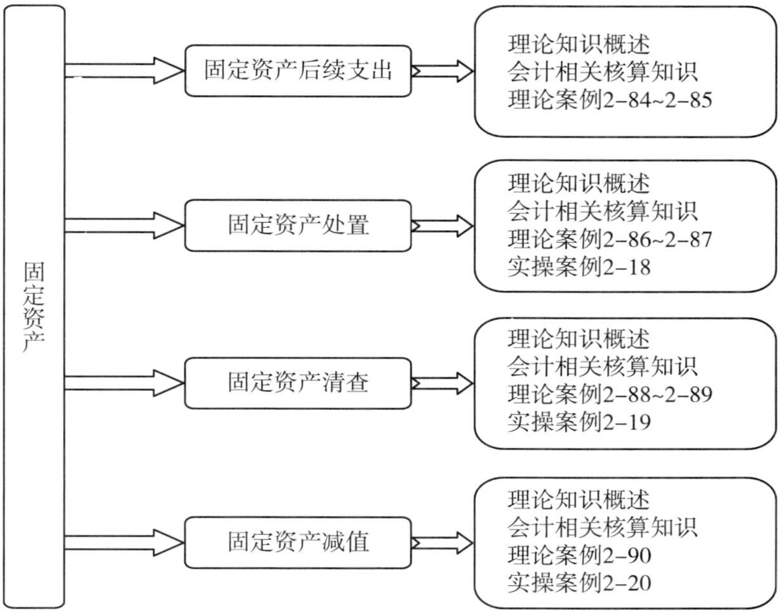

【职业能力目标】

通过本模块的学习，使学生了解固定资产的概念、特征及分类；明确固定资产减值准备的计提方法，掌握固定资产增加、减少的业务处理方法，学会固定资产折旧的计算。

【典型工作任务】

◆ 固定资产取得的核算。

◆ 折旧计算方法及会计核算。

◆ 处置固定资产业务的核算。

模块内容概述

固定资产是企业赖以生存的物质基础，是企业产生效益的源泉，关系到企业的运营与发展。企业科学管理和正确核算固定资产，有利于促进企业正确评估固定资产的整体情况，提高资产使用效率，降低生产成本，保护固定资产的安全完整，实现资产的保值增值，增强企业的综合竞争实力。《企业会计准则第 4 号——固定资产》（以下简称《固定资产准则》）规范了固定资产的确认、计量和相关信息的披露。

学习情境一　固定资产概述

理论知识概述

一、固定资产的概念和特征

固定资产，是指同时具有下列特征的有形资产：为生产商品、提供劳务、出租或经营管理而持有的；使用寿命超过一个会计年度。

从这一定义可以看出，作为企业的固定资产应具备以下特征：

1. 固定资产是有形资产

固定资产具有实物特征，是固定资产最基本的特征，这一特征将固定资产与无形资产区分开来。有些无形资产可能同时符合固定资产的其他特征，如无形资产为生产商品、提供劳务而持有，使用寿命超过一个会计年度，但是，由于其没有实物形态，所以不属于固定资产。

2. 为生产商品、提供劳务、出租或经营管理而持有

企业持有固定资产的目的，是为了生产商品、提供劳务、出租或经营管理的需要，而不像商品一样为了对外出售。这一特征是固定资产区别于商品等流动资产的重要标志。

3. 使用寿命超过一个会计年度

企业使用固定资产的期限较长，使用寿命一般超过一个会计年度。这一特征表明企业固定资产的收益期超过一年，能在一年以上的时间里为企业创造经济利益。这一特征将固定资产与低值易耗品的核算区分开来。

二、固定资产的确认

固定资产作为企业很重要的一项资产，在满足了固定资产定义的同时，还应同时满足下列条件：

1. 与该固定资产有关的经济利益很可能流入企业

资产最重要的特征是预期会给企业带来经济利益。企业在确定固定资产时，需要判断与固定资产所有权相关的经济利益是否很有可能流入企业。如果与该项固定资产有关的经济利益很可能流入企业，并同时满足固定资产确认的其他条件，那么企业应将其确认为固定资产；否则不应将其却认为固定资产。

在实务中，判断固定资产包含的经济利益是否可能流入企业，主要是依据与该固定资产所有权相关的风险和报酬是否转移到了本企业。通常取得所有权是判断与固定资产所有权相关的风险和报酬转移到企业的一个重要标志。但是，有时企业虽不能取得固定资产的所有权，但与该资产相关的风险和报酬实质上已经转移到企业，也认为符合第一个条件，如融资租入固定资产。

2. 该固定资产的成本能够可靠地计量

成本能够可靠地计量，是资产确认的一项基本条件。固定资产作为企业资产的重要组成部分，要予以确认，其为取得该固定资产而发生的支出也必须能够可靠的计量。另外，企业在确定固定资产成本时必须取得确凿证据，但是，有时需要根据所获得的最新资料，对固定资产的成本进行合理估计。例如，建造某项固定资产，已达到预计可使用状态，但未办理竣工决算，需要根据工程预算、工程造价或者工程实际发生的成本资料，按估计价值确定其成本，可以认定为是资产，待办理了竣工决算手续后再按照实际成本调整原来的暂估价值。值得注意的是已提取的折旧不作调整。

在实务中，对于固定资产在进行确认时，还需要注意以下问题：

第一，固定资产各组成部分具有不同使用寿命或以不同方式为企业提供经济利益，适用不同折旧率或折旧方法的，应当分别将各组成部分确认为单项固定资产。

第二，与固定资产有关的后续支出，满足固定资产确认条件的，应当计入固定资产成本；不满足固定资产确认条件的，应当在发生时计入当期损益。

三、固定资产的分类

企业的固定资产种类繁多、规格不一，为加强管理，便于组织会计核算，有必要对其进行科学、合理的分类。根据不同管理需要和核算要求以及不同的分类标准，可以对固定资产进行不同的分类，主要有以下几种分类方法：

（一）按经济用途分类

按固定资产的经济用途分类，可分为生产经营用固定资产和非生产经营用固定资产。

（1）生产经营用固定资产，是指直接服务于企业生产、经营过程的各种固定资产，如生产经营用的房屋、建筑物、机器、设备、器具、工具等。

（2）非生产经营用固定资产，是指不直接服务于生产、经营过程的各种固定资产，如职工宿舍等使用的房屋、设备和其他固定资产等。

（二）按使用情况分类

按固定资产使用情况分类，固定资产可分为使用中的固定资产、未使用的固定资产和不需用的固定资产、租出固定资产和融资租入固定资产。

（1）使用中的固定资产，是指正在使用中的经营性和非经营性的固定资产。由于季节性经营或大修理等原因，暂时停止使用的固定资产仍属于企业使用中的固定资产；企业采用经营租赁方式出租给其他单位使用的固定资产和内部替换使用的固定资产，也属于使用中的固定资产。

（2）未使用的固定资产，是指已完工或已购建的尚未交付使用的新增固定资产以及因进行改建、扩建等原因暂停使用的固定资产，如企业购建的尚待安装的固定资产、经营任务变更停止使用的固定资产等。

（3）不需用的固定资产，是指本企业多余或不适用，需要处理的各种固定资产。

（4）租出固定资产是指在经营租赁方式下出租给其他单位或个人使用的固定资产。

（5）融资租入固定资产实质企业以融资租赁方式租入的固定资产。融资租赁，是指实质上转移了与资产所有权有关的全部风险和报酬的租赁。其所有权最终可能转移，也可能不转移。

（三）综合分类

按固定资产的经济用途和使用情况等综合情况分类，可把企业的固定资产划分为七大类：

（1）生产经营用固定资产；

（2）非生产经营用固定资产；

（3）租出固定资产（指在经营租赁方式下出租给外单位使用的固定资产）；

（4）不需用固定资产；

（5）未使用固定资产；

（6）土地（指过去已经估价单独入账的土地。因征地而支付的补偿费，应计入与土地有关的房屋、建筑物的价值内，不单独作为土地价值入账。企业取得的土地使用权，应作为无形资产管理，不作为固定资产管理）；

（7）融资租入固定资产（指企业以融资租赁方式租入的固定资产，在租赁期内，应视同自有固定资产进行管理）。

会计相关核算知识

企业在核算固定资产时，一般需要设置“固定资产”“在建工程”“工程物资”“累计折旧”“固定资产减值准备”“固定资产清理”等科目。

“固定资产”账户属于资产类账户，核算的是企业所持有的固定资产原值。该账户的借方登记企业增加固定资产的原值，贷方登记企业减少的固定资产原值，余额在借方，反映企业期末固定资产的原值。企业应当设置“固定资产备查簿”和“固定资产卡片”，按固定资产的类别、使用部门和每项固定资产进行明细核算。

“在建工程”账户属于资产类账户，核算企业基建、更新改造等在建工程发生的支出。该账户借方登记企业各项在建工程的实际支出，贷方登记工程完工转入使用而结转的实际工程成本，期末借方余额反映企业尚未达到预定可使用状态的在建工程实际工程成本。在建工程可按照工程项目进行明细核算。

“工程物资”账户属于资产类账户，核算企业为在建工程而准备的各种物资的实际成本。该账户借方登记企业购入工程物资的实际成本，贷方登记领用工程物资的实际成本，期末借方余额反映企业库存各种工程物资的实际成本。

“累计折旧”账户属于资产类账户，是“固定资产”的备抵账户，核算企业固定资产的累计折旧，贷方登记企业计提的固定资产的累计折旧，借方登记处置固定资产转出的累计折旧，期末贷方余额反映企业固定资产的累计折旧额。

“固定资产减值准备”账户属于资产类账户，是“固定资产”的备抵账户，核算企业固定资产减值。该账户贷方登记已计提的固定资产减值准备金额，借方登记因固定资产减少而冲转原已计提的减值准备金额。期末贷方余额反映企业已提取的固定资产减值准备金额。

“固定资产清理”账户属于资产类账户，核算企业因出售、报废、毁损、对外投资等原因转出的固定资产价值以及清理过程中发生的相关费用等。该账户借方登记转销的固定资产的账面价值、清理过程中应支付的相关税费及其他费用，贷方登记收回出售固定资产的价款、残料价值、变价收入和应由保险公司或过失人赔偿的损失等。固定资产清理完成后，本账户无余额，若出现期末借方余额，则反映企业尚未清理完毕固定资产清理净损失。本科目应按被清理的固定资产项目进行明细核算。

学习情境二　固定资产取得

理论知识概述

固定资产的初始计量是对取得的固定资产运用恰当的会计计量属性对其价值进行记录。固定资产的取得方式主要包括外购、自行建造、接受投资、融资租入、债务重组等。

会计相关核算知识

一、外购固定资产

企业外购的固定资产，应按照实际取得的成本入账，其成本包括购买价款、相关税费（一般纳税人允许抵扣的增值税的进项税额除外）、使固定资产达到预定可使用状态前所发生的可归属于该项资产的运输费、装卸费、安装费和专业人员的服务费等。

（一）购入不需要安装的固定资产

这种情况是指企业购入的固定资产不需要安装就可以直接使用。企业应按购入固定资产时实际支付的购买价款、使固定资产达到预定可使用状态前所发生的可归属于该项资产的运输费、装卸费、专业人员的服务费和其他相关税费等，作为固定资产成本，借记“固定资产”科目，如取得了合法的增值税扣税凭证，允许其抵扣进项税额，还应借记“应交税费——应交增值税（进项税额）”，贷记“银行存款”“应付账款”等科目。

如果企业以一笔款项购入多项没有单独标价的固定资产，应当按照各项固定资产的公允价值比例对总成本进行分配，分别确定各项固定资产的成本。

（二）购入需要安装的固定资产

需要安装的固定资产，是指购入的固定资产需要经过安装以后才能交付使用。企业购入这类固定资产时，按实际支付的价款（包括买价、税金、包装费、运输费等），借记“在建工程”科目，贷记“银行存款”等科目；发生的安装费用，借记“在建工程”科目，贷记“银行存款”“原材料”等科目；安装完成交付验收使用时，按其实际成本（包括买价、税金、包装费、运输费和安装费等）作为固定资产的原价入账，借记“固定资产”科目，贷记“在建工程”科目。企业外购的固定资产购入成本和以后的安装费先通过“在建工程”账户归集，安装完工后再转入“固定资产”账户。

二、自行建造固定资产

自行建造的固定资产，按建造该项资产达到预定可使用状态前所发生的全部支出，作为入账价值。在核算时应先通过“在建工程”科目，待达到预定可使用状态时再转入“固定资产”。

（一）自营工程

企业通过自营方式建造的以固定资产核算的动产，其入账价值应当按照该项资产达到预定可使用状态前所发生的必要支出确定。采用自营方式进行的固定资产工程，应在“在建工程”科目下按不同的工程项目设置明细科目。工程实际发生的各项支出记入其借方；工程完工，结转工程的实际成本从其贷方转入“固定资产”科目。

企业购入为工程准备的物资等，按购入物资的实际成本，借记“工程物资”“应交税费——应交增值税（进项税额）”科目，贷记“银行存款”等科目。企业自营工程领用的工程物资等，按领用物资的实际成本，借记“在建工程——××工程”科目，贷记“工程物资”等科目。自营工程发生的其他费用（如支付职工工资等），按实际发生额，借记“在建工程——××工程”科目，贷记“银行存款”等科目；自营工程完工并交付使用时，按实际发生的全部支出，借记“固定资产”科目，贷记“在建工程——××工程”科目。

所建造的固定资产已达到预定可使用状态，但尚未办理竣工决算的，应当自达到预定可使用状态之日起，根据工程预算、造价或者工程实际成本等，按估计价值转入固定资产，并按有关计提固定资产折旧的规定，计提固定资产折旧。待办理了竣工决算手续后再作调整。

（二）出包工程

企业采用出包方式进行的自制、自建固定资产工程，其工程的具体支出在承包单位核算。在这种方式下，“在建工程”科目实际成为企业与承包单位的结算科目，企业将与承包单位结算的工程价款作为工程成本，通过“在建工程”科目核算。企业在按规定预付承包单位工程价款时，借记“在建工程——××工程”科目，贷记“银行存款”等科目；工程完工收到承包单位账单，补付或补记工程价款时，借记“在建工程——××工程”科目，贷记“银行存款”等科目；工程完工并交付使用时，按实际发生的全部支出，借记“固定资产”科目，贷记“在建工程——××工程”科目。

三、投资者投入的固定资产

投资者投入固定资产的成本，应按投资合同或协议约定的价值加上应支付的相关税费作为固定资产的入账价值，但合同或协议约定的价值不公允的除外。接受投资者投入的固定资产，借记“固定资产”账户，贷记“实收资本”等。

为了保证会计记录的正确性，做到账账相符，会计部门应将“固定资产卡片”“固定资产登记簿”和“固定资产”账户中的记录，定期进行核算。

理论案例

【案例设计 2－73】 西秦股份有限公司 2019 年 3 月 22 日，购入一台不需要安装的设备，取得的增值税专用发票上注明的设备价款为 100 000 元，增值税额为 17 000 元，另支付运输费 3 000 元，包装费 2 000 元，款项以银行存款转账支付。假定不考虑其他相关税费。西秦股份有限公司的会计处理如下：

借：固定资产	105 000	
应交税费——应交增值税（进项税额）	16 000	
贷：银行存款		121 000

【案例设计 2－74】 2019 年 4 月 1 日，西秦股份有限公司为降低动产采购成本，向乙公司一次购进了 3 套不同型号且具有不同生产能力的设备 A、B 和 C。西秦股份有限公司为该批设备共支付货款 75 000 元，增值税税额 12 000 元，包装费 2 250 元，全部以银行存款支付。假定设备 A、B 和 C 均满足固定资产的定义及其确认条件，公允价值分别为 20 000 元、30 000元、50 000 元；不考虑其他相关税费。西秦股份有限公司的账务处理如下：

首先，确定计入固定资产成本的金额，包括买价、包装费等应计入固定资产成本的金额＝75 000＋2 250＝77 250（元）

其次，确定设备 A、B 和 C 的价值分配

A 设备应分配的固定资产价值比例＝20 000÷（20 000＋30 000＋50 000）＝20%

B 设备应分配的固定资产价值比例＝30 000÷（20 000＋30 000＋50 000）＝30%

C 设备应分配的固定资产价值比例＝50 000÷（20 000＋30 000＋50 000）＝50%

然后，确定设备 A、B 和 C 各自的入账价值

A 设备的入账价值 =77 250 ×20% =15 450（元）

B 设备的入账价值 =77 250 ×30% =23 175（元）

C 设备的入账价值 =77 250 ×50% =38 625（元）

账务处理如下：

借：固定资产——A　　15 450

　　　　　　——B　　23 175

　　　　　　——C　　38 625

　　应交税费——应交增值税（进项税额）　　12 000

　　贷：银行存款　　89 250

【案例设计 2 -75】 西秦股份有限公司 2019 年 8 月 5 日，购入一台需要安装的设备，动产取得的增值税专用发票上注明的设备买价为 250 000 元，增值税额为 40 000 元，支付的运输费为 1 000 元，包装费为 1 000 元，款项已通过银行支付；安装设备时，领用原材料一批价值为 500 元；应付安装工人的工资为 4 000 元。假定不考虑其他相关税费。西秦股份有限公司的会计处理如下：

（1）支付设备价款、增值税、运输费、包装费时：

借：在建工程　　252 000

　　交税费——应交增值税（进项税额）　　40 000

　　贷：银行存款　　292 000

（2）领用安装材料时：

借：在建工程　　500

　　贷：原材料　　500

（3）确认安装工人工资时：

借：在建工程　　4 000

　　贷：应付职工薪酬　　4 000

（4）设备安装完毕达到预计可使用状态：

借：固定资产　　256 500

　　贷：在建工程　　256 500

【案例设计 2 -76】 西秦股份有限公司 2019 年 10 月 5 日，开始自建作为固定资产核算的设备一台（动产），购入为工程准备的各种物资 500 000 元，支付的增值税额为 80 000 元（增值税额允许抵扣），全部用于工程建设。领用本企业生产的钢板一批，实际成本为 80 000 元，税务部门确定的计税价格为 100 000 元，增值税税率为 16%；工程人员应计工资 100 000 元，以银行存款支付其他费用 30 000 元。2020 年 8 月 11 日，工程完工并达到预定可使用状态。西秦股份有限公司应作如下会计处理：

（1）购入工程物资时：

借：工程物资　　500 000

　　应交税费——应交增值税（进项税额）　　80 000

　　贷：银行存款　　580 000

（2）工程领用工程物资时：

借：在建工程　　500 000

贷：工程物资　500 000

（3）工程领用本企业生产的钢板，确定应计入在建工程成本的金额为：

80 000 + 100 000 × 16% = 96 000（元）

借：在建工程　96 000

　贷：库存商品　80 000

　　应交税费——应交增值税（销项税额）　16 000

（4）分配工程人员工资时：

借：在建工程　100 000

　贷：应付职工薪酬　100 000

（5）支付工程发生的其他费用时：

借：在建工程　30 000

　贷：银行存款　30 000

（6）工程完工转入固定资产成本为：

500 000 + 96 000 + 100 000 + 30 000 = 726 000（元）

借：固定资产　726 000

　贷：在建工程　726 000

【案例设计 2－77】 西秦股份有限公司 2018 年 9 月 10 日，将一栋厂房的建造工程出包给甲公司承建，按合理估计的发包工程进度和合同规定，向甲公司结算进度款 600 000 元，工程完工后，收到甲公司有关工程结算单据，补付工程款 400 000 元，2019 年 11 月 17 日，工程完工并达到预定可使用状态。西秦股份有限公司账务处理如下：

（1）按合理估计的发包工程进度和合同规定向甲公司结算进度款时：

借：在建工程　600 000

　贷：银行存款　600 000

（2）补付工程款项时：

借：在建工程　400 000

　贷：银行存款　400 000

（3）工程完工并交付使用时：

借：固定资产　1 000 000

　贷：在建工程　1 000 000

【案例设计 2－78】 西秦股份有限公司 2019 年 7 月 10 日，接受股东投入的不需要安装设备一台，评估确认原值为 500 000 元，评估确认净值为 300 000 元，双份协议约定的价格为 300 000 元（假定该协议价是公允的），同时西秦股份有限公司以银行存款支付运杂费 4 000元。该固定资产运达企业并投入使用。西秦股份有限公司账务处理如下：

借：固定资产　304 000

　贷：实收资本　300 000

　　银行存款　4 000

学习情境三 固定资产折旧

理论知识概述

固定资产在使用过程当中会逐渐损耗，损耗的这部分价值应与资产有效寿命期间所产生的收入相匹配。固定资产折旧，是对固定资产由于磨损和损耗而转移到产品中的那一部分价值的补偿。固定资产的磨损和损耗包括有形损耗、自然损耗和无形损耗。固定资产的有形损耗，是指在固定资产的使用过程当中由于机器运转磨损等原因发生的损失，一般是指机器磨损。固定资产的自然磨损，是指固定资产由于自然条件的影响发生的侵蚀性损失。固定资产的无形损耗，是指固定资产在使用过程中由于技术进步等非实物磨损、非自然磨损等原因发生的价值损失。

企业应当在固定资产的使用寿命内，按照确定的方法对应计折旧额进行系统分摊。

一、固定资产折旧的概念

固定资产折旧是指在固定资产使用寿命内，按照确定的方法对应计折旧额进行系统分摊。

应计折旧额是指应当计提折旧的固定资产的原值扣除其预计净残值后的金额，值得注意的是，已计提减值准备的固定资产，还应当扣除已计提的固定资产减值准备累计金额。预计净残值是指假定固定资产使用寿命已满时的预期状态。使用寿命是指企业使用固定资产的预计期间，企业应当根据固定资产的性质和使用情况，合理确定固定资产的使用寿命和预计净残值。固定资产的使用寿命、预计净残值一经确定，不得随意变更。

二、影响固定资产折旧的主要因素

（一）固定资产原价

计提折旧时，应以月初应计折旧的固定资产账面原值为依据。固定资产的原值是指固定资产的实际成本。

（二）预计净残值

固定资产的净残值是指预计的固定资产报废时可以收回的残余价值扣除预计清理费用后的数额。

（三）固定资产减值准备

固定资产减值准备是指固定资产已计提的固定资产减值准备累计金额。

（四）固定资产的使用寿命

固定资产的使用寿命是指企业使用固定资产的预计期间，或者该固定资产所能生产产品或提供劳务的数量。企业确定固定资产使用寿命时，应当考虑下列因素。

（1）该项资产预计生产能力或实物产量。

（2）该项资产预计有形损耗，指在固定资产的使用过程中，由于正常使用和自然力的作用而引起的使用价值和价值的损失，如设备使用中发生磨损、房屋建筑物受到自然侵蚀等。

（3）该项资产预计无形损耗，指由于科学技术的进步和劳动率的提高而带来的固定资产价值上的损失，如因新技术的出现而使现有的资产技术水平相对陈旧、市场需求变化是产品过时等。

（4）法律或者类似规定对该项固定资产使用的限制。某些固定资产的使用寿命可能受法律或类似规定的约束。如融资租入的固定资产，根据《企业会计准则第21号——租赁》规定：融资租入的固定资产应当采用与自有应计折旧资产相一致的折旧政策。也就是说，能够合理确定租赁期届满时取得租赁资产所有权的，应当在租赁资产使用寿命内计提折旧。无法合理确定租赁期届满时能够取得租赁资产所有权的，应当在租赁期与租赁资产使用寿命两者中较短的期间内计提折旧。

三、固定资产折旧的范围

确定固定资产的折旧范围，一是应从空间范围上确定哪些固定资产应当计提折旧，哪些固定资产不应当计提折旧；二是应从时间范围上确定计提折旧的固定资产什么时间开始提取折旧，什么时间停止提取折旧。

除以下情况外，企业应对所有固定资产计提折旧。

（1）已提足折旧继续使用的固定资产。

（2）单独估价作为固定资产入账的土地。

在确定计提固定资产折旧时，还应注意以下问题。

（1）固定资产按月计提折旧，并根据用途计入相关资产的成本或者当期损益。固定资产应该自达到预定可使用状态时开始计提折旧，终止确认时或划分为持有待售非流动资产时停止计提折旧。为了简化核算，当月增加的固定资产当月不计提折旧，从下月起计提折旧；当月减少的固定资产当月照提折旧，从下月起不提折旧。

（2）固定资产提足折旧后，不论能否继续使用，均不再计提折旧；提前报废的固定资产，不再补提折旧。所谓提足折旧是指已经提足该项固定资产的应计折旧额。

（3）已达到预定可使用状态但尚未办理竣工决算的固定资产，应当按照估计价值确定其成本，并计提折旧；待办理竣工决算后，再按实际成本调整原来的暂估价，但不需调整原已计提的折旧额。

（4）处于更新改造过程停止使用的固定资产，应将其账面价值转入在建工程，不再计提折旧。更新改造项目达到预定可使用状态转为固定资产后，再按重新确定的折旧方法和该项固定资产尚可使用寿命计提折旧。

（5）因进行大修理而停用的固定资产，应当照提折旧，计提的折旧额应计入相关资产成本或当期损益。

（6）企业至少应当于每年年度终了，对固定资产的使用寿命、预计净残值和折旧方法进行复核。如有改变作为会计估计变更。

四、固定资产折旧的计算

企业应当根据与固定资产有关的经济利益的预期实现方式，合理选择固定资产的折旧方法。折旧方法可以采用平均年限法、工作量法、双倍余额递减法和年数总和法等。企业选用不同的折旧方法，将影响固定资产使用寿命期间内不同时期的折旧费用，因此，折旧方法一经选定，不得随意变更。如需变更应当符合固定资产准则第十九条的规定。

（一）年限平均法

平均年限法又称直线法，是将固定资产的应计折旧额均衡地分摊到固定资产使用寿命的一种方法。采用这种方法计算的每期折旧额均相等。计算公式如下：

$$年折旧率=\frac{1-预计净残值率}{预计使用寿命（年）}\times 100\%$$

$$月折旧率=年折旧率\div 12$$

$$月折旧额=固定资产原价\times 月折旧率$$

采用平均年限法计算固定资产折旧虽然比较简便，但它也存在着一些明显的局限性。固定资产在不同使用年限提供的经济效益是不同的。一般来讲，固定资产在其使用前期工作效率相对较高，所带来的经济利益也就多；而在其使用后期，工作效率一般呈下降趋势，因而，所带来的经济效益也就逐渐减少。年限平均法不予考虑这种因素，明显是不合理的。另外，固定资产在不同的使用年限发生的维修费用也不一样。固定资产的维修费用将随着其使用时间的延长而不断增加，而年限平均法也没有考虑这一因素。

当固定资产各期成本的负荷程度相同时，各期应分摊相同的折旧费，这时采用年限平均法计算折旧是合理的。但是，如果固定资产各期成本负荷程度不同，采用年限平均法计算折旧时则不能反映固定资产的实际使用情况，计提的折旧额与固定资产的损耗程度也不相符。

（二）工作量法

（1）定义。工作量法是指按实际工作量计提固定资产折旧额的一种方法。一般是按固定资产所能工作的时数平均计算折旧额。工作量法适用于那些在使用期间负担程度差异很大、提供的经济效益很不均衡的固定资产。

（2）公式：

$$每一工作量折旧额=\frac{固定资产原值\times(1-净残值率)}{预计总工作量}\times 100\%$$

$$某项固定资产月折旧额=该项固定资产月工作量\times 每一工作量折旧额$$

工作量法是按照实际使用过程磨损程度计算的，能正确反映运输工具、精密设备等使用程度，而且把折旧费用与固定资产的实际使用程度联系起来。但是在实务中企业对固定资产的工作总量是难以可靠的估计的，而且这种方法也没有考虑到固定资产的无形损耗和自然损耗等问题，当固定资产的磨损程度和完成的工作量不成正比例关系时，工作量法则不再适用。

（三）加速折旧法

加速折旧法是一种在固定资产使用前期提取折旧较多，固定资产成本在使用年限内尽早得到价值补偿的折旧方法。从固定资产的使用情况看，固定资产在其使用早期修理的次数很少，实际使用时间长，操作效率高，产品质量好，可为单位提供较多的效益。而在固定资产使用后期，随着修理次数的增加，操作效率和产品质量都会逐渐降低，不断上升的成本降低了单位的收益能力。因此，为了使折旧的提取多少与固定资产的运营规律相配比，便在固定资产使用初期摊销较多的折旧，在其使用后期摊销较少的折旧，这就是我们通常所说的加速折旧的主旨。另外，为了降低由于科学技术飞速发展而产生的无形损耗的风险，提高资金运营效果，客观上也要求单位采用加速折旧法。

我国允许使用的加速折旧法主要有两种：即双倍余额递减法和年数总和法。

（1）双倍余额递减法。双倍余额递减法是一种加速折旧法，它是在不考虑残值的情况下，根据每期期初固定资产账面净值和双倍的平均折旧率计算固定资产折旧的一种方法。采用双倍余额递减法计提固定资产折旧，一般应该在固定资产使用寿命期最后两年才考虑净残值，则双倍余额递减法的年折旧率是在忽略不计净残值的条件下，按直线折旧率得 2 倍计算的，最后两年固定资产的折旧是按固定资产年初账面净值扣除预计净残值后的净值平均摊销。计算公式如下：

$$年折旧率 = \frac{2}{预计使用年限} \times 100\%$$

$$月折旧率 = 年折旧率 \div 12$$

$$月折旧额 = 固定资产账面净值 \times 月折旧率$$

（2）年数总和法。年数总和法是将固定资产的原值减去净残值后的净额乘以一个以固定资产尚可使用年限为分子、以预计使用寿命逐年数字之和为分母的逐年递减的分数计算每年的折旧额。计算公式如下：

$$年折旧率 = \frac{尚可使用年数}{预计使用年限的年数总和} \times 100\%$$

$$月折旧率 = 年折旧率 \div 12$$

$$月折旧额 = (固定资产原值 - 预计净残值) \times 月折旧率$$

采用加速折旧法，可使固定资产成本在使用期限中加快得到补偿，降低固定资产无形损耗造成的不利影响。但这并不是指固定资产提前报废或多提折旧，因为不论采用何种方法提折旧，从固定资产全部使用期间来看，折旧总额不变。采用加速折旧法，对企业更为有利，因为加速折旧法可使固定资产成本在使用期限内加快得到补偿，企业前期利润少，纳税少；后期利润多，纳税较多，从而起到延期纳税的作用。但是，在具体选择折旧计算方法时应首先遵守税法和财务制度的有关规定。

五、固定资产使用寿命、预计净残值和折旧方法的复核

由于固定资产的使用寿命超于一年，属于企业的非流动资产，企业至少应当于每年年度终了，对固定资产的使用寿命、预计净残值和折旧方法进行复核。

在固定资产的使用过程中，其所处的经济环境、技术环境以及其他环境有可能与最初确定固定资产使用寿命、预计净残值和折旧方法产生很大的影响。例如，固定资产使用强度比正常情况大大加强，致使固定资产实际使用寿命大大缩短；替代该项固定资产的新产品的出现致使其实际使用寿命缩短，预计净残值减少等。此时，如果不对固定资产使用寿命、预计净残值进行调整或者改变折旧方法，必然不能反映出其为企业提供经济利益的期间、金额或者实现方式，影响会计信息质量的真实性，进而影响会计信息使用者对经济决策的正确性。为了避免这种情况，企业至少应当于每年年度终了时对固定资产使用寿命、预计净残值和折旧方法进行复核。

如果固定资产使用寿命、预计净残值和折旧方法与原先估计数有重大差异，或者经济利益预期实现方式有重大改变，则应当调整固定资产使用寿命、预计净残值、改变折旧方法，并按照会计估计变更的有关规定进行会计处理。

会计相关核算知识

一、账户设置

为了总括反映固定资产折旧的增减变化和结余情况，企业应设置“累计折旧”科目。“累计折旧”科目属于“固定资产”的调整科目，核算企业固定资产的累计折旧，贷方登记企业计提的固定资产的累计折旧，借方登记处置固定资产转出的累计折旧，余额在贷方，反映企业固定资产的累计折旧额。

二、具体核算

固定资产应当按月计提折旧，计提的折旧应当记入“累计折旧”科目，并根据用途计入相关资产的成本或者当期损益。

（1）基本生产车间所使用的固定资产，其计提的折旧应记入“制造费用”账户。

（2）管理部门所使用的固定资产，其计提的折旧应记入“管理费用”账户。

（3）销售部门所使用的固定资产，其计提的折旧应记入“销售费用”账户。

（4）经营租出的固定资产，其计提的折旧应记入“其他业务成本”账户。

（5）未使用的固定资产，其计提的折旧应记入“管理费用”账户。

企业计提固定资产折旧时，借记“在建工程”“制造费用”“管理费用”“销售费用”“其他业务成本”等科目，贷记“累计折旧”科目。

固定资产计提折旧时，应以月初可提取折旧的固定资产账面原值为依据。由于当月增加的固定资产，当月不提折旧，从下月起计提折旧；当月减少或者停用的固定资产，当月仍然提折旧，从下月起停止计提折旧。因此，企业各月计算提取折旧时，可以在上月计提折旧的基础上，对上月固定资产的增减情况进行调整后计算当月应计提的折旧额。

$$\begin{matrix}\text{当月固定资产}\\\text{应计提的折旧额}\end{matrix}=\begin{matrix}\text{上月固定资产}\\\text{计提的折旧额}\end{matrix}+\begin{matrix}\text{上月增加固定资产}\\\text{应计提的折旧额}\end{matrix}-\begin{matrix}\text{上月减少固定资产}\\\text{应计提的折旧额}\end{matrix}$$

在我国的会计实务中，各月计提折旧的工作一般是通过编制“固定资产折旧计算表”来完成的。

理论案例

【案例设计2－79】 西秦股份有限公司有一栋厂房，原价为5 000 000元，预计可使用20年，预计报废时的净残值率为2%。该厂房的折旧率和折旧额的计算如下：

$$\text{年折旧率}=\frac{1-2\%}{20}=4.9\%$$

$$\text{月折旧率}=\frac{4.9\%}{12}=0.41\%$$

月折旧额＝5 000 000×0.41%＝20 500（元）

【案例设计2－80】 西秦股份有限公司的一辆卡车的原价为600 000元，预计总行驶里程为500 000公里，预计报废时的净残值率为5%，本月行驶4 000公里。该辆汽车的月折旧额计算如下：

单位里程折旧额 $=\dfrac{600\ 000\times(1-5\%)}{500\ 000}=1.14$（元/公里）

本月折旧额 $=4\ 000\times1.14=4\ 560$（元）

【案例设计2-81】 西秦股份有限公司一项固定资产的原价为600 000元，预计使用年限为5年，预计净残值为24 000元；按双倍余额递减法计提折旧，假设西秦股份有限公司没有为该固定资产计提减值准备。每年的折旧额计算如下：

年折旧率 $=\dfrac{2}{5}\times100\%=40\%$

第1年应提的折旧额 $=600\ 000\times40\%=240\ 000$（元）

第2年应提的折旧额 $=(600\ 000-240\ 000)\times40\%=144\ 000$（元）

第3年应提的折旧额 $=(360\ 000-144\ 000)\times40\%=86\ 400$（元）

从第4年起改为年限平均法（直线法）计提折旧。

第4年、第5年的年折旧额 $=(216\ 000-86\ 400-24\ 000)\div2=52\ 800$（元）

每年内各月折旧额根据年折旧额除以12来计算。

【案例设计2-82】 沿用【案例设计2-81】，采用年数总和法计算的各年折旧额如表2-7所示。

预计使用年限的年数总和 $=5+4+3+2+1=15$（年）

表2-7　　年数总和法计算的各年折旧额

年数	尚可使用寿命（年）	原值-净残值（元）	年折旧率	年折旧额（元）	累计折旧（元）
1	5	576 000	5/15	192 000	192 000
2	4	576 000	4/15	153 600	345 600
3	3	576 000	3/15	115 200	460 800
4	2	576 000	2/15	76 800	537 600
5	1	576 000	1/15	38 400	576 000

【案例设计2-83】 西秦股份有限公司2019年7月的固定资产折旧计算表如表2-8所示。

西秦股份有限公司会计处理如下：

借：制造费用——一车间	6 000	
——二车间	4 000	
管理费用	3 000	
销售费用	2 000	
贷：累计折旧		15 000

表 2 – 8

固定资产折旧计算

2019 年 7 月

单位：元

使用单位	上月计提的折旧额	上月增加固定资产应计提的折旧额	上月减少的固定资产应计提的折旧额	本月应计提的折旧额
一车间厂房	5 700	300		6 000
二车间厂房	4 200		200	4 000
管理部门	3 000			3 000
销售部门	2 000			2 000
合计	14 900	300	200	15 000

实操案例

【案例设计 2 – 17】2019 年 12 月购入的固定资产采用年限平均法计提折旧，且当月购入的固定资产当月不提折旧，从下月开始计提折旧。

相关原始凭证：

固定资产明细表

序号	名称	使用部门	原值（元）	交付使用时间	使用年限	年折旧率	累计提取折旧（元）
1	办公楼	行政部门	2 000 000	2017 年 1 月 1 日	20 年	4%	280 000
2	大厂房	生产车间	2 000 000	2017 年 1 月 1 日	20 年	4%	280 000
3	生产线	生产车间	2 000 000	2017 年 1 月 1 日	10 年	4%	280 000

固定资产折旧计算表（直线法）

2019 年 12 月

单位：元

固定资产名称	原值	预计使用年限	预计净产值率	应计折旧额	已提折旧额	本月计提折旧额	累计已提折旧额	对方科目
办公楼	2 000 000	20	0. 40%	1 920 000	280 000	8 000	288 000	管理费用
大厂房	2 000 000	20	0. 40%	1 920 000	280 000	8 000	288 000	制造费用
生产线	2 000 000	10	0. 8%	1 920 000	560 000	16 000	576 000	制造费用
机床	302 000	10	0. 40%					下月计提
合计								

主管： 审核： 制表：吴亮

编制相关记账凭证：

转 账 凭 证

转字 第 01 号

2019 年 12 月 30 日　　附件 贰 张

摘要	总账科目	明细科目	借方金额										贷方金额										记账符号
			千	百	十	万	千	百	十	元	角	分	千	百	十	万	千	百	十	元	角	分	
计提固定资产折旧	管理费用	折旧费					8	0	0	0	0	0											□
	制造费用	折旧费				2	4	0	0	0	0	0											□
	累计折旧															3	2	0	0	0	0	0	□
																							□
																							□
合计					¥	3	2	0	0	0	0	0			¥	3	2	0	0	0	0	0	□

会计主管　　记账　　复核　　制证 吴亮

学习情境四 固定资产后续支出

理论知识概述

固定资产的后续支出是指固定资产在使用过程中发生的更新改造支出、改良支出、修理费用等。

与固定资产有关的更新改造等后续支出，符合固定资产确认条件的，应当计入固定资产成本，如有被替换的部分，应扣除其账面价值；不满足固定资产确认条件的固定资产修理费等，应当在发生时计入当期损益。

一、资本化的后续支出

当固定资产发生可以资本化的后续支出时，企业一般应将该固定资产的原值、已计提的累计折旧和减值准备转销，将固定资产的账面价值转入在建工程，并停止计提折旧。固定资产发生的可以资本化的后续支出，通过“在建工程”科目核算。在固定资产发生的后续支出完工并达到预定可使用状态时，应在后续支出资本化后的固定资产账面价值不超过其可收回金额的范围之内，从在建工程转入固定资产，同时将被替换部分的账面价值扣除，并重新确定固定资产的使用寿命、预计净残值和折旧方法。

二、费用化的后续支出

一般情况下，固定资产投入使用后，由于固定资产磨损、各组成部分耐用程度不同，可能导致固定资产的局部损坏，未来维护固定资产的正常运行和使用，充分发挥其使用效能，企业将对固定资产进行必要的维护。发生固定资产的日常维护支出只是确保固定资产的正常工作状况，没有满足固定资产的确认条件。因此，应当在发生时一次直接计入当期损益，根据不同情况分别在发生时计入当期管理费用或销售费用等。

会计相关核算知识

一、处理资本化支出

固定资产发生的可以资本化的后续支出，应当通过“在建工程”科目核算。固定资产发生可资本化的后续支出时，企业应将该固定资产的原价、已计提的累积折旧和减值准备转销，将固定资产的账面价值转入在建工程，借记“在建工程”“累积折旧”“资产减值准备”等科目，贷记“固定资产”科目；期间如有再发生可资本化的后续支出，借记“在建工程”科目，贷记“银行存款”等科目。在固定资产发生后续支出完工并达到预定可使用状态时，借记“固定资产”科目，贷记“在建工程”。

二、处理费用化后续支出

企业生产车间（部门）和行政管理部门等发生的固定资产修理费用等后续支出，借记“管理费用”科目，贷记“银行存款”等科目；企业发生的与专设销售机构相关的固定资产修理费用等后续支出，借记“销售费用”，贷记“银行存款”等科目。

理论案例

【案例设计2－84】西秦股份有限公司为提高产品质量，于2019年7月对生产线进行整体改扩建，改扩建前生产线1 000 000元，已提折旧300 000元，改扩建共发生费用500 000元，已全部通过银行存款支付。西秦股份有限公司会计处理如下：

（1）对生产线改扩建时：

借：在建工程　　700 000

　　累积折旧　　300 000

　　贷：固定资产　　1 000 000

（2）发生改造支出时：

借：在建工程　　500 000

　　贷：银行存款　　500 000

（3）改造完工投入使用时：

借：固定资产　　1 200 000

　　贷：在建工程　　1 200 000

【案例设计2－85】2019年7月3日，西秦股份有限公司对现有的一台生产用机器设备进行日常维护，维护过程中领用本企业原材料一批，成本为100 000元；应支付维护人员的工资为20 000元；假定不考虑其他相关税费。

本例中，对机器设备的维护，仅仅是为了维护固定资产的正常使用而发生的，不产生未来的经济利益，因此应在其发生时确认为费用。西秦股份有限公司会计处理如下：

借：管理费用　　120 000

贷：原材料	100 000
应付职工薪酬	20 000

学习情境五　固定资产处置

理论知识概述

企业在生产经营过程中，对那些不适用或不需用的固定资产，可以通过对外出售的方式进行处置；对那些由于使用而不断磨损直到报废，或由于技术进步等原因对固定资产进行提前报废，或由于遭受自然灾害等非正常损失发生毁损的固定资产应及时清理。

固定资产的处置包括固定资产的出售、报废、毁损、对外投资、非货币性资产交换、债务重组等。

固定资产满足下列条件之一的，应当予以终止确认：

（1）该固定资产处于处置状态；

（2）该固定资产预期通过使用或处置不能产生经济利益。

会计相关核算知识

一、账户设置

固定资产的处置包括固定资产的出售、报废、毁损、对外投资、非货币性资产交换、债务重组等。处置固定资产应通过“固定资产清理”科目核算。

“固定资产清理”科目。核算企业因出售、报废、毁损、对外投资、非货币性资产交换、债务重组等原因转出的固定资产价值以及清理过程中发生的相关费用等，借方登记转销的固定资产的净值、清理过程中应支付的相关税费及其他费用，贷方登记收回出售固定资产的价款、残料价值、变价收入和应由保险公司或过失人赔偿的损失等，余额在借方，反映企业尚未清理完毕固定资产清理净损失。本科目应按被清理的固定资产项目进行明细核算。

二、具体核算

固定资产的处置具体包括以下几个环节（见图 2－9）：

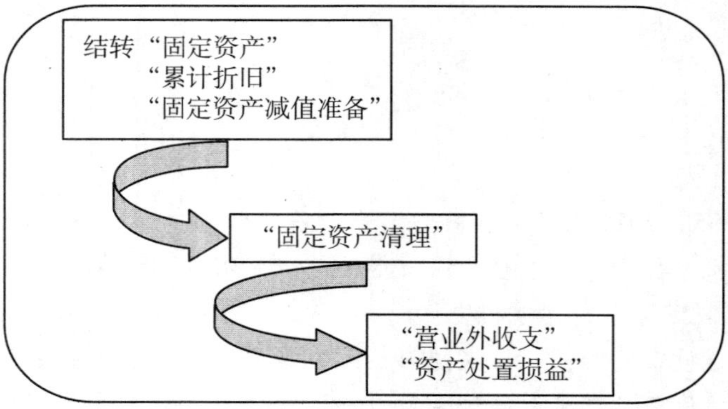

图 2－9　固定资产处置会计核算环节

1. 固定资产转入清理

企业因出售、报废、毁损、对外投资、非货币性资产交换、债务重组等转出的固定资产，按该项固定资产的账面价值，借记“固定资产清理”科目，按已计提的折旧，借记“累计折旧”科目，按已计提的减值准备，借记“固定资产减值准备”科目，按其账面价值，贷记“固定资产”。

2. 发生的清理费用

固定资产清理过程中发生的相关税费及其其他费用，借记“固定资产清理”科目，贷记“银行存款”“应交税费——应交增值税”等科目。

3. 收回残料或出售价款或保险赔偿

收回残料或出售价款、计算或受到应收保险公司或过失人赔偿的损失等，借记“银行存款”“原材料”“其他应收款”等科目，贷记“固定资产清理”科目。

4. 清理净损益

《财政部关于修订印发一般企业财务报表格式的通知》，新增“资产处置损益”主要用来核算固定资产，无形资产等因出售，转让等原因，产生的处置利得或损失。本科目核算企业出售划分为持有待售的非流动资产（金融工具、长期股权投资和投资性房地产除外）或处置组（子公司和业务除外）时确认的处置利得或损失，以及处置未划分为持有待售的固定资产、在建工程、生产性生物资产及无形资产而产生的处置利得或损失。本科目按照处置的资产类别或处置组进行明细核算。债务重组中因处置非流动资产产生的利得或损失和非货币性资产交换中换出非流动资产产生的利得或损失也在本科目核算。“资产处置损益”是损益类科目，发生处置净损失的，借记“资产处置损益”，如为净收益，则贷记“资产处置损益”。

但因已丧失使用功能或因自然灾害发生的毁损等原因而报废清理产生的利得或损失应计入营业外或营业外支出。属于生产经营期间正常报废清理产生的处理净损失，借记“营业外支出——处置非流动资产损失”科目，贷记“固定资产清理”科目；属于生产经营期间由于自然灾害等非正常原因造成的，借记“营业外支出——非常损失”科目，贷记“固定资产清理”科目；如为净收益，借记“固定资产清理”科目，贷记“营业务收入”科目。

理论案例

【案例设计2－86】2019年7月4日，西秦股份有限公司出售一台设备，原价1 000 000元，已提折旧300 000元，出售设备时发生各种清理费用20 000元，出售设备所得价款750 000元，增值税率16%，款项已经存入银行。该设备于2016年7月购入，尚未计提减值准备。西秦股份有限公司会计处理如下：

（1）固定资产转入清理时：

借：固定资产清理	700 000	
累计折旧	300 000	
贷：固定资产		1 000 000

（2）收回价款时：

借：银行存款　　870 000

　　贷：固定资产清理　　750 000

　　　　应交税费——应交增值税（销项税额）　　120 000

（3）支付清理费用时：

借：固定资产清理　　20 000

　　贷：银行存款　　20 000

（4）结转出售固定资产实现的利得：

借：固定资产清理　　30 000

　　贷：资产处置损益　　30 000

【案例设计 2－87】 2019 年 8 月 14 日，西秦股份有限公司现有一台设备，原价为 400 000元，已计提折旧 350 000 元，计提减值准备 20 000 元。因自然灾害造成毁损。清理过程中残料估计价值 3 000 元，并及时办理入库手续；清理过程中发生的清理费用 3 500 元通过银行存款支付；应收保险公司赔偿 20 000 元。西秦股份有限公司会计处理如下：

（1）将报废固定资产转入清理：

借：固定资产清理　　30 000

　　累计折旧　　350 000

　　固定资产减值准备　　20 000

　　贷：固定资产　　400 000

（2）收回残料并入库：

借：原材料　　3 000

　　贷：固定资产清理　　3 000

（3）支付清理费用：

借：固定资产清理　　3 500

　　贷：银行存款　　3 500

（4）结转应收保险公司赔偿：

借：其他应收款　　20 000

　　贷：固定资产清理　　20 000

（5）结转出售固定资产实现的利得：

借：营业外支出——非流动资产处置损失　　10 500

　　贷：固定资产清理　　10 500

实操案例

【案例设计 2－18】 2019 年 12 月 30 日，西秦股份有限公司一台机器设备因损坏无法继续使用，批准报废。原值 100 000 元，已提折旧 28 800 元。业务办理程序如下：

（一）将固定资产转入清理

相关原始凭证：

固定资产清理单

2019 年 12 月 30 日　　　　编号：20191230

主管部门	生产部			使用单位	铸造车间				
名称及型号	单位	数量	原始价值	已提折旧	净值	预计使用年限	实际使用年限	支付清理费	收回变价收入
设备 E－H673	台	1	100 000.0	28 800.0		8	7	1 000	2 000
建造单位			清理原因	报废		处理意见		部门负责人	
建造年份		2008. 12				建议给予报废处理			
								公司负责人	
出厂号									

西秦股份有限公司

单位公章　　财务主管：　　会计：　　制单：吴亮

编制相关记账凭证：

转　账　凭　证

转字　第　02　号

2019 年 12 月 30 日　　　　附件　壹　张

摘要	总账科目	明细科目	借方金额										贷方金额										记账符号
			千	百	十	万	千	百	十	元	角	分	千	百	十	万	千	百	十	元	角	分	
清理报废设备	固定资产清理					7	1	2	0	0	0	0											□
	累计折旧					2	8	8	0	0	0	0											□
	固定资产	设备 E－H673														1	0	0	0	0	0	0	□
																							□
																							□
合计					¥	1	0	0	0	0	0	0			¥	1	0	0	0	0	0	0	□

会计主管　　记账　　复核　　制证　吴亮

（二）支付清理费 1 000 元

相关原始凭证：

浙江莱织华印刷有限公司·2011年印刷

中国农业银行
转账支票存根

附加信息

出票日期　2019 年 12 月 30 日

收款人：	常青机械厂
金　额：	2 000. 00
用　途：	支付清理费用

单位主管　　　　会计

编制相关记账凭证：

付　款　凭　证

银付　字第　02　号

贷方科目：银行存款　　　　2019 年 12 月 30 日　　　　附件　壹　张

对方单位	摘要	借方科目		金额										记账符号
		总账科目	明细科目	千	百	十	万	千	百	十	元	角	分	
常青机械厂	支付固定资产清理款	固定资产清理						1	0	0	0	0	0	□
														□
														□
														□
														□
银行结算方式及票号：			合计				¥	1	0	0	0	0	0	□

会计主管　　　记账　　　稽核　　　出纳　　　制证　吴亮

（三）残料变卖取得收入 2 000 元

相关原始凭证：

浙江莱织华印刷有限公司·2011年印刷

中国农业银行
转账支票存根

附加信息

出票日期　2019 年 12 月 30 日

收款人：	西秦股份有限公司
金　额：	2 000. 00
用　途：	变卖残料收入

单位主管　　　　会计

进账单（收账通知）

2019 年 12 月 30 日

出票人	全称	西安广源机械公司	收款人	全称	西秦股份有限公司
	账号	3000220066001		账号	665674890
	开户银行	工行西安高新支行		开户银行	中国建设银行陕西省咸阳市西兰路分行
金额	人民币（大写）　贰仟元整			千百十万千百十元角分	¥200000
票据种类	转账支票	票据张数	1		
票据号码					
	复核　　记账			收款人开户银行盖章	

西安工行　转讫

此联是收款人开户银行交给收款人的收账通知

编制相关记账凭证：

收　款　凭　证

银收　字第　01　号

借方科目：银行存款　　　　2019 年 12 月 31 日　　　　附件　　贰　　张

对方单位	摘要	贷方科目		金额										记账符号
		总账科目	明细科目	千	百	十	万	千	百	十	元	角	分	
西安广源	收到设备出售价款	固定资产清理						2	0	0	0	0	0	□
														□
														□
														□
														□
银行结算方式及票号：			合计				¥	2	0	0	0	0	0	□

会计主管　　　　记账　　　　稽核　　　　出纳　　　　制证　吴亮

（四）结转保费净损益

编制相关记账凭证：

转 账 凭 证

转字 第 02 号
2019 年 12 月 30 日　　附件 张

摘要	总账科目	明细科目	借方金额										贷方金额										记账符号
			千	百	十	万	千	百	十	元	角	分	千	百	十	万	千	百	十	元	角	分	
结转固产出售净损益	资产处置损益	非流动资产损益			¥	7	0	2	0	0	0	0											□
	固定资产清理														¥	7	0	2	0	0	0	0	□
																							□
																							□
																							□
合计					¥	7	0	2	0	0	0	0			¥	7	0	2	0	0	0	0	□

会计主管　　　　记账　　　　复核　　　　制证 吴亮

学习情境六　固定资产清查

理论知识概述

定期或至少于每年年末对固定资产进行清查盘点，以保证固定资产核算的真实性，充分挖掘企业现有固定资产的潜力。并且，为了确保固定资产的安全与完整，做到账实相符，企业也应对固定资产进行定期和不定期的清查，确定企业各项固定资产的实际数量和状况，并与账面记录相核对，查明固定资产账实是否一致。在固定资产清查过程中，如果发现有盘盈、盘亏的固定资产，应填制固定资产盘盈盘亏报告表。清查固定资产的损溢，应及时查明原因，并按规定程序报批处理。

会计相关核算知识

一、固定资产盘盈

资产清查过程中发现的盘盈固定资产，经查明原因属于企业所有，应确定固定资产的重置价值，并为其开立固定资产卡片。

企业盘盈的固定资产，一般属于以前年度的差错。应按重置成本，借记“固定资产”科目，按估计折旧，贷记“累计折旧”科目，贷记“以前年度损益调整”科目。重置成本应按以下规定确定：如果同类或类似固定资产存在活跃市场，按同类或类似固定资产的市场价格，减去按该项资产的新旧程度估计的价值损耗后的余额确定；如果同类或类似固定资产不存在活跃市场的，按该项固定资产的预计未来现金流量的现值确定。

“以前年度损益调整”科目，属于损益类。核算企业本年度发生的调整以前年度损益的事项，贷方表示企业调整增加的以前年度利润或调整减少的以前年度亏损，借方是调整减少的以前年度利润或调整增加的以前年度亏损，期末将本科目的余额直接转入留存收益，及“盈余公积”和“利润分配——未分配利润”科目。结转后本科目无余额。

二、固定资产盘亏

企业在财产清查中盘亏的固定资产，应根据账面价值，借记“待处理财产损溢”，按已计提的累计折旧，借记“累计折旧”科目，按已计提的减值准备，借记“固定资产减值准备”科目，按固定资产的原值，贷记“固定资产”科目。按管理权限报经批准后处理时，按可收回的保险赔偿或过失人赔偿，借记“其他应收款”科目，按应计入营业外支出的金额，借记“营业外支出——盘亏损失”科目，贷记“待处理财产损溢”科目。

如果年末固定资产的盘亏还未经有关部门批准，企业应先按上述规定进行调整；日后有关部门批准的金额与调整的金额不一致，应按照会计差错进行更正。

理论案例

【案例设计2-88】西秦股份有限公司在财产清查过程中，发现一台未入账的设备，同类或类似商品市场价格为100 000元，经评估为七成新（假定与其计税基础不存在差异）。根据《企业会计准则第28号——会计政策、会计估计变更和差错更正》规定，该盘盈固定资产作为前期差错进行处理。假定该公司适用的所得税税率为25%，按净利润的10%计提法定盈余公积。西秦股份有限公司会计处理如下：

（1）盘盈固定资产时：

借：固定资产	100 000	
贷：累计折旧		30 000
以前年度损益调整		70 000

（2）确定应缴纳的所得税时：

借：以前年度损益调整	17 500	
贷：应交税费——应交所得税		17 500

（3）结转为留存收益时：

借：以前年度损益调整	52 500	
贷：盈余公积		5 250
利润分配——未分配利润		47 250

【案例设计2-89】西秦股份有限公司进行财产清查时，发现短缺一台笔记本电脑，原价为9 000元，已计提折旧4 000元。报经有关部门审批后，将盘亏固定资产的净值转为营业外支出。西秦股份有限公司会计处理如下：

（1）盘亏固定资产时：

借：待处理财产损溢	5 000	
累计折旧	4 000	
贷：固定资产		9 000

（2）有关部门审批后：

借：营业外支出——盘亏损失　　　　　　　　　　　　5 000

　　贷：待处理财产损溢　　　　　　　　　　　　　　　5 000

实操案例

【案例设计 2-19】 2019 年 12 月 30 日，西秦股份有限公司发现盘亏机器设备一台，账面原值 100 000 元，已提折旧 28 800 元，报主管领导审核批准。业务办理程序如下：

相关原始凭证：

固定资产盘盈盘亏报告表

2019 年 12 月 30 日

固定资产编号	固定资产名称	盘盈			盘亏			毁额			原因
		数量	单价	已提折旧额	数量	单价	已提折旧额	数量	单价	已提折旧额	
1-213	机床				2	100 000	28 800				待查

处理意见	使用部门	清理小组	审批部门	
	生产车间			

编制相关记账凭证：

转 账 凭 证

转字 第 03 号

2019 年 12 月 30 日　　　　附件 壹 张

摘要	总账科目	明细科目	借方金额										贷方金额										记账符号
			千	百	十	万	千	百	十	元	角	分	千	百	十	万	千	百	十	元	角	分	
盘亏机床一台	待处理财产损溢	待处理固定资产损溢				7	1	2	0	0	0	0											□
	累计折旧					2	8	8	0	0	0	0											□
	固定资产														1	0	0	0	0	0	0	0	□
																							□
																							□
合计				¥	1	0	0	0	0	0	0	0		¥	1	0	0	0	0	0	0	0	□

会计主管　　　　记账　　　　复核　　　　制证 吴亮

学习情境七 固定资产减值

理论知识概述

固定资产在使用过程中，由于存在有形和无形的损耗以及其他原因，可能会发生价值减值的情况。企业若不对已经发生的资产减值予以确认，必将导致虚夸资产价值，这不符合真实性和谨慎性的要求。因此，企业应当在期末或者至少在每年年度终了时，对固定资产进行检查，以确定是否发生减值。

一、固定资产减值迹象

企业应在资产负债表日判断固定资产是否存在可能发生减值的迹象。根据《企业会计准则——资产减值》的规定，以下情况属于固定资产可能发生减值的迹象：

（1）固定资产的市价出现大幅度下降，其跌价幅度大于因时间的推移或者正常使用而预计的下跌，并且预计在近期内不可能恢复。

（2）企业经营所处的经济、技术或者法律等环境以及固定资产所处的市场在当期或者将在近期发生重大变化，从而对企业产生不利影响。

（3）市场利率或者其他市场投资报酬率在当期已经提高，从而影响企业计算固定资产预计企业未来现金流量现值的折现率，导致固定资产可收回金额大幅度降低。

（4）有证据表明固定资产已经陈旧过时或者其实体已经损坏。

（5）固定资产已经或者将被闲置、终止使用或者计划提前处置。

（6）企业内部报告的证据表明资产的经济绩效已经低于或者将低于预期。例如固定资产所创造的净现金流量或者实现的营业利润远远低于原来的预算或者预计金额等。

（7）其他表明固定资产已经发生减值的情况。

二、固定资产减值

固定资产减值是指固定资产的可回收金额低于账面价值。当固定资产在资产负债表日的可收回金额低于其账面价值时，表明该固定资产发生减值，企业应将该固定资产的账面价值减记至可收回金额，同时确认为资产减值损失，计提固定资产减值准备。

资产可收回金额的估计，应当根据其公允价值减去处置费用后的净额与该资产预计未来现金流量的现值两者之间较高者确定。资产的账面价值是指资产成本扣减累计折旧（或累计摊销）和累计减值准备后的金额。

固定资产减值损失一经确认，在以后会计期间不得转回。但是，遇到资产处置、出售、对外投资、以非货币性资产交换方式换出、在债务重组中抵偿债务等情况，同时符合资产终止确认条件的，企业应当将相关资产减值准备予以转销。

会计相关核算知识

为了总括反映固定资产减值准备的增减变化和结余情况，企业应设置“固定资产减值准备”科目，贷方登记已计提的固定资产减值准备金额；借方登记因固定资产减少而冲转原已计提的减值准备金额。余额在贷方，反映企业已提取的固定资产减值准备金额。

企业发生固定资产减值时，借记“资产减值损失”科目，贷记“固定资产减值准备”科目。

理论案例

【案例设计2-90】2019年12月31日，西秦股份有限公司的某生产线存在减值迹象。该生产线的原值为200 000元，已计提折旧50 000元，以前年度未对该生产线计提过减值准备，预计其可收回金额为145 000元。西秦股份有限公司会计处理如下：

借：资产减值损失——计提的固定资产减值准备　　5 000
　　贷：固定资产减值准备　　5 000

实操案例

【案例设计2-20】2019年12月31日，西秦股份有限公司对固定资产进行减值测试，发现一条生产线发生了减值。该条生产线账面价值712 000元；可回收金额为700 000元，低于其账面价值，因此应计提减值准备12 000元。

相关原始凭证：

固定资产损失计算单

编制部门：财务科　　2019年12月31日　　单位：元

资产名称	年初资产减值准备	账面余额	计提资产减值准备账面价值	可变现净值	年末资产减值准备	当期需计提的资产减值准备
生产线	0	712 000	712 000	700 000	12 000	12 000
合计	0	712 000	712 000	700 000	12 000	12 000

会计主管：　　复核：　　会计：　　制表：吴亮

编制相关记账凭证：

转 账 凭 证

转字 第 04 号

2019 年 12 月 31 日 附件 壹 张

摘要	总账科目	明细科目	借方金额										贷方金额										记账符号
			千	百	十	万	千	百	十	元	角	分	千	百	十	万	千	百	十	元	角	分	
计提固定资产减值损失	资产减值损失	固定资产减值损失				1	2	0	0	0	0	0											□
	固定资产减值准备															1	2	0	0	0	0	0	□
																							□
																							□
																							□
合计					¥	1	2	0	0	0	0	0			¥	1	2	0	0	0	0	0	□

会计主管 记账 复核 制证 吴亮

知识拓展

固定资产在资产负债表中的列示方法：固定资产项目应该根据“固定资产”科目的余额减去“累计折旧”科目和“固定资产减值准备”科目后的余额的差额填列。

模块知识小结

固定资产，是指同时具有下列特征的有形资产：（1）为生产商品、提供劳务、出租或经营管理而持有的；（2）使用寿命超过一个会计年度。

企业外购的固定资产，应按照实际取得的成本入账，其成本包括购买价款、相关税费、使固定资产达到预定可使用状态前所发生的可归属于该项资产的运输费、装卸费、安装费和专业人员的服务费等；自行建造的固定资产，按建造该项资产达到预定可使用状态前所发生的全部支出，作为入账价值；接受投资者投入的，应按投资合同或协议约定的价值加上应支付的相关税费作为固定资产的入账价值，但合同或协议约定的价值不公允的除外。另外还有其他方式取得的固定资产入账价值的确定。

固定资产折旧，是对固定资产由于磨损和损耗而转移到产品中的那一部分价值的补偿。固定资产的磨损和损耗包括实物损耗、自然损耗和无形损耗。影响固定资产折旧的因素包括：固定资产原价、预计净残值、固定资产减值准备和固定资产使用寿命。除以下情况外，企业应对所有固定资产计提折旧：

1. 已提足折旧继续使用的固定资产。
2. 单独估价作为固定资产入账的土地。

固定资产折旧的计算方法包括直线法、工作量法、双倍余额递减法和年数总和法。固定资产应当按月计提折旧，计提的折旧应当记入“累计折旧”科目，并根据用途计入相关资产的成本或者当期损益。企业自行建造固定资产过程中使用的固定资产，其计提的折旧应计入在建工程的成本；基本生产车间所使用的固定资产，计提的折旧应计入制造费用；管理部门所使用的固定资产，其计提的折旧应计入管理费用；销售部门所使用的固定资产，其计提的折旧应计入销售费用；经营租出的固定资产，其计提的折旧应计入其他业务成本。

固定资产后续支出，是指固定资产在使用过程中发生的更新改造支出、修理费用等。与固定资产有关的更新改造等后续支出，符合固定资产确认条件的，应当计入固定资产成本；与固定资产有关的修理费用等后续支出，不符合固定资产确认条件的，应当根据不同情况分别在发生时计入当期管理费用或销售费用等。

固定资产的处置包括固定资产的出售、报废、毁损、对外投资、非货币性资产交换、债务重组等。

在固定资产清查过程中，如果发现有盘盈、盘亏的固定资产，应查明原因，填制固定资产盘盈、盘亏报告表并写出书面报告，并根据企业的管理权限，经股东大会或董事会，或经理（厂长）会议或类似机构批准后，在期末结账前处理完毕。对固定资产应当定期或者至少每年实地盘点一次。

固定资产在资产负债表日的可收回金额低于其账面价值的，企业应将该固定资产的账面价值减记至可收回金额，同时确认为资产减值损失，计提固定资产减值准备。

模块七　无形资产

学习内容框架提要

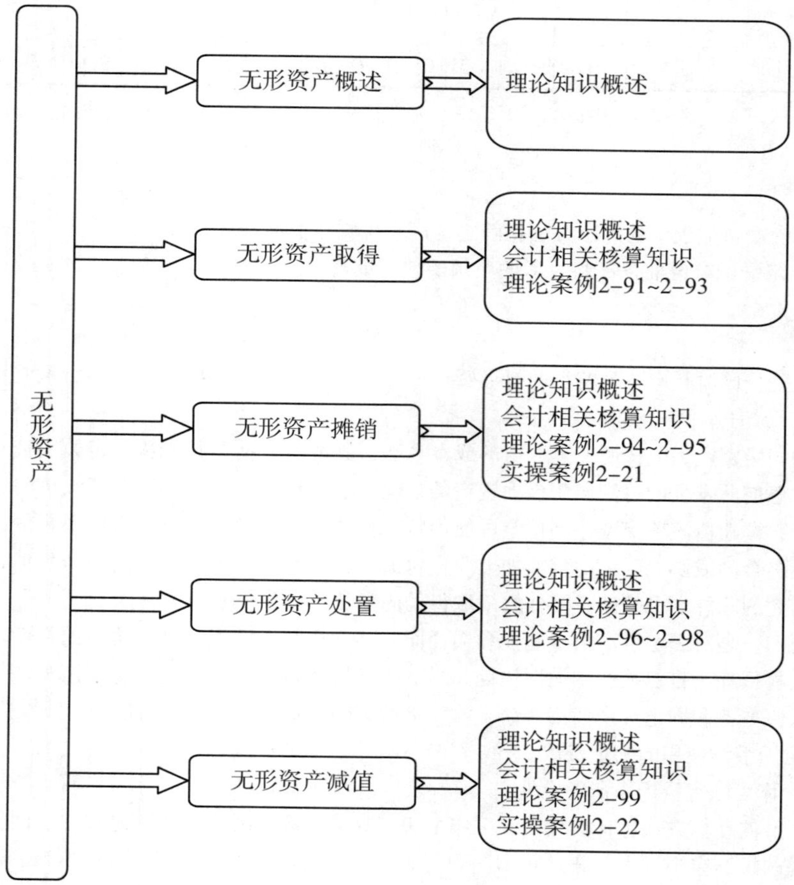

【职业能力目标】

通过本模块学习，了解无形资产的概念、特征，理解无形资产的初始计量、后续计量的原则，掌握无形资产取得、摊销、处置等的会计处理。

【典型工作任务】

◆ 无形资产的含义及核算内容。

◆ 无形资产摊销及处置核算。

◆ 无形资产减值核算。

模块内容概述

在当代经济环境下，无形资产资源迅速发展，靠无形资产竞争并获取长期利润的格局日益凸显。本模块论述了无形资产的确认、计量、内部研究与开发及处置等的会计处理。

学习情境一　无形资产概述

理论知识概述

一、无形资产的概念及基本特征

（一）无形资产的概念

无形资产，是指企业拥有或者控制的、没有实物形态的可以辨认非货币性资产。例如，专利权、非专利技术、商标权、著作权、特许权等。

（二）无形资产的特征

1. 无形资产不具有实物形态

无形资产是不具有实物形态的非货币性资产，它不像固定资产、存货等有形资产能看得见、摸得着；它通常表现为某种权利、某项技术或是某种获取利润的综合能力，如土地使用权、非专利技术等。无形资产为企业带来经济利益的方式与有形资产如固定资产不同，固定资产是通过实物的磨损和价值的转移来为企业带来未来经济利益，而无形资产很大程度上是通过自身所具有的技术等优势为企业带来未来经济利益。所以说不具有实物形态是无形资产区别于其他资产的特征之一。

2. 无形资产具有可辨认性

无形资产的可辨认性是指无形资产可以单独取得或转让。如企业持有的专利权、非专利技术、商标权、土地使用权和特许权等。资产在符合下列条件时，满足无形资产定义中的可辨认性标准：

（1）能够从企业中分离或者划分出来，并能单独用于出售或转让等，某些情况下无形资产可能需要与相关合同一起用于出售、转移等，这种情况下视为可辨认的无形资产。

（2）产生于合同性权利或其他法定权利，无论这些权利是否可以从企业或其他权利和义务中转移或者分离。例如，一方通过与另一方签订特许权合同而获得的特许使用权，通过法律程序申请获得的商标权、专利权等。

3. 无形资产属于非货币性资产

非货币性资产，是指企业持有的货币资金和将以固定或可确定的金额收取的资产以外的其他资产。无形资产由于没有发达的交易市场，一般不容易转化成现金，在持有过程中为企业带来的经济利益也不确定，不属于以固定或可确定的金额收取的资产，属于非货币性资产。

二、无形资产的内容

无形资产通常包括专利权、非专利技术、商标权、著作权、特许权和土地使用权等。

（一）专利权

专利权，是国家专利主管机关依法授予发明创造专利申请人，对其发明创造在法定期限内享有的专有权利，包括发明专利权、实用新型专利权和外观设计专利权。也就是说，专利权是允许其持有者独家使用或控制的特权，它具有公开性和期限性等特征，并受法律保护。但专利权不一定能给持有者带来经济效益。

（二）非专利技术

非专利技术，有时也称专有技术。它是指不为外界所知、在生产经营活动中已采用了的、不受法律保护的、可以为企业带来经济利益的各种技术和诀窍。非专利技术一般包括工业专有技术、商业贸易专有技术、管理专有技术等。

值得注意的是，非专利技术不受法律保护，企业靠自己的保密手段来保护，使用寿命不受限制，仅有经济上的有限寿命。

（三）商标权

商标是用来辨认特定商品或劳务的标记。商标权指专门在某类指定的商品上或产品上使用特定的名称或图案的权利。经商标局核准注册的商标为注册商标，包括商品商标、服务商标、集体商标、证明商标等。一般注册商标有效期限为 10 年，自核准注册之日起计算。

（四）著作权

著作权又称版权，指作者对其创作的文学、科学和艺术作品依法享有的某些特殊权利。著作权包括两个方面的权利，即精神权利（人身权利）和经济权利（财产权利）。精神权利是指作品的署名、发表作品、确认作者身份、保护作品的完整性、修改已经发表的作品等各项权利，它主要包括发表权、署名权、修改权和保护作品完整权。经济权利是指以出版、表演、广播、展览、录制唱片、摄制影片等方式使用作品以及授予他人使用作品而获得经济利益的权利。

（五）特许权

特许权，又称经营特许权、专营权，是企业在某一地区经营或销售某种特定商品的权利，或是一家企业授予另一家企业使用其商标、商号、技术秘密等的权利。通常有两种形式：一种形式是由政府机构授权，准许企业在某一特定地区享有经营某种业务的特权，例如，水、电、邮电通信等专营权，烟草专卖权等。另一种形式是指企业间依照签订的合同，有限期或无限期使用另一家企业的某些权利，例如，连锁店分店使用总店的名称等。

（六）土地使用权

土地使用权，指国家准许企业在一定期间内对国有土地享有开发、利用和经营的权利。根据我国《土地管理法》的规定，我国土地实行公有制，任何单位和个人不得侵占、买卖或者以其他形式非法转让。企业取得土地使用权的方式大致有以下几种：行政划拨取得、外购取得及投资者投资取得。

三、无形资产的确认条件

无形资产应当在符合定义的前提下，同时满足以下两个确认条件时，才能予以确认。

（一）与该无形资产有关的经济利益很可能流入企业

作为无形资产确认的项目，必须满足其所产生的经济利益很可能流入企业这一条件。通常情况下，无形资产产生的未来经济利益可能包括在销售商品、提供劳务的收入当中，或者企业使用该项无形资产而减少或节约了成本，或者体现在获得的其他利益当中。例如，生产加工企业在生产工序中使用了某种知识产权，使其降低了未来生产成本。

会计实务中，要确定无形资产所创造的经济利益是否很可能流入企业，需要实施职业判断。在实施这种判断时，需要对无形资产在预计使用寿命内可能存在的各种经济因素作出合理估计，并且应当有确凿的证据支持。例如，企业是否有足够的人力资源、高素质的管理队伍、相关的硬件设备、相关的原材料等来配合无形资产为企业创造经济利益。同时，更为重要的是关注一些外界因素的影响，例如，是否存在与该无形资产相关的新技术、新产品冲击，或据其生产的产品是否存在市场等。在实施判断时，企业管理层应对在无形资产的预计使用寿命内存在的各种因素作出最稳健的估计。

（二）该无形资产的成本能够可靠计量

成本能够可靠地计量是确认资产的一项基本条件，对于无形资产而言，这个条件显得更为重要。例如，企业内部产生的品牌、报刊名、刊头、客户名单和实质上类似项目的支出，由于不能与整个业务开发成本区分开来，成本无法可靠计量，因此，不应确认为无形资产。

四、无形资产使用寿命的确定

无形资产的后续计量以其使用寿命为基础。企业应当于取得无形资产时分析判断其使用寿命。无形资产的使用寿命有限的，应当估计该使用寿命的年限或者构成使用寿命的产量等类似计量单位数量；无法预见无形资产为企业带来经济利益期限的，应当视为使用寿命不确定的无形资产。

无形资产的使用寿命包括法定寿命和经济寿命两个方面：有些无形资产的使用寿命受法律、规章或合同的限制，称为法定寿命；经济寿命则是指无形资产可以为企业带来经济利益的年限。

在估计无形资产的使用寿命时，应当综合考虑各方面相关因素的影响，其中通常应当考虑的因素有：

（1）运用该资产生产的产品通常的寿命周期、可获得的类似资产使用寿命的信息；

（2）技术、工艺等方面的现实情况及对未来发展的估计；

（3）以该资产生产的产品或提供的服务的市场需求情况；

（4）现在或潜在的竞争者预期将采取的行动；

（5）为维持该资产产生未来经济利益的能力预期的维护支出，以及企业预计支付有关支出的能力；

（6）对该资产的控制期限，以及对该资产使用的法律或类似限制，如特许使用期间、租赁期等；

（7）与企业持有的其他资产使用寿命的关联性等。

学习情境二　无形资产取得

理论知识概述

无形资产通常是按实际成本计量，取得方式多样化，外购、自行研究开发、接受投资、债务重组、非货币性资产交换等。即以取得无形资产并使之达到预定用途而发生的全部支出作为无形资产的成本。对于不同来源取得的无形资产，其成本构成不尽相同。

一、外购无形资产

外购的无形资产，其成本包括购买价款、相关税费以及直接归属于使该无形资产达到预定用途所发生的其他支出。其中，直接归属于使该无形资产达到预定用途所发生的其他支出包括：使无形资产达到预定用途所发生的专业服务费用、测试无形资产是否能够正常发挥作用的费用等。但下列两项不包括在无形资产的成本中：

（1）引入新产品进行宣传发生的广告费、管理费用及其他间接费用；

（2）无形资产已经达到预定用途以后发生的费用。

外购的无形资产，应按其取得成本进行初始计量；如果购入的无形资产超过正常信用条件延期支付价款（如付款期限在 3 年以上），实质上具有融资性质的，应按取得无形资产购买价款的现值计量其成本，现值与应付价款之间的差额作为未确认的融资费用，在付款期间内按实际利率法确认为利息费用。

二、自行研究开发的无形资产

内部开发活动发生的无形资产的成本，由可直接归属于该资产的创造、生产并使该资产能够以管理层预定的方式运作的所有必要支出组成。可直接归属成本包括：开发该无形资产时耗费的材料、劳务成本、注册费、在开发该无形资产过程中使用的其他专利权和特许权的摊销、按照借款费用的处理原则可以资本化的利息费用等。在开发无形资产过程中发生的，除上述可直接归属于无形资产开发活动之外的其他销售费用、管理费用等间接费用，无形资产达到预定用途前发生的可辨认的无效和初始运作损失，为运行该无形资产发生的培训支出等不构成无形资产的开发成本。

值得强调的是，内部开发无形资产的成本仅包括在满足资本化条件的时点至无形资产达到预定用途前发生的支出总和，对于同一项无形资产在开发过程中达到资本化条件之前已经费用化计入当期损益的支出不再进行调整。

所以，企业自行开发无形资产的项目支出，应当区分研究阶段支出与开发阶段支出。企业内部研发支出处理的原则是：研发阶段的支出全部费用化，计入当期损益（管理费用）；

开发阶段的支出符合资本化条件的才能资本化，不符合资本化条件的计入当期损益（管理费用）；无法可靠区分研究阶段支出和开发阶段支出的，所发生的支出全部费用化，计入当期损益（管理费用）。

自行开发的无形资产成本，其成本包括自满足无形资产确认条件后至达到预定用途前所发生的支出总额，但是对于以前期间已经费用化的支出不再进行调整。

（一）研究阶段和开发阶段的划分

对于企业自行进行的研究开发项目，应当区分研究阶段与开发阶段两个部分分别进行核算。

1. 研究阶段

研究阶段，是指为获取新的技术和知识等进行的有计划的调查阶段。研究阶段的活动包括：意于获取研究成果或其他知识而进行的应用研究、评价和最终选择；材料、设备、产品、工序、系统或服务替代品的研究；以及新的或经改进的材料、设备、产品、工序、系统或服务的可能替代品的配制、设计、评价和最终选择等。

研究阶段具有探索和计划性，是为了进一步的开发活动进行资料及相关方面的准备，已进行的研究活动将来是否会转入开发、开发后是否会形成无形资产等均具有较大的不确定性。在这一阶段不会形成阶段性成果。因此，在研究阶段的支出，在发生时应当费用化计入当期损益。

2. 开发阶段

开发阶段，是指在进行商业性生产或使用前，将研究成果或其他知识应用于某项计划或设计，以生产出新的或具有实质性改变的材料、装置、产品的阶段。开发阶段的活动包括：生产或使用前的原型和模型的设计、建造和测试；含新技术的工具、夹具、模具的设计；不具有商业性的试生产设施的设计、建造和运营；新的或经改造的材料、设备、产品、工序、系统或服务所选定的替代品的设计、建造和测试等。

相对于研究阶段而言，开发阶段应当是已经完成研究阶段的工作，在很大程度上具备了形成一项新产品或新技术的基本条件。此时，如果企业能够证明开发支出符合无形资产的定义及相关确认条件，则可将其确认为无形资产。

（二）开发阶段资本化的条件

在研究阶段，可将有关支出资本化，计入无形资产的成本，但必须同时满足以下条件：

（1）完成该无形资产以使其能够使用或出售在技术上具有可行性。也就是说，企业能证明所进行的开发所必需的技术条件等已经具备，不存在技术上的障碍或其他不确定性。

（2）具有完成该无形资产并使用或出售的意图。也就是说，企业管理当局应能够说明其持有拟开发无形资产的目的，并具有完成该项无形资产开发并使其能够使用或出售的可能性。

（3）无形资产产生经济利益的方式，包括能够证明运用该无形资产生产的产品存在市场或无形资产自身存在市场，无形资产将在内部使用的，应当证明其有用性。

（4）有足够的技术、财务资源和其他资源支持，以完成该无形资产的开发，并有能力使用或出售该无形资产。

（5）归属于该无形资产开发阶段的支出能够可靠地计量。

另外，对于无法区分研究阶段和开发阶段的支出，应当在发生时作为管理费用，全部计入当期损益。

三、投资者投入的无形资产

投资者投入的无形资产成本，应当按照投资合同或协议约定的价值确定无形资产的取得成本。如果投资合同或协议约定价值不公允的，应按无形资产的公允价值作为无形资产的初始成本入账。

会计相关核算知识

一、账户设置

无形资产进行初始计量时，应设置的会计科目有“无形资产”“研发支出”等。

（1）“无形资产”科目，资产类科目，用于核算企业持有的无形资产成本，借方登记企业外购或自行开发应予资本化支出的无形资产成本，贷方登记无形资产累计摊销或处置时的账面余额，期末余额在借方，反映企业无形资产的成本。本科目按无形资产项目进行明细核算。

（2）“研发支出”科目，成本类科目，用于核算企业进行研究与开发无形资产过程中发生的各项支出。借方登记企业自行开发无形资产的研发支出，贷方登记研发支出项目达到预定用途形成的无形资产金额或期末转入“管理费用”的费用化归集的金额，期末余额在借方，反映企业正在进行无形资产研究与开发项目满足资本化条件的支出。本科目按研究开发项目，分别对“费用化支出”“资本化支出”进行明细核算。

二、具体核算

（一）外购无形资产的核算

外购的无形资产，按实际支付的价款借记“无形资产”科目，贷记“银行存款”等科目。

（二）自行开发的无形资产的核算

（1）研究阶段，发生的研发支出，借记“研发支出——费用化支出”科目，贷记“应付职工薪酬”“原材料”“银行存款”等科目；研究结束或期末，研发支出全部费用化，借记“管理费用”科目，贷记“研发支出——费用化支出”科目。

（2）开发阶段，发生的开发成本，满足资本化条件的，借记“研发支出——资本化支出”科目，不满足资本化条件的，借记“研发支出——资本化支出”科目，贷记“应付职工薪酬”“原材料”“银行存款”等科目；开发完成或期末，按“研发支出——资本化支出”科目的余额，借记“无形资产”科目，贷记“研发支出——资本化支出”科目，将“研发支出——费用化支出”科目的余额，借记“管理费用”科目，贷记“研发支出——费用化支出”科目。

（三）投资者投入的无形资产核算

投资者投入的无形资产在取得时，应按投资合同约定的价值，借记“无形资产”科目，按其在注册资本中所占份额，贷记“实收资本”或“股本”科目，按其差额，贷记“资本公积——资本溢价或股本溢价”科目。

理论案例

【案例设计2－91】2019年7月1日，西秦股份有限公司从乙公司购入一项非专利技术，支付了买价110 000元；购买过程中另支付相关增值税6 600元，增值税税率为6%，款项已通过银行转账支付。如果使用了该专利技术，西秦股份有限公司预计其生产能力将比原先提高20%，销售利润率增长15%。假设不涉及其他相关税费。

西秦股份有限公司的账务处理如下：

借：无形资产——非专利技术　110 000
　　应交税费——应交增值税（进项税额）　6 600
　　贷：银行存款　116 600

【案例设计2－92】西秦股份有限公司自行研究、开发一项非专利技术，截至2018年12月31日，发生研发支出合计1 200 000元，经测试该项研发活动完成了研究阶段，该阶段成本为人工成本，从2019年1月1日开始进入开发阶段。在开发过程中发生材料费1 000 000元，人工费800 000元，其他费用200 000元，总计2 000 000元。其中，符合资本化条件的支出为1 800 000元。2019年6月30日，该项研发活动结束，最终开发出一项非专利技术。西秦股份有限公司应作如下会计处理：

（1）2018年发生的研究成本：

借：研发支出——费用化支出　1 200 000
　　贷：应付职工薪酬　1 200 000

（2）2018年12月31日，研究结束结转成本：

借：管理费用　1 200 000
　　贷：研发支出——费用化支出　1 200 000

（3）2019年，发生开发成本：

借：研发支出——费用化支出　200 000
　　　　　　——资本化支出　1 800 000
　　贷：原材料　1 000 000
　　　　应付职工薪酬　800 000
　　　　银行存款　200 000

（4）2019年6月30日，开发完成结转开发成本：

借：管理费用　200 000
　　无形资产——专利技术　1 800 000
　　贷：研发支出——费用化支出　200 000
　　　　　　　　——资本化支出　1 800 000

【案例设计2－93】西秦股份有限公司与乙股份有限公司协议商定，乙公司以其商标权投资于西秦股份有限公司，双方协议价格（等于公允价值）为3 000 000元，西秦股份有限公司另支付印花税等相关税费30 000元，款项已通过银行转账支付。

乙公司作为投资的商标权的成本＝3 000 000＋30 000＝3 030 000（元）

西秦股份有限公司的账务处理如下：

借：无形资产——商标权　3 030 000

贷：实收资本　　3 000 000
　　银行存款　　30 000

学习情境三　无形资产摊销

理论知识概述

无形资产在取得以后，使用该无形资产期间内，应以成本减去累计摊销和累计减值准备后的余额计量。要确定无形资产在使用过程中的累计摊销额，基础是估计其使用寿命，而使用寿命有限的无形资产才需要在估计使用寿命内采用系统合理的方法进行摊销，对于使用寿命不确定的无形资产则不需要摊销。

一、无形资产使用寿命的估计

企业应当于取得无形资产时分析判断其使用寿命。无形资产的使用寿命如为有限的，应当估计该使用寿命的年限或者构成使用寿命的产量等类似计量单位的数量；无法预见无形资产为企业带来未来经济利益期限的，应当视为使用寿命不确定的无形资产。

二、无形资产使用寿命的确定

（1）源自合同性权利或其他法定权利取得的无形资产，其使用寿命通常不应超过合同性权利或其他法定权利的期限。例如，企业以支付土地出让金方式取得一块土地50年的使用权，如果企业准备持续持有，在50年期间内没有计划出售，该项土地使用权预期为企业带来未来经济利益的期间为50年。但如果企业使用资产的预期期限短于合同性权利或其他法定权利规定的期限的，则应当按照企业预期使用的期限来确定其使用寿命。例如，企业取得的某项实用新型专利权，法律规定的保护期限为10年，企业预计运用该项实用新型专利权所生产的产品在未来6年内会为企业带来经济利益，则该项专利权的预计使用寿命为6年。

如果合同性权利或其他法定权利能够在到期时因续约等延续，则仅当有证据表明企业续约不需要付出重大成本时，续约期才能够包括在使用寿命的估计中。下列情况下，一般说明企业无须付出重大成本即可延续合同性权利或其他法定权利：有证据表明合同性权利或法定权利将被重新延续，如果在延续之前需要第三方同意，则还需有第三方将会同意的证据；有证据表明为获得重新延续所必需的所有条件将被满足，以及企业为延续持有无形资产所付出的成本相对于预期从重新延续中流入企业的未来经济利益相比不具有重要性。如果企业为延续无形资产持有期间而付出的成本与预期从重新延续中流入企业的未来经济利益相比具有重要性，则从本质上来看是企业获得的一项新的无形资产。

（2）没有明确的合同或法律规定无形资产的使用寿命的，企业应当综合各方面因素判断，例如，企业经过努力，聘请相关专家进行论证、与同行业的情况进行比较以及参考企业的历史经验等，来确定无形资产为企业带来未来经济利益的期限。

（3）经过上述努力仍确实无法合理确定无形资产为企业带来经济利益的期限的，才能将其作为使用寿命不确定的无形资产。例如，企业取得了一项在过去几年中市场份额领先的畅销产品的商标，该商标按照法律规定还有5年的使用寿命，但是在保护期届满时，企业可每10年以较低的手续费申请延期，同时有证据表明企业有能力申请延期。此外，有关的调查表明，根据产品生命周期、市场竞争等方面情况综合判断，该商标将在不确定的期间内为企业带来现金流量。综合各方面情况，该商标可视为使用寿命不确定的无形资产。又如，企业通过公开拍卖取得一项出租车运营许可，按照所在地的规定，以现有出租车运营许可权为限，不再授予新的运营许可权，而且在旧的出租车报废以后，有关的运营许可权可用于新的出租车。企业估计在有限的未来，将持续经营出租车行业。对于该运营许可权，由于其能为企业带来未来经济利益的期限，从目前情况来看无法可靠地估计，因而应将其视为使用寿命不确定的无形资产。

三、使用寿命有限的无形资产

使用寿命有限的无形资产，应在其预计的使用寿命内，采用合理的方法，对无形资产进行摊销。

（一）摊销期和摊销方法

无形资产的摊销期，是指自其可供使用（即其达到预定用途）时起至终止确认时止。企业应当按月对无形资产进行摊销；当月新增的无形资产当月开始摊销，处置当月不再摊销。

在无形资产的使用寿命内系统地分摊其应摊销的金额，存在多种方法。具体包括直线法、生产总量法等。企业在选择摊销方法时，应当能够反映与该企业无形资产有关的经济利益的预期实现方式，并一致地应用于不同会计期间。例如，受技术陈旧因素影响较大的专利权和专有技术等无形资产，可以采用类似固定资产加速折旧的方法进行摊销；有特定产量限制的特许经营权或专利权，应采用产量法进行摊销。对于无法可靠确定其预期实现方式的，应当采用直线法进行摊销。

（二）残值的确定

无形资产的残值意味着，在其经济寿命结束之前企业预计将会处置该无形资产，并且从该处置中取得的利益。除下列情况外，无形资产的残值一般为零：

（1）有第三方承诺在无形资产使用寿命结束时购买该项无形资产；

（2）可以根据活跃市场得到无形资产预计残值信息，并且该市场在该项无形资产使用寿命结束时可能存在。

残值确定以后，至少于每年年末进行复核，预计其残值与原估计金额不同的，应按照会计估计变更进行处理。如果无形资产的残值重新估计以后高于其账面价值的，则无形资产不再摊销，直至残值降至低于账面价值再恢复摊销。

例如，某企业购入一项专利技术成本为100万元，计划5年后转让给第三方。根据目前市场得到的信息，该专利技术残值为10万元，企业采用生产总量法对其摊销，到第三年年末，经复核重估该专利技术预计残值为30万元，如果此时已摊销了72万元，该专利技术的账面价值为28万元，低于重估30万元的残值，则不再对该无形资产进行摊销，直到残值降低至低于其账面价值时再恢复摊销。

（三）使用寿命不确定的无形资产

根据可获得的相关信息判断，如果无法合理估计某项无形资产的使用寿命，应将其作为使用寿命不确定的无形资产进行核算。对于使用寿命不确定的无形资产，在持有期间内不需要进行摊销，但应当在每一个会计期间进行减值测试。其减值测试的方法按照判断无形资产减值的原则进行处理。

四、无形资产使用寿命的复核

某些无形资产的取得源自合同性权利或其他法定权利，其使用寿命不应超过合同性权利或其他法定权利规定的期限。但如果企业使用资产的预期期限短于合同性权利或其他法定权利规定的期限的，则应当按照企业预期使用的期限来确定其使用寿命。例如，企业取得的某项新型专利权，法律规定的保护期限为 10 年，企业预计运用该项新型专利权所生产的产品在未来 6 年内会为企业带来经济利益。则该项新型专利权的预计使用寿命为 6 年。

没有明确的合同或法律规定无形资产的使用寿命的，企业应当综合考虑各方面情况，例如企业经过努力，聘请相关专家进行论证、与同行业的情况进行比较以及参考企业的历史经验等，来确定无形资产为企业带来未来经济利益的期限。经过这些努力，如果确实无法合理确定无形资产为企业带来经济利益的期限，才能将其作为使用寿命不确定的无形资产。

企业应当在每个会计期间对使用寿命不确定的无形资产的使用寿命进行复核。如果有证据表明该无形资产的使用寿命是有限的，应当按照《企业会计准则第 28 号——会计政策、会计估计变更和差错更正》进行处理，并按照使用寿命有限的无形资产的处理原则进行会计处理。

会计相关核算知识

为了对无形资产后续计量进行核算，需要设置“累计摊销”科目。本科目用于核算企业对使用寿命有限的无形资产计提的累计摊销。贷方登记企业按期（月）计提无形资产的摊销，借方登记处置无形资产应结转累计摊销的金额，余额在贷方，反映企业无形资产的累计摊销额。本科目按无形资产项目进行明细核算。

无形资产的摊销一般应计入当期损益，但如果某些无形资产是专门用于生产某种产品或者其他资产，其所包含的经济利益是通过转入到所生产的产品或其他资产中实现的，则无形资产的摊销费用应当计入相关资产的成本。例如，某项专门用于生产过程中的专利技术，其摊销费用应构成所生产产品成本的一部分，计入制造该产品的制造费用。

理论案例

【案例设计 2－94】 西秦股份有限公司 2019 年 10 月 1 日，从外单位购得一项新专利技术用于产品生产，支付价款 75 000 000 元，款项已支付。该项专利技术法律保护期间为 10 年，按月采用直线法摊销。

西秦股份有限公司的账务处理如下：

(1) 取得无形资产时：

借：无形资产——专利权　　75 000 000

　　贷：银行存款　　75 000 000

（2）按月摊销时，摊销额 =75 000 000 ÷10 ÷12 =625 000（元）

借：制造费用——专利权摊销　　625 000

　　贷：累计摊销　　625 000

【案例设计 2 –95】 西秦股份有限公司于 2019 年 1 月 1 日，购入一项专利技术和一项商标权。其中专利技术的成本为 700 000 元，用于产品的生产，估计使用寿命为 7 年；而商标权的成本为 800 000 元，估计使用寿命为 10 年。假定这两项无形资产的净残值均为零，并采用直线法摊销。价款已通过银行存款支付。应作如下账务处理：

（1）2019 年 1 月 1 日取得时：

借：无形资产——专利技术　　700 000

　　　　　　——商标权　　800 000

　　贷：银行存款　　1 500 000

（2）2019 年 1 月 31 日月末摊销时：

借：制造费用——专利技术摊销　　（700 000 ÷7 ÷12）8 333. 33

　　管理费用——商标权摊销　　（800 000 ÷10 ÷12）6 666. 67

　　贷：累计摊销　　15 000

实操案例

【案例设计 2 –21】 2019 年 12 月 31 日，西秦股份有限公司对 12 月 1 日购入的商标权进行摊销。

相关原始凭证：

无形资产摊销计算单（直线法）

编制部门：财务科　　2019 年 12 月 31 日　　单位：元

无形资产名称	达到预计可使用状态时间	原值	摊销年限	已提折旧额	本月计提折旧额	累计已提折旧额	对方科目
商标权	2019 年 12 月	100 000	10	0	833. 33	833. 33	管理费用
合计		100 000			833. 33	833. 33	

会计主管：　　复核：　　会计：　　制表：吴亮

编制相关记账凭证：

转　账　凭　证

转字　第 01 号

2019 年 12 月 31 日　　　　附件　　壹　　张

摘要	总账科目	明细科目	借方金额										贷方金额										记账符号
			千	百	十	万	千	百	十	元	角	分	千	百	十	万	千	百	十	元	角	分	
摊销外购的无形资产	管理费用	商标权						8	3	3	3	0											□
	累计摊销																	8	3	3	3	0	□
																							□
																							□
																							□
合计							¥	8	3	3	3	0					¥	8	3	3	3	0	□

会计主管　　　　记账　　　　复核　　　　制证　吴亮

学习情境四　无形资产处置

理论知识概述

无形资产的处置，主要是指无形资产出售、对外出租、对外捐赠，或者是无法为企业带来未来经济利益时，应予终止确认并转销。

一、无形资产的出售

企业出售某项无形资产，表明企业放弃无形资产的所有权，应将所取得的价款与该无形资产账面价值的差额确认为处置非流动资产的利得或损失，计入当期营业外收入或营业外支出。

二、无形资产的出租

企业将所拥有的无形资产的使用权让渡给他人，并收取租金，在满足收入确认的条件的情况下，应确认相关的收入并结转相应的成本，通过“其他业务收入”或“其他业务成本”科目进行核算。

三、无形资产的报废

如果无形资产预期不能为企业带来未来经济利益，则不再符合无形资产的定义，应将其报废并予以转销，将其账面价值转作当期损益。

会计相关核算知识

一、无形资产的出售核算

出售无形资产时，应按实际收到的金额，借记“银行存款”等科目，按已计提的累计摊销，借记“累计摊销”科目，原已计提减值准备，借记“无形资产减值准备”科目，按支付的相关税费，贷记“应交税费”等科目，按其账面价值，贷记“无形资产”科目，按其差额，记入“资产处置损益”。《财政部关于修订印发一般企业财务报表格式的通知》，新增“资产处置损益”主要用来核算固定资产、无形资产等因出售、转让等原因，产生的处置利得或损失。“资产处置损益”是损益类科目，发生处置净损失的，借记“资产处置损益”，如为净收益，则贷记“资产处置损益”。但因已丧失使用功能或因自然灾害发生的毁损等原因而报废清理产生的利得或损失应计入营业外或营业外支出。

二、无形资产的出租核算

让渡无形资产使用权而取得的租金收入，借记“银行存款”等科目，贷记“其他业务收入”科目；摊销出租无形资产的成本及发生与转让有关的各种费用支出时，借记“其他业务成本”科目，贷记“累计摊销”等科目。

三、无形资产的报废核算

无形资产报废转销时，应按已计提的累计摊销，借记“累计摊销”科目；按其账面余额，贷记“无形资产”科目；按其差额，借记“营业外支出”科目。已计提减值准备的，还应同时结转减值准备。

理论案例

【案例设计 2 -96】2019 年 1 月 1 日，西秦股份有限公司出售一项非专利技术，成本为 1 000 000元，已摊销金额为 500 000 元，尚未提取减值准备，取得出售收入 600 000 元，应缴纳的增值税等相关税费为 40 000 元。西秦股份有限公司应作如下账务处理：

借：银行存款	600 000	
累计摊销	500 000	
贷：无形资产		1 000 000
应交税费——应交增值税		40 000
资产处置损益		60 000

【案例设计 2 -97】2019 年 1 月 1 日，西秦股份有限公司将某项专利技术出租，该专利技术的账面余额为 1 200 000 元，摊销期限为 10 年，出租合同规定，承租方每销售一件该专利生产的产品，必须付给出租方 15 元专利技术使用费。假定承租方当年销售该产品10 000件，不考虑其他相关税费，西秦股份有限公司采用直线法摊销无形资产。应作如下账务处理：

（1）取得该项专利技术使用费用时：

借：银行存款　　150 000

　　贷：其他业务收入　　150 000

（2）按年对该专利技术摊销时：

借：其他业务成本　　120 000

　　贷：累计摊销　　120 000

【案例设计 2 - 98】 2019 年 12 月 31 日，西秦股份有限公司的某项专利权账面余额为 1 000 000 元。该专利权的摊销期为 10 年，采用直线法进行摊销，已摊销 6 年。该专利权的残值为零，已累计计提减值准备 150 000 元。假定以该专利权生产的产品已没有市场，预期不能为企业带来经济利益。不考虑其他相关因素。应作如下账务处理：

借：累计摊销　　（1 000 000 ÷ 10 × 6）600 000

　　无形资产减值准备　　150 000

　　营业外支出——处置无形资产损失　　250 000

　　贷：无形资产——专利权　　1 000 000

学习情境五　无形资产减值

理论知识概述

无形资产由于技术进步或其他经济原因，导致其市场公允价值（即可收回金额）低于其账面值的，应该计提无形资产减值准备。

企业应定期对无形资产的账面价值进行检查，至少每年年末检查一次。如果发现无形资产存在减值情况，应对无形资产的公允价值进行确认，并将该无形资产的账面价值超过市场公允价值的部分确认为减值准备，记入“资产减值损失”科目。

无形资产减值损失一经确认，在以后会计期间不得转回。

会计相关核算知识

一、账户设置

企业持有的无形资产，如经减值测试表明已经发生减值的，则需要计提相应的减值准备。需要设置“无形资产减值准备”科目。本科目用于核算企业无形资产的减值准备。贷方登记企业无形资产发生减值的金额，借方登记处置无形资产结转减值准备的金额，余额在贷方，反映企业已计提但尚未转销的无形资产减值准备。本科目按无形资产项目进行明细核算。

二、具体核算

无形资产减值相关的账务处理为：借记“资产减值损失”科目，贷记“无形资产减值准备”科目。

理论案例

【案例设计2－99】 2018年1月1日，西秦股份有限公司购入一项产品商标的成本为6 000 000元，该商标按照法律的规定还有5年的使用寿命，但是在保护期限届满时，西秦股份有限公司可每10年以较低的手续费申请延期，同时，西秦股份有限公司有充分的证据表明其有能力申请延期。此外有关的证据表明，根据产品生命周期、市场竞争等方面情况综合判断，该商标将不在确定的期间内为企业带来现金流量。

根据上述情况，该商标可视为使用寿命不确定的无形资产，在持有期间内不需要进行摊销。

2019年年底，西秦股份有限公司对该商标按照资产减值的原则进行减值测试，经测试表明该商标已发生减值。2019年年底，该商标的公允价值为4 000 000元。

西秦股份有限公司应作如下账务处理：

（1）2018年1月1日取得时：

借：无形资产——商标权　　6 000 000

　　贷：银行存款　　6 000 000

（2）2019年发生减值时：

借：资产减值损失　　（6 000 000－4 000 000）2 000 000

　　贷：无形资产减值准备——商标权　　2 000 000

实操案例

【案例设计2－22】 2019年12月31日，西秦股份有限公司对现有商标权进行减值测试，其可变现净值为95 000元，低于该商标权的账面价值。

相关原始凭证：

无形资产减值损失计算单

编制部门：财务科　　2019年12月31日　　单位：元

资产名称	年初资产减值准备	账面余额	计提资产减值准备账面价值	可变现净值	年末资产减值准备	当期需计提的资产减值准备
商标权	0	99 166.7	99 166.7	95 000	4 166.7	4 166.7
合计	0	99 166.7	99 166.7	95 000	4 166.7	4 166.7

会计主管：　　复核：　　会计：　　制表：吴亮

编制相关记账凭证：

转 账 凭 证

转字 第 01 号

2019 年 12 月 31 日　　附件 壹 张

摘要	总账科目	明细科目	借方金额										贷方金额										记账符号
			千	百	十	万	千	百	十	元	角	分	千	百	十	万	千	百	十	元	角	分	
计提无形资产	资产减值损失	计提无形资产减值					4	1	6	6	7	0											□
	无形资产减值准备																4	1	6	6	7	0	□
																							□
																							□
																							□
合计						¥	4	1	6	6	7	0				¥	4	1	6	6	7	0	□

会计主管　　记账　　复核　　制证 吴亮

知识拓展

无形资产在资产负债表中的列示方法：无形资产项目应该根据“无形资产”科目的余额减去“累计摊销”科目余额以及“无形资产减值准备”科目余额后的余额填列；开发支出项目应根据“研发支出”科目的期末余额直接填列。

模块知识小结

无形资产是指企业拥有或者控制的没有实物形态的可辨认非货币性资产。它的特征为：无形资产不具有实物形态；由企业拥有或者控制并能为其带来未来经济利益的资源；无形资产具有可辨认性和无形资产属于非货币性资产。它一般包括专利权、非专利技术、商标权、著作权、特许权等。

无形资产通常是按实际成本计量。但对于不同来源取得的无形资产，其成本构成不尽相同。主要来源有外购、自行开发和投资者投入等。特别注意对于企业自行进行研究开发的无形资产，应当明确研究阶段与开发阶段的划分，研究阶段的支出需进行费用化而开发阶段的支付符合资本化条件的要计入无形资产的成本。

无形资产后续计量时，对于使用寿命有限的无形资产，其摊销的起始和停止日期为：当月增加的无形资产，当月开始摊销；当月减少的无形资产，当月不再摊销。摊销方法包括直线法、生产总量法等。对于无形资产的残值，除下列情况外，残值一般为零：

（1）有第三方承诺在无形资产使用寿命结束时购买该项无形资产。

（2）可以根据活跃市场得到无形资产预计残值信息，并且该市场在该项无形资产使用寿命结束时可能存在。

后续计量中还应考虑无形资产发生的减值准备。无形资产的处置，主要是指无形资产出售、对外出租、对外捐赠，或者是无法为企业带来未来经济利益时，应予终止确认并转销。并且处置时通过营业外收支核算。

模块八 其他资产

学习内容框架提要

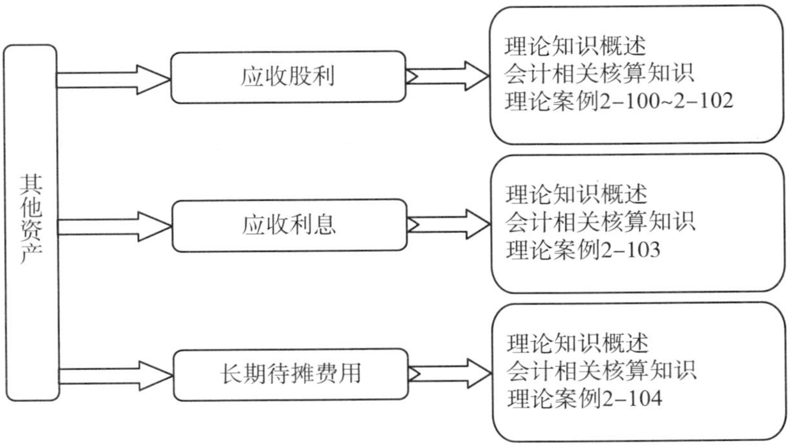

【职业能力目标】

通过本模块的学习，明确其他资产的基本内容和有关的基本概念，了解应收股利、应收利息和长期待摊费用的核算内容；同时能熟练掌握应收股利、应收利息和长期待摊费用的核算方法。

【典型工作任务】

- ◆ 应收股利账务处理。
- ◆ 应收利息账务处理。
- ◆ 长期待摊费用账务处理。

模块内容概述

其他资产，是指除货币资金、交易性金融资产、应收及预付款项、存货、长期投资、固定资产、无形资产以外的资产，主要包括应收股利、应收利息、长期待摊费用等其他长期资产。

学习情境一 应收股利

理论知识概述

应收股利是指企业因进行股权投资，而发生应收取的现金股利、应收其他单位的利润，包括企业购入股票实际支付的款项中，所包括的已宣告发放但尚未领取的现金股利等；但不包括应收的股票股利，被投资方发放股票股利时，不影响所有者权益总额，只是所有者权益内部结构变化。投资方不做会计处理，仅在备查簿中登记股数的增加。

会计相关核算知识

一、账户设置

企业应设“应收股利”科目，资产类，借方登记应收股息的增加数额，贷方登记应收股利的减少数额，期末余额一般在借方，反映企业尚未收回的股权投资的现金股利。

二、具体核算

企业进行股权投资时，如实际支付的价款中包含已宣告但尚未领取的现金股利，应借记“应收股利”科目，贷记“其他货币资金”“银行存款”等科目；收到发放的现金股利，借记“银行存款”科目，贷记“应收股利”科目。

理论案例

【案例设计2－100】 西秦股份有限公司2019年5月15日在上海证券交易所购买诚远股份有限公司的股票100 000股作为长期投资，每股买入价为10元，每股价格中包含有0.2元的已宣告分派的现金股利，另支付相关税费7 000元，西秦股份有限公司应编制如下会计分录：

（1）计算初始投资成本：

股票成交金额　（100 000×10）1 000 000

加：相关税费　7 000

减：已宣告分派的现金股利

（100 000×0.2）20 000

987 000

（2）编制购入股票的会计分录：

借：长期股权投资　987 000

　　应收股利　20 000

　　贷：其他货币资金——存出投资款　1 007 000

【案例设计2－101】 承【案例设计2－100】假定西秦股份有限公司2019年6月20日收到诚远股份有限公司分来的购买该股票时已宣告分派的股利20 000元，此时，应作如下会计处理：

借：其他货币资金——存出投资款　20 000

　　贷：应收股利　20 000

【案例设计2－102】 承【案例设计2－101】如果西秦股份有限公司于2019年7月20日收到诚远股份有限公司宣告发放现金股利的通知，应分得现金股利5 000元，西秦股份有限公司应编制如下会计分录：

借：应收股利　5 000

　　贷：投资收益　5 000

学习情境二 应收利息

理论知识概述

应收利息则是指企业因债券投资而应收取的利息。包括购入债券的价款中已到付息期但尚未领取的债券利息和分期付息到期还本的债券在持有期间产生的利息。不包括企业购入到期一次还本付息的长期债券应收取的利息，应通过金融资产科目下设二级科目“应计利息”核算。

会计相关核算知识

一、账户设置

企业应设置“应收利息”科目，资产类，借方登记应收利息的增加数额，贷方登记应收利息的减少数额，期末余额一般在借方，反映企业尚未收到的流动债权利息。

二、具体核算

企业确认债权利息时，应借记“应收利息”科目，贷记“投资收益”等科目。实际收到时，借记“其他货币资金”“银行存款”等科目，贷记“应收利息”科目。

理论案例

【案例设计 2-103】 西秦股份有限公司 2018 年 12 月 31 日，确认从证券公司购入 A 公司债券利息 100 000 元，划分为交易性金融资产核算。2019 年 1 月 15 日，收到该债券利息。

西秦股份有限公司应作的相关会计分录：

（1）2018 年 12 月 31 日：

借：应收利息	100 000	
贷：投资收益		100 000

（2）2019 年 1 月 15 日：

借：其他货币资金——存出投资款	100 000	
贷：应收利息		100 000

学习情境三 长期待摊费用

理论知识概述

一、长期待摊费用的含义及内容

长期待摊费用是指企业已经发生，但应由本期和以后各期负担的，分摊期限在一年以上的各种费用。长期待摊费用不能全部计入当年损益，应当在以后年度内分期摊销，具体包括租入固定资产的改良支出及摊销期限在一年以上的其他待摊费用。

二、长期待摊费用的确认条件

企业在确认长期待摊费用时，一般应考虑两个条件：

（1）收益期间在一年以上。在这种情况下，将支出计入长期待摊费用，符合权责发生制和配比原则。

（2）未来会计期间获得的收益能够抵补分期摊销的支出。如果预计未来会计期间获得的收益不能抵补分摊的支出，可以将当期发生的支出全部计入当期损益。

会计相关核算知识

一、账户设置

企业应设置“长期待摊费用”科目。资产类，借方登记归集的各类摊销费用，贷方登记分期摊销的长期待摊费用，期末余额一般在借方，表示尚未摊销的长期费用。

二、具体核算

长期待摊费用，在发生各项费用时，借记“长期待摊费用”科目，贷记“应付职工薪酬”“银行存款”“原材料”等有关科目；分期摊销时，应借记“管理费用”“销售费用”等科目，贷记“长期待摊费用”科目。

理论案例

【案例设计 2－104】 西秦股份有限公司 2019 年 4 月 1 日，对其以经营租赁方式新租入的办公楼进行装修，发生以下有关支出：领用自产产品，成本 600 000 元，计税价格 800 000元，增值税 128 000 元；辅助生产车间为该装修工程提供的劳务支出为 150 000 元，有关人员工资等职工薪酬 350 000 元。2019 年 12 月 1 日，该办公楼装修完工，达到预定可使用状态并交付使用，按租赁期 10 年开始进行摊销。西秦股份有限公司的财务处理如下：

（1）装修领用自产商品时：

借：长期待摊费用　　728 000

　　贷：库存商品　　600 000

　　　　应交税费——应交增值税（进项税转出）　　128 000

（2）辅助生产车间为装修工程提供劳务时：

借：长期待摊费用　　150 000

　　贷：生产成本——辅助生产成本　　150 000

（3）确认工程人员职工薪酬时：

借：长期待摊费用　　350 000

　　贷：应付职工薪酬　　350 000

（4）2018 年摊销装修支出时：

2018 年 12 月应摊销费用＝（736 000＋150 000＋350 000）÷（10×12）＝10 300（元）

借：管理费用　　10 300

　　贷：长期待摊费用　　　　　　　　　　　　　　　　　　　　10 300

知识拓展

“应收股利”“应收利息”在资产负债表中流动资产项目下，一般按账面余额列示，“长期待摊费用”在资产负债表中非流动资产下，一般按账面余额列示。

模块知识小结

应收股利是指企业因进行股权投资而发生应收取的现金股利及进行债权投资而发生应收取的利息和应收其他单位的利润，包括企业购入股票实际支付的款项中所包括的已宣告发放但尚未领取的现金股利和企业因对外投资应分得的现金股利或利润等，但不包括应收的股票股利。

应收利息则是指企业因债券投资而应收取的利息。包括购入债券的价款中已到付息期但尚未领取的债券利息和分期付息到期还本的债券在持有期间产生的利息。

长期待摊费用是指企业已经发生但应由本期和以后各期负担的分摊期限在一年以上的各种费用。长期待摊费用不能全部计入当年损益，应当在以后年度内分期摊销，具体包括租入固定资产的改良支出及摊销期限在一年以上的其他待摊费用。

项目三

负　债

学习内容框架提纲

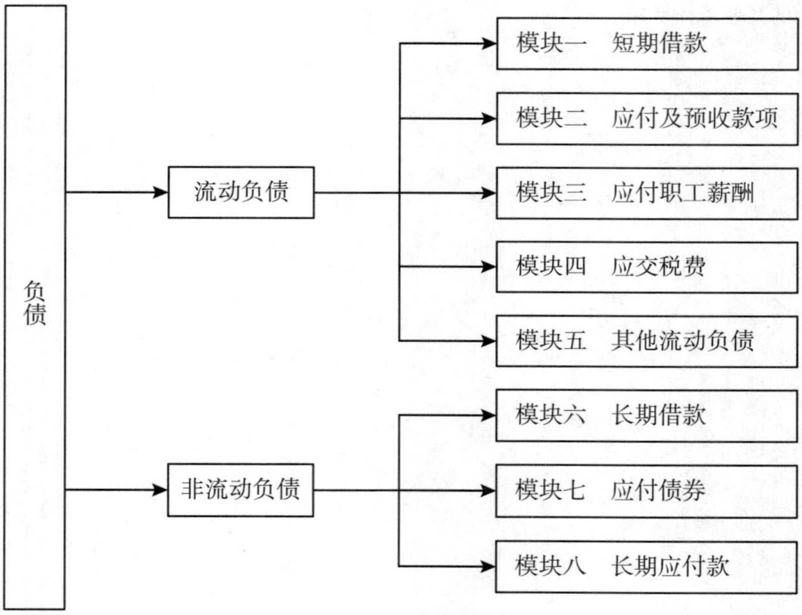

项目综合知识

一、负债的含义及特征

负债是指企业过去的交易或事项形成的、预期会导致经济利益流出企业的现时义务。其特点主要包括：（1）负债是基于企业过去已经发生的交易或事项形成的。如企业向供货商购买货物时应当支付但是尚未支付的款项，借入银行借款而产生的偿还借款本息的义务等。企业未来将要发生的交易或事项，如计划向银行借入的款项，则不是负债。（2）负债是企业承担的现时义务，一般具有法定的约束力。现时义务是指企业在现行条件下已经承担的义务。未来将要发生的交易或事项不属于现时义务。（3）负债的发生往往伴随着资产或劳务的取得，或者费用、损失的发生。负债通常需要在未来某一特定时日用劳务或资产进行偿付。负债按流动性分类，可以分为流动负债和非流动负债。

二、流动负债

（一）流动负债的概念

流动负债是指企业将在一年或者虽然超过一年但是仍然属于在一个营业周期以内偿还的债务。流动负债主要包括：短期借款、应付票据、应付账款、预收账款、应付职工薪酬、应交税费、应付利息、应付股利、其他应付款等。流动负债具有以下几个主要特点：（1）偿还期限短。流动负债的偿还期限一般都在一年或虽然超过一年但是仍然属于一个营业周期以内。（2）通常要用企业的流动资产或者流动负债来偿还。

（二）流动负债的计价

流动负债的计价以负债成立之日的实际发生额确认。理论上，负债的计价应以未来应付金额的现值为基础，而未来应付金额通常是由负债发生日的有关交易或契约合同决定。大多数流动负债是属于货币性质的，它们必须于未来的某一时日用固定数额的货币来偿还。虽然负债的现行价值是未来支付金额的贴现值，但是流动负债一般都要在短期内偿还，其贴现额通常并不重要，为简化起见，通常都以未来应付金额计价。

三、非流动负债

（一）非流动负债的概念

非流动负债（也称长期负债）是指流动负债以外的偿还期限在1年以上（不包括1年）的负债，主要包括长期借款、应付债券、长期应付款等。是企业筹措长期资金的一项重要来源，通常用于企业扩展经营规模、购置大型设备、扩建厂房等。

（二）非流动负债的分类

非流动负债一般可以分为以下几类：

1. 长期借款

长期借款是指企业向银行或者其他金融机构借入的期限在1年以上（不含1年）的各种借款。

2. 应付债券

应付债券是指依照法律程序发行的，约定在将来的一定期限内还本付息的有价证券。债券的发行期限大多在1年以上，因此通过发行债券的方式筹资的资金一般都属于非流动负债资金。

按照发行债券是否有抵押品可以把债券划分为：

（1）抵押债券，即以发行企业的一定财产作为抵押担保而发行的债券。可以作为抵押品的有不动产，比如土地、房屋等；动产，比如机器、设备、商品等；信托资产，比如股票、债券及其他信用工具。

（2）信用债券，即没有特定的财产作为担保，仅凭借发行企业的信誉和经济实力来保证按期支付债券的本息。

3. 长期应付款

长期应付款主要有应付融资租入固定资产的租赁费和以分期付款方式购入固定资产等发生的应付款项等。

模块一　短期借款

【职业能力目标】

通过本模块的学习，明确短期借款的含义，掌握短期借款的相关会计核算。

【典型工作任务】

◆ 短期借款的含义。

◆ 短期借款的核算。

理论知识概述

短期借款是指企业向银行或者其他金融机构借入的期限在 1 年以内（包括 1 年）的各种借款。短期借款一般是企业为了维持正常的生产经营活动所需的资金而借入的或者为了抵偿某项债务而借入的款项。

会计相关核算知识

一、账户设置

为了总括反映短期借款的增减变动和结余情况，应设置“短期借款”科目。负债类，贷方登记取得借款的本金数额，借方登记偿还借款的本金数额，余额在贷方，表示尚未偿还的短期借款的数额。本科目可以按照借款种类、贷款人和币种进行明细核算。

二、具体核算

短期借款的核算，主要涉及三个方面的内容：取得短期借款的核算、短期借款利息的核算和归还短期借款的核算。

（一）取得短期借款的核算

企业借入的短期借款，按实际借入金额，借记“银行存款”科目，贷记“短期借款”科目。

（二）短期借款利息的核算

由于短期借款是一种融资行为，因此短期借款的利息作为一项理财费用计入当期损益，不通过“短期借款”科目核算。但是如果短期借款是为企业购入固定资产而专门借入的款项，则应该按照《企业会计准则第 17 号——借款费用》的规定，按照资本化原则进行处理。根据各期发生的借款利息金额的大小有两种处理方法：

如果短期借款利息支出是按月支付，或者是在借款到期时连同本金一并支付且利息的数额比较小的，平时不确认各月损益应负担的利息，而是在实际支付利息时直接计入当期财务费用。企业实际支付利息时，借记“财务费用”科目，贷记“银行存款”科目。

如果利息是按期支付，或者是在借款到期时连同本金一并支付且利息的数额比较大的，应按月预提短期借款的利息。预提时，借记“财务费用”等科目，贷记“应付利息”科目；实际支付利息时，借记“应付利息”科目，贷记“银行存款”科目。

在资产负债表日，应当按照实际利率计算短期借款的利息，并以上述方法作相应的会计处理，如果实际利率与借款合同约定名义的利率差异很小时，也可以合同约定的名义利率来计算短期借款的利息费用。

（三）偿还短期借款的核算

归还短期借款时，按偿还的短期借款的本金的金额借记“短期借款”科目，贷记“银行存款”科目。

理论案例

【案例设计3－1】2019年1月1日西秦股份有限公司因生产经营的临时性需要，从银行借入期限为6个月的临时借款300 000元，合同约定的年利率为3%；利息按月预提，按季支付，本金到期后一次归还。西秦股份有限公司会计处理如下：

（1）2019年1月1日取得借款时：

借：银行存款　　300 000

　　贷：短期借款　　300 000

（2）1月末计提借款利息时：

本月应计提的利息金额＝300 000×3%÷12＝750（元）

借：财务费用　　750

　　贷：应付利息　　750

2月末计提2月利息费用的处理与1月相同。

（3）3月末支付第一季度银行借款利息时：

借：应付利息　　1 500

　　财务费用　　750

　　贷：银行存款　　2 250

第二季度的会计处理同上。

（4）2019年7月1日偿还本金时：

借：短期借款　　300 000

　　贷：银行存款　　300 000

如上述借款的期限为5个月，则到期日为6月1日，5月末之前的会计处理与上述相同。6月1日偿还银行借款本金，同时支付4月和5月已计提尚未支付的利息：

借：短期借款　　300 000

　　应付利息　　1 500

　　贷：银行存款　　301 500

【案例设计3－2】西秦股份有限公司发生以下相关业务：

（1）2019年1月1日借入期限为3个月的生产周转借款500 000元存入银行，合同约定的年利率为3%；利息按月计算，到期一次还本付息。假设借入该短期借款的实际利率与合同约定的名义利率没有差异。

（2）1月31日，按照合同约定的名义利率预提本月借款利息1 250元。

（3）2月28日，按照合同约定的名义利率预提本月借款利息1 250元。

（4）3月31日，到期偿还本金和三个月利息共503 750元。

根据以上经济业务应作如下账务处理：

（1）取得借款时：

借：银行存款	500 000	
贷：短期借款		500 000

（2）预提1月借款利息时：

借：财务费用	1 250	
贷：应付利息		1 250

（3）预提2月借款利息时：

借：财务费用	1 250	
贷：应付利息		1 250

（4）到期偿还借款本息时：

借：短期借款	500 000	
应付利息	2 500	
财务费用	1 250	
贷：银行存款		503 750

实操案例

【案例设计3－1】 2019年1月1日，西秦股份有限公司因生产经营的临时性需要从其开户银行取得借款120 000元。

相关原始凭证：

中国建设银行借款借据（收款通知）

银行编号：7310　　　　2019年1月1日　　　　No. 002338

借款单位名称	西秦股份有限公司	放款账号	4300457232	利率	8%
		存款账号	665674890		

借款金额（大写）	千	百	十	万	千	百	十	元	角	分
壹拾贰万元整		¥	1	2	0	0	0	0	0	0

约定还款日期	2019年10月1日	借款种类	临时借款	借款合同号码	2019－2338
展期到期日期	年　月　日				

借款直接用途			还款记录	年	月	日	还款金额	余额
	1. 流动资金借款	4.						
	2.	5.						
	3.	6.						

根据签订的借款合同和你单位申请借款用途，经审查同意发放上列金额贷款。

中国建设银行陕西省咸阳市西兰路分行　　批准人：徐行

建行咸阳市西兰路分行 转讫

（银行转账盖章）

2019年1月1日

此联退交借款单位

编制相关记账凭证：

收 款 凭 证

银收 字第 01 号

借方科目：银行存款 2019 年 1 月 1 日 附件 壹 张

对方单位	摘要	贷方科目		金额										记账符号
		总账科目	明细科目	千	百	十	万	千	百	十	元	角	分	
中国建设银行	取得短期借款	短期借款	临时借款			1	2	0	0	0	0	0	0	□
														□
														□
														□
														□
银行结算方式及票号：支票 1234567			合计		¥	1	2	0	0	0	0	0	0	□

会计主管 记账 稽核 出纳 制证 吴亮

【案例设计 3-2】2019 年 1 月 31 日，会计编制短期借款利息计算表并登记记账凭证，并交财务主管审核。

相关原始凭证：

应付利息计算表

2019 年 1 月 31 日

贷款银行	借款种类	贷款时间	贷款金额	年利率	本月数
建设银行	短期借款	9 个月	120 000.00	8%	800.00
合计			120 000.00		800.00

审批： 制单：吴亮

编制相关记账凭证：

转 账 凭 证

转字 第 03 号

2019 年 1 月 31 日 附件 壹 张

摘要	总账科目	明细科目	借方金额										贷方金额										记账符号
			千	百	十	万	千	百	十	元	角	分	千	百	十	万	千	百	十	元	角	分	
计提短期借款利息	财务费用	利息费用						8	0	0	0	0											□
	应付利息																	8	0	0	0	0	□
																							□
																							□
																							□
合计							¥	8	0	0	0	0					¥	8	0	0	0	0	□

会计主管 记账 复核 制证 吴亮

【**案例设计 3-3**】2019 年 2 月末，该笔短期借款利息的账务处理同上。

转 账 凭 证

转字 第 04 号

2019 年 2 月 28 日

附件 壹 张

摘要	总账科目	明细科目	借方金额										贷方金额										记账符号
			千	百	十	万	千	百	十	元	角	分	千	百	十	万	千	百	十	元	角	分	
计提短期借款利息	财务费用	利息费用						8	0	0	0	0											□
	应付利息																	8	0	0	0	0	□
																							□
																							□
																							□
合计							¥	8	0	0	0	0					¥	8	0	0	0	0	□

会计主管　　　　记账　　　　复核　　　　制证 吴亮

模块二　应付及预收款项

学习内容框架提要

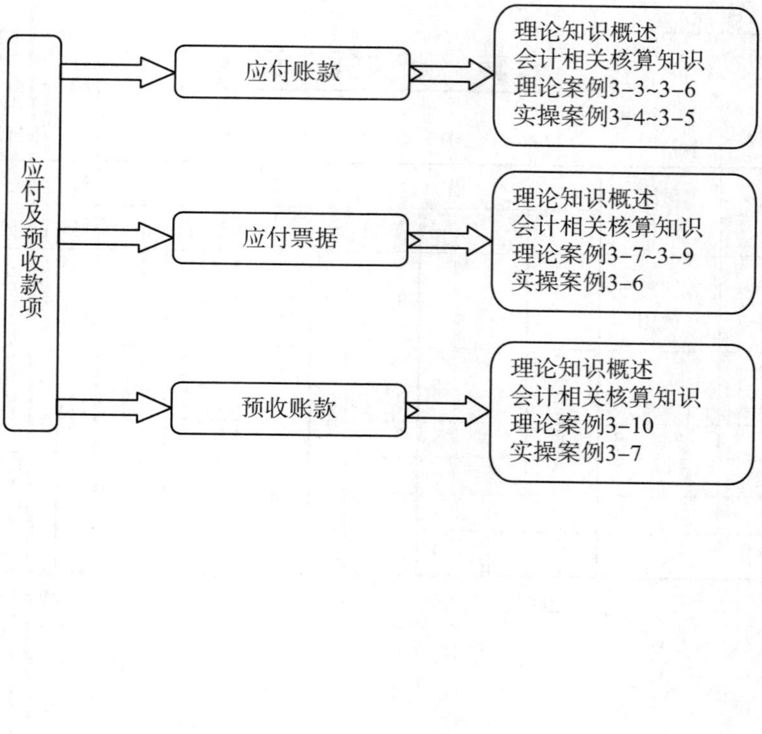

【职业能力目标】

通过本模块的学习，能明确应付账款、应付票据及预收账款的基本概念，掌握应付及预收款项的相关会计核算。

【典型工作任务】

◆ 应付账款的确认、计量和账务处理。
◆ 应付票据的确认、计量和账务处理。
◆ 预收账款的确认、计量和账务处理。

学习情境一 应付账款

理论知识概述

一、应付账款的含义

应付账款是指企业因购买材料、商品和接受劳务供应而应该支付给供应单位的款项。这笔款项在未支付之前构成了企业的一项负债。

二、应付账款的确认

（一）应付账款入账时间的确定

从理论上讲，应付账款入账时间的确定，应当以所购货物所有权的转移或者接受劳务的发生为标志。但是在实际工作中，一般以收到发票账单的时间为应付账款的入账时间。如果货物已到而发票账单未到，由于应付账款要根据发票账单登记入账，因此可以暂不入账，待收到发票账单时再据以入账；若月终发票账单仍未到达，由于这笔负债已经成立，为了真实地反映企业的负债情况，应对所购货物按照暂估价值入账，下月初作相反的账务处理。待发票账单到达后，按实际金额入账。

（二）应付账款入账价值的确定

应付账款一般以到期日偿付金额入账，不考虑到期应付金额的现值。企业在购买货物时，应付账款的入账金额可以分别采用总价法和净价法进行不同的会计处理。

（1）总价法，是指应付账款按发票上记载的未扣除现金折扣的应付金额总值入账。如果企业在折扣期内支付了货款而享受了现金折扣，可以视为一项理财收益，冲减当期财务费用。

（2）净价法，是指应付账款按照发票上记载的应付金额总值扣除现金折扣后的净值入账。如果企业超过折扣期付款而丧失的现金折扣，作为一项理财费用，增加当期的财务费用。

在我国会计实务中，大多采用总价法进行处理，其优点在于可以在资产负债表上反映较高的负债，符合稳健性原则的要求，而且会计处理程序简单。而净价法更有利于企业理财，购货单位因理财不善而丧失的现金折扣反映在利润表的项目中，容易引起企业管理当局的重视。

会计相关核算知识

一、账户设置

为了总括反映应付账款的增减变动和结余情况，企业应设置“应付账款”科目。负债类，该科目贷方登记企业购买材料、商品和接受劳务等而发生的应付账款，借方登记偿还的应付账款，或者开出商业汇票抵付应付账款的款项，以及已冲销的无法支付的应付账款，余额在贷方，表示企业尚未支付的应付账款余额。本科目按照债权人进行明细核算。

二、具体核算

1. 发生应付账款

企业购入材料、商品或者接受劳务等所产生的应付账款，应按应付金额入账。企业购入材料、商品等验收入库，但货款尚未支付，根据有关凭证（发票账单、随货同行发票上记载的实际价款或者暂估价值），借记“材料采购”“在途物资”等科目，按照可抵扣的增值税进项税额，借记“应交税费——应交增值税（进项税额）”科目，按照应付的价款，贷记“应付账款”科目。企业接受供应单位提供的劳务而发生的应付未付款项，根据供应单位的发票账单，借记“生产成本”“管理费用”等科目，贷记“应付账款”科目。

应付账款附有现金折扣的，应当按照扣除现金折扣前的应付款总额入账，如果在折扣期限内付款而获得的现金折扣，应当在偿付应付账款时冲减当期的财务费用。

2. 偿还应付账款

企业偿付应付账款或者开出商业汇票抵付应付账款时，借记“应付账款”科目，贷记“银行存款”“应付票据”等科目。

3. 转销应付账款

如果企业发生确实无法支付的应付账款，应按照其账面余额计入营业外收入，借记“应付账款”科目，贷记“营业外收入”科目。

理论案例

【案例设计3-3】西秦股份有限公司为增值税一般纳税人，2019年3月1日从乙公司购入材料一批，价款100 000元，增值税16 000元，对方代垫运杂费1 500元。材料已经验收入库（该企业材料按实际成本核算），款项尚未支付；3月18日，西秦股份有限公司用银行存款支付上述款项。西秦股份有限公司会计处理如下：

（1）2019年3月1日发生应付款项：

借：原材料　　　　101 500

应交税费——应交增值税（进项税额）　16 000
贷：应付账款　117 500

（2）3 月 18 日支付款项：

借：应付账款　117 500
贷：银行存款　117 500

【案例设计 3－4】西秦股份有限公司根据供电部门通知，本月应支付电费 56 000 元。其中生产车间电费 42 000 元，企业行政管理部门电费 14 000 元，款项尚未支付。西秦股份有限公司会计处理如下：

借：生产成本　42 000
管理费用　14 000
贷：应付账款　56 000

【案例设计 3－5】2019 年 12 月 31 日，西秦股份有限公司确定一笔应付账款 5 000 元为无法支付的款项，应予以转销。西秦股份有限公司会计处理如下：

借：应付账款　5 000
贷：营业外收入　5 000

【案例设计 3－6】西秦股份有限公司从外部购入材料一批，材料已经验收入库。买价为 200 000 元，增值税进项税额为 32 000 元。对方提供的付款条件是"2/10，n/30"，折扣计算不考虑增值税。要求用总价法进行会计处理。（原材料采用实际成本核算）

西秦股份有限公司应作如下账务处理：

（1）采购材料时：

借：原材料　200 000
应交税费——应交增值税（进项税额）　32 000
贷：应付账款　232 000

（2）企业如果在 10 天内支付货款：

借：应付账款　232 000
贷：银行存款　228 000
财务费用　4 000

（3）如果企业在 11～30 天付款：

借：应付账款　232 000
贷：银行存款　232 000

实操案例

【案例设计 3－4】2019 年 9 月 8 日，西秦股份有限公司向黄河有限公司购买润滑油辅料，收到增值税专用发票第二联注明货款为 6 300 元，增值税税额为 1 008 元，材料已验收入库，双方约定信用期为 20 天。

相关原始凭证：

3500033160

陕西省增值税专用发票

发 票 联

No. 0021111

开票日期：2019 年 9 月 8 日

购买方	名　　称：西秦股份有限公司 纳税人识别号：10000200001010900 地 址 、电 话：陕西省咸阳市文林路 37 号 33696782 开户行及账号：中国建设银行陕西省咸阳市西兰路分行 665674890	密码区	67/ ＊ +3 ＊0/611 ＊ + +0/ +0 ＊/ ＊ +3 +2/9 ＊11 ＊ +66666 ＊＊066611 ＊ +66666 ＊ 1 ＊＊ +216 ＊＊＊6000 ＊261 ＊2 ＊4/ ＊547 203994 + −42 ＊64151 ＊6915361/3 ＊

货物或应税劳务、服务名称	规格型号	单位	数量	单价	金额	税率	税额
润滑油		升	100.00	63.00	6 300.00	16%	1 008.00
合计					¥6 300.00		¥1 008.00
价税合计（大写）	⊗零仟零佰零万柒仟叁佰零捌元零角零分				（小写）¥7 308.00		

销售方	名　　称：黄河有限责任公司 纳税人识别号：190078456138441 地 址 、电 话：陕西西安太白路 029 − 89177456 开户行及账号：工行太白路营业部 021 − 65973186	备注	黄河有限责任公司 190078456138441 发票专用章

收款人：　　复核：袁莉　　开票人：李静　　销售方：章

国税函(2014)257号浙江印钞厂

第三联：发票联　购买方记账凭证

收 料 单

物料类别：辅助材料　　日　期：2019 年 9 月 8 日　　车号：　　编号：006

供应单位：黄河有限责任公司　　结算方式：委托收款　　合同号：324566110

供应方式：批发方式　　点收形式：　　发票号：0150

材料/编号	物料名称	规模型号	单位	数量	账面价		采购价		价差	生产厂商出厂日期	炉号批号等级强度	备注
					单价	金额	单价	金额				
007	润滑油		升	100.00	63.00	6 300.00	63.00	6 300.00	0.00	2019. 6. 2		
	合计					¥6 300.00						

物资主管：李佳　　收料人：陈升　　交料人：王伟　　制单：赵兴

编制相关记账凭证：

转 账 凭 证

转字 第 07 号

2019 年 9 月 8 日 附件 贰 张

摘要	总账科目	明细科目	借方金额										贷方金额										记账符号
			千	百	十	万	千	百	十	元	角	分	千	百	十	万	千	百	十	元	角	分	
购买润滑油	原材料	润滑油					6	3	0	0	0	0											□
	应交税费	增值税（进项税额）					1	0	0	8	0	0											□
	应付账款																7	3	0	8	0	0	□
																							□
																							□
合计						¥	7	3	0	8	0	0				¥	7	3	0	8	0	0	□

会计主管 记账 复核 制证 吴亮

【案例设计 3－5】 2019 年 9 月 28 日，西秦股份有限公司所欠黄河有限责任公司的货款已到期，对方已委托银行办理托收手续，收到银行转来的托收凭证，企业同意付款。

相关原始凭证：

托收凭证（付款通知） 5

委托日期：2019 年 9 月 8 日

业务类型	委托收款（□邮划、☑电划）			托收承付（□邮划、□电划）			
付款人 全称	西秦股份有限公司			收款人 全称	黄河有限责任公司		
付款人 账号	665674890			收款人 账号	021－65973186		
付款人 地址	陕西省咸阳 市/县	开户行	建行咸阳市西兰路分行	收款人 地址	陕西省西安 市/县	开户行	工行太白路营业部
金额	人民币（大写）零仟零佰零万柒仟叁佰零捌元零角零分			千百十万千百十元角分	¥ 7 3 0 8 0 0（千 7，百 3，十 0，元 8，角 0，分 0）		
款项内容	购买润滑油	托收凭据名称		附寄单证张数	2		
商品发运情况	已发运			合同名称号码	324566110		
备注：付款人开户银行收到日期 2019 年 9 月 28 日（建行西兰 转讫）复核 王琦 记账 李莎		款项收妥日期 年 月 日		收款人开户银行签章 年 月 日			

此联为付款人开户银行给付款人按期付款的通知

编制相关记账凭证：

付 款 凭 证

银付 字第 03 号

贷方科目：银行存款　　2019 年 9 月 28 日　　附件 壹 张

对方单位	摘要	借方科目		金额										记账符号
		总账科目	明细科目	千	百	十	万	千	百	十	元	角	分	
黄河有限责任公司	支付黄河有限责任公司贷款	应付账款	黄河有限责任公司					7	3	0	8	0	0	□
														□
														□
														□
														□
银行结算方式及票号：电汇			合计				¥	7	3	0	8	0	0	□

会计主管　　记账　　稽核　　出纳　　制证 吴亮

学习情境二 应付票据

理论知识概述

应付票据是指企业购买材料、商品或者接受劳务供应等而开出、承兑的商业汇票，在商业汇票尚未到期前，构成企业的一项负债，期末反映在资产负债表上的应付票据项目内。商业汇票按承兑人不同分为商业承兑汇票和银行承兑汇票。企业应当设置“应付票据备查簿”，详细登记商业汇票的种类、号数和出票日期、到期日、票面余额、交易合同号和收款人姓名以及付款日期和金额等资料。应付票据到期清算时，应当在备查簿予以注销。

会计相关核算知识

一、账户设置

为了总括反映应付票据的增减变动和结余情况，企业应设置“应付票据”科目。该科目反映企业因购买材料、商品和接受劳务等而开出、承兑的商业汇票。贷方登记开出、承兑商业汇票的面值，借方登记支付应付票据的金额，余额在贷方，表示企业尚未到期的商业汇票的票面金额。

二、具体核算

1. 发生应付票据

通常而言，商业汇票的付款期限不超过6个月，因此在会计上应作为流动负债管理和核算。同时，由于应付票据的偿付时间较短，在实务中，一般均按开出、承兑的应付票据的面值入账。

如果企业开出的商业汇票为不带息票据，直接按票据的面值入账。借记“材料采购”“应交税费——应交增值税（进项税额）”等科目，贷记“应付票据”科目。如果企业开出的是银行承兑汇票，支付给银行的手续费，借记“财务费用”科目，贷记“银行存款”等科目。

2. 偿还应付票据

应付票据到期支付票款时，应按账面余额予以结转，借记“应付票据”科目，贷记“银行存款”科目。

3. 转销应付票据

应付商业承兑票据到期时，如果企业无力支付票款，应按照票据的账面余额，借记“应付票据”科目，贷记“应付账款”科目。

如果到期的是银行承兑汇票，企业到期无力支付票款，银行按照规定将为企业代付票款，并将其作为企业的逾期贷款处理。企业应按照票据的账面余额，借记“应付票据”科目，贷记“短期借款”科目。

此外，如果企业开出的商业汇票为带息票据，应按票据的面值入账。借记“材料采购”“应交税费——应交增值税（进项税额）”等科目，贷记“应付票据”科目。在票据持有期间，应在每期期末计算应付利息，借记“财务费用”科目，贷记“应付票据”科目。票据到期支付本息时，应按票据的账面余额，借记“应付票据”科目，按照最后一期未记的利息借记“财务费用”科目，贷记“银行存款”等科目。

理论案例

【案例设计3－7】西秦股份有限公司为增值税一般纳税人，于2019年2月5日开出一张面值为464 000元、期限为4个月的不带息银行承兑汇票一张，用于采购一批材料，另支付承兑手续费26元，增值税专用发票上注明的价款为400 000元，增值税额为64 000元（原材料按实际成本进行核算）；2019年6月5日，西秦股份有限公司的银行承兑汇票到期并支付票款。西秦股份有限公司会计处理如下：

（1）2019年2月5日发生应付票据：

借：在途物资	400 000	
应交税费——应交增值税（进项税额）	64 000	
贷：应付票据		464 000

（2）2019 年 2 月 5 日支付承兑手续费：

借：财务费用　　26

　　贷：银行存款　　26

（3）2019 年 6 月 5 日到期承付款项：

借：应付票据　　464 000

　　贷：银行存款　　464 000

【案例设计 3－8】 西秦股份有限公司开出并承兑的一张票面价值为 50 000 元的商业承兑汇票到期无力支付。西秦股份有限公司会计处理如下：

借：应付票据　　50 000

　　贷：应付账款　　50 000

如以上应付票据为银行承兑汇票，企业收到银行代为支付并转为逾期贷款通知时：

借：应付票据　　50 000

　　贷：短期借款　　50 000

【案例设计 3－9】 西秦股份有限公司 2019 年 2 月 1 日购入买价为 100 000 元，增值税进项税额为 16 000 元的材料一批，材料已经验收入库，企业开出一张面值为 116 000 元、期限为 3 个月、票面年利率为 6% 的商业承兑汇票。（原材料按实际成本进行核算）

应作如下账务处理：

（1）2019 年 2 月 1 日材料验收入库时：

借：原材料　　100 000

　　应交税费——应交增值税（进项税额）　　16 000

　　贷：应付票据　　116 000

（2）2019 年 2 月 28 日、3 月 31 日计算应付利息时：

借：财务费用　　580

　　贷：应付票据　　580

（3）2019 年 4 月 30 日计算最后一期利息并支付票据本息时：

借：财务费用　　580

　　应付票据　　117 160

　　贷：银行存款　　117 740

实操案例

【案例设计 3－6】 2019 年 9 月 18 日，西秦股份有限公司向富强有限责任公司购买铝材，收到值税专用发票注明货款为 125 000 元，增值税额为 20 000 元，材料尚未验收入库。双方协议用银行承兑汇票结算。由西秦股份有限公司签发并承兑期限为 3 个月，面值为 145 000 元的不带息的银行承兑汇票。银行同意承兑并按票据面值的万分之五收取承兑手续费，办妥各项手续后企业取得银行承兑汇票并与富强有限责任公司办理结算。

相关原始凭证：

银行承兑汇票协议

1

编号：100－009－1321

银行承兑汇票的内容：

出票人全称	西秦股份有限公司	收款人全称	富强有限责任公司
开户银行	中国建设银行陕西省咸阳市西兰路分行	开户银行	工行太原市支行
账号	665674890	账号	008794632468
汇票号码	6083	汇票金额（大写）	壹拾肆万伍仟元整
出票日期	2019 年 9 月 18 日	到期时间	2019 年 12 月 18 日

以上汇票经银行承兑，出票人愿遵守《支付结算办法》的规定及下列条款：

一、出票人于汇票到期日前将应付票款足额交存承兑银行。
二、承兑手续费按票面金额千分之（　　　　0.5　）计算，在银行承兑时一次付清。
三、出票人与持票人如发生任何交易纠纷，均由其双方自行处理，票款于到期前仍按第一条办理不误。
四、承兑汇票到期日，承兑银行凭票无条件支付票款。如到期日之前出票人不能足额交付票款时，承兑银行对不足支付部分的票款转作出票申请人逾期贷款，并按照有关规定计收罚息。
五、承兑汇票款付清后，本协议自动失效。

承兑银行签章　　　　　　　　　　出票人（西秦股份有限公司 财务专用章）

2019 年 9 月 18 日

山西省增值税专用发票

发 票 联

No. 322100

开票日期：2019 年 9 月 20 日

<table>
<tr><td rowspan="4">购买方</td><td colspan="4">名　　　　称：西秦股份有限公司
纳税人识别号：10000200001010900
地 址 、电 话：陕西省咸阳市文林路 37 号 029－33696782
开户行及账号：中国建设银行陕西省咸阳市西兰路分行 665674890</td><td>密码区</td><td colspan="3">5＜－/556＜273＞21/0990//
加密版本：01
＞/59220556＋4/75＞＋980
－7－＞－0008＋8//525889＜0
＊1＞－28＊036＋55－170＞＞0－</td></tr>
<tr><td>货物或应税劳务、服务名称</td><td>规格型号</td><td>单位</td><td>数量</td><td>单价</td><td>金额</td><td>税率</td><td>税额</td></tr>
<tr><td>铝材</td><td>LC265</td><td>吨</td><td>10</td><td>12 500.00</td><td>125 000.00</td><td>16%</td><td>20 000.00</td></tr>
<tr><td>合计</td><td></td><td></td><td></td><td></td><td>¥125 000.0</td><td></td><td>¥20 000.00</td></tr>
<tr><td colspan="2">价税合计（大写）</td><td colspan="7">⊗壹拾肆万伍仟元整　　（小写）¥145 000.00</td></tr>
<tr><td>销售方</td><td colspan="4">名　　　　称：富强有限责任公司
纳税人识别号：1008765456780221
地 址 、电 话：山西省太原市柏林区千峰路 15 号 0351－54667823
开户行及账号：工行太原市支行 008794632468</td><td>备注</td><td colspan="3">富强有限责任公司
1008765456780221
发票专用章</td></tr>
</table>

收款人：孙坚　　复核：张华　　开票人：吴峰　　销售方：章

国税函(2014)257号浙江印钞厂

第三联：发票联　购买方记账凭证

编制相关记账凭证：

转 账 凭 证

转字 第 05 号

2019 年 9 月 20 日　　附件 贰 张

摘要	总账科目	明细科目	借方金额										贷方金额										记账符号
			千	百	十	万	千	百	十	元	角	分	千	百	十	万	千	百	十	元	角	分	
购买铝材	在途物资	铝材			1	2	5	0	0	0	0	0											□
	应交税费	增值税（进项税额）				2	0	0	0	0	0	0											□
	应付账款														1	4	5	0	0	0	0	0	□
																							□
																							□
合计				¥	1	4	5	0	0	0	0	0		¥	1	4	5	0	0	0	0	0	□

会计主管　　记账　　复核　　制证 吴亮

西秦股份有限公司——应付票据备查簿

年度 2019

2019 年度

序号	出票银行	对方单位	银行承兑汇票号码	票面金额	出票日期	到期日	记账凭证号码	到期承兑金额	未到期承兑金额	登记人
1	建行西兰路分行	富强有限责任公司	100-009-1321	145 000.0	2019.9.18	2019.12.18	转×号			
2										
3										
4										
5										
合计										

学习情境三　预 收 账 款

理论知识概述

预收账款是指企业按照合同规定向购货单位预收的款项。与应付账款不同，预收账款所形成的负债不是以货币偿付，而是以货物偿付。有些购货合同规定，销货企业可以向购货企业预先收取一部分货款，待向对方发货后再收取其余货款。企业在发货前收取货款，表明企业承担了需在未来履行的发货义务，形成企业的一项负债。

会计相关核算知识

一、账户设置

为了总括反映预收账款的增减变化和结余情况，企业应设置“预收账款”科目。该科目核算企业按照合同规定预收的款项。贷方登记预收的款项以及补收的款项，借方登记发出货物的款项，余额在贷方，反映企业预收的款项；余额在借方，反映企业尚未转销的款项。本科目可按购货单位进行明细核算。

二、具体核算

在企业预收款业务不多的情况下，为了简化起见，企业也可以不设置“预收账款”科目，预收款业务的核算通过“应收账款”科目进行核算。这种情况下，企业在期末编制会计报表时，需要根据“应收账款”科目的明细科目余额进行分析填列应收账款项目金额。

向购货单位预收款项时，借记“银行存款”等科目，贷记“预收账款”科目。销售实现时，按照实现的收入和应交的增值税销项税额，借记“预收账款”科目，贷记“主营业务收入”“应交税费——应交增值税（销项税额）”科目。如果企业应收的销售货款大于预收的款项，收到购货单位补付的货款时，借记“银行存款”科目，贷记“预收账款”科目；如果预收的款项大于应收的销售货款，退回购货单位多付的款项时，则应该作相反的会计分录。

理论案例

【案例设计3-10】 西秦股份有限公司为增值税一般纳税人，2019年5月3日，接受一批订货合同，按照合同的规定，货款金额总计800 000元，预计3个月完成。订货方于签订合同时预付货款300 000元，剩余货款在交货后再支付。该货物适用的增值税的税率为16%。西秦股份有限公司会计处理如下：

（1）2019年5月3日收到预付货款时：

借：银行存款　　300 000

　　贷：预收账款　　300 000

（2）3个月后产品发出时：

借：预收账款　　928 000

　　贷：主营业务收入　　800 000

　　　　应交税费——应交增值税（销项税额）　　128 000

（3）收到订货单位补付的货款时：

借：银行存款　　628 000

　　贷：预收账款　　628 000

假定西秦股份有限公司不设“预收账款”科目，通过“应收账款”科目核算有关业务。西秦股份有限公司会计处理如下：

（1）2019年5月3日收到预付的货款时：

借：银行存款　　300 000

　　贷：应收账款　　300 000

（2）3个月后产品发出时：

借：应收账款　　928 000

　　贷：主营业务收入　　800 000

　　　　应交税费——应交增值税（销项税额）　　128 000

（3）收到订货单位补付的货款时：

借：银行存款　　628 000

　　贷：应收账款　　628 000

实操案例

【案例设计3-7】 2019年11月6日，西秦股份有限公司与红叶机械厂签订购货合同。红叶机械厂准备购买A610车床，合同规定红叶机械厂先预付定金60 000元，剩余货款于交货后一次性付清，西秦股份有限公司应于12月15日前交货，西秦股份有限公司收到对方开出的转账支票以支付定金。

相关原始凭证：

中国建设银行　**进账单（收账通知）**　3

2019 年 11 月 6 日

出票人	全称	红叶机械厂	收款人	全称	西秦股份有限公司
	账号	36849765401		账号	665674890
	开户银行	工商银行广州天河支行		开户银行	中国建设银行陕西省咸阳市西兰路分行
金额	人民币（大写）　陆万元整			千百十万千百十元角分	¥6000000
票据种类	转账支票	票据张数	壹	建行西兰 转讫	
票据号码	125038				
复核　记账				收款人开户银行盖章	

此联是收款人开户银行交给收款人的收账通知

编制相关记账凭证：

收　款　凭　证

银收　字第　01　号

借方科目：银行存款　　2019 年 11 月 6 日　　附件　壹　张

对方单位	摘要	贷方科目		金额										记账符号
		总账科目	明细科目	千	百	十	万	千	百	十	元	角	分	
红叶机械厂	收到红叶机械厂定金	预收账款	红叶机械厂				6	0	0	0	0	0	0	□
														□
														□
														□
														□
银行结算方式及票号：支票 1250138			合计			¥	6	0	0	0	0	0	0	□

会计主管　　记账　　稽核　　出纳　　制证　吴亮

模块三　应付职工薪酬

【职业能力目标】

通过本模块的学习，明确应付职工薪酬基本概念及基本内容；掌握工资总额的计算；同时掌握货币性职工薪酬和非货币性职工薪酬的核算。

【典型工作任务】

◆ 应付职工薪酬的确认和计量。

◆ 应付职工薪酬的账务处理。

学习情境一 职工薪酬概述

理论知识概述

一、职工薪酬的含义

（一）职工的含义

职工，是指包括与企业订立正式劳动合同的所有人员，包括全职、兼职和临时职工；也包括未与企业正式订立劳动合同，但由企业正式任命的人员，比如董事会成员、监事会成员和企业内部审计委员会成员等。在企业的领导、计划和控制之下，虽未与企业订立正式的劳动合同或未由其正式任命，但为企业提供了与职工类似服务的人员，也应纳入职工的范畴。

（二）职工薪酬的含义

职工薪酬是指企业为获得职工提供的服务而给予各种形式的报酬以及其他相关支出。包括职工在职期间和离职后提供给职工的全部货币性薪酬和非货币性薪酬。企业提供给职工配偶、子女或者其他被赡养人的福利等，也属于职工薪酬。

二、职工薪酬的内容

职工薪酬包括短期薪酬、离职后福利、辞退福利和其他长期职工福利。

（一）短期薪酬

短期薪酬，是指企业在职工提供相关服务的年度报告期间结束后12个月内需要全部予以支付的职工薪酬，因解除与职工的劳动关系给予的补偿除外。短期薪酬具体包括以下内容：

1. 职工工资、奖金、津贴和补贴

职工工资、奖金、津贴和补贴，是指按照国家统计局的规定构成工资总额的计时工资、计件工资、支付给职工的超额劳动报酬和增收节支报酬，为了补偿职工特殊或额外的劳动消耗和因其他特殊原因支付给职工的津贴，以及为了保证职工工资水平不受物价影响支付给职工的物价补贴等。其中，企业按照短期奖金计划向职工发放的奖金属于短期薪酬，按照长期奖金计划向职工发放的奖金属于其他长期职工福利。

2. 职工福利费

职工福利费是企业准备用于企业职工福利方面的资金。是企业使用了职工的劳动技能、知识等以后除了有义务承担必要的劳动报酬外，还必须负担对职工福利方面的义务。职工福利费主要用于职工的医疗费，医护人员的工资，医务经费，职工因公负伤赴外地就医路费，职工生活困难补助，职工浴室、理发店、幼儿园、托儿所人员的工资，以及按照国家规定开支的其他福利支出。

3. 医疗保险费、工伤保险费和生育保险费

医疗保险费、工伤保险费和生育保险费，是指企业按照国家规定的基准和比例计算，向社会保险经办机构交纳的医疗保险费、工伤保险费和生育保险费。

4. 住房公积金

住房公积金，是指企业按照国家《住房公积金管理条例》规定的基准和比例计算，向住房公积金管理机构缴存的住房公积金。

5. 工会经费和职工教育经费的核算

工会经费，凡是建立工会组织的全民所有制企业和集体所有制企业、事业单位和机关，应于每月15日以前按照上月全部职工工资总额的2%，向工会拨交当月份的工会经费。

职工教育经费，是为适应经济建设的需要，加强职工培训，提高企业职工队伍素质，按照列入成本的职工工资总额的1.5%提取。

6. 短期带薪缺勤

短期带薪缺勤，是指职工虽然缺勤但企业仍向职工支付报酬的安排，包括年休假、病假、婚假、产假、丧假、探亲假等。长期带薪缺勤属于其他长期职工福利。

7. 短期利润分享计划

短期利润分享计划，是指因职工提供服务而与职工达成的基于利润或其他经营成果提供薪酬的协议。长期利润分享计划属于其他长期职工福利。

8. 其他短期薪酬

其他短期薪酬，是指除上述薪酬以外的其他未获得职工提供服务而给予的短期薪酬。

（二）离职后福利

离职后福利，是指企业为获得职工提供的服务而在职工退休或与企业解除劳动关系后，提供的各种形式的报酬和福利，短期薪酬和辞退福利除外。企业应当将离职后福利计划分类为设定提存计划和设定受益计划。离职后福利计划，是指企业与职工就离职后福利达成的协议，或者企业为向职工提供离职后福利制定的规章或办法等。其中，设定提存计划，是指向独立的基金缴存固定费用后，企业不再承担进一步支付义务的离职后福利计划；设定受益计划，是指除设定提存计划以外的离职后福利计划。

（三）辞退福利

辞退福利，是指企业在职工劳动合同到期之前解除与职工的劳动关系，或者为鼓励职工自愿接受裁减而给予职工的补偿。企业向职工提供辞退福利的，应当在下列两者孰早日确认辞退福利产生的职工薪酬负债，并计入当期损益：（1）企业不能单方面撤回因解除劳动关系计划或裁减建议所提供的辞退福利时。（2）企业确认与涉及支付辞退福利的重组相关的成本或费用时。

辞退福利通常采取解除劳动关系时一次性支付补偿的方式，也有通过提高退休后养老金或者其他离职后福利标准的方式，或者将职工薪酬的工资部分支付到辞退后未来某一期末。

（四）其他长期职工福利

其他长期职工福利，是指除短期薪酬、离职后福利、辞退福利之外所有的职工薪酬，包括长期带薪缺勤、长期残疾福利、长期利润分享计划等。

学习情境二 应付职工薪酬核算

会计相关核算知识

一、应付职工薪酬的确认与计量

职工薪酬的确认原则：企业应当在职工为其提供服务的会计期间，将职工薪酬（不包括辞退福利）确认为负债，并根据职工提供服务的受益对象，分别下列情况处理：（1）应由生产产品、提供劳务负担的职工薪酬，计入产品成本或劳务成本；（2）应由在建工程、无形资产开发成本负担的职工薪酬，计入建造固定资产或无形资产的开发成本；（3）上述两项之外的其他职工薪酬，计入当期损益。

职工薪酬的计量标准：计量应付职工薪酬时，国家规定了计提基础和计提比例的，应当按照国家规定的标准计提。比如，应向社会保险经办机构等缴纳的医疗保险费、养老保险费、失业保险费、工伤保险费、生育保险费等社会保险费，应向住房公积金管理机构缴存的住房公积金，以及工会经费和职工教育经费等，应当在职工为其提供服务的会计期间，根据工资总额的一定比例计算确定。国家没有规定计提基础和计提比例的，企业应当根据历史经验数据和实际情况，合理预计当期应付职工薪酬。当期实际发生金额大于预计金额的，应当补提应付职工薪酬；当期实际发生金额小于预计金额的，应当冲减多提的应付职工薪酬。

二、账户设置

为了总括反映应付职工薪酬的增减变化和结余情况，企业应设置“应付职工薪酬”科目。该科目核算企业根据有关规定应付给职工的各种酬薪。贷方登记已分配计入有关成本费用项目的职工薪酬数额，借方登记实际发放职工薪酬的数额，余额在贷方，反映企业应付未付的职工薪酬。应付职工薪酬科目应当按照“工资、奖金、津贴和补贴”“职工福利”“社会保险费”“住房公积金”“工会经费和职工教育经费”“带薪缺勤”“利润分享计划”“设定提存计划”“设定受益计划义务”“辞退福利”等职工薪酬项目设置明细账进行明细核算。

三、具体核算

企业应当在职工为其提供服务的会计期间，将实际发生的短期薪酬确认为负债，并计入当期损益，其他会计准则要求或允许计入资产成本的除外。

1. 货币性职工薪酬

（1）工资、奖金、津贴和补贴。

①工资的基本构成。职工工资是企业支付给职工的劳动报酬，是企业使用职工的知识、技能、时间和精力而给予的一种补偿。企业职工工资在尚未支付之前，构成一项企业对职工的负债。企业应付给职工的工资总额由基本工资、奖金、津贴、补贴等构成。基本工资按照不同的计算标准分为计时工资和计件工资。

工资的组成内容：

计时工资，指按照职工的计时工资标准（包括地区生活费补贴）和工作时间应支付给职工的劳动报酬。实行结构工资制的企业，支付的计时工资包括基础工资和职务（岗位）工资。

计时工资的计算：

$$工资=应付计时工资+经常性奖金+工资性津贴+补贴$$

计件工资，指对已完成的计件工作按照计件单价和每个人加工完成的计件产品的数量计算的应支付给职工的劳动报酬。

计件工资的计算：

$$工资=应付计件工资+经常性奖金+工资性津贴+补贴$$

②奖金。奖金是指支付给职工的超额劳动报酬和增收节支的劳动报酬。包括生产奖（超产奖、质量奖、安全奖、年终奖）、节约奖、劳动竞赛奖和其他奖金。

③津贴。是指为了补偿职工特殊或者额外的劳动消耗和因为特殊原因支付给职工的津贴。包括补偿职工特殊或者额外劳动消耗的津贴（高温作业的临时补贴、冷库低温补贴、夜班津贴、终班津贴、班长津贴、保健津贴、年工性津贴和其他津贴）。

④补贴。为了保证职工工资水平不受物价水平变动的影响而支付给职工的物价补贴。

（2）工资发放的核算。企业应根据劳动工资制度的规定，根据考勤记录、工时记录、产量记录、工资标准、工资等级等，编制工资结算单，计算各种工资。财务部门应将工资结算单进行汇总，编制工资汇总表，按照规定手续从银行提取现金时，借记“库存现金”科目，贷记“银行存款”科目。支付工资时，借记“应付职工薪酬——工资、奖金、津贴和补贴”科目，贷记“库存现金”科目。

在发放职工工资时，会发生一些从应付职工薪酬总额中代扣的款项，比如为职工代垫的房租、代垫的家属药费、个人所得税等。企业应借记“应付职工薪酬”科目，贷记“其他应收款”“其他应付款”“应交税费——应交个人所得税”等科目。企业按照规定将应发放给职工的住房补贴专户存储时，借记“应付职工薪酬——工资、奖金、津贴和补贴”科目，贷记“银行存款”科目。

（3）工资分配的核算。企业月度终了，应该将本月所发生的工资费用进行分配。在进行工资费用的分配时，可以按照本月考勤记录等计算的工资进行分配，分配后“应付职工薪酬——工资、奖金、津贴和补贴”科目无余额。该方法适用于各月之间工资水平变动不大的企业。在各月之间工资水平变动较大的企业，也可以按照上月考勤记录等计算的工资进行分配，工资分配完成后，“应付职工薪酬——工资、奖金、津贴和补贴”科目可能会出现余额，分别反映应付未付的工资（贷方余额）或者多付工资（借方余额）。进行工资费用分配时，应按照职工所在岗位进行分配，其中生产工人的工资应借记“生产成本”科目，车间管理人员的工资应借记“制造费用”科目，行政管理部门人员和工会人员的工资应借记“管理费用”科目，销售部门人员的工资应借记“销售费用”科目，工程施工人员的工资借记“在建工程”科目，医务福利人员的工资应借记“应付职工薪酬——职工福利费”；同时按照应付的职工薪酬总额，贷记“应付职工薪酬——工资、奖金、津贴和补贴”科目。

（4）职工福利费。企业中职工福利费的资金来源，包括从费用中提取和从税后利润中提取两个渠道。计提的职工福利费在尚未使用之前，形成企业对职工的一项负债。按照规定从费用中提取的职工福利费，应该按照职工所在岗位进行分配，借记“生产成本”“制造费用”“管理费用”“销售费用”等有关科目，贷记“应付职工薪酬——职工福利费”科目，只有按照医务福利部门人员工资总额的一定比例计提的职工福利费，应借记“管理费用”科目。

（5）国家规定计提标准的职工薪酬。对于国家规定了计提基础和计提比例的医疗保险费、工伤保险费、生育保险费等社会保险费和住房公积金，以及按规定提取的工会经费和职工教育经费，企业应当在职工为其提供服务的会计期间，根据规定的计提基础和计提比例计入当期损益或相关资产成本，借记“生产成本”“制造费用”“管理费用”“销售费用”等有关科目，贷记“应付职工薪酬”科目。

（6）短期带薪缺勤。对于职工带薪缺勤，企业应当根据其性质及职工享有的权利，分为累计带薪缺勤和非累积带薪缺勤两类。企业应当对累计带薪缺勤和非累积带薪缺勤分别进行会计处理。如果带薪缺勤属于长期带薪缺勤的，应当作为其他长期职工福利处理。

①累积带薪缺勤。累积带薪缺勤，是指带薪缺勤权利可以结转下期的带薪缺勤，本期尚未用完的带薪缺勤权利可以在未来期间使用。婚丧假、产假、病假等带薪休假权利不能结转下期，故累积带薪缺勤主要是累积带薪年休假。新修订颁布的《企业会计准则第9号——职工薪酬》规定，企业应当在职工提供服务从而增加了其未来享有的带薪缺勤权利时，确认与累积带薪缺勤相关的职工薪酬，并以累积未行使权利而增加的预期支付金额计量，按照权责发生制原则，累积带薪年休假应按月确认，这样将使每月生产经营成本承担的金额更加合理。确认累计带薪缺勤时，借记“管理费用”等科目，贷记“应付职工薪酬——带薪缺勤——短期带薪缺勤——累计带薪缺勤”科目。

②非累积带薪缺勤。非累积带薪缺勤，是指带薪权利不能结转下期的带薪缺勤，即如果当期权利没有行使完，就予以取消，并且职工在离开企业时对未使用的权利无权获得现金支付。非累积带薪缺勤，诸如婚假、产假、丧家、病假等带薪休假权利不存在递延性，带薪权利不能结转下期，职工提供的服务本身不能增加其能够享受的福利金额，一般是在缺勤期间计提应付工资薪酬时一并处理，因此，会计期末勿将企业未享受的非累积带薪缺勤作为一项负债挂账。

但是，如果职工放弃非累积带薪休假权利时，企业没有任何货币补偿，则不作会计处理，如果有一定金额的货币补偿，则应该在补偿当期确认一项负债计入当期的成本费用中。

2. 非货币性职工薪酬

非货币性职工薪酬主要为非货币性福利，通常包括企业以自己的产品或者其他有形资产发放给职工作为福利，将企业拥有的资产无偿提供给职工使用、为职工无偿提供类似医疗保健等服务等。

（1）非货币性职工薪酬的确认。企业以其自产产品作为非货币性福利发放给职工的，应当根据受益对象，按照产品的公允价值，计入相关资产成本或当期损益，同时确认应付职工薪酬，借记“生产成本”“制造费用”“管理费用”等科目，贷记“应付职工薪酬——非货币性福利”科目。

将企业拥有的住房等资产无偿提供给职工使用的，应当根据受益对象，将该资产计提的折旧计入相关资产成本或当期损益，同时确认应付职工薪酬，借记“生产成本”“制造费用”“管理费用”等科目，贷记“应付职工薪酬——非货币性福利”科目，并且同时借记“应付职工薪酬——非货币性福利”科目，贷记“累计折旧”科目。

企业租赁住房等资产无偿提供给职工使用的，应当根据受益对象，将该资产每期支付的租金计入相关资产成本或当期损益，同时确认应付职工薪酬，借记“生产成本”“制造费用”“管理费用”等科目，贷记“应付职工薪酬——非货币性福利”科目，并且同时借记“应付职工薪酬——非货币性福利”科目，贷记“银行存款”“其他应付款”等科目。

（2）非货币性职工薪酬的发放。企业以自产产品作为职工薪酬发放给职工时，应该作为视同销售处理，确认主营业务收入，计算缴纳增值税，借记“应付职工薪酬——非货币性福利”科目，贷记“主营业务收入”“应交税费——应交增值税（销项税额）”（一般纳税人）科目，同时结转相关成本。企业支付租赁住房等资产供职工无偿使用所发生的租金，借记“应付职工薪酬——非货币性福利”科目，贷记“银行存款”“其他应付款”等科目。

理论案例

【案例设计3-11】 西秦股份有限公司2019年8月应付工资总额为450 000元，工资费用分配表中列示的生产产品工人工资为320 000元，车间管理人员工资为60 000元，企业行政管理人员工资为50 000元，销售人员工资为20 000元；西秦股份有限公司2019年9月根据"工资结算汇总表"结算本月应付工资总额为450 000元，代扣职工房租20 000元，公司代垫职工家属医药费2 000元，实发工资428 000元，以库存现金发放。西秦股份有限公司会计处理如下：

（1）2019年8月确认应付职工工资时：

借：生产成本	320 000	
制造费用	60 000	
管理费用	50 000	
销售费用	20 000	
贷：应付职工薪酬——工资		450 000

（2）2019年9月向银行提取现金备发工资：

借：库存现金	428 000	
贷：银行存款		428 000

（3）以现金发放工资：

借：应付职工薪酬——工资	450 000	
贷：库存现金		428 000
其他应收款——职工房租		20 000
——代垫医药费		2 000

【案例设计3-12】 根据国家规定的计提标准计算，西秦股份有限公司2019年8月应向社会保险经办机构缴纳职工基本养老保险费共计73 000元，其中，应计入基本生产车间生产成本的金额为46 000元，应计入制造费用的金额为15 000元，应计入管理费用的金额为12 000元；根据国家规定的计提标准计算，西秦股份有限公司2019年8月以银行存款向社会保险经办机构缴纳职工基本养老保险费共计73 000元。西秦股份有限公司会计处理如下：

（1）2019年8月确认养老保险时：

借：生产成本	46 000	
制造费用	15 000	
管理费用	12 000	
贷：应付职工薪酬——离职后福利（基本养老保险）		73 000

（2）2019年8月支付养老保险时：

借：应付职工薪酬——离职后福利（基本养老保险）	73 000	
贷：银行存款		73 000

【案例设计3-13】 西秦股份有限公司下设一所职工食堂，每月根据在岗职工数量和岗位分布情况等资料，确定公司每期因职工食堂而需要承担的福利费金额。2019年8月10日，企业在岗职工共计100人，其中生产车间70人，管理部门30人，企业历史经验数据表

明，对于每个职工每月需要补贴职工食堂150元；2019年8月31日，西秦股份有限公司以库存现金共支付15 000元补贴给食堂。西秦股份有限公司会计处理如下：

（1）2019年8月10日确认职工食堂补贴：

借：生产成本　　10 500

　　管理费用　　4 500

　　贷：应付职工薪酬——职工福利　　15 000

（2）2019年8月31日以现金支付食堂补贴：

借：应付职工薪酬——职工福利　　15 000

　　贷：库存现金　　15 000

【案例设计3-14】 西秦股份有限公司为小家电生产企业，共有职工100名，其中70名为直接参加生产的职工，30名为总部管理人员。2019年2月，西秦股份有限公司决定以其生产的每台成本为800元的电暖器作为春节福利发放给每位职工，该型号的电暖器每台的市场售价为1 000元，西秦股份有限公司适用的增值税税率为16%；同月，西秦股份有限公司向职工发放该电暖器。根据相关规定，西秦股份有限公司的该项行为应视同销售计算增值税销项税额。西秦股份有限公司会计处理如下：

（1）2019年2月确认非货币性福利时：

借：生产成本　　81 200

　　管理费用　　34 800

　　贷：应付职工薪酬——非货币性福利　　116 000

本例中，应确认的应付职工薪酬 $=100\times1\ 000+100\times1\ 000\times16\%=116\ 000$（元）

其中，应记入“生产成本”科目的金额 $=70\times1\ 000+70\times1\ 000\times16\%=81\ 200$（元）

应记入“管理费用”科目的金额 $=30\times1\ 000+30\times1\ 000\times16\%=34\ 800$（元）

（2）2019年2月发放非货币性福利时：

借：应付职工薪酬——非货币性福利　　116 000

　　贷：主营业务收入　　100 000

　　　　应交税费——应交增值税（销项税额）　　16 000

借：主营业务成本　　80 000

　　贷：库存商品　　80 000

【案例设计3-15】 西秦股份有限公司为总部各部门10名经理级管理人员每人提供一辆公司自有汽车免费使用，假定汽车每月的折旧费为2 000元；同时为5名副总裁级管理人员每人租赁一套公寓供其免费使用，每套公寓的月租金为5 000元，西秦股份有限公司按月支付副总裁级高级管理人员住房租金。西秦股份有限公司会计处理如下：

（1）确认非货币性福利时：

借：管理费用　　45 000

　　贷：应付职工薪酬——非货币性福利　　45 000

本例中，应确认的应付职工薪酬 $=10\times2\ 000+5\times5\ 000=45\ 000$（元）

此外，西秦股份有限公司将自用汽车无偿提供给职工使用的，还应当按照该部分非货币性福利20 000元，借记“应付职工薪酬——非货币性福利”科目，贷记“累计折旧”科目。

借：应付职工薪酬——非货币性福利　　20 000

　　贷：累计折旧　　20 000

（2）发放非货币性福利（如支付住房租金）时：

借：应付职工薪酬——非货币性福利　　25 000

　　贷：银行存款　　25 000

【案例设计3－16】 西秦股份有限公司共有2 000名职工，该公司从2019年1月1日起实行累积带薪缺勤制度。该制度规定，每个职工每年可享受5个工作日带薪年休假，未使用的病假只能向后结转一个日历年度，超过1年未使用的权利作废，不能在职工离开公司时获得现金支付；职工休病假是以后进先出为基础，即首先从当年可享受的权利中扣除，再从上年结转的带薪年休假中扣除。

2018年12月31日，西秦股份有限公司预计2019年有1 900名职工将享受不超过5天的带薪年休假，剩余100名职工每人将平均享受6天半年休假，假定这100名职工全部为总部各部门经理，该公司平均每名职工每个工作日工资为300元，不考虑其他相关因素。2018年12月31日，西秦股份有限公司应编制如下会计分录：

借：管理费用　　45 000

　　贷：应付职工薪酬——累积带薪缺勤　　45 000

西秦股份有限公司在2018年12月31日应当预计由于职工累积未使用的带薪病假权利而导致的预期支付的追加金额，即相当于150天（100×1.5天）的年休假工资45 000元（150×300）。

【案例设计3－17】 西秦股份有限公司2019年10月有2名销售人员放弃15天的婚假，假设平均每名职工每个工作日工资为200元，月工资为6 000元。

（1）假设该公司未实行非累积带薪缺勤货币补偿制度，会计处理为：

借：销售费用　　12 000

　　贷：应付职工薪酬——工资　　12 000

（2）假设该公司实行非累计带薪缺勤货币补偿制度，补偿金额为放弃带薪休假期间平均日工资的2倍，会计处理为：

借：销售费用　　24 000

　　贷：应付职工薪酬——工资　　12 000

　　　　　　　　——非累计带薪休假　　（2×15×200×2）12 000

实际补偿时一般随工资同时支付：

借：应付职工薪酬——工资　　12 000

　　　　　　——非累计带薪休假　　12 000

　　贷：库存现金　　24 000

实操案例

【案例设计3－8】 2019年11月30日，月末根据工资结算汇总表编制工资分配表。

相关原始凭证：

工资分配表

2019 年 11 月 30 日

项目		应分配计入工资			直接计入工资	合计
		生产工时	分配率	分配工资额		
生产成本	基本生产成本（甲）	24 000	0.5	12 000		12 000
	基本生产成本（乙）	16 000	0.5	8 000	3 655	11 655
	小计	40 000	0.5	20 000	3 655	23 655
	车间管理人员				12 313	12 313
后勤服务人员					25 058	25 058
技术开发人员					4 038	4 038
管理费用					12 035	12 035
销售费用					11 080	11 080
在建工程					2 290	2 290
合计				20 000	70 469	90 469

编制相关记账凭证：

转　账　凭　证

转字　第 $8\frac{1}{2}$ 号

2019 年 11 月 30 日　　附件　壹　张

摘要	总账科目	明细科目	借方金额										贷方金额										记账符号
			千	百	十	万	千	百	十	元	角	分	千	百	十	万	千	百	十	元	角	分	
分配工资费用	生产成本	甲产品				1	2	0	0	0	0	0											□
		乙产品				1	1	6	5	5	0	0											□
	制造费用					1	2	3	1	3	0	0											□
	劳务成本					2	5	0	5	8	0	0											□
	研发支出						4	0	3	8	0	0											□
合计																							□

会计主管　　记账　　复核　　制证　吴亮

转 账 凭 证

转字 第 8 $\frac{2}{2}$ 号

2019 年 11 月 30 日　　　　附件　　　张

摘要	总账科目	明细科目	借方金额										贷方金额										记账符号
			千	百	十	万	千	百	十	元	角	分	千	百	十	万	千	百	十	元	角	分	
分配工资费用	管理费用					1	2	0	3	5	0	0											□
	销售费用					1	1	0	8	0	0	0											□
	在建工程						2	2	9	0	0	0											□
	应付职工薪酬	工资														9	0	4	6	9	0	0	□
																							□
合计					¥	9	0	4	6	9	0	0			¥	9	0	4	6	9	0	0	□

会计主管　　　　记账　　　　复核　　　　制证 吴亮

模块四 应交税费

学习内容框架提要

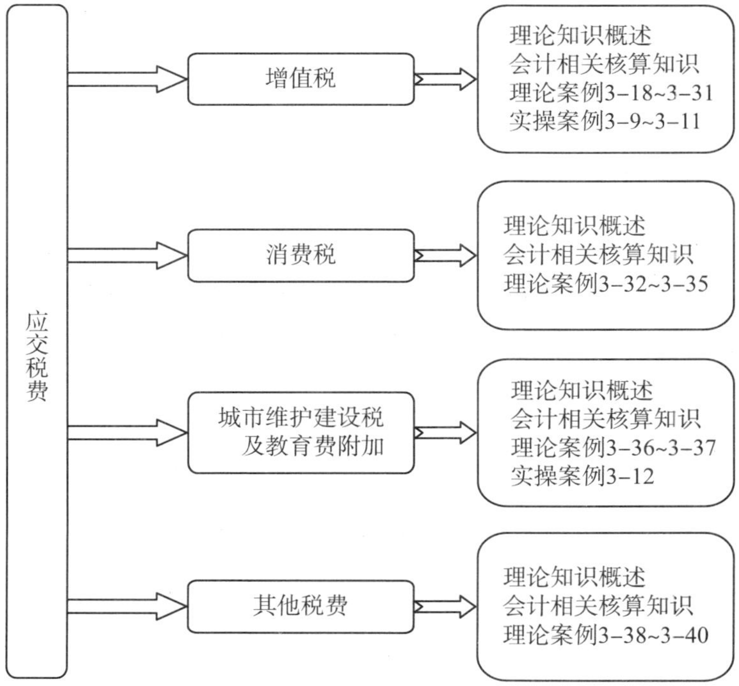

【职业能力目标】

通过本模块的学习，掌握应交税费包括的内容，了解增值税、消费税及其他各种应交税费的核算内容，掌握增值税、消费税的会计核算。

【典型工作任务】

◆ 应交税费的确认、计量和账务处理。

模块内容概述

企业依法应该交纳的各项税费，主要包括增值税、消费税、所得税、资源税、土地增值税、城市维护建设税、房产税、土地使用税、车船税、印花税、耕地占用税、教育费附加、矿产资源补偿费等。

企业应设置"应交税费"科目，总括反映各种税费的交纳情况，并按照应交税费项目进行明细核算。该科目贷方登记应交纳的各种税费等，借方登记实际缴纳的税费；期末余额一般在贷方，反映企业尚未交纳的税费，期末余额若在借方，反映企业多交或尚未抵扣的税费。企业交纳的印花税、耕地占用税等不需要预计应交数的税金，不通过"应交税费"科目进行核算。

学习情境一　增　值　税

理论知识概述

一、增值税概述

增值税是对在中华人民共和国境内销售服务、无形资产或者不动产的单位和个人征收的一种流转税。

各国实行的增值税在计算增值额时一般都实行税款抵扣制度，即在计算企业应纳税款时，要扣除商品在以前生产环节已负担税款，以避免重复征税。依据实行增值税的各个国家允许抵扣已纳税款的扣除项目范围的大小，增值税分为生产型增值税、收入型增值税和消费型增值税三种类型。2013 年我国实现了生产型增值税向消费型增值税的转型，修订后的《中华人民共和国增值税暂行条例》自 2014 年 1 月 1 日起在全国范围内实施。财政部、国家税务总局发布《关于全面推开营业税改征增值税试点的通知》，经国务院批准，自 2016 年 5 月 1 日起，在全国范围内全面推开营业税改征增值税试点，建筑业、房地产业、金融业、生活服务业等全部营业税纳税人，纳入试点范围，由缴纳营业税改为缴纳增值税。《营业税改征增值税试点实施办法》指出，提供交通运输、邮政、基础电信、建筑、不动产租赁服务，销售不动产，转让土地使用权，税率为 11%。提供有形动产租赁服务，税率为 17%。境内单位和个人发生的跨境应税行为，税率为零。具体范围由财政部和国家税务总局另行规定。除以上三条外，税率为 6%。自 2018 年 5 月 1 日起纳税人发生增值税应税行为原税率为 17% 调整为 16%，原税率为 11% 调整为 10%。

二、增值税纳税义务人的分类

按照纳税人的经营规模和会计核算的健全程度，增值税的纳税人分为一般纳税人和小规模纳税人。一般纳税人应纳增值税额，根据当期销项税额减去当期进项税额计算确定；小规模纳税人应纳增值税额，按照销售额和规定的征收率计算确定。

三、增值税的抵扣制度

按照规定，一般纳税人企业购入货物或者接受应税劳务支付的增值税进项税额，可以从销售货物或者提供劳务按照规定收取的增值税销项税额中抵扣。按照规定，企业购入货物或者接受劳务必须具有以下凭证，其进项税额才能予以扣除。

（1）增值税专用发票。实行增值税以后，一般纳税企业销售货物或者提供增值税应税劳务均应当开具增值税专用发票，增值税专用发票记载了销售货物的售价、税率以及税额等，购货方以增值税专用发票上记载的购入货物已支付的税额，作为扣税和记账的依据。

（2）完税凭证。企业进口货物必须缴纳增值税，其缴纳的增值税在完税凭证上注明。进口货物缴纳的增值税根据从海关取得的完税凭证上注明的增值税额，作为扣税和记账依据。

（3）购进免税农产品和收购废旧物资，按照经税务机关批准的收购凭证上注明的价款或者收购金额的一定比率计算进项税额，并以此作为扣税和记账的依据。进项税额计算公式：进项税额 = 买价 × 扣除率。

一般纳税企业增值税会计相关核算知识

一、账户设置

一般纳税人的应交增值税，在“应交税费”科目下设置“应交增值税”明细科目进行核算。应交增值税明细科目的借方发生额，反映企业购进货物或者接受应税劳务支付的进项税额、实际已经缴纳的增值税等；贷方发生额，反映销售货物或者提供应税劳务应交纳的增值税额、出口货物退税、转出已支付增值税等；期末借方余额，反映企业尚未抵扣的增值税；期末贷方余额，反映企业应上交的增值税。“应交税费——应交增值税”明细账分别设置“进项税额”“出口退税”“进项税额转出”“出口抵减内销产品应纳税额”等专栏。

二、具体核算

（一）一般购销业务的核算

1. 购进货物或者接受应税劳务的核算

企业购入货物或者接受劳务支付的增值税进项税额，可以从销售货物或者提供劳务按照规定收取的增值税销项税额中抵扣，一般适用的税率为 16%。准予从增值税销项税额抵扣的增值税进项税额，通常包括：（1）从销售方取得的增值税专用发票上标明的增值税额；（2）从海关取得的完税凭证上注明的增值税额。另外，购进免税农产品准予从销项税额中抵扣的进项税额，准予抵扣的进项税额按照买价和 10% 的扣税率进行计算，但纳税人从农业生产者手中购进的免税棉花和从国有粮食购销企业购进的免税粮食，应该分别按照收购凭证、销售发票所列金额和10%的扣税率计算进项税额。纳税人购进用于生产销售或委托加工16%税率货物的农产品，按照12%的扣除率计算进项税额。企业从小规模纳税企业购入货物或者接受劳务支付的增值税额，不能取得增值税专用发票的，也不能作为进项税额抵扣。

国内采购的物资，按照专用发票上注明的增值税额，借记“应交税费——应交增值税（进项税额）”科目，按照专用发票上记载的应该计入采购成本的金额，借记“材料采购”“生产成本”“管理费用”等科目，按照应付或者实际支付的金额，贷记“应付账款”“应付票据”“银行存款”等科目。购入物资进行账务处理后发生退货的，作相反的账务处理。

进口货物，按照海关提供的完税凭证上注明的增值税额，借记“应交税费——应交增值税（进项税额）”科目，按照进口物资应该计入采购成本的金额，借记“材料采购”“库存商品”等科目，按照应付或者实际支付的金额，贷记“应付账款”“银行存款”等科目。

2. 销售货物或者提供应税劳务的核算

销售货物或者提供应税劳务，按照实现的营业收入和按照规定收取的增值税销项税额，借记“应收账款”“应收票据”“银行存款”等科目，按照增值税专用发票上注明的增值税额，贷记“应交税费——应交增值税（销项税额）”科目，按照实现的营业收入，贷记“主营业务收入”“其他业务收入”等科目。发生的销售退回，作相反的账务处理。

随同货物出售但是单独计价的包装物，按照规定收取的增值税，借记“应收账款”等科目，贷记“应交税费——应交增值税（销项税额）”科目。出租、出借包装物逾期未收回而没收的押金应交的增值税，借记“其他应付款”科目，贷记“其他业务收入”“应交税费——应交增值税（销项税额）”等科目。

（二）接受投资的核算

企业接受投资转入的物资，按照专用发票注明的增值税，借记“应交税费——应交增值税（进项税额）”科目，按照确定的价值，借记“原材料”等科目，按照其在注册资本中占用的份额，贷记“实收资本”或者“股本”科目，按照其差额，贷记“资本公积”科目。

（三）购进免税农产品的核算

购进免税农产品，按照购进农产品的买价和规定的税率计算的进项税额，借记“应交税费——应交增值税（进项税额）”科目，按照买价减去按照规定计算的进项税额后的差额，借记“材料采购”“库存商品”等科目，按照应付或者实际支付的价款，贷记“应付账款”“银行存款”等科目。

（四）视同销售的核算

企业的某些交易或事项从会计角度看不属于销售行为，不能确认收入，但是按照税法规定，应视同对外销售处理，计算交纳增值税。根据《增值税暂行条例实施细则》的规定，企业将货物交给他人代销；销售代销货物；将自产或者委托加工的货物作为投资，提供给其他单位或者个体经营者；将自产、委托加工或者购买的货物分配给股东或者投资者；将自产或者委托加工的货物用于集体福利或者个人消费；将自产、委托加工或者购买的货物无偿赠送给他人等行为，视同销售货物，需要交纳增值税。进行账务处理时，企业应按确认的营业收入和增值税额借记“应付股利”“长期股权投资”“应付职工薪酬”等科目，按确认的营业收入贷记“主营业务收入”“其他业务收入”等科目，按增值税专用发票上注明的增值税额，贷记“应交税费——应交增值税（销项税额）”；结转有关货物成本时，借记“主营业务成本”科目，贷记“库存商品”科目。

（五）进项税额转出的核算

企业购进的货物发生非常损失，以及购进物资改变用途（如用于非应税项目、集体福利或个人消费等），其进项税额应通过“应交税费——应交增值税（进项税额转出）”科目转入有关科目，借记“待处理财产损溢”“在建工程”“应付职工薪酬”等科目，贷记“应交税费——应交增值税（进项税额转出）”科目；属于转作待处理财产损失的进项税额，应与遭受非常损失的购进货物、在产品或库存商品的成本一并处理。

购进货物改变用途通常是指购进的货物在没有经过任何加工的情况下，对内改变用途的行为，如在建工程领用原材料、企业下属福利部门领用原材料等。

（六）交纳增值税

企业按照销项税额与进项税额等相扣抵计算本月应交增值税，实际交纳本月增值税时，借记“应交税费——应交增值税（已交税金）”等科目，贷记“银行存款”科目。企业在月末应及时结算出未交增值税或多交增值税，将其转入“应交税费——未交增值税”科目。如果“应交税费——应交增值税”科目为贷方余额，表示尚未交纳的增值税，借记“应交税费——应交增值税（转出未交增值税）”科目，贷记“应交税费——未交增值税”科目；如果“应交税费——应交增值税”科目为借方余额，表示多交纳或尚未抵扣的进项增值税。若为多缴纳的税额需作转出处理，借记“应交税费——未交增值税”科目，贷记“应交税费——应交增值税（转出多交增值税）”科目，若为尚未抵扣的进项增值税则留待下期抵扣。

理论案例

【案例设计3-18】西秦股份有限公司2019年7月5日，购入原材料一批，增值税专用发票上注明货款60 000元，增值税额9 600元，货物尚未到达，运杂费500元，款项均已用银行存款支付。该公司采用计划成本对原材料进行核算。西秦股份有限公司会计处理如下：

借：材料采购	60 500	
应交税费——应交增值税（进项税额）	9 600	
贷：银行存款		70 100

【案例设计3-19】西秦股份有限公司2019年7月生产车间委托外单位修理机器设备，对方开来的增值税专用发票上注明修理费8 000元，增值税1 280元，款项尚未支付。西秦股份有限公司会计处理如下：

借：管理费用	8 000	
应交税费——应交增值税（进项税额）	1 280	
贷：应付账款		9 280

【案例设计3-20】西秦股份有限公司2019年7月购入免税农产品一批，价款100 000元，规定的扣除率为10%，货物尚未入库，款项以一张面值为100 000元的商业承兑汇票支付。西秦股份有限公司会计处理如下：

借：材料采购	90 000	
应交税费——应交增值税（进项税额）	10 000	
贷：应付票据		100 000

本例中，进项税额 = 购买价 × 扣除率 = 100 000 × 10% = 10 000（元）

【案例设计 3 – 21】 西秦股份有限公司 2019 年 7 月库存材料因管理疏漏遭受火灾发生了毁损，经税务机关认定，进项税额不允许扣除。有关增值税专用发票确认的成本为 50 000 元，增值税 8 000 元。西秦股份有限公司会计处理如下：

借：待处理财产损溢	58 000	
贷：原材料		50 000
应交税费——应交增值税（进项税额转出）		8 000

【案例设计 3 – 22】 西秦股份有限公司 2019 年 7 月因管理疏漏遭受火灾毁损库存商品一批，经税务机关认定，进项税额不允许扣除。其实际成本为 60 000 元，经确认损失外购材料的增值税 9 600 元。西秦股份有限公司会计处理如下：

借：待处理财产损溢	69 600	
贷：库存商品		60 000
应交税费——应交增值税（进项税额转出）		9 600

【案例设计 3 – 23】 西秦股份有限公司 2019 年 7 月 5 日，自建厂房领用生产用原材料 10 000 元，原材料购入时支付的增值税为 1 600 元。经税务机关认定，进项税额不允许扣除。西秦股份有限公司会计处理如下：

借：在建工程	11 600	
贷：原材料		10 000
应交税费——应交增值税（进项税额转出）		1 600

【案例设计 3 – 24】 西秦股份有限公司 2019 年 7 月所属的职工食堂维修领用生产用原材料 7 000 元，其购入时支付的增值税为 1 120 元。经税务机关认定，进项税额不允许扣除。西秦股份有限公司会计处理如下：

借：应付职工薪酬——职工福利	8 120	
贷：原材料		7 000
应交税费——应交增值税（进项税额转出）		1 120

【案例设计 3 – 25】 西秦股份有限公司 2019 年 7 月 5 日销售产品一批，增值税专用发票注明价款 100 000 元，增值税 16 000 元，款项尚未收到；另以银行存款代垫运杂费 1 500 元。提货单和增值税专用发票已交给购货方。西秦股份有限公司会计处理如下：

借：应收账款	117 500	
贷：主营业务收入		100 000
应交税费——应交增值税（销项税额）		16 000
银行存款		1 500

【案例设计 3 – 26】 西秦股份有限公司 2019 年 7 月为乙公司代加工产品 200 件，每件收取加工费 100 元，适用的增值税税率为 16%，加工完成，款项收存银行。西秦股份有限公司会计处理如下：

借：银行存款	23 200	
贷：其他业务收入		20 000
应交税费——应交增值税（销项税额）		3 200

【案例设计 3 – 27】 西秦股份有限公司 2019 年 7 月将生产的产品用于在建工程。该产品

的成本为150 000元，计税价格（公允价值）为200 000元，适用的增值税税率为16%。西秦股份有限公司会计处理如下：

借：在建工程 182 000

贷：库存商品 150 000

应交税费——应交增值税（销项税额） 32 000

本例中，销项税额＝计税价格×16%＝200 000×16%＝32 000（元）

【案例设计3－28】西秦股份有限公司2019年7月，将自产产品用于发放生产工人职工福利，产品成本为100 000元，市场售价（计税价格）150 000元，适用的增值税税率为16%。

借：应付职工薪酬——非货币性福利 174 000

贷：主营业务收入 150 000

应交税费——应交增值税（销项税额） 24 000

本例中，销项税额＝计税价格×16%＝150 000×16%＝24 000（元）

借：主营业务成本 100 000

贷：库存商品 100 000

【案例设计3－29】承【案例设计3－18】至【案例设计3－28】，西秦股份有限公司2019年7月，以银行存款实际交纳72 000元。西秦股份有限公司会计处理如下：

借：应交税费——应交增值税（已交税金） 72 000

贷：银行存款 72 000

2019年7月应交增值税＝（16 000＋3 200＋32 000＋24 000）－（9 600＋1 280＋10 000）＋（8 000＋9 600＋1 600＋1 120）＝74 640（元）

其中：

进项税额＝9 600＋1 280＋10 000＝20 880（元）

进项税额转出＝8 000＋9 600＋1 600＋1 120＝20 320（元）

销项税额＝16 000＋3 200＋32 000＋24 000＝75 200（元）

2019年7月末尚未交纳的增值税＝74 640－72 000＝2 640（元），“应交税费——应交增值税”余额在贷方，表示尚未交纳的增值税为2 640元。

借：应交税费——应交增值税（转出未交增值税） 2 640

贷：应交税费——未交增值税 2 640

假如，本月实际以银行存款交纳增值税为80 000元，则西秦股份有限公司会计处理如下：

借：应交税费——应交增值税（已交税金） 80 000

贷：银行存款 80 000

2019年7月末多交纳的增值税＝80 000－74 640＝5 360（元），“应交税费——应交增值税”余额在借方，表示多交纳的增值税为5 360元。

借：应交税费——未交增值税 5 360

贷：应交税费——应交增值税（转出多交增值税） 5 360

实操案例

【案例设计3－9】2019年4月30日，西秦股份有限公司缴纳本月增值税，经查“应交税费——应交增值税”明细账中上月应交未交增值税 21 000 元，并根据本月不含税销售额及本月可抵扣的进项税额，计算出本月应交增值税 48 000 元。

相关记账凭证：

中华人民共和国

增　值　税　税收缴款书　　　　陕国缴 0538470

注册类型：股份有限公司　　填发日期：2019 年 4 月 30 日　　征收机关：咸阳市国税局征管分局

<table>
<tr><td rowspan="4">缴款单位</td><td>代码</td><td>10000200001010900</td><td>电话</td><td>33696782</td><td rowspan="3">预算科目</td><td>编码</td><td></td></tr>
<tr><td>全称</td><td colspan="3">西秦股份有限公司</td><td>名称</td><td></td></tr>
<tr><td>开户行</td><td colspan="3">中国建设银行陕西省咸阳市西兰路分行</td><td>级次</td><td></td></tr>
<tr><td>账号</td><td colspan="3">665674890</td><td colspan="2">收缴国库</td><td></td></tr>
<tr><td colspan="4">税款所属时期 2019 年 4 月 1 日至 2019 年 4 月 30 日</td><td colspan="4">税款限缴日期 2019 年 5 月 5 日</td></tr>
<tr><td colspan="2">品目名称</td><td>课税数量</td><td>计税金额或销售收入</td><td>税率或单位税额</td><td>已缴或扣除额</td><td colspan="2">实缴金额</td></tr>
<tr><td colspan="2">工业</td><td></td><td>450 000.00</td><td></td><td></td><td colspan="2">69 000.00</td></tr>
<tr><td colspan="6">金额合计（大写）陆万玖仟元整</td><td colspan="2">¥69 000.00</td></tr>
<tr><td colspan="2">缴款单位（人）
（盖章）
经办人（章）</td><td colspan="2">税务机关
（盖章）
填发人（章）</td><td colspan="3">上列款项已收妥并划转收款单位账户
国库（银行）盖章
2019 年 4 月 30 日</td><td></td></tr>
</table>

中国农业银行

转账支票存根

B B 59012056

D2

附加信息

出票日期　2019 年 4 月 30 日

收款人：咸阳市国税局
金　额：¥69 000.00
用　途：缴纳税款

单位主管　李贺　　会计　刘悦

浙江莱织华印刷有限公司·2011年印制

编制相关记账凭证：

付　款　凭　证

银付　字第　06　号

贷方科目：银行存款　　　　2019 年 4 月 30 日　　　　附件　　壹　　张

对方单位	摘要	借方科目		金额										记账符号
		总账科目	明细科目	千	百	十	万	千	百	十	元	角	分	
咸阳市国税局	缴纳税款	应交税费	已交增值税				4	8	0	0	0	0	0	□
		应交税费	未交增值税				2	1	0	0	0	0	0	□
														□
														□
														□
银行结算方式及票号：支票 12056			合计			¥	6	9	0	0	0	0	0	□

会计主管　　　　记账　　　　稽核　　　　出纳　　　　制证　吴亮

小规模纳税企业增值税会计相关核算知识

小规模纳税人增值税不实行销项税额与进项税额相抵扣的办法。直接按照当期销售额与征收率计算当期应交增值税。自 2009 年 1 月 1 日起，小规模纳税人增值税征收率一律调整为 3%。小规模纳税人标准为年应征增值税销售额为 500 万元及以上。

一、账户设置

小规模纳税企业只需在“应交税费”科目下设置“应交增值税”明细科目进行核算，不需要在“应交增值税”明细科目中开设专栏。“应交税费——应交增值税”科目贷方登记应交纳的增值税，借方登记已交纳的增值税；期末贷方余额为尚未交纳的增值税，借方余额为多交的增值税。

二、具体核算

购进货物时，直接按照实际支付的价款，借记“材料采购”“在途物资”“原材料”等科目，贷记“银行存款”“应付账款”“应付票据”等科目。接受劳务时所支付的增值税一并计入加工费、修理费等物资成本中，借记“生产成本”“制造费用”“委托加工物资”“管理费用”等科目，贷记“银行存款”“应付账款”“应付票据”等科目。

企业销售货物时，按照收到的销售款总额，借记“银行存款”等科目，按照不含税价格计算的销售收入，贷记“主营业务收入”等科目，按照确定的增值税额，贷记“应交税金——应交增值税”科目。小规模纳税企业将自产、委托加工或者购买的货物用于非应税项目、用于投资、分配给股东或者投资者、用于集体福利或者个人消费、无偿赠送给他人等行为，视同销售货物。借记“在建工程”“长期股权投资”“营业外支出”、等科目，贷记“应交税金——应交增值税”科目。

小规模纳税企业交纳本月增值税时，借记“应交税费——应交增值税”，贷记“银行存款”；次月结算需要补缴税款的，按补缴税款作同样的分录；需要退回多缴税款的，在收到退回的税款时借记“银行存款”，贷记“应交税费——应交增值税”。

理论案例

【案例设计 3－30】 西秦股份有限公司为小规模纳税人，2019 年 3 月购入一批原材料，增值税专用发票上注明的价格为 20 000 元，支付的增值税额为 3 200 元，企业已经开出商业承兑汇票，材料已经验收入库（西秦股份有限公司原材料按实际成本核算）。西秦股份有限公司会计处理如下：

借：原材料	23 200	
贷：应付票据		23 200

【案例设计 3－31】 西秦股份有限公司为小规模纳税人，2019 年 5 月销售商品一批，开出的普通发票上注明的售价为 51 500 元，适用的增值税征收率为 3%，款项尚未收到。西秦股份有限公司会计处理如下：

不含税销售额 = 51 500 ÷（1 + 3%）= 50 000（元）

应交增值税 = 50 000 × 3% = 1 500（元）

借：应收账款	51 500	
贷：主营业务收入		50 000
应交税费——应交增值税		1 500

实操案例

【案例设计 3－10】 假如西秦股份有限公司为小规模纳税人，2019 年 4 月 4 日生产车间委托外单位修理设备，收到对方单位开来的普通发票，款项已银行存款支付。

相关原始凭证：

陕西省增值税普通发票

发 票 联

No. 0652898

开票日期：2019 年 4 月 4 日

购买方	名　　称：西秦股份有限公司 纳税人识别号：10000200001010900 地 址 、电 话：陕西省咸阳市文林路 37 号 33696782 开户行及账号：中国建设银行陕西省咸阳市西兰路分行 665674890			密码区	5 < －/556 < 273 > 21/0990//　加密版本：01 >/59220556 + 4/75 > + 980 －7 － > －0008 + 8//525889 < 0 ∗1 > －28 ∗ 036 + 55 －170 >> 0 －		
货物或应税劳务、服务名称	规格型号	单位	数量	单价	金额	税率	税额
修理设备					2 000.00	16%	320.00
合计					¥2 000.00		¥320.00
价税合计（大写）	⊗贰仟叁佰贰拾元整				（小写）¥2 320.00		
销售方	名　　称：顺丰修理公司 纳税人识别号：1000020345101201 地 址 、电 话：陕西省咸阳市渭阳路 50 号 33745680 开户行及账号：中国工商银行咸阳渭阳路支行 66543890			备注	顺丰修理公司 1000020345101201 发票专用章		

收款人：张航　　复核：吴起　　开票人：李飞　　销售方：章

国税函（2014）257号浙江印钞厂

第二联：发票联　购买方记账凭证

中国工商银行
转账支票存根
B B 59012065

02

附加信息

×
×
×
×
×
×
×

出票日期 2019 年 4 月 4 日

收款人：顺丰修理公司	
金 额：￥2 320.00	
用 途：付修理费	

单位主管 李贺 会计 刘悦

编制相关记账凭证：

付 款 凭 证

银付 字第 03 号

贷方科目：银行存款 2019 年 4 月 4 日 附件 贰 张

对方单位	摘要	借方科目		金额										记账符号
		总账科目	明细科目	千	百	十	万	千	百	十	元	角	分	
顺风修理公司	修理设备	管理费用						2	3	2	0	0	0	□
														□
														□
														□
														□
银行结算方式及票号：支票 12065			合计				￥	2	3	2	0	0	0	□

会计主管 记账 稽核 出纳 张铭雨 制证 吴亮

【案例设计 3－11】 2019 年 6 月 30 日会计经查询，“应交税费——应交增值税”明细账，本月应交增值税为 48 000 元，填写增值税税收缴款书，交给出纳签发银行转账支票到开户银行办理税金支付。

相关原始凭证：

中国建设银行
转账支票存根（秦）
支票号码：01345119
附加信息＿＿＿＿

出票日期 2019 年 6 月 30 日

收款人：咸阳市国税局

金额：48 000. 00

用途：增值税款

单位主管　　　　会计

本支票付款期十天

中国建设银行转账支票　No. 01345119

出票日期（大写）贰零壹玖年零陆月叁拾日　付款行名称：建行西兰路分行

收款人咸阳市国税局出票人账号：665674890

人民币（大写）	千	百	十	万	千	百	十	元	角	分
肆万捌仟元整			¥	4	8	0	0	0	0	0

用途＿增值税款　　　　密码 ******

上列款项请从
我账户内支付

出票人签章　　西秦股份有限公司 财务专用章　　王明

复核
记账

中华人民共和国

增　值　税　税收缴款书　　　陕国缴 0538495

注册类型：股份有限公司　　填发日期：2019 年 6 月 30 日　　征收机关：咸阳市国税局征管分局

缴款单位	代码	10000200001010900	电话	33696782	预算科目	编码	
	全称	西秦股份有限公司				名称	
	开户行	中国建设银行陕西省咸阳市西兰路分行				级次	
	账号	665674890			收缴国库		

税款所属时期 2019 年 6 月 1 日至 2019 年 6 月 30 日			税款限缴日期 2019 年 6 月 5 日		
品目名称	课税数量	计税金额或销售收入	税率或单位税额	已缴或扣除额	实缴金额
工业		1 600 000. 00			48 000. 00
金额合计（大写）肆万捌仟元整					¥48 000
缴款单位（人）（盖章） 经办人（章）	税务机关（盖章） 填发人（章）		上列款项已收妥并划转收款单位账户 国库（银行）盖章 2019 年 6 月 30 日		

编制相关记账凭证：

付 款 凭 证

银付 字第 04 号

贷方科目：银行存款　　2019 年 6 月 30 日　　附件 贰 张

对方单位	摘要	借方科目		金额										记账符号
		总账科目	明细科目	千	百	十	万	千	百	十	元	角	分	
咸阳市国税局	交纳增值税	应交税费	应交增值税				4	8	0	0	0	0	0	□
														□
														□
														□
														□
银行结算方式及票号：支票 45119			合计			¥	4	8	0	0	0	0	0	□

会计主管　　记账　　稽核　　出纳　　制证 吴亮

学习情境二 消 费 税

理论知识概述

一、消费税的含义

消费税是国家为了正确引导消费方向，在普遍征收增值税的基础上，再选择部分商品征收的一种商品流转税。消费税的纳税人是在中华人民共和国境内生产、委托加工和进口应税消费品的单位和个人。

二、应纳消费税额的计算

消费税的特点为价内税并且为单一环节征收。消费税有从价定率和从量定额两种征收方法。实行从价定率方法征收的消费税，以不含增值税的销售额为税基，按照税法规定的税率计算。企业的销售收入中包含增值税的，应将其换算为不含增值税的销售额。

应交消费税 = 应纳税额 × 消费税税率

在从量定额方法下，采用从量定额计征的消费税，根据按照税法确定的企业应税消费品的数量和单位应税消费品应缴纳的消费税计算确定。

应交消费税 = 销售数量 × 单位税额

会计相关核算知识

一、账户设置

企业应在“应交税费”科目下设置“应交消费税”明细科目进行核算。该科目贷方登记应交纳的消费税，借方登记已交纳的消费税；期末贷方余额为尚未交纳的消费税，借方余额为多交的消费税。

二、具体核算

（一）销售应税消费品

生产企业在销售环节交纳消费税。企业销售应税消费品应交的消费税，应借记“税金及附加”科目，贷记“应交税费——应交消费税”科目。

（二）视同销售应税消费品

企业将自产的应税消费品用于本企业的生产经营、在建工程、集体福利、个人消费，或者用于对外投资、分配给投资者，或者无偿捐赠给他人，均应视同销售，计算交纳消费税。其销售额应该按照生产同类消费品的销售价格计算；没有同类消费品销售价格的，应该按照组成计税价格进行计算，计算公式为：

$$组成计税价格=\frac{成本+利润}{1-消费税税率}$$

按规定应交纳的消费税，借记“在建工程”等科目，贷记“应交税费——应交消费税”科目。

（三）委托加工应交消费税的核算

企业委托外单位加工应税消费品，应当按照税法规定由受托方向委托方交货时代扣代交消费税，其销售额应当由受托方同类消费品的销售价格计算；没有同类消费品销售价格的，应当按照组成计税价格计算，计算公式为：

$$组成计税价格=\frac{材料成本+加工费}{1-消费税税率}$$

企业收回委托加工的应税消费品，如果用于连续生产应税消费品，交纳的消费税可以抵扣，应借记“应交税费——应交消费税”科目，贷记“银行存款”等科目；企业在最终销售应税消费品时，再根据其销售额计算的应交全部消费税，借记“税金及附加”科目，贷记“应交税费——应交消费税”科目；应交的全部消费税扣除收回委托加工应税消费品时已经交纳的消费税，为应补交的消费税，交纳时借记“应交税费——应交消费税”科目，贷记“银行存款”科目。

企业收回委托加工的应税消费品，如果不再加工，而是直接出售，则交纳的消费税应计入收回的应税消费品的成本，借记“委托加工物资”科目，贷记“银行存款”等科目；在应税消费品出售时，不再计算交纳消费税。

（四）进口应税消费品

企业进口应税物资在进口环节应交的消费税，计入该项物资的成本，借记“库存商品”“材料采购”“固定资产”等科目，贷记“银行存款”等科目。

理论案例

【案例设计3－32】西秦股份有限公司2019年4月销售应纳消费税产品一批，不含增值税的售价为200 000元，成本为150 000元，适用的增值税税率为16%，消费税的税率为10%，西秦股份有限公司会计处理如下：

（1）2019年4月确认收入时：

借：银行存款 232 000

  贷：主营业务收入 200 000

    应交税费——应交增值税（销项税额） 32 000

（2）2019 年 4 月结转成本时：

借：主营业务成本 150 000

  贷：库存商品 150 000

（3）2019 年 4 月计算确认消费税：

借：税金及附加 20 000

  贷：应交税费——应交消费税 20 000

本例中，应交消费税 = 销售收入 × 消费税税率 = 200 000 × 10% = 20 000（元）

【案例设计 3－33】 西秦股份有限公司 2019 年 6 月，领用自产的应税消费品一批，用于在建工程，该批货物的实际成本为 30 000 元，不含增值税的售价为 40 000 元，消费税的税率为 15%，增值税的税率为 16%。西秦股份有限公司会计处理如下：

应交增值税销项税额 = 40 000 × 16% = 6 400（元）

应交消费税额 = 40 000 × 15% = 6 000（元）

借：在建工程 42 400

  贷：库存商品 30 000

    应交税费——应交增值税（销项税额） 6 400

        ——应交消费税 6 000

【案例设计 3－34】 西秦股份有限公司 2019 年 5 月，将企业自产的一批应税消费品向管理人员发放福利，该批产品的实际成本为 30 000 元，该产品同类产品的售价为 50 000 元，增值税的税率为 16%，消费税的税率为 20%。西秦股份有限公司会计处理如下：

应交增值税销项税额 = 50 000 × 16% = 8 000（元）

应交消费税额 = 50 000 × 20% = 10 000（元）

借：管理费用 68 000

  贷：应付职工薪酬——非货币性福利 68 000

同时：

借：应付职工薪酬——非货币性福利 58 000

  贷：主营业务收入 50 000

    应交税费——应交增值税（销项税额） 8 000

借：税金及附加 10 000

  贷：应交税费——应交消费税 10 000

借：主营业务成本 30 000

  贷：库存商品 30 000

【案例设计 3－35】 西秦股份有限公司委托外单位加工一批材料，加工成应税消费品。材料的实际成本为 20 000 元，不含税的加工费为 10 000 元，增值税的税率为 16%，消费税的税率为 20%。应作如下账务处理：

（1）如果企业收回委托加工的应税消费品后继续加工的：

发出材料时：

借：委托加工物资　　20 000
　　贷：原材料　　20 000
支付加工费时：

$$应交的消费税=\frac{20\ 000+10\ 000}{1-20\%}\times 20\%=7\ 500（元）$$

借：委托加工物资　　10 000
　　应交税费——应交消费税　　7 500
　　　　　　——应交增值税（进项税额）　　1 600
　　贷：银行存款　　19 100
收回委托加工完成的应税消费品时：
借：原材料　　30 000
　　贷：委托加工物资　　30 000
（2）如果企业收回委托加工的应税消费品直接出售的：
发出材料时：
借：委托加工物资　　20 000
　　贷：原材料　　20 000
支付加工费时：
借：委托加工物资　　17 500
　　应交税费——应交增值税（进项税额）　　1 600
　　贷：银行存款　　19 100
收回委托加工完成的应税消费品时：
借：原材料　　37 500
　　贷：委托加工物资　　37 500

学习情境三　城市维护建设税及教育费附加

理论知识概述

一、城市维护建设税

城市维护建设税是指国家为了加强城市的维护建设，扩大和稳定城市建设资金的来源，以纳税人实际缴纳的增值税、消费税和营业税税额为计税依据征收的一种税。其纳税人为交纳增值税、消费税的单位和个人，税率因纳税人所在地不同而分别规定为7%、5%、1%三个档次。公式为：

应纳税额=（应交增值税+应交消费税）×适用税率

二、教育费附加

教育费附加是一种附加费，它的计算方法与应交城市维护建设税的计算方法相同，也是按照企业应交的增值税、消费税之和的一定比例计算交纳。

应交教育费附加=（应交增值税+应交消费税）×教育费附加征收率

会计相关核算知识

一、账户设置

企业应当在“应交税费”科目下设置相应的应交城市维护建设税、应交教育费附加。负债类，贷方登记应交纳的城市维护建设税和教育费附加，借方登记已交纳的城市维护建设税和教育费附加，期末贷方余额表示尚未交纳的城市维护建设税和教育费附加。

二、具体核算

企业按照规定计算应交纳的城市维护建设税，借记“税金及附加”科目，贷记“应交税费——应交城市维护建设税”科目。

企业按照规定计算应该交纳的应交教育费附加，借记“税金及附加”等科目，贷记“应交税费——应交教育费附加”科目；实际交纳教育费附加时，借记“应交税费——应交教育费附加”科目，贷记“银行存款”科目。

理论案例

【案例设计3－36】 西秦股份有限责任公司2019年5月有关税金的发生情况如下：实际缴纳增值税160 000元、消费税30 000元，城市维护建设税的税率为7%。西秦股份有限公司会计处理如下：

（1）计算应交的城市维护建设税：

借：税金及附加　　3 220

　　贷：应交税费——应交城市维护建设税　　3 220

应交的城市维护建设税 = (160 000 + 30 000) × 7% = 3 220（元）

（2）用银行存款实际交纳城市维护建设税时：

借：应交税费——应交城市维护建设税　　3 220

　　贷：银行存款　　3 220

【案例设计3－37】 西秦股份有限公司按税法规定2015年第一季度应交纳教育费附加80 000元，款项已经用银行存款支付。西秦股份有限公司会计处理如下：

借：税金及附加　　80 000

　　贷：应交税费——应交教育费附加　　80 000

借：应交税费——应交教育费附加　　80 000

　　贷：银行存款　　80 000

实操案例

【案例设计3－12】 2019年8月31日西秦股份有限公司会计依据“应交税费”账簿中的“应交增值税”的明细账簿数据计算出本月应交的城市维护建设税，编制应交增值税及附加税费计算表。

相关原始凭证：

应交增值税及附加税费计算表

2019 年 8 月 31 日

编制单位：西秦股份有限公司　　　　单位：元

应税项目	主营业务收入	销项税额	进项税额	税额计算		
				增值税	城建税	合计
A 产品	2 580 000	438 600	234 000	204 600	14 322	218 922
B 产品	6 780 500	1 152 685	850 000	302 685	21 188	323 873
合计	9 360 500	1 591 285	1 084 000	507 285	35 510	542 795

编制相关记账凭证：

转　账　凭　证

转字　第 09 号

2019 年 8 月 31 日　　　　附件　壹　张

摘要	总账科目	明细科目	借方金额										贷方金额										记账符号
			千	百	十	万	千	百	十	元	角	分	千	百	十	万	千	百	十	元	角	分	
计算应交城建税	税金及附加					3	5	5	1	0	0	0											□
	应交税费	应交城建税														3	5	5	1	0	0	0	□
																							□
																							□
																							□
合计					¥	3	5	5	1	0	0	0			¥	3	5	5	1	0	0	0	□

会计主管　　　　记账　　　　复核　　　　制证　吴亮

学习情境四　其他税费

理论知识概述

其他税费是指除上述应交税费以外的应交税费，包括应交资源税、应交土地增值税、应交房产税、应交土地使用税、应交车船税、应交教育费附加、应交矿产资源补偿费、应交个人所得税等。企业应当在“应交税费”科目下设置相应的明细科目进行核算，贷方登记应交纳的有关税费，借方登记已交纳的有关税费，期末贷方余额表示尚未交纳的有关税费。

一、应交资源税

资源税是对在我国境内开采应税矿产品或者生产盐的单位和个人征收的税种。资源税按照应税产品的数量和规定的单位税额计算。开采或生产应税矿产品对外销售的，以销售数量为课税数量；开采或生产应税产品自用的，以自用数量为课税数量。

应纳税额 = 课税数量 × 单位税额

二、应交土地增值税

土地增值税是指在中华人民共和国境内有偿转让土地使用权、地上建筑物及其附着物产权的单位和个人，就其土地增值额征收的一种税。土地增值额是指转让收入减去按规定扣除项目金额后的余额。转让收入包括货币收入、实物收入和其他收入。扣除项目主要包括取得土地使用权所支付的金额、开发土地的费用、新建及配套设施的成本、旧房及建筑物的评估价格等。

三、应交房产税、土地使用税、车船税、印花税和矿产资源补偿费

房产税是国家对城市、县城、建制镇和工矿区征收的由产权所有人缴纳的一种税。房产税依照房产原值一次减除 10% ~30% 后的余额计算交纳。没有房产原值作为依据的，由房产所在地税务机关参考同类房产核定；房产出租的，以房产租金收入为房产税的计税依据。

土地使用税是国家为了合理利用城镇土地，调节土地级差收入，提高土地使用效益，加强土地管理而开征的一种税，以纳税人实际占用的土地面积为计税依据，依照规定税额计算征收。

车船税是由拥有并使用车船的单位和个人交纳的一种税。车船税按照适用税额按年计算交纳。

印花和随时对书立、领受各种应税凭证等行为征收的一种税，实行由纳税人根据规定自行计算应纳税额，购买并一次贴足印花税票的交纳方法。其应纳税额的计算根据应纳税凭证的性质，分别按比例税率或按件计算应纳税额。

矿产资源补偿费是对在我国领域和管辖海域开采矿产资源而征收的费用。矿产资源补偿费按照矿产品的销售收入的一定比例计征，由采矿人交纳。

另外，企业的生产、经营所得和其他所得，依照所得税暂行条例及其实施细则有关规定需要交纳所得税。

会计相关核算知识

一、账户设置

企业应当在“应交税费”科目下设置相应的明细科目进行核算，其明细科目具体包括应交资源税、应交土地增值税、应交房产税、应交土地使用税、应交车船税、应交矿产资源补偿费、应交个人所得税等。贷方登记应交纳的有关税费，借方登记已交纳的有关税费，期

末贷方余额表示尚未交纳的有关税费。

二、具体核算

企业对外销售应税产品应交纳的资源税应记入“税金及附加”科目，借记“税金及附加”科目，贷记“应交税费——应交资源税”科目；自产自用应税产品应交纳的资源税应记入“生产成本”“制造费用”等科目，借记“生产成本”“制造费用”等科目，贷记“应交税费——应交资源税”科目。

企业应交的土地增值税视情况记入不同科目：企业转让的土地使用权连同地上建筑物及其附着物一并在“固定资产”等科目核算的，转让时应交的土地增值税，借记“固定资产清理”科目，贷记“应交税费——应交土地增值税”科目；土地使用权在“无形资产”科目核算的，贷记“应交税费——应交土地增值税”科目，同时冲销土地使用权的账面价值，贷记“无形资产”科目，按其差额，借记“营业外支出”科目或“营业外收入”科目。

企业应交的房产税、土地使用税、车船税和矿产资源补偿费，记入“税金及附加”科目，借记“税金及附加”科目，贷记“应交税费——应交房产税（或应交土地使用税、应交车船税、应交矿产资源补偿费）”科目。

企业按规定计算的代扣代交的职工个人所得税，借记“应付职工薪酬”科目，贷记“应交税费——应交个人所得税”科目；企业实际交纳个人所得税时，借记“应交税费——应交个人所得税”科目，贷记“银行存款”等科目。

理论案例

【案例设计3-38】 西秦股份有限公司2019年11月7日，对外销售某种资源税应税矿产品100 000元，该资源税的税率为5%。该企业的有关会计分录如下：

借：税金及附加	5 000	
贷：应交税费——应交资源税		5 000

【案例设计3-39】 西秦股份有限公司2019年12月11日，将自产的某类资源税应税矿产品300吨，用于企业生产产品，计税价每吨100元。该资源税的税率为2%。该企业的有关会计分录如下：

借：生产成本	600	
贷：应交税费——应交资源税		600

【案例设计3-40】 西秦股份有限公司2019年6月对外转让一栋厂房，根据税法规定计算的土地增值税为38 000元。西秦股份有限公司会计处理如下：

（1）计算应交纳的土地增值税：

借：固定资产清理	38 000	
贷：应交税费——应交土地增值税		38 000

（2）用银行存款实际交纳土地增值税时：

借：应交税费——应交土地增值税	38 000	
贷：银行存款		38 000

模块五　其他流动负债

【职业能力目标】

通过本模块的学习，了解其他流动负债包括的基本内容，掌握其他应付款、应付股利及应付利息的会计核算。

【典型工作任务】

◆ 其他应付款的内容及会计核算。

◆ 应付股利的会计核算。

◆ 应付利息的会计核算。

理论知识概述

其他流动负债是指除了短期借款、应付票据、应付账款、预收账款、应付职工薪酬及应交税费外的偿还期现在一年或一个营业周期以内的负债。具体包括其他应付款、应付股利及应付利息。

其他应付款是指企业应付、暂收其他单位或者个人的款项，是企业的一项负债。具体包括：应付经营租入固定资产和包装物的租金，存入保证金，应付、暂收所属单位和个人的款项，其他应付、暂收款项等。

应付股利是指企业根据股东大会或者类似的权力机构审议批准的利润分配方案确定分配给投资者的现金股利或者利润。

应付利息的核算是企业按照合同约定应该支付的利息，包括分期付息到期一次性还本的长期借款、企业发行的债券等应该支付的利息。

会计相关核算知识

一、账户设置

①为了总括反映其他应付款的增减变动和结余情况，企业应设置“其他应付款”科目。该科目核算企业除应付票据、应付账款、预收账款、应付职工薪酬、应付利息、应付股利、应交税费、长期应付款等以外的其他各项应付、暂收的款项。贷方登记应付的款项，借方登记实际支付的款项，余额在贷方，反映企业应付未付的其他应付款项。本科目可按其他应付款的项目和对方单位（或个人）进行明细核算。

②为了总括反映企业确定或者宣告支付但尚未支付的现金股利或者利润，企业应设置“应付股利”科目。该科目贷方登记应支付的现金股利或者利润，借方登记实际支付的现金股利或者利润，期末贷方余额反映应付未付的现金股利或者利润。该科目应该按照投资者设置明细科目进行明细核算。

③为了总括反映应付利息的增减变动和结余情况，企业应设置“应付利息”科目，该科目核算企业按照合同约定应支付的利息。贷方登记应付的利息，借方登记实际支付的利

息，余额在贷方，反映企业应付未付的利息。本科目可按债权人进行明细核算。

二、具体核算

①发生其他应付款时，借记“银行存款”“管理费用”等科目，贷记“其他应付款”科目。实际支付时，借记“其他应付款”科目，贷记“银行存款”等科目。

②根据股东大会或者类似的权力机构审议批准的利润分配方案，确认应付给投资者的现金股利或者利润时，借记“利润分配——应付现金股利或利润”科目，贷记“应付股利”科目；向投资者实际支付现金或者利润时，借记“应付股利”科目，贷记“银行存款”等科目。

企业的董事会或者类似的机构通过的利润分配方案中拟分配的现金股利或者利润的，暂时不作账务处理，也不作为应付股利进行核算，只在报表的附注中披露。企业分配的股票股利不通过“应付股利”科目进行核算。

③企业按照约定的方法计算确定利息费用时，根据计算确定的利息的金额，借记“财务费用”等科目，贷记“应付利息”科目；实际支付利息时，借记“应付利息”科目，贷记“银行存款”等科目。

理论案例

【案例设计3－41】 西秦股份有限公司2019年度实现的净利润为6 000 000元。2019年5月26日经股东大会决议由董事会批准，决定2019年度分配现金股利2 000 000元。股利随后用银行存款支付。西秦股份有限公司会计处理如下：

（1）宣布分配股利时：

借：利润分配——应付现金股利或利润	2 000 000	
贷：应付股利		2 000 000

（2）实际支付股利时：

借：应付股利	2 000 000	
贷：银行存款		2 000 000

【案例设计3－42】 西秦股份有限公司2019年1月1日借入一笔3年期每年付息到期一次还本的银行借款，金额为1 000 000元，合同约定的利率为3.5%，假设不符合资本化条件。西秦股份有限公司会计处理如下：

（1）每年计算确定利息费用时：

借：财务费用	35 000	
贷：应付利息		35 000

企业每年应付的利息＝1 000 000×3.5%＝35 000（元）

（2）每年实际支付利息时：

借：应付利息	35 000	
贷：银行存款		35 000

【案例设计3－43】 西秦股份有限公司于2019年2月1日收到乙公司的包装物押金5 000元存入银行，并于当年的3月31日退还了这笔押金。西秦股份有限公司会计处理如下：

（1）2019 年 2 月 1 日收到押金时：

借：银行存款　　5 000

　　贷：其他应付款——存入保证金　　5 000

（2）2019 年 3 月 31 日退还押金时：

借：其他应付款——存入保证金　　5 000

　　贷：银行存款　　5 000

【案例设计 3－44】 西秦股份有限公司 2019 年 1 月 1 日，以经营租赁方式租入管理用办公设备一批，每月租金 3 000 元，按季支付。3 月 31 日，西秦股份有限公司以银行存款支付应付租金。西秦股份有限公司会计处理如下：

（1）1 月 31 日计提应付经营租入固定资产租金时：

借：管理费用　　3 000

　　贷：其他应付款　　3 000

2 月底计提分录同上。

（2）3 月 31 日支付租金时：

借：其他应付款　　6 000

　　管理费用　　3 000

　　贷：银行存款　　9 000

知识拓展

流动负债的计价以负债成立之日的实际发生额确认。理论上，负债的计价应以未来应付金额的现值为基础，而未来应付金额通常是由负债发生日的有关交易或契约合同决定。大多数流动负债是属于货币性质的，它们必须于未来的某一时日用固定数额的货币来偿还。虽然负债的现行价值是未来支付金额的贴现值，但是流动负债一般都要在短期内偿还，其贴现额通常并不重要，为简化起见，通常都以未来应付金额计价。

流动负债各项目在资产负债表中的列示方法：应根据“短期借款”“应付票据”“应付账款”“预收账款”“应付职工薪酬”“应交税费”“应付利息”“应付股利”“其他应付款”等总账科目期末余额直接填列。不设置“预收账款”科目的企业，在编制资产负债表时，应当根据“应收账款”科目所属明细科目的贷方余额分析填列预收账款项目的金额。

流动负债是企业负债的重要组成部分。流动负债主要包括：短期借款、应付票据、应付账款、预收账款、应付职工薪酬、应交税费、应付利息、应付股利、其他应付款等。

短期借款是指企业向银行或者其他金融机构借入的期限在一年（包括一年）或者虽然超过一年但是仍然属于一个营业周期以内的各种借款。其核算内容包括：取得短期借款的核算、短期借款利息的核算和归还短期借款的核算。

应付票据是指企业购买材料、商品或者接受劳务供应等而开出、承兑的商业汇票。在商业汇票尚未到期前，构成企业的一项负债。其核算主要包括不带息应付票据的核算和带息应付票据的核算。

应付账款是指企业因购买材料、商品和接受劳务供应而应该支付给供应单位的款项。应付账款一般以到期日偿付金额入账，不考虑到期应付金额的现值。企业在购买货物时，应付账款的入账金额可以分别采用总价法和净价法进行不同的会计处理。

预收账款是指企业按照合同规定向购货单位预收的款项。企业可以单独设置“预收账款”科目进行预收款业务的核算。在企业预收款业务不多的情况下，为了简化起见，企业也可以不设置“预收账款”科目，而是把预收款业务并入“应收账款”科目进行核算。

职工薪酬，是指职工在职期间和离职后企业提供给职工的全部货币性薪酬和非货币性薪酬，既包括提供给职工本人的薪酬，也包括提供给职工配偶、子女或者其他被赡养人的福利等。核算内容包括工资、职工福利费、医疗保险费、养老保险费、失业保险费、工伤保险费、生育保险费、住房公积金、工会经费和职工教育经费、辞退福利以及非货币性薪酬等内容。

应交税费主要核算企业交纳增值税、消费税、营业税、资源税、城市维护建设税、房产税、土地使用税、车船税、印花税、土地增值税、企业所得税、代扣代交的个人所得税等税种时的业务。

其他流动负债包括应付股利、应付利息和其他应付款的核算。

模块六 长期借款

学习内容框架提要

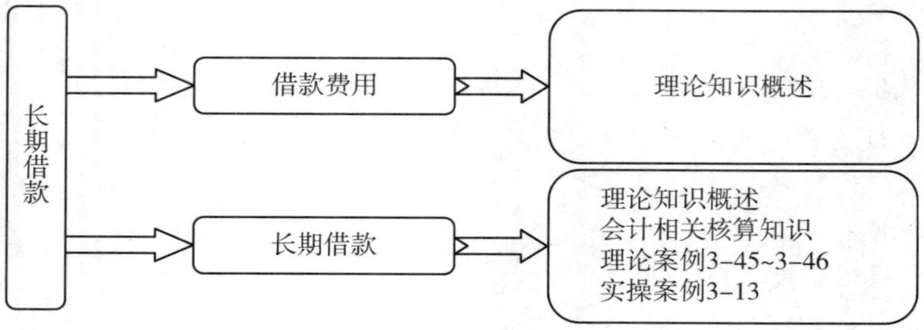

【职业能力目标】

通过本模块的学习，掌握借款费用的处理原则，了解长期借款的含义及特点，掌握长期借款的取得、利息及偿还的核算。

【典型工作任务】

◆ 借款费用的确认、计量和资本化条件。

◆ 长期借款的确认、计量和账务处理。

学习情境一 借款费用

理论知识概述

一、借款费用的含义

借款费用，是指企业因借款而发生的利息及其他相关成本。具体包括借款利息、折价或者溢价的摊销、辅助费用以及因外币借款而发生的汇兑差额。

二、借款费用的确认和计量

（一）应予资本化的资产范围和借款范围

符合资本化条件的资产，是指需要经过相当长时间的购建或者生产活动才能达到预定可使用或者可销售状态的固定资产、投资性房地产和存货等资产。其中“相当长时间”，是指为资产的购建或者生产所必需的时间，通常为一年以上（含一年）。借款费用应予资本化的借款范围包括专门借款和一般借款。

（二）借款费用开始资本化时点的确定

借款费用同时满足下列条件的，才能开始资本化：

（1）资产支出已经发生。资产支出包括为购建或者生产符合资本化条件的资产而以支付现金、转移非现金资产或者承担带息债务形式发生的支出。

（2）借款费用已经发生。

（3）为使资产达到预定可使用或者可销售状态所必要的购建或者生产活动已经开始。

（三）借款费用资本化金额的确定

（1）为购建或者生产符合资本化条件的资产而借入专门借款的，应当以专门借款当期实际发生的利息费用，减去将尚未动用的借款资金存入银行取得的利息收入或进行暂时性投资取得的投资收益后的金额确定。

（2）为购建或者生产符合资本化条件的资产而占用了一般借款的：

①一般借款利息费用资本化金额

$$=\frac{\text{累计资产支出超过专门借款}}{\text{部分的资产支出加权平均数}}\times\frac{\text{所占用一般借款}}{\text{的资本化率}}$$

②所占用一般借款的资本化率

$$=\text{所占用一般借款加权平均利率}=\frac{\text{所占用一般借款当期}}{\text{实际发生的利息之和}}\div\frac{\text{所占用一般借款}}{\text{本金加权平均数}}$$

③所占用一般借款本金加权平均数

$$=\sum(\text{所占用每笔一般借款本金}\times\text{每笔一般借款在当期所占用的天数}\div\text{当期天数})$$

借款存在折价或者溢价的，应当按照实际利率法确定每一会计期间应摊销的折价或者溢价金额，调整每期利息金额。在资本化期间，每一会计期间的利息资本化金额，不应当超过当期相关借款实际发生的利息金额。

（3）外币专门借款本金及利息的汇兑差额，应当予以资本化。

（四）借款费用资本化的暂停

符合资本化条件的资产在购建或者生产过程中发生非正常中断且中断时间连续超过3个月的，应当暂停借款费用的资本化。

（五）借款费用资本化的停止

购建或者生产符合资本化条件的资产达到预定可使用或者可销售状态时，借款费用应当停止资本化。具体可从以下几个方面进行判断：

（1）符合资本化条件的资产的实体建造（包括安装）或者生产工作已经全部完成或者实质上已经完成。

（2）所购建或者生产的符合资本化条件的资产与设计要求、合同规定或者生产要求相符或者基本相符，即使有极个别与设计、合同或者生产要求不相符的地方，也不影响其正常使用或者销售。

（3）继续发生在所购建或生产的符合资本化条件的资产上的支出金额很少或者几乎不再发生。

三、借款费用的会计核算

借款费用核算的账户是不确定的，会根据借款的用途及所属期间的不同记入不同的核算账户。具体如下：

（1）筹建期间不应计入相关资产价值的借款费用，计入管理费用。

（2）属于经营期间不应计入相关资产价值的借款费用，计入财务费用。

（3）属于发生的与购建或者生产符合资本化条件的资产有关的借款费用，按规定在购建或者生产的资产达到预定可使用或者可销售状态前应予资本化的计入相关资产的成本，视资产的不同分别记入“在建工程”“制造费用”“研发支出”等科目。

（4）购建或生产符合条件的资产达到预定可使用或可销售状态后所发生的借款费用以及规定不能予以资本化的借款费用计入财务费用。

学习情境二　长期借款

理论知识概述

长期借款是企业向银行或者其他金融机构借入的期限在一年以上（不含一年）的各种借款，通常用于固定资产的购建、工程的改扩建、对外长期投资以及为保持企业长期的生产经营能力而借入的款项。长期借款是企业非流动负债的重要组成部分，也是企业的一项重要的资金来源。长期借款因为一般借款的金额比较大，时间间隔长，使用过程中如果使用不当或者管理不善等很容易给企业的生产经营活动产生重大的不利影响，所以必须加强对长期借款的核算和管理。

长期借款因为金额大、时间长，所以借入的长期借款：一是严格遵循有关贷款的规定，制订科学的借款计划，同时还需要提供相应的担保；二是企业还要监督借款的使用，按照事先的约定按期支付借款的本金和利息。因此长期借款会计处理要反映和监督长期借款的借入，借款利息的核算以及借款本息的偿还等。

会计相关核算知识

一、账户设置

为了总括反映长期借款的增减变动和结余情况，企业应当设置“长期借款”科目。该科目核算企业向银行或其他金融机构借入的期限在一年以上（不含一年）的各项借款。贷方登记长期借款本息的增加额，借方登记长期借款本息的减少额，余额在贷方，表示尚未归还的长期借款本息。本科目可按贷款单位和贷款种类，分别“本金”“利息调整”“应计利息”等进行明细核算。

二、具体核算

（一）取得长期借款的核算

企业借入长期借款时，应当按照实际收到的金额，借记“银行存款”科目，贷记

“长期借款——本金”科目。如果存在差额，则将差额借记“长期借款——利息调整”科目。

（二）长期借款利息的核算

利息费用 = 摊余成本 × 实际利率

应付利息 = 本金 × 合同利率

在资产负债表日，企业应当根据长期借款的摊余成本和实际利率计算确定长期借款的利息费用，借记“在建工程”“制造费用”“财务费用”“研发支出”等科目，按照合同利率计算确定的应付未付利息，贷记“应付利息”科目，两者的差额，贷记“长期借款——利息调整”科目。实际利率与合同规定的名义利率差额较小的，也可以采用合同规定的名义利率计算确定利息费用。实际支付利息时，借记“应付利息”科目，贷记“银行存款”等科目。

（三）归还长期借款的核算

企业归还长期借款本金时，借记“长期借款——本金”，贷记“银行存款”科目。如果有利息调整余额的，借记或者贷记“在建工程”“制造费用”“财务费用”“研发支出”等科目，贷记或者借记“长期借款——利息调整”科目。

企业与银行或者其他金融机构就长期借款进行债务重组的，应当按照《企业会计准则第 12 号——债务重组》的有关规定进行账务处理；企业解散或者破产清算时，属于非持续经营状态，应当按照《破产法》和《公司法》的有关规定进行处理。

理论案例

【案例设计 3－45】 西秦股份有限公司于 2019 年 1 月 1 日从银行借入 100 000 元借款，借款合同规定的借款利率为 8%，单利计息，借款的期限为 2 年，银行每年年末计提利息并支付当年的利息，到期归还本金。应作如下账务处理：

（1）2019 年 1 月 1 日，企业从银行取得借款时：

借：银行存款　　100 000

　　贷：长期借款——本金　　100 000

（2）2019 年 12 月 31 日计提并支付当年利息时：

借：在建工程（或财务费用、研发支出等）　　8 000

　　贷：应付利息　　8 000

借：应付利息　　8 000

　　贷：银行存款　　8 000

（3）2020 年 12 月 31 日支付当年利息并归还本金时：

借：在建工程（或财务费用、研发支出等）　　8 000

　　长期借款——本金　　100 000

　　贷：银行存款　　108 000

【案例设计 3－46】 西秦股份有限公司 2015 年 10 月 1 日从银行取得一笔三年期的借款，借款合同表明的本金为 1 000 000 元，企业实际取得的借款为 946 000 元，年利率为 8%，复利计息，2018 年 9 月 30 日到期一次还本付息。企业采用实际利率法计算借款的利息费用。应作如下账务处理：

按照复利计算各年的应计利息如下：

第一年：1 000 000×8% =80 000（元）

第二年：（1 000 000 +80 000）×8% =86 400（元）

第三年：（1 000 000 +80 000 +86 400）×8% =93 312（元）

三年本利和 =1 000 000×(1 +8%)^3 =1 259 712（元）

假设该笔借款的实际利率为 r，则 946 000×(1 + r)^3 = 1 259 712，用插值法求得 r = 10%，则实际利率法计算的利息费用如表 3 -1 所示（为简化起见，本表计算时假设 1 年按照 360 天来计算，1 个月按照 30 天来计算）。

表 3 -1 **利息费用计算表** 单位：元

计息日期	应付利息（1）	利息费用（2）	摊销金额（3）	未转销折价（4）	摊余成本（5）
		（2）=（5）×实际利率	（3）=（2）-（1）	（4）=（4）-（3）	（5）=（5）+（3）
2015 年 10 月 1 日				54 000	946 000
2015 年 12 月 31 日	20 000	23 650	3 650	50 350	949 650
2016 年 12 月 31 日	81 600[a]	94 965	13 365	36 985	963 015
2017 年 12 月 31 日	88 128[b]	96 302	8 174	28 811	971 189
2018 年 9 月 30 日	69 984[c]	98 795[d]	28 811	0	1 000 000
合计	259 712	313 712	54 000		

表 3 -1 中：

a. 81 600 =80 000×9/12 +86 400×3/12

b. 88 128 =86 400×9/12 +93 312×3/12

c. 69 984 =93 312×9/12

d. 98 795 =69 984 +28 811

（1）2015 年 10 月 1 日借入款项时：

借：银行存款 946 000

　　长期借款——利息调整 54 000

　　贷：长期借款——本金 1 000 000

（2）2015 年 12 月 31 日计算应付未付利息时：

借：在建工程（或财务费用、研发支出等） 23 650

　　贷：长期借款——应计利息 20 000

　　　　　　　——利息调整 3 650

一次还本付息的长期借款利息，应当在“长期借款”科目下设置“应计利息”明细科目进行核算。

（3）2016 年 12 月 31 日计算应付未付利息时：

借：在建工程（或财务费用、研发支出等） 94 965

　　贷：长期借款——应计利息 81 600

　　　　　　　——利息调整 13 365

（4）2017 年 12 月 31 日计算应付未付利息时：

借：在建工程（或财务费用、研发支出等）	96 302	
贷：长期借款——应计利息		88 128
——利息调整		8 174

（5）2018 年 9 月 30 日，到期归还本息时：

借：在建工程（或财务费用、研发支出等）	98 795	
长期借款——本金	1 000 000	
——应计利息	189 728	
贷：长期借款——利息调整		28 811
银行存款		1 259 712

实操案例

【案例设计 3－13】 西秦股份有限公司为建造一座厂房，2018 年 1 月 1 日向银行借入期限为两年的长期专门借款 100 万元，款项已存入银行。借款利率为 9%，每年付息一次，期满后一次还清本金。假定不考虑闲置专门借款的利息收入或投资收益。

相关原始凭证：

借款合同（略）

中国工商银行借款借据（收款通知）

银行编号：7300　　2018 年 1 月 1 日　　№005338

借款单位名称	西秦股份有限公司	放款账号	4300457232	利率	9%
		存款账号	665674890		
借款金额（大写）	壹佰万元整	千百十万千百十元角分	¥100000000		
约定还款日期	2019 年 12 月 31 日	借款种类	长期借款	借款合同号码	2018－5338
展期到期日期	年　月　日				

借款直接用途			还款记录			
1. 长期专门借款	4.	年	月	日	还款金额	余额
2.	5.					
3.	6.					

根据签订的借款合同和你单位申请借款用途，经审查同意发放上列金额贷款。 中国工商银行陕西省咸阳市西兰路分行　　批准人：徐行	（银行转账盖章） 2018 年 1 月 1 日

此联退交借款单位

编制相关记账凭证：

收 款 凭 证

银收 字第 2 号

借方科目：银行存款　　　　2018年1月1日　　　　附件 壹 张

对方单位	摘要	贷方科目		金额										记账符号
		总账科目	明细科目	千	百	十	万	千	百	十	元	角	分	
工行咸阳分行	取得长期借款	长期借款	本金		1	0	0	0	0	0	0	0	0	□
														□
														□
														□
														□
银行结算方式及票号：支票 1234567			合计	¥	1	0	0	0	0	0	0	0	0	□

会计主管　　记账　　稽核　　出纳　　制证 吴亮

模块七 应付债券

【职业能力目标】

通过本模块的学习，掌握债券的发行方式，理解债券溢价及折价发行的实质，熟练掌握应付债券的发行、利息计提及债券偿还的核算。

【典型工作任务】

- ◆ 应付债券的确认、计量。
- ◆ 应付债券的会计核算。

理论知识概述

一、债券的计价

长期债券是企业为筹集长期资金而发行的一种书面凭证，债券的票面应当载明的内容包括：企业的名称、住所；票面金额；票面利率；还本期限和方式；利息的支付方式等。企业承诺将来要按照规定还本付息，企业发行的债券如果期限超过1年，形成的是企业的一项长期负债。企业可以自己发行债券，也可以委托银行或者其他金融机构发行。

债券的发行价格主要取决于债券的票面利率和发行时的金融市场的利率的状况。债券发行时可以按照面值发行（平价发行）、也可以按照高于面值的价格发行（溢价发行），也可以按照低于面值的价格发行（折价发行）。

发行时，如果债券的票面利率等于同期市场利率的，发行企业就按照债券的票面价值来发行，即所谓的平价发行。发行时，如果债券的票面利率高于同期市场利率的，发行债券的企业在未来就要按照高于市场利率的票面利率支付利息，因此债券的发行价格就会高于债券的票面价值，即所谓的溢价发行。因此，债券溢价发行就意味着发行企业为以后要多付利息而事先获得的一种补偿。发行时，如果债券的票面利率低于同期市场利率的，发行债券的企业在未来就会按照低于市场利率的票面利率支付利息，因此债券的发行价格就会低于债券的票面价值，即所谓的折价发行。因此，债券的折价发行就意味着发行企业为以后要少付利息而事先付出的一种代价。

债券的价格可以用债券的估价模型来确定：

$$P = \sum_{t=1}^{n} \frac{M \cdot i}{(1+K)^t} + \frac{M}{(1+K)^n}$$

$$P = I \times (P/A,\ K,\ n) + A \times (p/F,\ k,\ n)$$

式中，P 是债券价值；K 是折现率（可以使用发行时的市场利率）；A 是债券面值；n 是债券的期限；I 为每年利息；i 为票面利率；M 为票面价值总额。该公式适用于每年年末计算并支付利息、到期偿还本金的债券的估价。

二、债券溢价、折价实质及摊销

公司债券的发行方式有三种，即面值发行、溢价发行、折价发行。假设其他条件不变，债券的票面利率高于同期银行存款利率时，可按超过债券票面价值的价格发行，称为溢价发行。溢价是企业以后各期多付利息而事先得到补偿；如果债券的票面利率低于同期银行存款利率，可按低于债券面值的价格发行，称为折价发行。折价是企业以后各期少付利息而预先给投资者补偿。如果债券的票面利率与同期银行存款利率相同，可按票面价格发行，称为面值发行。溢价或折价是发行债券企业在债券存续期内对利息费用的一种调整。

债券发行以后，发行企业应按票面利率、面值及约定的付息时间，按期支付债权人利息。债券上的应计利息，应按权责发生制的原则按期预提，一般可按年预提。实际利率法是以实际利率乘以本期期初应付债券的现值计算各期的利息费用，当期入账的利息费用与按票面利率支付利息的差额，即为该期应摊销的债券溢价和折价。

会计相关核算知识

一、账户设置

为了总括反映长期债券的增减变动和结余情况，企业应当设置“应付债券”科目。该科目核算企业为筹集（长期）资金而发行债券的本金和利息。贷方登记应付债券的增加，借方登记应付债券的减少，余额在贷方，反映应付债券的结余数。本科目可按“面值”“利息调整”“应计利息”进行明细核算。如果企业发行多种债券，企业还应当按照债券的种类设置明细账，进行明细核算。

企业应当设置“企业债券备查簿”，详细登记企业债券的票面金额、票面利率、还本付息的期限、发行总额、发行日期和编号、委托代售单位等资料。企业发行的债券到期兑付时，在备查簿中予以注销。

二、具体核算

（一）发行债券的核算

发行债券时，不论是按照面值发行，还是溢价或者折价发行，都应当按照债券的面值记入“应付债券——面值”科目，实际收到的价款与面值的差额，溢价的部分，贷记“应付债券——利息调整”科目，折价的部分，借记“应付债券——利息调整”科目。债券的溢价或者折价的金额，在债券的存续期间按照实际利率进行摊销。债券的应计利息，应当按照权责发生制的原则按期计提。

企业发行债券筹集的资金用于购建资产的，在所购建的资产达到预定的可使用状态之前，如果发行费用（减去发行期间冻结资金产生的利息收入）较大，在符合费用资本化的条件下，按照《企业会计准则第 17 号——借款费用》的有关规定，计入所购建资产的成本；如果发行费用（减去发行期间冻结资金产生的利息收入）较小，则直接计入当期损益，计入当期财务费用。企业发行债券时，如果发行费用小于发行期间冻结资金所产生的利息收入，冻结期间所产生的利息收入减去发行费用后的差额，视作发行债券的溢价收入，在债券存续期间计提利息时摊销，并按照《企业会计准则第 17 号——借款费用》的有关规定进行处理。

（二）债券利息的核算

1. 面值发行存续期间的会计处理

（1）到期一次还本付息的核算。到期一次还本付息债券的利息费用按照应支付的利息，借记“财务费用”或“在建工程”科目，贷记“应付债券——应计利息”科目。到期实际支付本金和利息时，借记“应付债券——面值”“应付债券——应计利息”科目，贷记“银行存款”科目。

（2）分期付息的核算。分期付息债券每期计提利息费用时，借记“财务费用”或“在建工程”科目，贷记“应付利息”科目。到期实际支付利息时，借记“应付利息”科目，贷记“银行存款”科目。

2. 溢价或折价发行，每期利息费用的确认

如果债券溢价发行，每期应承担的利息费用：利息费用 = 应支付的利息 - 溢价摊销；如果是折价发行，每期应承担的利息费用：利息费用 = 应支付的利息 + 折价摊销。

债券的溢价或折价采用实际利率法摊销。实际利率法是以债券发行时的市场利率乘以应付债券的摊余成本，计算债券各期的实际利息费用，实际利息费用与应支付利息的差额，为各期溢价、折价摊销额。溢价摊销额 = 应支付的利息 - 当期利息费用，折价摊销额 = 当期利息费用 - 应支付的利息（其中：当期利息费用 = 债券各期摊余成本 × 实际利率）。

（三）债券到期的核算

长期债券到期，支付债券本息时，借记“应付债券——债券面值”“应付债券——应计利息”“应付利息”等科目，贷记“银行存款”等科目。如果“应付债券——利息调整”科目有余额的，借记或者贷记“应付债券——利息调整”等科目，贷记或者借记“在建工程”“制造费用”“财务费用”“研发支出”等科目。

理论案例

【案例设计 3 - 47】 西秦股份有限公司于 2014 年 1 月 1 日发行六年期分期付息、一次还本的公司债券 800 000 元，债券利息于每年年底结算，票面年利率为 7%，发行时的实际利率为 6%。

根据债券的估价模型计算的债券的价格为：利率为 6%、期数为 6 期的复利的现值系数和年金的现值系数分别为 0.70496 和 4.9137，则债券的发行价格 $P=800\ 000\times0.70496+800\ 000\times7\%\times4.9173=839\ 336$（元）。

所以债券溢价发行，溢价为 39 336 元。

采用实际利率法对债券的溢价进行摊销，各期的摊销金额如表 3－2 所示。

表 3－2　　**债券溢价摊销表**　　单位：元

计息日期	应付利息（1）	利息费用（2）	摊销溢价（3）	未转销溢价（4）	摊余成本（5）
	（1）＝面值×票面利率	（2）＝（5）×实际利率	（3）＝（1）－（2）	（4）＝（4）－（3）	（5）＝（5）－（3）
2014 年 1 月 1 日				39 336	839 336
2014 年 12 月 31 日	56 000	50 360	5 640	33 696	833 696
2015 年 12 月 31 日	56 000	50 022	5 978	27 718	827 718
2016 年 12 月 31 日	56 000	49 663	6 337	21 381	821 381
2017 年 12 月 31 日	56 000	49 283	6 717	14 644	814 664
2018 年 12 月 31 日	56 000	48 880	7 120	7 544	807 544
2019 年 12 月 31 日	56 000	48 456*	7 544	0	800 000
合计	336 000	296 664	39 336		

注：*48 456＝56 000－7 544。

西秦股份有限公司应作如下账务处理：

（1）2014 年 1 月 1 日发行债券时：

借：银行存款　　839 336
　　贷：应付债券——面值　　800 000
　　　　　　　——利息调整　　39 336

（2）2014 年 12 月 31 日计提利息、摊销溢价以及支付利息时：

借：在建工程（或财务费用、研发支出等）　　50 360
　　应付债券——利息调整　　5 640
　　贷：应付利息　　56 000
借：应付利息　　56 000
　　贷：银行存款　　56 000

（3）2015 年 12 月 31 日至 2019 年 12 月 31 日每年年末计提利息、溢价摊销以及支付利息的账务处理同 2014 年的类似。

（4）2019 年 12 月 31 日归还债券本金时：

借：应付债券——债券面值　　800 000
　　贷：银行存款　　800 000

实操案例

【案例设计 3－14】2018 年 7 月 1 日，西秦股份有限公司发行 3 年期、到期一次还本付息、年利率为8%、面值总额为300万元的债券，该债券按面值发行。

相关原始凭证：

银行贷方特种转账凭证

2018年7月1日

付款人	全称	市信托投资公司	收款人	全称	西秦股份有限责任公司
	账号	87973689		账号	665674890
	开户银行	工商银行佳欣支行		开户银行	中国工商银行陕西省咸阳市西兰路分行

金额	人民币（大写） 叁佰万元整	亿	千	百	十	万	千	百	十	元	角	分
			¥	3	0	0	0	0	0	0	0	0

原始凭证金额		赔偿金		科目（贷）________
原始凭证名称		合同		对方科目________
转账原因		发行债券款		事后监督 复核 记账

应付债券登记表

债券名称	发行日期	代理发行单位	单位面值	票面利率	发行总面值	还本方式	还本期限	付息方式	付息		还本	
									日期	金额	日期	金额
企业债券	2018.7.1	信托投资公司	100元	8%	3 000 000	到期还本	2021.7.1	到期付息				

编制相关记账凭证：

收 款 凭 证

银收 字第 5 号

借方科目：银行存款　　2018年7月1日　　附件 贰 张

对方单位	摘要	贷方科目		金额										记账符号
		总账科目	明细科目	千	百	十	万	千	百	十	元	角	分	
信托投资公司	发行债券	应付债券	面值		3	0	0	0	0	0	0	0	0	☐
														☐
														☐
														☐
														☐
银行结算方式及票号：			合计	¥	3	0	0	0	0	0	0	0	0	☐

会计主管　　记账　　稽核　　出纳　　制证 吴亮

模块八 长期应付款

【职业能力目标】

通过本模块的学习，理解长期应付款的含义，理解长期应付款所发生的借款费用的处理，掌握长期应付款的核算内容及账务处理。

【典型工作任务】

◆ 长期应付款的确认、计量。

◆ 长期应付款的账务处理。

理论知识概述

一、长期应付款的含义

长期应付款，是指企业除长期借款和应付债券以外的其他各种长期应付款项，包括应付融资租入固定资产的租赁费、以分期付款方式购入固定资产发生的应付款项等。

二、长期应付款的特点

长期应付款有两个特点：一是具有分期付款的性质，如补偿贸易引进设备应付款是在合同期内逐期偿还，融资租入固定资产的租赁费是在整个租赁期内逐期偿还；二是长期应付款涉及的外币账务较多，其计价经常会和外币与人民币之间的汇率有关。如引进国外设备的价款是通过汇率将外币折算为人民币计算的，还款时汇率变动，会影响人民币的数额。

会计相关核算知识

一、账户设置

为核算补偿贸易引进设备应付款和融资租入固定资产应付款，企业应设置“长期应付款”账户，该账户下应设“长期应付款——应付补偿贸易引进设备款”和“长期应付款——应付融资租赁款”两个明细账户，分别核算两种不同的长期应付款。

二、具体核算

（一）应付融资租入固定资产的租赁费

企业采用融资租赁方式租入的固定资产，应在租赁期开始日将租赁开始日租赁资产公允价值与最低租赁付款额现值两者中较低者，加上初始直接费用，作为租入资产的入账价值，借记“固定资产”等科目；按最低租赁付款额，贷记“长期应付款”科目；按发生的初始直接费用，贷记“银行存款”等科目；按其差额，借记“未确认融资费用”科目。

企业在计算最低租赁付款额的现值时，能够取得出租人租赁内含利率的，应当采用租赁内含利率作为折现率；否则，应当采用租赁合同规定的利率作为折现率。企业无法取得出租人的租赁内含利率且租赁合同没有规定利率的，应当采用同期银行贷款利率作为折现率。租赁内含利率，是指在租赁开始日，使最低租赁收款额的现值与未担保余值的现值之和等于租赁资产公允价值与出租人的初始直接费用之和的折现率。

（二）具有融资性质的延期付款购买资产

企业购买资产有可能延期支付有关价款。如果延期支付的购买价款超过正常信用条件，实质上具有融资性质的，所购资产的成本应当以延期支付购买价款的现值为基础确定。实际支付的价款与购买价款的现值之间的差额，应当在信用期内采用实际利率法进行摊销，计入相关资产成本或当期损益。具体来说，企业购入资产超过正常信用条件延期付款实质上具有融资性质的，应按购买价款的现值，借记“固定资产”“在建工程”等科目；按应支付的价款总额，贷记“长期应付款”科目；按其差额，借记“未确认融资费用”科目。

（三）补偿贸易引进设备应付款

补偿贸易是指企业从国外引进设备，再用该设备生产的产品归还设备价款。企业按照补偿贸易方式引进设备时，应按设备以及随同设备一起引进的工具、零配件等的价款以及国外运杂费的外币金额和规定的汇率折合为人民币记账，借记“在建工程”、“材料采购”或“原材料”等科目，贷记“长期应付款——应付补偿贸易引进设备款”科目。企业用人民币借款或银行存款支付进口关税、国内运杂费和安装费等时，借记“在建工程”、“材料采购”或“原材料”等科目，贷记“长期应付款——应付补偿贸易引进设备款”科目。企业用人民币借款或银行存款支付进口关税、国内运杂费和安装费等时，借记“在建工程”、“材料采购”或“原材料”等科目，贷记“长期借款”或“银行存款”等科目。归还引进设备款时，借记“长期应付款——应付补偿贸易引进设备款”科目，贷记“银行存款”或“应收账款”等科目。

理论案例

【案例设计3－48】西秦股份有限公司2017年1月1日以分期付款的方式购入一台设备，总价款为160万元，购货合同约定购买之日首付70万元，以后每年年末支付30万元，分3年于2019年12月31日付清，建设银行同期银行贷款利率为10%。根据上述经济业务，公司应作会计处理如下：

（1）2017年1月1日购入时：

分期应付款的应付本金＝每期分期付款300 000元的年金现值＝300 000PVA（3，10%）＝300 000×2.4869＝746 070（元）

总价款的现值＝700 000＋746 070＝1 446 070（元）

未确认融资费用＝1 600 000－1 446 070＝153 930（元）

借：固定资产	1 446 070	
未确认融资费用	153 930	
贷：长期应付款		900 000
银行存款		700 000

（2）按期支付价款、分摊未确认融资费用，如表3－3所示。

表 3－3　　合同付款期内采用实际利率法分摊融资费用　　单位：元

日期 (1)	每期付款金额 (2)	确认的融资费用 (3)＝期初(5)×10%	应付本金减少额 (4)＝(2)－(3)	应付本金余额期末 (5)＝(5*)－(4)
				746 070
2017.12.31	300 000	74 607	225 393	520 677
2018.12.31	300 000	52 067.70	247 932.30	272 744.70
2019.12.31	300 000	27 255.30	272 744.70	0
合计	900 000	153 930	746 070	

注：(5*) 指上一年第 (5) 列数据。

2017 年 12 月 31 日，支付第一期应付款：

借：长期应付款　　300 000

　　贷：银行存款　　300 000

借：财务费用　　74 607

　　贷：未确认融资费用　　74 607

2018 年 12 月 31 日，支付第二期应付款：

借：长期应付款　　300 000

　　贷：银行存款　　300 000

借：财务费用　　52 067.70

　　贷：未确认融资费用　　52 067.70

2019 年 12 月 31 日，支付第三期应付款：

借：长期应付款　　300 000

　　贷：银行存款　　300 000

借：财务费用　　27 255.30

　　贷：未确认融资费用　　27 255.30

【案例设计 3－49】 西秦股份有限公司与外商签订补偿贸易合同，引进一台设备及配件。设备款折合人民币 800 000 元，配件款折合人民币 70 000 元，企业准备用的生产的产品归还引进设备及配件款。设备运用，用人民币支付关税及国内运杂费 20 000 元（其中设备负担 18 000 元）。设备安装调试后，正式投入使用，同时开出转账支票支付安装调试费 12 000 元。引进设备投产后，第一批生产产品 200 件，每件不含税销售价格 400 元，销售成本 300 元，这一批产品全部用于归还设备款。有关业务应作如下会计分录：

(1) 引进设备时：

借：在建工程　　800 000

　　材料采购　　70 000

　　贷：长期应付款——应付补偿贸易引进设备款　　870 000

(2) 支付设备及配件关税和国内运杂费时：

借：在建工程　　18 000

　　材料采购　　2 000

贷：银行存款 20 000

（3）配件验收入库时：

借：原材料 72 000

贷：材料采购 72 000

（4）开出支票支付设备安装调试费时：

借：在建工程 12 000

贷：银行存款 12 000

（5）设备安装调试后，已达到预定使用状态时：

借：固定资产——生产用固定资产 830 000

贷：在建工程 830 000

（6）用设备投产后第一批商品的价款偿还引进设备款时：

①对向外商提供的商品：

借：应收账款——应收×外商 80 000

贷：主营业务收入 80 000

②结转销售成本：

借：主营业务成本 70 000

贷：库存商品 70 000

③对已抵偿的引进设备款：

借：长期应付款——应付补偿贸易引进设备款 80 000

贷：应收账款——应收×外商 80 000

知识拓展

借款费用的有关知识

借款费用是指企业因借款而发生的利息以及其他相关成本。内容包括：（1）专门借款；（2）一般借款；（3）折价、溢价；（4）汇兑差额；（5）辅助费用。借款费用的账务处理：按照《企业会计准则第17号——借款费用》的规定，企业对于符合资本化条件的借款费用，可直接归属于符合资本化条件的资产的购建或者生产的，应当予以资本化，计入相关资产的成本。

借款费用只有同时满足以下三个条件时，才能开始资本化：一是资产支出已经发生，包括为购建或者生产符合资本化条件的资产而以支付现金、转移非现金资产或者承担带息债务形式发生的支出；二是借款费用已经发生；三是为使资产达到预定可使用或者可销售状态所必要的购建或者生产经营活动已经开始。

对于其他借款费用，应当在发生时根据其发生额确认为费用，计入当期损益。如果该借款费用属于在筹建期间发生的，应当根据其发生额先计入长期待摊费用，然后在开始生产经营当月一次性计入当期损益（管理费用）；如果该借款费用属于在生产经营期间为生产经营而发生的，应当根据其发生额全部费用化，计入当期损益（财务费用）。

非流动负债各项目在资产负债表中的列示方法：长期借款项目应根据“长期借款”总账科目余额减去“长期借款”科目所属明细科目中将于一年内到期的差额填列；应付债券项目应根据“应付债券”总账科目余额减去“应付债券”科目所属明细科目中将于一年内到期的差额填列。

非流动负债（长期负债），是企业筹措长期资金的一项重要来源，通常用于企业扩展经营规模、购置大型设备、扩建厂房等。主要包括长期借款、应付债券和长期应付款，其特点是金额大、期限长，筹资的风险也比较大。通常形成大都是长期资产，资产的变现能力较差。

长期借款是企业向银行或者其他金融机构借入的期限在一年以上（不含一年）的各种借款。长期借款的核算包括取得借款的核算、借款利息的核算以及到期偿还借款本息三个方面的内容。

长期债券是企业为筹集长期资金而发行的一种书面凭证，可以按面值发行，也可以按溢价或者折价发行，通过“应付债券”科目进行账务处理，具体包括债券发行的核算、债券持有期间利息的确认、溢价和折价的摊销以及到期偿还债券的核算等三个方面。

项目四

所有者权益

学习内容框架提纲

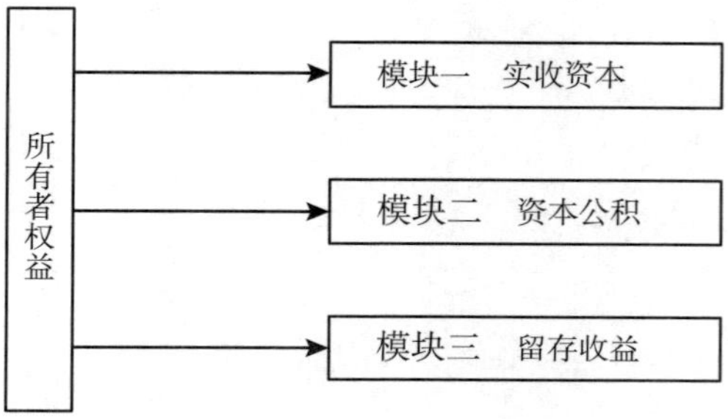

项目综合知识

一、所有者权益的概念

所有者权益是指所有者在企业资产中享有的经济利益，其金额为资产减去负债后的余额。在公司制企业又称为股东权益。它由企业所有者投入的资本、直接计入所有者权益的利得和损失及留存收益构成。直接计入所有者权益的利得和损失，是指不应计入当期损益、会导致所有者权益发生增减变动的、与所有者投入资本或者向所有者分配利润无关的利得或者损失。

二、所有者权益相对负债的特点

所有者权益和债权人权益都是对企业资产的要求权，所有者权益和债权人权益的合计总额等于资产总额。但是，二者之间又有本质区别，具体表现在以下几个方面：

1. 对象不同

所有者权益是企业对自己的投资人负担的经济责任；而债权人权益是企业对自己的债权人负担的经济责任。

2. 性质不同

所有者权益是投资者享有对企业投入资本及其投入资本的运用所产生的盈亏的要求权利；而债权人权益是企业在经营或其他事项中发生的债务，是债权人对企业所欠债务要求清偿的权利。

3. 享受的权利不同

所有者权益参与企业的利润分配和经营管理；而债权人权益只享有到期收回债务本金和利息的权利，但企业进行清算时，债权人对企业的资产享有优先要求权。

4. 偿还期限不同

所有者权益没有偿还期限。只有在企业解散清算时，其破产财产在偿付了破产费用、债权人的债务等以后，如有剩余财产，才可能在投资者之间按出资比例等进行分配。债权人权益有偿还期限，需要在约定的日期偿还。

三、所有者权益的内容

所有者权益包括实收资本（或股本）、资本公积、盈余公积和未分配利润四项内容。其中盈余公积和未分配利润统称为留存收益。

模块一 实收资本

学习内容框架提要

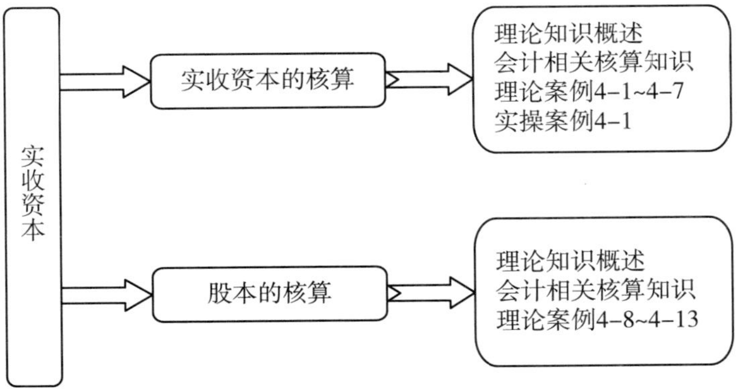

【职业能力目标】

通过本模块的学习，能够明确区分实收资本、注册资本、投入资本。能够掌握所有者投入、盈余公积转增资本或股本增加的账务处理。

【典型工作任务】

◆ 实收资本的核算。

◆ 股本的核算。

学习情境一　实收资本的核算

理论知识概述

实收资本是指投资者作为资本投入企业中的各种资产的价值。企业进行生产经营活动，必须具备一定的资金。《企业法人登记管理条例》规定，企业申请开业，必须具备国家规定与其生产经营和服务规模相适应的资金。目前我国实行的是注册资本制度，除国家另有规定者外，企业的实收资本应当与其注册资本相一致。

投资者可以用现金投资，也可以用现金以外的其他有形资产投资；符合国家规定比例的，还可以用无形资产投资。但是，法律、行政法规规定不得作为出资的财产除外。对作为出资的非货币财产应当评估作价，核实财产，不得高估或者低估作价。法律、行政法规对评估作价有规定的，从其规定。全体股东的货币出资金额不得低于有限责任公司注册资本的30%。不论以何种方式出资，投资者如在投资过程中违反投资合约，不按规定如期缴足出资额，企业可以依法追究投资者的违约责任。企业收到所有者投入的资本后，应根据有关原始凭证（如投资清单、银行通知单等），根据不同的出资方式作不同的账务处理。

会计相关核算知识

一、账户设置

为了总括反映实收资本的增减变动和结余情况，一般企业应设置“实收资本”科目。核算企业收到投资人投入的资本。贷方登记企业实际收到投资者缴付的资本；借方登记企业按法定程序减资时所减少的注册资本额；余额在贷方，反映企业实收资本的实有数。本科目按投资者进行明细核算。

二、具体核算

1. 接受现金投资的账务处理

接受投资人投入现金的，应在实际收到或者存入企业开户银行时，按实际收到的金额，借记“库存现金”“银行存款”等科目，贷记“实收资本”科目。

实收资本的构成比例即投资者的出资比例或股东的股份比例，是确定所有者在企业所有者权益中所占份额和参与企业财务经营决策的基础，也是企业进行利润分配或股利分配的依据，同时还是企业清算时确定所有者对净资产的要求权的依据。

2. 接受实物投资的账务处理

接受实物资产投资的，应在办理实物产权转移手续后，按投资合同或协议约定价值确定实物资产价值（但投资合同或协议约定价值不公允的除外）加上应支付的相关税费借记有关资产科目，按该项投资在注册资本中应享有的份额，贷记“实收资本”科目，按借贷方差额，贷记“资本公积——资本溢价”科目。

3. 接受无形资产投资的账务处理

接受无形资产投资的，应在移交有关凭证后，按投资合同或协议约定价值确定无形资产价值（但投资合同或协议约定价值不公允的除外）借记“无形资产”科目，按该项投资在注册资本中应享有的份额，贷记“实收资本”科目，按借贷方差额，贷记“资本公积——资本溢价”科目。

4. 实收资本增减变动的账务处理

一般情况下，企业的实收资本应相对固定不变，但在某些特定情况下，实收资本也可能发生增减变化。《企业法人登记管理条例》规定，当实收资本比原注册资金增加或减少的幅度超过20%时，应持资本使用证明或者验资证明，向原登记主管机关申请变更登记。如擅自改变注册资本或抽逃资金，要受到工商行政管理部门的处罚。

实收资本的增加主要有三种情形：接受投资者追加投资、资本公积转增资本和盈余公积转增资本。经营期接受投资者追加投资与创建期接受投资者用公司初始投资的会计核算完全相同。资本公积、盈余公积转增资本的，则应借记“资本公积”“盈余公积”科目，贷记“实收资本”科目。

在我国，企业不得自行减少其注册资本，应按法定程序报经批准。但在以下两种情况下，企业可以在按法定程序报经批准后，办理资本变更手续：（1）经营规模缩小而减资。借记“实收资本”科目，贷记“库存现金”“银行存款”等科目。（2）严重亏损而减资。借记“实收资本”科目，贷记“利润分配——未分配利润”科目。

理论案例

【案例设计4-1】 西秦股份有限公司由甲、乙、丙共同出资设立，注册资本为4 000 000元。甲、乙、丙持股比例分别为60%、25%和15%。按照章程规定，甲、乙、丙投入资本分别为2 400 000元、1 000 000元和600 000元。西秦股份有限公司已如期收到各投资者一次缴足的款项。根据有关凭证，西秦股份有限公司应作如下账务处理：

借：银行存款	4 000 000	
贷：实收资本——甲		2 400 000
——乙		1 000 000
——丙		600 000

【案例设计4-2】 西秦股份有限公司于设立时收到A公司作为资本投入的不需要安装的机器设备一台，该设备账面原值1 755 000元，已提折旧435 000元。合同约定该机器设备的价值为1 200 000元。假定合同约定的价值与公允价值相符，该公允价值与其在注册资本中所占份额相等。根据有关凭证，西秦股份有限公司应作如下账务处理：

借：固定资产	1 200 000	
贷：实收资本——A公司		1 200 000

【案例设计4-3】 西秦股份有限公司收到B公司作为资本投入的原材料一批，该批原材料投资合同或协议约定价值（不含可抵扣的增值税进项税额部分）为200 000元，增值税进

项税额为 34 000 元。丙公司已开具了增值税专用发票。假设合同约定价值与公允价值相符，该进项税额允许抵扣。根据有关凭证，西秦股份有限公司应作如下账务处理：

借：原材料　200 000
　　应交税费——应交增值税（进项税额）　34 000
　　贷：实收资本——B 公司　234 000

【案例设计 4－4】 西秦股份有限公司收到 C 公司作为资本投入的土地使用权一项，投资合同约定价值为 2 200 000 元。该项投资在西秦股份有限公司所有者权益中所占份额为 10%。西秦股份有限公司接受该项投资后的所有者权益总额为 20 000 000 元。假设合同约定的价值与公允价值相符。根据有关凭证，西秦股份有限公司应作如下账务处理：

借：无形资产——土地使用权　2 200 000
　　贷：实收资本——C 公司　2 000 000
　　　　资本公积——资本溢价　200 000

【案例设计 4－5】 承【案例设计 4－1】，为扩大经营规模，经批准，西秦股份有限公司注册资本扩大了 2 000 000 元，甲、乙、丙按照原出资比例分别追加投资 1 200 000 元、500 000 元和 300 000 元。西秦股份有限公司如期收到甲、乙、丙追加的现金投资。根据有关凭证，西秦股份有限公司应作如下账务处理：

借：银行存款　2 000 000
　　贷：实收资本——甲　1 200 000
　　　　　　　　——乙　500 000
　　　　　　　　——丙　300 000

【案例设计 4－6】 承【案例设计 4－1】，因扩大经营规模需要，经批准，西秦股份有限公司按原出资比例将资本公积 200 000 元转增资本。根据有关凭证，西秦股份有限公司应作如下账务处理：

借：资本公积　200 000
　　贷：实收资本——甲　120 000
　　　　　　　　——乙　50 000
　　　　　　　　——丙　30 000

【案例设计 4－7】 承【案例设计 4－1】，因扩大经营规模需要，经批准，西秦股份有限公司按原出资将盈余公积 100 000 元转增资本。根据有关凭证，西秦股份有限公司应作如下账务处理：

借：盈余公积　100 000
　　贷：实收资本——甲　60 000
　　　　　　　　——乙　25 000
　　　　　　　　——丙　15 000

实操案例

【案例设计 4－1】 2019 年，西秦股份有限公司收到投资人投入资本、验资报告（略）。

相关原始凭证：

中国建设银行　**进账单（收账通知）**　3

2019 年 1 月 1 日

出票人	全称	西秦股份有限公司	收款人	全称	
	账号	665674890		账号	
	开户银行	中国建设银行陕西省咸阳市西兰路分行		开户银行	

金额	人民币（大写）　叁佰万元整	千	百	十	万	千	百	十	元	角	分
		¥	3	0	0	0	0	0	0	0	0

票据种类	转账支票	票据张数	1 张	
票据号码	112			
复核　　记账				收款人开户银行盖章

此联是收款人开户银行交给收款人的收账通知

注册资本实收情况明细表

被审验单位名称：西秦股份有限公司　　　　货币单位：万元

股东名称	认缴注册资本		实际出资情况						
	金额	出资比例（%）	货币	实物	其他	合计	其中：实收资本		
							金额	占自身认缴注册资本比例（%）	占注册资本总额比例（%）
刘铭乾	100	33. 33	100			100	100	100	33. 33
于晋华	100	33. 33	100			100	100	100	33. 33
阎方卓	100	33. 33	100			100	100	100	33. 33
合计	300					300	300		

金华会计师事务所（盖章）

中国注册会计师（签名并盖章）

编制相关记账凭证：

收 款 凭 证

银收 字第 6 号

借方科目：银行存款　　2019 年 1 月 1 日　　附件 贰 张

对方单位	摘要	贷方科目		金额										记账符号
		总账科目	明细科目	千	百	十	万	千	百	十	元	角	分	
各出资人	收到投资款	实收资本	刘铭乾		1	0	0	0	0	0	0	0	0	□
		实收资本	于晋华		1	0	0	0	0	0	0	0	0	□
		实收资本	闫方卓		1	0	0	0	0	0	0	0	0	□
														□
														□
银行结算方式及票号：转账支票 112			合计	¥	3	0	0	0	0	0	0	0	0	□

会计主管　　记账　　稽核　　出纳　　制证 吴亮

学习情境二　股本的核算

理论知识概述

股本指股东在公司中所占的权益，多用于指股票。上市公司与其他公司比较，最显著的特点就是将上市公司的全部资本划分为等额股份，并通过发行股票的方式来筹集资本。股东以其所认购股份对公司承担有限责任，股份是很重要的指标。股票的面值与股份总数的乘积为股本，股本应等于公司的注册资本，所以，股本也是很重要的指标。为了直观地反映这一指标，在会计核算上股份公司应设置“股本”科目。

公司的股本应在核定的股本总额范围内，发行股票取得。但值得注意的是，公司发行股票取得的收入与股本总额往往不一致，公司发行股票取得的收入大于股本总额的，称为溢价发行；小于股本总额的，称为折价发行；等于股本总额的，称为面值发行。我国不允许公司折价发行股票。股份有限公司在经营期间为了进一步筹集资金，经董事会和股东大会同意，并经证券管理部门批准后可以发行新股，还可以通过以资本公积、盈余公积转增资本和发放股票股利的方法增加股本。股份有限公司有时为了提高本公司股票的每股收益或市场价格，采用收购本公司股票并加以注销的方式来减少注册资本（股本）。

会计相关核算知识

一、账户设置

股份有限公司对股东投入资金应设置“股本”科目。核算企业收到投资人的资本。贷方登记已发行股票的面值；借方登记按法定程序注销股本而收购的面值；期末贷方余额反映公司实际股本总额。该科目按普通股、优先股设置明细账，进行明细核算，同时设股本备查簿详细记录股本总额、股数、面值等详细情况。

二、具体核算

（一）发行股票的账务处理

发行股票时，其发行价格可以等于面值，也可以按高于面值的价格发行，即溢价发行。发行股票时按实际收到的款项借记“银行存款”科目，按面值贷记“股本”，差额记入“资本公积——股本溢价”。同时股份公司发行股票时，会发生一定的发行费用，即发行股票的公司支付给相关发行机构、中介机构的费用，如承销费用、注册会计师费用、评估费用、律师费用、公关及广告费用等。股份公司发行股票发生直接相关费用时，应借记“资本公积”科目，贷记“银行存款”科目。

（二）股本增加的账务处理

为了进一步筹集资金，经董事会和股东大会同意，股份有限公司在经证券管理部门批准后可以增发新股。其核算方法与前述发行股票完全相同。

另外，经股东大会批准，股份有限公司还可以通过以资本公积、盈余公积转增资本和发放股票股利的方法增加股本。用公司的资本公积、盈余公积转增资本时，应借记“资本公积”科目、“盈余公积”科目，贷记“股本”科目。实施股票股利分配方案时，应在办妥增资手续后，借记“利润分配——转作股本的股利”科目，贷记“股本”科目。

（三）股本减少的账务处理

股份有限公司有时为了提高本公司股票的每股收益或市场价格，采用收购本公司股票并加以注销的方式来减少注册资本（股本）。公司收购本公司股票时，按支付的金额借记“库存股”科目，同时贷记“银行存款”科目。公司注销股本时，如果购回股票支付的价款多于面值总额，按股票面值和注销股数计算的股票面值总额借记“股本”科目，按注销库存股的账面余额贷记“库存股”科目，按两者差额借记“资本公积——股本溢价”科目。股本溢价不足冲减的，再依次借记“盈余公积”科目、“利润分配——未分配利润”科目；如果购回股票支付的价款少于面值总额的，所注销库存股的账面余额与所冲减股本的差额则贷记“资本公积——股本溢价”科目。

理论案例

【案例设计4－8】 西秦股份有限公司发行普通股3 000 000股，每股面值1元，每股发行价格5元。假定股票发行成功，股款15 000 000元已全部收到，不考虑发行过程中的税费等因素。根据有关凭证，西秦股份有限公司应作如下账务处理：

借：银行存款	15 000 000	
贷：股本		3 000 000
资本公积——股本溢价		12 000 000

【案例设计4－9】 承【案例设计4－8】，西秦公司发行股票时，总共发生发行费用150 000元，用银行存款支付。根据有关凭证，西秦股份有限公司应作如下账务处理：

借：资本公积	150 000	
贷：银行存款		150 000

【案例设计4－10】 西秦股份有限公司2019年股东大会决议，用当年实现的净利润向全体普通股股东分配股票股利，每10股普通股分配3股；同时用公司的任意盈余公积向全体

普通股股东转增股票，每10股普通股获赠2股。该公司现有普通股股份1 500万股，每股面值1元。假设根据有关凭证，西秦股份有限公司应作如下账务处理：

借：利润分配——转作股本的股利　　4 500 000
　　盈余公积——任意盈余公积　　3 000 000
　　贷：股本　　7 500 000

【案例设计4-11】 西秦股份有限公司2019年12月31日的股本为200 000 000股，面值为1元，资本公积（股本溢价）50 000 000元，盈余公积70 000 000元。经股东大会批准，该公司以现金回购本公司股票40 000 000股并注销。假定该公司按每股2元回购股票。根据有关凭证，西秦股份有限公司应作如下账务处理：

（1）回购本公司股票：

借：库存股　　80 000 000
　　贷：银行存款　　80 000 000

库存股成本＝40 000 000×2＝80 000 000（元）

（2）注销本公司股票时：

借：股本　　40 000 000
　　资本公积——股本溢价　　40 000 000
　　贷：库存股　　80 000 000

应冲减的资本公积＝40 000 000×2－40 000 000×1＝40 000 000（元）

【案例设计4-12】 承【案例设计4-11】，假定西秦股份有限公司按每股3元回购股票，其他条件不变。根据有关凭证，西秦股份有限公司应作如下账务处理：

（1）回购本公司股票：

借：库存股　　120 000 000
　　贷：银行存款　　120 000 000

库存股成本＝40 000 000×3＝120 000 000（元）

（2）注销本公司股票时：

借：股本　　40 000 000
　　资本公积——股本溢价　　50 000 000
　　盈余公积　　30 000 000
　　贷：库存股　　120 000 000

应冲减的资本公积＝40 000 000×3－40 000 000×1＝80 000 000（元）

由于应冲减的资本公积大于公司现有的资本公积，所以只能冲减资本公积50 000 000元，剩余的30 000 000元应冲减盈余公积。

【案例设计4-13】 承【案例设计4-11】，假定西秦公司按每股0.9元回购股票，其他条件不变。根据有关凭证，西秦股份有限公司应作如下账务处理：

（1）回购本公司股票：

借：库存股　　36 000 000
　　贷：银行存款　　36 000 000

库存股成本＝40 000 000×0.9＝36 000 000（元）

（2）注销本公司股票时：

借：股本 40 000 000

贷：库存股 36 000 000

资本公积——股本溢价 4 000 000

应增加的资本公积 $=40\ 000\ 000\times1-40\ 000\ 000\times0.9=4\ 000\ 000$（元）

由于折价回购，股本与库存股成本的差额4 000 000元应作为增加资本公积处理。

模块二 资本公积

【职业能力目标】

通过本模块的学习，理解资本公积的含义，掌握资本公积的来源，了解直接计入所有者权益的利得和损失的产生途径，掌握资本公积的核算。

【典型工作任务】

◆ 资本公积的确认、计量。

◆ 资本公积的账务处理。

理论知识概述

资本公积是企业收到投资者的超出其在企业注册资本（或股本）中所占份额的投资，以及直接计入所有者权益的利得和损失等。资本公积是企业资金的来源之一，它虽然不是由于企业实现利润而形成，但属于投入资本的范畴，由全部投资者共同享有。

资本公积包括资本溢价（或股本溢价）和直接计入所有者权益的利得和损失等。资本溢价（或股本溢价），是指企业收到投资者的超出其在企业注册资本（或股本）中所占份额的投资。形成资本溢价（或股本溢价）的原因有溢价发行股票、投资者超额缴入资本等。直接计入所有者权益的利得和损失是指不应计入当期损益、会导致所有者权益发生增减变动的、与所有者投入资本或者向所有者分配利润无关的利得或者损失。其中，利得是指由企业非日常活动所形成的，会导致所有者权益增加的、与所有者投入资本无关的经济利益的流入。损失是指由企业非日常活动所形成的，会导致所有者权益减少的、与所有者分配利润无关的经济利益的流出。具体来说，直接计入所有者权益的利得和损失主要由以下事项引起：

（1）采用权益法核算的长期股权投资。

（2）以权益法结算的股份支付。

（3）存货或自用房地产转换为投资性房地产。

（4）可供出售金融房地产公允价值的变动。

（5）金融资产的重新分类。

会计相关核算知识

一、账户设置

为了总括反映企业资本公积的取得和使用情况，应设置“资本公积”科目。所有者权益类。核算企业收到投资者出资额超出其在注册资本或股本中所占份额的部分以及直接计入所有者权益的利得和损失。贷方登记形成的各项资本公积；借方登记按规定转出的资本公积；期末贷方余额反映企业实有的资本公积。本科目应当分别“资本溢价（或股本溢价）”“其他资本公积”进行明细核算。

二、具体核算

（一）资本公积形成的账务处理

1. 资本溢价

除股份有限公司外的其他类型的企业在初创时，投资者认缴的出资额与注册资本一致，一般不会产生资本溢价。但在企业重组或有新的投资者加入时，为了维护原有投资者的合法权益，新投资者的出资额往往要大于其在注册资本中所占有的份额。这是因为企业正常经营期投入的资金与创建期投入的资金相比，前者的资本利润率高于后者，但其资本风险却小于后者。即使投入资金量相同，投资者面临的风险及获得的利润却有很大差别。另外，企业经过一段时间的经营形成了一定的留存收益。新投资者加入企业后，有权与原有投资者一样分享原有留存收益，所以新加入的投资者往往要付出大于原投资者的出资额，才能取得与原投资者相同的出资比例。投资者多缴的部分就形成了资本溢价，资本溢价在“资本公积——资本溢价”科目中核算。

2. 股本溢价

股份有限公司发行股票时，根据对公司未来盈利能力的预计和股票发行时资本市场情况的判断，可以决定按面值或溢价发行股票（我国目前不准折价发行）。如果溢价发行股票，就可能产生股本溢价。股本溢价的数额等于股份有限责任公司溢价发行股票时实际收到的款额超过股票面值总额的部分。

在溢价发行股票的情况下，按企业发行股票取得的收入借记“银行存款”科目，按面值贷记“股本”科目，超出股票面值的溢价收入贷记“资本公积——股本溢价”科目。发行股票相关的手续费、佣金等交易费用，如果是溢价发行股票的，应从溢价收入中抵扣，借记“资本公积——股本溢价”科目。无溢价发行股票或溢价金额不足以抵扣的，应将不足抵扣的部分依次借记“盈余公积”科目、“利润分配——未分配利润”科目。

3. 其他资本公积

其他资本公积主要是指直接计入所有者权益的利得和损失。下面以投资单位因被投资单位除净损益以外的所有者权益的其他变动而产生的利得或损失为例进行讲述。

企业对某些长期股权投资采用权益法核算时，在持股比例不变的情况下，被投资单位除净损益以外的所有者权益的其他变动，必然会影响投资企业的经济利益。如果是利得，则应按持股比例计算其应享有被投资企业所有者权益的增加数额，借记“长期股权投资——其他权益变动”科目，贷记“资本公积——其他资本公积”科目；如果是损失，则作相反的会计分录。日后处置长期股权投资时，转销原记入“资本公积——其他资本公积”科目的相关金额。

（二）资本公积使用的账务处理

经股东大会或类似机构决议，资本公积可以转增资本。转增资本时，应借记“资本公积”科目，同时按照各所有者的持股比例，将转增的金额贷记“实收资本”（或“股本”）

科目下各所有者的明细分类账。

理论案例

【案例设计 4－14】 甲、乙、丙共同出资设立西秦股份有限公司，原注册资本为 6 000 000 元。甲、乙、丙分别出资 2 000 000 元。两年后，西秦股份有限公司留存收益已达 1 000 000 元。此时，投资者丁要加入该企业。经协商，丁愿意出资 2 250 000 元获得该企业 1/4 的股份，甲、乙、丙表示同意。西秦股份有限公司已收到该现金投资。根据有关凭证，西秦股份有限公司应作如下账务处理：

借：银行存款　　2 250 000
　贷：实收资本——丁　　2 000 000
　　资本公积——资本溢价　　250 000

【案例设计 4－15】 某股份有限公司首次公开发行普通股 40 000 000 股，每股面值 1 元，每股发行价格为 4 元。该公司以银行存款支付发行手续费、咨询费等费用共计 6 000 000 元。假定发行收入已全部收到，发行费用已全部支付。根据有关凭证，该公司应作如下账务处理：

（1）收到发行收入时：

借：银行存款　　160 000 000
　贷：股本　　40 000 000
　　资本公积——股本溢价　　120 000 000

应增加的资本公积 $=40\ 000\ 000\times(4-1)=120\ 000\ 000$（元）

（2）支付发行费用时：

借：资本公积——股本溢价　　6 000 000
　贷：银行存款　　6 000 000

【案例设计 4－16】 西秦股份有限公司拥有 A 公司 20% 的股份，并对该公司有重大影响，因而对 A 公司长期股权投资采用权益法核算。2018 年 A 公司除净损益之外的所有者权益共增加了 1 000 000 元。2019 年初，西秦股份有限公司将持有的 A 公司股份全部出售，收到价款 1 350 万元。此时股权投资账面价值合计 1 280 万元，其中投资成本 1 000 万元，损益调整 260 万元，其他权益变动 20 万元。不考虑其他因素。根据有关凭证，西秦股份有限公司应作如下账务处理：

（1）2018 年，确认其他资本公积时：

借：长期股权投资——A 公司（其他权益变动）　　200 000
　贷：资本公积——其他资本公积　　200 000

（2）2019 年出售 A 公司股权时：

借：银行存款　　13 500 000
　贷：长期股权投资——A 公司（成本）　　10 000 000
　　　　　　——A 公司（损益调整）　　2 600 000
　　　　　　——A 公司（其他权益变动）　　200 000
　　投资收益　　700 000

借：资本公积——其他资本公积　　200 000
　贷：投资收益　　200 000

模块三 留存收益

学习内容框架提要

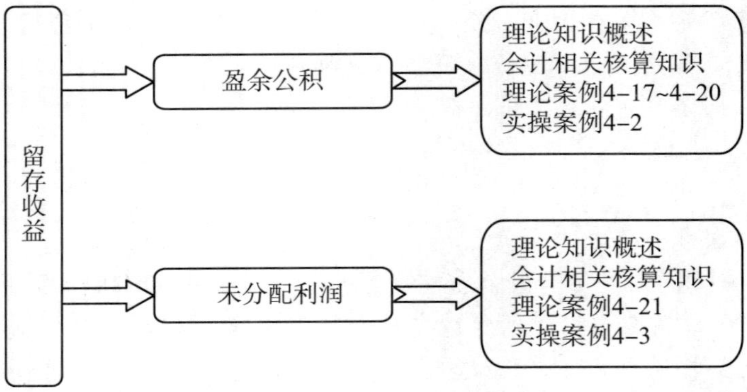

【职业能力目标】

通过本模块的学习，理解盈余公积的含义及计提盈余公积的必要性，掌握盈余公积计提和使用的核算。理解未分配利润的含义，掌握未分配利润的计算、利润分配的顺序及利润分配的核算。

【典型工作任务】

◆ 盈余公积的账务处理。

◆ 利润分配的账务处理。

模块内容概述

留存收益是指企业从实现的净利润中提取或留存于企业的内部积累，它来源于企业的生产经营活动所实现的利润，包括盈余公积和未分配利润两部分。

学习情境一 盈余公积

理论知识概述

一、盈余公积概念

盈余公积是指企业按规定从净利润中提取的企业积累资金。提取盈余公积是对企业分配净利润的一种限制。其主要目的在于：（1）满足企业维持正常经营活动或扩大再生产的资金需要；（2）确保企业有一定的资金可用于弥补以后年度可能出现的亏损。主要用途就是弥补亏损、转增资本、发放现金股利。企业用盈余公积弥补亏损或转增资本时，一般先使用任意盈余公积，任意盈余公积用完之后，再使用法定盈余公积，转增后留存的盈余公积不得低于注册资本的25%。

二、盈余公积的内容

公司制企业的盈余公积包括法定盈余公积、任意盈余公积。

1. 法定盈余公积

法定盈余公积是指企业按规定比例从净利润中提取的盈余公积。公司制企业应当按照净利润（弥补以前年度亏损后，下同）的10%提取法定盈余公积。非公司制企业的提取比例可超过10%。法定盈余公积累计额已达到注册资本的50%时可以不再提取。

2. 任意盈余公积

任意盈余公积是指公司制企业可根据股东大会的决议提取任意盈余公积。非公司制企业经类似权力机构批准，也可以提取任意盈余公积。任意盈余公积的计提比例由企业自行决定，但用途与法定盈余公积相同。

会计相关核算知识

一、账户设置

为了总括反映资本公积的增减变动和结余情况，企业应设置“盈余公积”科目，所有者权益类，核算企业从净利润中提取的盈余公积。贷方登记企业提取的盈余公积的金额；借方登记使用的盈余公积的金额；余额在贷方，反映企业提取的盈余公积的余额。本科目应当分别“法定盈余公积”“任意盈余公积”进行明细核算。

二、具体核算

（一）提取盈余公积

企业按规定提取盈余公积时，应借记“利润分配——提取法定盈余公积”“利润分配——提取任意盈余公积”等科目，贷记“盈余公积——法定盈余公积”“盈余公积——任意盈余公积”等科目。

（二）盈余公积的使用

1. 盈余公积补亏

企业经股东大会或类似权力机构决议，用盈余公积弥补亏损时，应借记“盈余公积”科目，贷记“利润分配——盈余公积补亏”科目。

2. 盈余公积转增资本

企业经股东大会或类似权力机构决议，用盈余公积转增资本时，应借记“盈余公积”科目，贷记“实收资本”科目。股份有限公司经股东大会决议，也可用盈余公积派送新股。派送新股时，应按派送新股计算的金额，借记“盈余公积”科目，按股票面值和派送新股总数计算的股票面值总额，贷记“股本”科目。

3. 发放现金股利

股份有限公司经股东大会决议，也可用盈余公积发放现金股利。股东大会决议宣告发放现金股利时，借记“盈余公积”科目，贷记“应付股利”科目。实际发放时，按发放现金总额，借记“应付股利”科目，贷记“银行存款”科目。

理论案例

【案例设计4－17】 西秦股份有限公司本年实现净利润600万元，年初未分配利润为0。经股东大会批准，西秦股份有限公司分别按当年净利润的10%、5%提取法定盈余公积和任意盈余公积。根据有关凭证，西秦股份有限公司应作如下账务处理：

借：利润分配——提取法定盈余公积　　600 000
　　　　　　——提取任意盈余公积　　300 000
　贷：盈余公积——法定盈余公积　　600 000
　　　　　　　——任意盈余公积　　300 000

【案例设计4－18】 经股东大会批准，西秦股份有限公司用以前年度提取的任意盈余公积弥补当年亏损，当年弥补亏损的数额为70万元。根据有关凭证，西秦股份有限公司应作如下账务处理：

借：盈余公积——任意盈余公积　　700 000
　贷：利润分配——盈余公积补亏　　700 000

【案例设计4－19】 经股东大会批准，西秦股份有限公司用以前年度提取的法定盈余公积40万元转增股本。根据有关凭证，西秦股份有限公司应作如下账务处理：

借：盈余公积——法定盈余公积　　400 000
　贷：实收资本　　400 000

【案例设计4－20】 西秦股份有限公司经股东大会批准，用以前年度提取的盈余公积派送新股。每10股普通股派送2股。该公司原有普通股1 500万股，面值1元。此时公司盈余公积账面余额分别是法定盈余公积350万元，任意盈余公积250万元。西秦股份有限公司已办理相关手续。根据有关凭证，西秦股份有限公司应作如下账务处理：

借：盈余公积——法定盈余公积　　500 000
　　　　　　——任意盈余公积　　2 500 000
　贷：股本　　3 000 000

实操案例

【案例设计4－2】 西秦股份有限公司2019年底实现净利润800万元，经研究公司批准2019年度的利润分配方案为：按照2019年实现净利润的10%提取法定盈余公积，按5%提取任意盈余公积。

相关原始凭证：

盈余公积计算表

2019年12月31日　　单位：元

全年税后净利润	法定盈余公积	任意盈余公积	合计
2 000 000	200 000	100 000	300 000

部门负责人：黄奕　　制表人：吴晗

编制相关记账凭证：

转 账 凭 证

转字 第 10 号

2019 年 12 月 31 日　　　附件 贰 张

摘要	总账科目	明细科目	借方金额										贷方金额										记账符号
			千	百	十	万	千	百	十	元	角	分	千	百	十	万	千	百	十	元	角	分	
提取盈余公积	利润分配	法定盈余公积			2	0	0	0	0	0	0	0											□
		任意盈余公积			1	0	0	0	0	0	0	0											□
	盈余公积	法定盈余公积													2	0	0	0	0	0	0	0	□
		任意盈余公积													1	0	0	0	0	0	0	0	□
																							□
合计				¥	3	0	0	0	0	0	0	0		¥	3	0	0	0	0	0	0	0	□

会计主管　　　记账　　　复核　　　制证 吴亮

学习情境二 未分配利润

理论知识概述

一、未分配利润

未分配利润是企业未作分配的利润，是企业实现的净利润经过弥补亏损、提取法定盈余公积、提取任意盈余公积和向投资者分配利润后留存在企业的、历年结存的利润。它在以后年度可继续进行分配，在未进行分配之前，属于所有者权益的组成部分。从数量上来看，未分配利润是期初未分配利润加上本期实现的净利润，减去提取的各种盈余公积和分出的利润后的余额。未分配利润包含两层含义：一是留待以后年度分配的利润；二是尚未指定特定用途的利润。相对于所有者权益的其他部分来说，企业对于未分配利润的使用有较大的自主权。未分配利润的计算公式如下：

未分配利润 = 期初未分配利润 + 本期净利润 − 本期已分配利润

二、利润分配

（一）利润分配的含义

利润分配，是将企业实现的净利润，按照国家财务制度规定的分配形式和分配顺序，对企业当年可供分配利润进行的分配。

$$可供分配利润 = \frac{当年实现的净}{利润(或净亏损)} + \frac{年初未分配利润(或-}{年初未弥补亏损)} + 其他转入$$

（二）利润分配的顺序

利润分配的顺序根据《中华人民共和国公司法》等有关法规的规定，企业当年实现的净利润，一般应按照下列内容、顺序和金额进行分配：

（1）计算可供分配的利润。将本年净利润（或亏损）与年初未分配利润（或亏损）合并，计算出可供分配的利润。如果可供分配的利润为负数（即亏损），则不能进行后续分配；如果可供分配利润为正数（即本年累计盈利），则进行后续分配。

（2）提取法定盈余公积金。在不存在年初累计亏损的前提下，法定盈余公积金按照税后净利润的10%提取。法定盈余公积金已达注册资本的50%时可不再提取。提取的法定盈余公积金用于弥补以前年度亏损或转增资本金。但转增资本金后留存的法定盈余公积金不得低于注册资本的25%。

（3）提取任意盈余公积金。任意盈余公积金计提标准由股东大会确定，如确因需要，经股东大会同意后，也可用于分配。

（4）向股东（投资者）支付股利（分配利润）。企业以前年度未分配的利润，可以并入本年度分配。

公司股东会或董事会违反上述利润分配顺序，在抵补亏损和提取法定公积金之前向股东分配利润的，必须将违反规定发放的利润退还公司。

会计相关核算知识

一、账户设置

为了核算历年积累的未分配利润，应在“利润分配”科目下设置“未分配利润”明细科目，进行明细核算。该账户贷方登记由本年利润转入的净利润及结转的已弥补亏损，借方登记由本年利润转入的净亏损和结转的已分配利润。结转后，“利润分配——未分配利润”科目如为贷方余额，表示累积未分配的利润数额；如为借方余额，表示累积未弥补的亏损数额。

二、具体核算

年度终了，企业应结转全年实现的净利润，借记“本年利润”科目，贷记“利润分配——未分配利润”科目；如果本年为净亏损，则，借记“利润分配——未分配利润”科目，贷记“本年利润”科目。同时，结转全年已分配利润，借记“利润分配——未分配利润”科目，贷记“利润分配”科目所属其他明细科目的余额。结转已弥补亏损，借记“利润分配——盈余公积补亏”科目，贷记“利润分配——未分配利润”科目。

理论案例

【案例设计4－21】 西秦股份有限公司年初未分配利润为0，本年实现净利润500万元，本年提取法定盈余公积50万元，宣告发放现金股利80万元。根据上述业务，西秦股份有限公司应作如下账务处理：

(1) 结转本年利润：

借：本年利润	5 000 000	
贷：利润分配——未分配利润		5 000 000

(2) 提取法定盈余公积、宣告发放现金股利：

借：利润分配——提取法定盈余公积	500 000	
——应付现金股利	800 000	
贷：盈余公积——法定盈余公积		500 000
应付股利		800 000

同时，

借：利润分配——未分配利润	1 300 000	
贷：利润分配——提取法定盈余公积		500 000
——应付现金股利		800 000

实操案例

【案例设计4－3】2018年12月31日西秦股份有限公司实现净利润200万元。根据以下原始凭证的内容作出相关记账凭证，并结转利润分配明细账户。

相关原始凭证：

西秦股份有限公司股东大会决议

一、会议日期：2018年12月15日

二、会议地点：西秦股份有限公司会议室

三、出席人员：公司全体股东

四、会议主持：董事长

五、会议决议事项：

经董事会全体董事一致通过，作出如下决定：公司2017年税后可分配利润为300万元；2018年税后可分配利润为200万元；累计2017～2018年未分配利润为人民币220万元，其中按当年税后利润的10%提取法定盈余公积，5%提取任意盈余公积，当年税后提取的盈余公积人民币为30万元，可分配利润人民币为190元。鉴于当年实现净利润的情况不是很乐观，期末不分配股利和利润。

一致同意上述决议事项。特此决议！

全体股东签名：

日期：2018年12月15日

编制相关记账凭证：

转 账 凭 证

2018 年 12 月 31 日　　　　转字 第 11 号　附件 壹 张

摘要	总账科目	明细科目	借方金额										贷方金额										记账符号
			千	百	十	万	千	百	十	元	角	分	千	百	十	万	千	百	十	元	角	分	
结转净利润	本年利润			2	0	0	0	0	0	0	0	0											□
	利润分配	未分配利润												2	0	0	0	0	0	0	0	0	□
																							□
																							□
																							□
合计			¥	2	0	0	0	0	0	0	0	0	¥	2	0	0	0	0	0	0	0	0	□

会计主管　　　　记账　　　　复核　　　　制证 吴亮

转 账 凭 证

2018 年 12 月 31 日　　　　转字 第 12 号　附件 壹 张

摘要	总账科目	明细科目	借方金额										贷方金额										记账符号
			千	百	十	万	千	百	十	元	角	分	千	百	十	万	千	百	十	元	角	分	
结转未分配利润	利润分配	未分配利润			3	0	0	0	0	0	0	0											□
	利润分配	提取法定盈余公积													2	0	0	0	0	0	0	0	□
	利润分配	提取任意盈余公积													1	0	0	0	0	0	0	0	□
																							□
																							□
合计				¥	3	0	0	0	0	0	0	0		¥	3	0	0	0	0	0	0	0	□

会计主管　　　　记账　　　　复核　　　　制证 吴亮

知识拓展

所有者权益各项目在资产负债表中的列示方法："实收资本""资本公积""盈余公积""库存股"等项目分别根据"实收资本""资本公积""盈余公积""库存股"等科目的总账余额直接填列。"未分配利润"项目应根据"利润分配"科目的余额和"本年利润"科目的余额计算分析填列。

所有者权益是指所有者在企业资产中享有的经济利益，其金额为资产减去负债后的余额。在公司制企业又称为股东权益。它由企业所有者投入的资本、直接计入所有者权益的利得和损失及留存收益构成。直接计入所有者权益的利得和损失，是指不应计入当期损益、会导致所有者权益发生增减变动的、与所有者投入资本或者向所有者分配利润无关的利得或者损失。

实收资本是指投资者作为资本投入到企业中的各种资产的价值。投资者可以用现金投资，也可以用现金以外的其他有形资产投资；符合国家规定比例的，还可以用无形资产投资。企业收到所有者投入的资本后，应根据有关原始凭证（如投资清单、银行通知单等），根据不同的出资方式作不同的账务处理。

资本公积包括资本溢价（或股本溢价）和直接计入所有者权益的利得和损失等。资本溢价（或股本溢价），是指企业收到投资者的超出其在企业注册资本（或股本）中所占份额的投资。形成资本溢价（或股本溢价）的原因有溢价发行股票、投资者超额缴入资本等。直接计入所有者权益的利得和损失是指不应计入当期损益、会导致所有者权益发生增减变动的、与所有者投入资本或者向所有者分配利润无关的利得或者损失。

盈余公积是指企业按规定从净利润中提取的企业积累资金。公司制企业的盈余公积包括法定盈余公积、任意盈余公积。法定盈余公积是指企业按规定比例从净利润中提取的盈余公积。公司制企业应当按照净利润（弥补以前年度亏损后，下同）的10%提取法定盈余公积。非公司制企业的提取比例可超过10%。法定盈余公积累计额已达到注册资本的50%时可以不再提取；任意盈余公积是指公司制企业可根据股东大会的决议提取任意盈余公积。非公司制企业经类似权力机构批准，也可以提取任意盈余公积。任意盈余公积的计提比例由企业自行决定，但用途与法定盈余公积相同。

未分配利润是企业实现的净利润经过弥补亏损、提取法定盈余公积、提取任意盈余公积和向投资者分配利润后留存在企业的、历年结存的利润。未分配利润包含两层含义：一是留待以后年度分配的利润；二是尚未指定特定用途的利润。

项目五

收　入

学习内容框架提纲

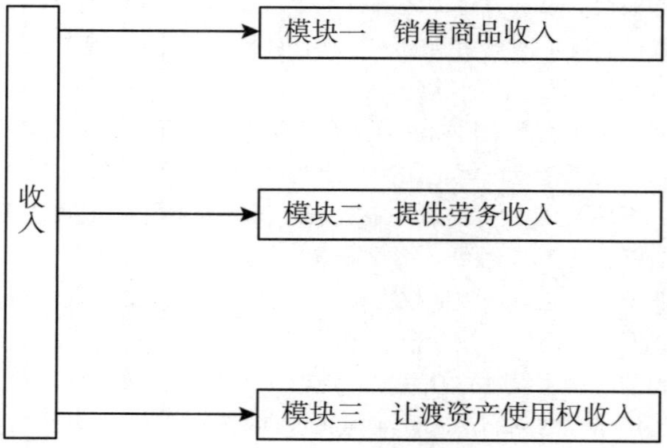

项目综合知识

为了适应社会主义市场经济发展需要，规范收入的会计处理，提高会计信息质量，财政部修订了《企业会计准则第 14 号——收入》。

文件规定新准则对境内外同时上市的企业以及在境外上市并采用国际财务报告准则或企业会计准则编制财务报表的企业，自 2018 年 1 月 1 日起施行；其他境内上市企业，自 2020 年 1 月 1 日起施行；执行企业会计准则的非上市企业，自 2021 年 1 月 1 日起施行。同时，允许企业提前执行。

新准则《企业会计准则第 14 号——收入》第二条规定了收入的概念，第四条、第五条涉及了收入的确认条件。

第二条　收入是指企业在日常活动中形成的、会导致所有者权益增加的、与所有者投入资本无关的经济利益的总流入。

第四条　企业应当在履行了合同中的履约义务，即在客户取得相关商品控制权时确认收入。取得相关商品控制权，是指能够主导该商品的使用并从中获得几乎全部的经济利益。

第五条　当企业与客户之间的合同同时满足下列条件时，企业应当在客户取得相关商品控制权时确认收入：

（一）合同各方已批准该合同并承诺将履行各自义务；

（二）该合同明确了合同各方与所转让商品或提供劳务（以下简称“转让商品”）相关的权利和义务；

（三）该合同有明确的与所转让商品相关的支付条款；

（四）该合同具有商业实质，即履行该合同将改变企业未来现金流量的风险、时间分布或金额；

（五）企业因向客户转让商品而有权取得的对价很可能收回。

在合同开始日即满足前款条件的合同，企业在后续期间无须对其进行重新评估，除非有迹象表明相关事实和情况发生重大变化。合同开始日通常是指合同生效日。

由于修订后的准则自 2020 年 1 月 1 日在境内上市公司执行，因此本章仍以现行准则为依据。

一、收入的概念及特征

收入是指企业在日常活动中形成的，会导致所有者权益增加的，与所有者投入资本无关的经济利益的总流入。收入具有以下特点：

（一）收入是企业在日常活动中形成的经济利益的总流入

日常活动，是指企业为完成其经营目标所从事的经常性活动以及与之相关的活动。工业企业销售产品，商业企业销售商品，安装公司提供安装服务，商业银行对外贷款，咨询公司提供咨询服务，租赁公司出租资产等活动，均属于企业为完成其经营目标所从事的经常性活动，由此形成的经济利益的总流入构成了收入。工业企业对外出售不需要的原材料，对外转让无形资产使用权，对外进行权益性投资或债权性投资等活动，虽不属于企业的经常性活动，但属于企业为完成其经营目标所从事的与经常性活动相关的活动，由此形成的经济利益的总流入也构成收入。

企业除了日常活动能带来经济利益流入外，企业所从事或发生的某些活动也能为企业带来经济利益，但这些活动不属于企业为完成其经营目标所从事的经常性活动，也不属于与经常性活动相关的活动，这些经济利益只能作为企业的利得。例如，工业企业处置固定资产，无形资产形成的经济利益流入，因其他企业违约收取的罚款导致的经济利益流入等，只能作为企业的利得，而不能作为企业的收入。利得的产生属于企业没有经过经营过程就能取得的，一般也没有相应的费用发生。

（二）收入会导致企业所有者权益的增加

收入形成的经济利益总流入的形式多种多样，既可能表现为资产的增加，如增加银行存款、应收票据、应收账款；也可能表现为负债的减少，如减少预收账款；还有可能一方面增加资产，另一方面减少负债，如销售实现时，部分增加银行存款，部分减少预收账款。收入形成的经济利益的总流入能增加资产或减少负债或两者兼而有之，根据“资产－负债＝所有者权益”这一会计等式，收入的取得会使资产增加或负债减少，而资产的增加或负债的减少必定导致所有者权益的增加。在此导致所有者权益增加的仅仅指的是收入本身，而不是收入扣除费用后的差额。收入扣除费用后的净额有可能导致所有者权益的增加，也有可能导致所有者权益的减少。

企业为第三方或客户代收的款项，如企业代国家收取的增值税等，一方面增加企业的资产，另一方面增加企业的负债，并不增加企业的所有者权益，因此不构成企业的收入。

（三）收入与所有者投入资本无关

所有者投入资本主要是为谋求享有企业资产的剩余权益，由此形成的经济利益的总流入不构成收入，而应作为企业的所有者权益。

二、收入的分类

（一）按照收入的性质分类

（1）商品销售收入，是指企业通过销售商品实现的收入。

（2）提供劳务收入，是指企业通过提供劳务实现的收入。比如，企业通过提供旅游、运输、咨询、代理、培训、产品安装等劳务实现的收入。

（3）让渡资产使用权收入，是指企业通过让渡资产使用权实现的收入，包括利息收入和使用费收入。利息收入主要是指金融企业对外贷款形成的利息收入，以及同行业之间发生往来形成的利息收入等；使用费收入主要是指企业转让无形资产等资产的使用权形成的使用费收入。企业对外出租固定资产收取的租金、进行债权投资收取的利息、进行股权投资取得的现金股利等，也构成让渡资产使用权收入。

（二）按照企业经营业务的主次不同分类

1. 主营业务收入

主营业务收入是指企业为完成其经营目标所从事的经常性活动实现的收入，对企业的经济效益产生的影响比较大。一般来讲，在企业的收入中占的比重也比较大。对于不同的行业，企业的主营业务收入内容不同。工业企业的主营业务收入主要包括销售商品、自制半成品、代制品、代修品，提供工业性劳务等实现的收入；商业企业的主营业务收入主要包括销售商品实现的收入；咨询公司的主营业务收入主要包括提供咨询服务实现的收入；安装公司的主营业务收入主要包括提供安装服务实现的收入。

2. 其他业务收入

其他业务收入是指企业为完成其经营目标所从事的与经常性活动相关的活动实现的收入。其他业务收入属于企业日常活动中次要交易实现的收入，在企业的收入中占的比重比较小。对于不同的行业，企业的其他业务收入内容不同。比如，工业企业的其他业务收入主要包括对外销售材料、对外出租包装物、商品或固定资产、对外转让无形资产使用权、对外进行权益性投资（取得现金股利）或债权性投资（取得利息）、提供非工业性劳务等实现的收入。

模块一 销售商品收入

学习内容框架提要

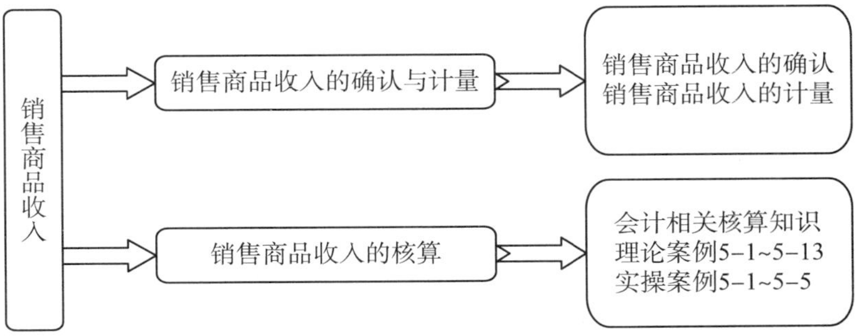

【职业能力目标】

通过本模块的学习，理解销售商品收入的确认条件，掌握不同销售方式下销售商品收入的会计处理。

【典型工作任务】

◆ 销售商品收入的确认、计量及账务处理。

◆ 委托代销商品的账务处理。

模块内部概述

销售商品收入是指以取得货币性资产方式的商品销售及正常情况下的以商品抵偿债务的交易等所取得的收入，如制造企业生产并销售产品、商业企业销售商品等实现的收入。这里所指的商品包括企业为销售而生产的产品和为转售而购进的商品，如工业企业生产的产品和商业企业购进的商品等。企业销售的其他存货，如原材料、包装物，也视同企业的商品。

学习情境一 销售商品收入的确认与计量

一、销售商品收入的确认

销售商品收入只有在同时满足下列条件时，才能予以确认：

1. 企业已将商品所有权上的主要风险和报酬转移给购货方

企业已将商品所有权上的主要风险和报酬转移给购货方是指与商品所有权有关的主要风险和报酬同时转移。与商品所有权有关的风险，是指商品可能发生减值或者毁损等造成的损失；与商品所有权有关的报酬，是指商品价值增值或通过使用商品等形成的经济利益。

判断企业是否已将商品所有权上的主要风险和报酬转移给购货方，应当关注交易的实质，并结合所有权凭证的转移进行判断。如果与商品所有权有关的任何损失都不需要销货方负担，与商品所有权有关的任何经济利益也不归销货方所有，就可以判定商品所有权上的主要风险和报酬转移给购货方。

一般来讲，商品所有权凭证转移并交付实物后，和该商品有关的所有风险和报酬就随之转移，如大多数商品零售、预收款销售商品等。某些情况下，商品所有权凭证转移但尚未交付实物，企业只保留了次要风险，也可以判定为商品所有权上的风险和报酬已经转移，如交款提货方式销售商品。有时，实物已经交付但商品所有权凭证尚未转移，这就意味着商品所有权上的主要风险和报酬尚未转移，企业就不可以确认收入，如采用支付手续费方式委托代销的商品。

2. 企业既没有保留通常与所有权相联系的继续管理权，也没有对已售出的商品实施有效控制

企业将商品所有权上的主要风险和报酬转移给买方后，如仍然保留通常与所有权相联系的继续管理权，或仍然对售出的商品实施控制，则此项销售不能成立，不能确认相应的销售收入。如企业对售出的商品保留了与所有权无关的管理权，则不受本条件的限制。

3. 相关的经济利益很可能流入企业

相关的经济利益很可能流入企业，是指销售商品价款收回的可能性大于不能收回的可能性，即销售商品价款收回的可能性超过 50%。企业在销售商品时，如估计价款收回的可能性不大，即使收入确认的其他条件均已满足，也不应当确认收入。

4. 收入的金额能够可靠地计量

收入的金额能够可靠地计量是指收入的金额能够合理地估计。如果收入的金额不能合理估计就无法确认收入。

5. 相关的已发生或将发生的成本能够可靠地计量

销售商品相关的已发生或将发生的成本能够合理地估计，如库存商品的成本、商品运输费用等。成本如果不能可靠地计量，相关的收入也不能确认。

二、销售商品收入的计量

企业销售商品满足确认收入条件时，通常情况下，按从购货方已收或应收的合同或协议价款确定销售商品收入金额；但是，合同或协议价款的收取采用递延方式，实质上具有融资性质的，应当按照应收的合同或协议价款的公允价值确定销售商品收入的金额，应收的合同或协议价款与其公允价值之间的差额，应当在合同或协议期间内采用实际利率法进行摊销，计入当期损益（冲减财务费用）。

在确认销售商品收入的金额时，应注意下列因素：

（1）现金折扣。现金折扣是一种理财费用，是企业为尽快回收资金，对顾客提前付款的行为给予一定的优惠。现金折扣发生时计入财务费用。在确定销售商品收入时不考虑预计可能发生的现金折扣。

（2）销售折让。销售折让是企业因售出商品质量不合格等原因而在售价上给予的减让。销售折让应在实际发生时冲减当期收入。

（3）商业折扣。其不构成商品最终成交价格的一部分，因此，销售商品收入的金额应是扣除商业折扣后的净额。

学习情境二　销售商品收入的核算

子情境一　一般销售业务的核算

会计相关核算知识

一、账户设置

企业对销售商品业务进行总分类核算时，应设置的会计科目有“主营业务收入”“主营业务成本”和“税金及附加”等。

（1）“主营业务收入”科目。用于核算企业确认的销售商品、提供劳务等主营业务的收入。贷方登记实现的收入，借方登记期末转入“本年利润”科目的数额，结转后本科目无余额。本科目可按主营业务的种类进行明细核算。

（2）“主营业务成本”科目。用于核算企业确认销售商品、提供劳务等主营业务收入时应结转的成本。借方登记期末结转销售各种商品、提供劳务等实际成本，贷方登记期末转入“本年利润”科目的数额，结转后本科目无余额。本科目可按主营业务的种类进行明细核算。

（3）“税金及附加”科目。用于核算企业经营活动发生的消费税、城市维护建设税、资源税和教育费附加等相关税费。借方登记企业按规定计算的与经营活动有关的税费，贷方登记期末转入“本年利润”科目的数额，结转后本科目无余额。

二、具体核算

在进行销售商品的会计处理时，首先要考虑销售商品收入是否符合收入确认条件。符合收入准则所规定的5项确认条件的，应及时确认收入并结转相关销售成本。通常情况下，销售商品采用托收承付方式的，在办妥托收手续时确认收入；交款提货销售商品的，在开出发票账单收到货款时确认收入。

在一般销售情况下，当符合确认收入的条件时，企业应按已收或应收的合同或协议价款，加上应收取的增值税额，借记“银行存款”“应收账款”“应收票据”等科目，贷记“主营业务收入”“其他业务收入”等科目，按应收取的增值税额，贷记“应交税费——应交增值税（销项税额）”科目；同时或在资产负债表日，按应缴纳的消费税、资源税、城市维护建设税、教育费附加等税费金额，借记“税金及附加”科目，贷记“应交税费——应缴消费税（应缴资源税、应交城市维护建设税）等科目”。同时结转相关的销售成本，借记“主营业务成本”，贷记有关科目。

理论案例

【案例设计5－1】 西秦股份有限公司在2019年6月11日采用托收承付结算方式销售一批商品，开出的增值税专用发票上注明售价为6 000元，增值税税额为960元；商品已经发出，并已向银行办妥托收手续；该批商品的成本为4 000元。应作如下账务处理：

（1）借：应收账款　　6 960
　　贷：主营业务收入　　6 000
　　　　应交税费——应交增值税（销项税额）　　960
（2）借：主营业务成本　　4 000
　　贷：库存商品　　4 000

【案例设计 5-2】 西秦股份有限公司在 2019 年 6 月 17 日向秦岭公司销售一批商品，开出的增值税专用发票上注明售价为 300 000 元，增值税税额为 48 000 元；西秦股份有限公司已收到秦岭公司支付的货款 348 000 元，并将提货单送交秦岭公司；该批商品成本为 240 000 元。应作如下账务处理：

（1）借：银行存款　　348 000
　　贷：主营业务收入　　300 000
　　　　应交税费——应交增值税（销项税额）　　48 000
（2）借：主营业务成本　　240 000
　　贷：库存商品　　240 000

【案例设计 5-3】 西秦股份有限公司在 2019 年 8 月 13 日向长城公司销售商品一批，开出的增值税专用发票上注明售价为 400 000 元，增值税额为 64 000 元；西秦股份有限公司收到长城公司开出的不带息银行承兑汇票一张，票面金额为 464 000 元，期限为 2 个月；该批商品已经发出，西秦股份有限公司以银行存款代垫运杂费 2 000 元；该批商品成本为 320 000 元。应作如下账务处理：

（1）借：应收票据　　464 000
　　　　应收账款　　2 000
　　贷：主营业务收入　　400 000
　　　　应交税费——应交增值税（销项税额）　　64 000
　　　　银行存款　　2 000
（2）借：主营业务成本　　320 000
　　贷：库存商品　　320 000

实操案例

【案例设计 5-1】

（1）2019 年 1 月 1 日，仓库员开具库存商品出库单签章后送交会计人员，向黄河有限责任公司销售 A 产品 10 台，该产品的单位成本为 2.4 万元。

（2）会计根据库存产品出库单开具增值税专用发票。

（3）收到购货方转账支票一张，出纳于销售当日到银行填写进账单办理转账。

相关原始凭证：

陕西省增值税专用发票

记 账 联

No. 0048162

3500033260

开票日期：2019 年 1 月 1 日

购买方	名 称：黄河有限责任公司 纳税人识别号：190078456138441 地 址 、电 话：陕西西安太白路 029－89177456 开户行及账号：工行太白路营业部 02165973186 行号：2630	密码区	67/ ＊ +3＊0/611＊ + +0/ +0＊/ ＊ +3+2/9 ＊11＊ +66666＊＊066611＊ +66666＊ 1＊＊ +216＊＊＊6000＊261＊2＊4/＊547 203994+ －42＊64151＊6915361/3＊

货物或应税劳务、服务名称	规格型号	单位	数量	单价	金额	税率	税额
A 产品	M610	台	10	30 000. 00	300 000. 00	16%	48 000. 00
合计					￥300 000. 00		￥48 000. 00
价税合计（大写）	⊗叁拾肆万捌仟元整				（小写） ￥348 000. 00		

销售方	名 称：西秦股份有限公司 纳税人识别号：10000200001010900 地 址 、电 话：陕西省咸阳市文林路 37 号 33696782 开户行及账号：中国建设银行陕西省咸阳市西兰路分行 行号：7310	备注	西秦股份有限公司 10000200001010900 发票专用章

收款人：张丽红　　复核：王礼敢　　开票人：陈立明　　销售方：章

国税函（2014）257号浙江印钞厂

第一联：记账联 销售方记账凭证

出 库 单

No. 018

会计部门编号

仓库部门编号 001　　　　2019 年 1 月 1 日

编号	名称	规格	单位	出库数量	单价	金额	备注
001	A 产品	M610	台	10	24 000. 00	240 000. 00	
合计				10		￥240 000. 00	

生产车间或部门：一车间　　　　仓库管理员：李宏

第二联交财务部

中国建设银行 **进账单（收账通知）** 3

2019 年 1 月 1 日

出票人	全称	黄河有限责任公司	收款人	全称	西秦股份有限公司
	账号	02165973186		账号	665674890
	开户银行	工行太白路营业部　行号：2630		开户银行	中国建行银行陕西省咸阳市西兰路分行　行号：7310

金额	千	百	十	万	千	百	十	元	角	分
人民币（大写）叁拾肆万捌仟元整		¥	3	4	8	0	0	0	0	0

票据种类	支票	票据张数	壹	建行西兰 转讫
票据号码	1234567			
复核　记账				收款人开户银行盖章

此联是收款人开户银行交给收款人的收账通知

编制相关记账凭证：

收　款　凭　证

银收字第 5 号

借方科目：银行存款　　　　2019 年 1 月　日　　　　附件贰　张

对方单位	摘要	贷方科目		金额										记账符号
		总账科目	明细科目	千	百	十	万	千	百	十	元	角	分	
黄河有限公司	销售产品	主营业务收入	A 产品			3	0	0	0	0	0	0	0	□
		应交税费	增值税（销）				4	8	0	0	0	0	0	□
														□
														□
														□
银行结算方式及票号：转账支票 1234567			合计		¥	3	4	8	0	0	0	0	0	□

会计主管　　　记账　　　稽核　　　出纳　　　制证　吴亮

转 账 凭 证

转字第　12　号

2019 年 1 月 1 日　　　　附件壹　　张

摘要	总账科目	明细科目	借方金额										贷方金额										记账符号
			千	百	十	万	千	百	十	元	角	分	千	百	十	万	千	百	十	元	角	分	
结转已销产品成本	主营业务成本	A 产品			2	4	0	0	0	0	0	0											□
	库存商品	A 产品													2	4	0	0	0	0	0	0	□
																							□
																							□
																							□
合计				¥	2	4	0	0	0	0	0	0		¥	2	4	0	0	0	0	0	0	□

会计主管　　　　记账　　　　复核　　　　制证　吴亮

子情境二　商品已发出但不符合收入确认条件的销售

会计相关核算知识

一、账户设置

如果企业销售的商品不符合销售商品收入确认的五个条件中的任何一条，均不应确认收入。为了单独反映已经发出但尚未确认销售收入的商品成本，企业应增设“发出商品”科目。

“发出商品”科目用于核算企业未满足收入确认条件但已发出商品的实际成本。借方登记未满足收入确认条件但已发出商品的实际成本，贷方登记发出商品满足收入确认条件时结转的销售成本，余额在借方，反映企业发出商品的实际成本。本科目可按购货单位、商品类别和品种进行明细核算。

二、具体核算

企业对于发出商品，在不能确认收入时，应按发出商品的实际成本，借记“发出商品”科目，贷记“库存商品”科目。发出商品满足收入确认条件时，应结转销售成本，借记“主营业务成本”科目，贷记“发出商品”科目。如果销售该商品的纳税义务已经发生，比如已经开出增值税专用发票，则应确认应交的增值税销项税额，借记“应收账款”等科目，贷记“应交税费——应交增值税（销项税额）”科目。如果纳税义务没有发生，则不需要进行上述处理。

“发出商品”科目的期末余额应并入资产负债表“存货”项目反映。

理论案例

【案例设计5－4】 西秦股份有限公司在2019年5月16日向乙公司销售一批商品，开出的增值税专用发票上注明的销售价格为200 000元，增值税税额为32 000元，款项尚未收到；该批商品成本为120 000元。西秦股份有限公司在销售时已知乙公司资金周转发生困难，但为了减少存货积压，同时也为了维持与乙公司长期建立的商业关系，西秦股份有限公司仍将商品发往乙公司且办妥托收手续。假定西秦股份有限公司销售该批商品的增值税纳税义务已经发生。

本例中，由于乙公司资金周转存在困难，因而西秦股份有限公司在货款回收方面存在较大的不确定性，与该批商品所有权有关的风险和报酬没有转移给乙公司。根据销售商品收入的确认条件，西秦股份有限公司在发出商品且办妥托收手续时不能确认收入，已经发出的商品成本应通过“发出商品”科目反映。

西秦股份有限公司应作如下账务处理：

（1）2019年5月16日发出商品：

借：发出商品　　120 000

　　贷：库存商品　　120 000

同时，将增值税专用发票上注明的增值税税额转入应收账款：

借：应收账款　　32 000

　　贷：应交税费——应交增值税（销项税额）　　32 000

（注：如果销售该商品的增值税纳税义务尚未发生，则不做这笔分录，待纳税义务发生时再作应交增值税的分录。）

（2）2019年8月15日，西秦股份有限公司得知乙公司经营情况逐渐好转，承诺近期付款：

借：应收账款　　200 000

　　贷：主营业务收入　　200 000

借：主营业务成本　　120 000

　　贷：发出商品　　120 000

（3）2019年8月21日收到款项：

借：银行存款　　232 000

　　贷：应收账款　　232 000

实操案例

【案例设计5－2】 西秦股份有限公司2019年2月5日销售B产品（D820铣床）1台给新风有限责任公司，开出增值税专用发票上的价款为4万元，增值税为6 400元，该产品的成本为25 000元，西秦股份有限公司在出售该产品时已得知新风公司现金流量发生暂时困难，但为了减少存货积压，同时也为了维持与新风公司长期以来建立的商业关系，西秦股份有限公司仍将商品出售给新风公司。该商品已发出，并向银行办妥托收手续。假定西秦股份有限公司销售该商品时纳税义务已经发生，不考虑其他因素。

相关原始凭证：

出　库　单

No. 019

会计部门编号

仓库部门编号　002　　　　2019 年 2 月 5 日

编号	名称	规格	单位	出库数量	单价	金额	备注
002	B 产品	D820	台	1	25 000. 00	25 000. 00	
合计				1		￥25 000. 00	

第二联交财务部

生产车间或部门：二车间　　　　仓库管理员：李宏

陕西省增值税专用发票

记　账　联

No. 0048163

3500033261　　　　开票日期：2019 年 2 月 5 日

购买方	名　　称：新风有限责任公司 纳税人识别号：23457785443266 地 址 、电 话：山西省太原市千峰路 12 号 0351－54367788 开户行及账号：建行北城支行 645983243446789	密码区	67/＊ +3＊0/611＊ + +0/ +0＊/＊ +3+2/9 ＊11＊ +66666＊＊066611＊ +66666＊ 1＊＊ +216＊＊＊6000＊261＊2＊4/＊547 203994+ －42＊64151＊6915361/3＊

货物或应税劳务、服务名称	规格型号	单位	数量	单价	金额	税率	税额
B 产品	D820 铣床	台	1	40 000. 00	40 000. 00	16%	6 400. 00
合计					￥40 000. 00		￥6 400. 00
价税合计（大写）	⊗肆万陆仟肆佰元整				（小写）￥46 400. 00		

销售方	名　　称：西秦股份有限公司 纳税人识别号：10000200001010900 地 址 、电 话：陕西省咸阳市文林路 37 号 33696782 开户行及账号：中国建设银行陕西省咸阳市西兰路分行 行号：7310	备注	西秦股份有限公司 10000200001010900 发票专用章

第一联：记账联　销售方记账凭证

国税函（2014）257号浙江印钞厂

收款人：张丽红　　复核：王礼敢　　开票人：陈立明　　销售方：章

托收凭证（受理回单）　　1

委托日期：2019 年 2 月 5 日

业务类型	委托收款（□邮划　□电划）				托收承付（□邮划　□电划）											
付款人	全称	新风有限责任公司			收款人	全称	西秦股份有限公司									
	账号	645983243446789				账号	665674890									
	地址	山西省太原市　市县	开户行	建行北城支行		地址	陕西省咸阳　市县	开户行	建行西兰路支行							
金额	人民币（大写）肆万陆仟肆佰元整								千	百	十	万	千	百	十	元	角
											¥	4	6	4	0	0	0
款项内容	货款	托收凭据名称	商业汇票	附寄单证张数	贰张											
商品发运情况	已发运		合同名称号码													
备注： 复核　记账		款项收妥日期 年　月　日		建行西兰路支行 业务受理 收款人开户银行签章 2019 年 2 月 5 日												

此联作收款人开户银行给收款人的受理回单

编制相关记账凭证：

转　账　凭　证

转字第　13　号

2019 年 2 月 5 日　　附件壹　　张

摘要	总账科目	明细科目	借方金额 千	百	十	万	千	百	十	元	角	分	贷方金额 千	百	十	万	千	百	十	元	角	分	记账符号
发出 B 产品	发出商品	B 产品				2	5	0	0	0	0	0											□
	库存商品	B 产品														2	5	0	0	0	0	0	□
																							□
																							□
																							□
合计					¥	2	5	0	0	0	0	0			¥	2	5	0	0	0	0	0	□

会计主管　　记账　　复核　　制证　吴亮

转 账 凭 证

转字第 14 号

2019 年 2 月 5 日　　　　附件贰　　张

摘要	总账科目	明细科目	借方金额										贷方金额										记账符号
			千	百	十	万	千	百	十	元	角	分	千	百	十	万	千	百	十	元	角	分	
应收发出商品增值税	应收财款	新风公司					6	4	0	0	0	0											□
	应交税费	增值税（销）															6	4	0	0	0	0	□
																							□
																							□
																							□
合计						¥	6	4	0	0	0	0				¥	6	4	0	0	0	0	□

会计主管　　　　记账　　　　复核　　　　制证　吴亮

子情境三　存在商业折扣、现金折扣和销售折让的销售

会计相关核算知识

商业折扣是指企业为促进商品销售而在商品标价上给予的价格扣除。商业折扣在销售时已经确定，并不构成成交价的一部分。所以应当按照扣除商业折扣后的净额确定销售商品收入的金额。

现金折扣是指在销售商品收入金额确定的情况下，债权人为鼓励债务人在规定的期限内付款而向债务人提供的债务扣除。关于现金折扣的会计核算有两种处理方法：一是按合同总价款扣除现金折扣后的净额计量收入即为净价法；二是按合同总价款全额计量收入即为总价法。我国企业会计准则采用的是第二种做法。现金折扣是预计可能发生的，在确认收入时，不考虑预计可能发生的现金折扣，而是按总价法确认销售商品收入和应收账款，待实际发生现金折扣时作为财务费用。

销售折让是指企业由于售出商品的质量不合格等原因，而在售价上给予的减让。（1）如果发生销售折让时，企业尚未确认销售商品收入的，则应在确认销售商品收入时直接按扣除销售折让后的金额确认。（2）企业已经确认销售商品收入后发生销售折让时，按应冲减的销售商品收入金额，借记“主营业务收入”科目，按增值税专用发票上注明的应冲减的增值税销项税额，借记“应交税费——应交增值税（销项税额）”科目，按实际支付或应退还的货款，贷记“银行存款”“应收账款”等科目。

理论案例

【案例设计 5－5】 西秦股份有限公司为增值税一般纳税企业，2019 年 4 月 1 日销售 A 商品 10 000 件，每件商品的标价为 20 元（不含增值税），每件商品的实际成本为 12 元，A

商品适用的增值税税率为16%；由于是成批销售，西秦股份有限公司给予购货方10%的商业折扣，并在销售合同中规定现金折扣条件为2/10，1/20，n/30；A商品于3月1日发出，购货方于3月9日付款。假定计算现金折扣时考虑增值税。

本例涉及商业折扣和现金折扣问题，首先需要计算确定销售商品收入的金额。根据销售商品收入金额确定的有关规定，销售商品收入的金额应是未扣除现金折扣但已扣除商业折扣后的金额，现金折扣应在实际发生时计入当期财务费用。因此，西秦股份有限公司应确认的销售商品收入金额为180 000（20×10 000－20×10 000×10%）元，增值税销项税额为28 800（180 000×16%）元。购货方于销售实现后的10日内付款，享有的现金折扣为4 176[（180 000＋28 800）×2%]元。西秦股份有限公司应作如下账务处理：

（1）3月1日销售实现时：

借：应收账款　　208 800
　　贷：主营业务收入　　180 000
　　　　应交税费——应交增值税（销项税额）　　28 800
借：主营业务成本　　120 000（12×10 000）
　　贷：库存商品　　120 000

（2）3月9日收到货款时：

借：银行存款　　204 624
　　财务费用　　4 176
　　贷：应收账款　　208 800

以上的4 176元为考虑增值税时的现金折扣，若本例假设计算现金折扣时不考虑增值税，则西秦股份有限公司给予购货方的现金折扣为180 000×2%＝3 600（元）。

本例中，若购货方于3月19日付款，则享有的现金折扣为2 088（208 800×1%）元。西秦股份有限公司在收到货款时：

借：银行存款　　206 712
　　财务费用　　2 088
　　贷：应收账款　　208 800

若购货方于3月底才付款，则应按全额付款。西秦股份有限公司在收到货款时：

借：银行存款　　208 800
　　贷：应收账款　　208 800

【案例设计5－6】 西秦股份有限公司销售一批商品给长城公司，开出的增值税专用发票上注明的售价为100 000元，增值税税额为16 000元。该批商品的成本为70 000元。货到后长城公司发现商品质量不合格，要求在价格上给予5%的折让。长城公司提出的销售折让要求符合原合同的约定，西秦股份有限公司同意并办妥了相关手续，开具了增值税专用发票（红字）。假定此前西秦股份有限公司已确认该批商品的销售收入，销售款项尚未收到，发生的销售折让允许扣减当期增值税销项税额。西秦股份有限公司应作如下账务处理：

（1）销售实现时：

借：应收账款　　116 000
　　贷：主营业务收入　　100 000
　　　　应交税费——应交增值税（销项税额）　　16 000

借：主营业务成本 70 000

  贷：库存商品 70 000

（2）发生销售折让时：

借：主营业务收入 5 000（100 000 × 5%）

  应交税费——应交增值税（销项税额） 800

  贷：应收账款 5 800

（3）实际收到款项时：

借：银行存款 110 200

  贷：应收账款 110 200

本例中，假定发生销售折让前，因该项销售在货款回收上存在不确定性，西秦股份有限公司未确认该批商品的销售收入，纳税义务也未发生；发生销售折让后2个月，长城公司承诺近期付款。则西秦股份有限公司应作如下账务处理：

（1）发出商品时：

借：发出商品 70 000

  贷：库存商品 70 000

（2）乙公司承诺付款，西秦股份有限公司确认销售收入时：

借：应收账款 110 200

  贷：主营业务收入 95 000（100 000 − 100 000 × 5%）

    应交税费——应交增值税（销项税额） 15 200

借：主营业务成本 70 000

  贷：发出商品 70 000

（3）实际收到款项时：

借：银行存款 110 200

  贷：应收账款 110 200

实操案例

【案例设计5－3】 西秦股份有限公司2019年4月8日销售给大华公司A产品（M610车床）20台，该产品单位成本为24 000元。因购买数量大，西秦股份有限公司给予大华公司10%的商业折扣；同时还为大华公司代垫运费3 000元，货款尚未收到，已办妥托收手续。

相关原始凭证：

关于给予大华股份有限公司商业折扣的报告

根据我公司销售条款中有关给予购货方销售折扣的相关规定，购货方一次性购买A产品15台以上25台以下的，给予售价10%的折扣。大华股份有限公司向我公司购买20台A产品（M610车床），按售价60万元享受10%的商业折扣，实际应收款为54万元。

单位负责人审批：王明　　　　销售经理审批：贺一民（业务章签章）

出库单

No. 020

会计部门编号

仓库部门编号 001　　　　2019 年 4 月 8 日

编号	名称	规格	单位	出库数量	单价	金额	备注
001	A 产品	M610	台	20	24 000.00	480 000.00	
合计				20		¥480 000.00	

第二联交财务部

生产车间或部门：一车间　　　　仓库管理员：李宏

陕西省增值税专用发票

记　账　联

3500033262　　　　No. 0048164

开票日期：2019 年 4 月 8 日

购买方	名　　称：大华股份有限公司 纳税人识别号：3426578944221100 地 址 、电 话：陕西省西安市莲湖路 48 号 029－87689970 开户行及账号：工行莲湖路支行 11443326789011	密码区	67/＊ +3＊0/611＊ + +0/ +0＊/＊ +3 +2/9 ＊11＊ +66666 ＊＊066611＊ +66666＊ 1＊＊ +216 ＊＊＊6000＊261＊2＊4/＊547 203994 + −42＊64151＊6915361/3＊

货物或应税劳务、服务名称	规格型号	单位	数量	单价	金额	税率	税额
A 产品	M610	台	20	27 000.00	540 000.00	16%	86 400.00
合计					¥540 000.00		¥86 400.00
价税合计（大写）	⊗陆拾贰万陆仟肆佰元整				（小写） ¥626 400.00		

销售方	名　　称：西秦股份有限公司 纳税人识别号：10000200001010900 地 址 、电 话：陕西省咸阳市文林路 37 号 33696782 开户行及账号：中国建设银行陕西省咸阳市西兰路分行 行号：7310	备注	

收款人：张丽红　　复核：王礼敢　　开票人：陈立明　　销售方：章

国税函（2014）257号浙江印钞厂

第一联：记账联 销售方记账凭证

中国农业银行
转账支票存根

附加信息

出票日期　2019 年 4 月 8 日

收款人：宏图运输公司	
金　额：3 000.00	
用　途：代垫运杂费	

单位主管　李贺　　会计　张铭雨

编制相关记账凭证：

转　账　凭　证

转字第　14　号

2019 年 4 月 8 日　　附件壹　　张

摘要	总账科目	明细科目	借方金额										贷方金额										记账符号
			千	百	十	万	千	百	十	元	角	分	千	百	十	万	千	百	十	元	角	分	
销售 20 台 A 产品	应收账款	大华公司			6	2	6	4	0	0	0	0											□
	主营业务收入	A 产品													5	4	0	0	0	0	0	0	□
	应交税费	增值税（销）														8	6	4	0	0	0	0	□
																							□
																							□
合计				¥	6	2	6	4	0	0	0	0		¥	6	2	6	4	0	0	0	0	□

会计主管　　记账　　复核　　制证　吴亮

付 款 凭 证

银付字第 6 号

贷方科目：银行存款　　　　2019 年 4 月 8 日　　　　附件壹　张

对方单位	摘要	借方科目		金额										记账符号
		总账科目	明细科目	千	百	十	万	千	百	十	元	角	分	
宏图运输公司	代垫运杂费	应收财款	大华公司					3	0	0	0	0	0	□
														□
														□
														□
														□
银行结算方式及票号：			合计				¥	3	0	0	0	0	0	□

会计主管　　　　记账　　　　稽核　　　　出纳　　　　制证　吴亮

转 账 凭 证

转字第 15 号

2019 年 4 月 8 日　　　　附件壹　张

摘要	总账科目	明细科目	借方金额										贷方金额										记账符号
			千	百	十	万	千	百	十	元	角	分	千	百	十	万	千	百	十	元	角	分	
结转已销A产品成本	主营业务成本	A 产品			4	8	0	0	0	0	0	0											□
	库存商品	A 产品													4	8	0	0	0	0	0	0	□
																							□
																							□
																							□
	合计			¥	4	8	0	0	0	0	0	0		¥	4	8	0	0	0	0	0	0	□

会计主管　　　　记账　　　　复核　　　　制证　吴亮

子情境四　销售退回的核算

会计相关核算知识

企业售出的商品由于质量、品种不符合要求等原因而发生的销售退回，应分不同情况进行会计处理：

（1）尚未确认商品收入的售出商品发生销售退回的，应将已记入“发出商品”科目的商品成本全额转入“库存商品”科目，借记“库存商品”科目，贷记“发出商品”科目。

（2）已确认销售商品收入的售出商品发生销售退回的，除属于资产负债表日后事项外，一般应在发生时冲减当期销售商品收入，同时冲减当期销售商品成本，如按规定允许扣减增值税税额的，应同时冲减已确认的应交增值税销项税额。如该项销售退回已发生现金折扣的，应同时调整相关财务费用的金额。

理论案例

【案例设计5-7】 西秦股份有限公司2019年9月5日收到海河公司因质量问题而退回的商品10件，每件商品成本为210元。该批商品系西秦股份有限公司2019年6月2日出售给海河公司，每件商品售价为300元，适用的增值税税率为16%，货款尚未收到，西秦股份有限公司尚未确认销售商品收入。因长城公司提出的退货要求符合销售合同约定，西秦股份有限公司同意退货，并按规定向海河公司开具了增值税专用发票（红字）。西秦股份有限公司应在验收退货入库时作如下账务处理：

借：库存商品　　2 100（210×10）
　　贷：发出商品　　2 100
借：应交税费——应交增值税（销项税额）　　480
　　贷：应收账款　　480

【案例设计5-8】 西秦股份有限公司2019年3月20日销售A商品一批，增值税专用发票上注明售价为350 000元，增值税税额为56 000元；该批商品成本为182 000元。A商品于2019年3月20日发出，购货方于3月27日付款。西秦股份有限公司对该项销售确认了销售收入。2019年9月15日，该批商品质量出现严重问题，购货方将该批商品全部退回给西秦股份有限公司，西秦股份有限公司同意退货且于当日支付了退货款，并按规定向购货方开具了增值税专用发票（红字）。西秦股份有限公司应作如下账务处理：

（1）销售实现时：
借：应收账款　　406 000
　　贷：主营业务收入　　350 000
　　　　应交税费——应交增值税（销项税额）　　56 000
借：主营业务成本　　182 000
　　贷：库存商品　　182 000

（2）收到货款时：
借：银行存款　　406 000
　　贷：应收账款　　406 000

（3）销售退回时：
借：主营业务收入　　350 000
　　应交税费——应交增值税（销项税额）　　56 000
　　贷：银行存款　　406 000
借：库存商品　　182 000
　　贷：主营业务成本　　182 000

【案例设计5-9】 西秦股份有限公司在2019年3月18日向彩虹公司销售一批商品，开出的增值税专用发票上注明的售价为50 000元，增值税税额为8 000元。该批商品成本为

26 000 元。为及早收回货款，西秦股份有限公司和彩虹公司约定的现金折扣条件为：2/10，1/20，n/30。彩虹公司在 2019 年 3 月 27 日支付货款。2019 年 7 月 5 日，该批商品因质量问题被彩虹公司退回，西秦股份有限公司当日支付有关退货款。假定计算现金折扣时不考虑增值税。西秦股份有限公司应作如下账务处理：

（1）2019 年 3 月 18 日销售实现时：

借：应收账款　　58 000
　　贷：主营业务收入　　50 000
　　　　应交税费——应交增值税（销项税额）　　8 000
借：主营业务成本　　26 000
　　贷：库存商品　　26 000

（2）2019 年 3 月 27 日收到货款时，发生现金折扣 1 000（50 000×2%）元，实际收款 57 000（58 000－1 000）元：

借：银行存款　　57 000
　　财务费用　　1 000
　　贷：应收账款　　58 000

（3）2019 年 7 月 5 日发生销售退回时：

借：主营业务收入　　50 000
　　应交税费——应交增值税（销项税额）　　8 000
　　贷：银行存款　　57 000
　　　　财务费用　　1 000
借：库存商品　　26 000
　　贷：主营业务成本　　26 000

子情境五　预收款方式销售商品

理论知识概述

预收款方式销售商品，是指购买方在商品尚未收到前按合同或协议约定分期付款，销售方在收到最后一笔款项时才交货的销售方式。在这种方式下，销售方直到收到最后一笔款项才将商品交付购货方，表明商品所有权上的主要风险和报酬只有在收到最后一笔款项时才转移给购货方，因此，企业通常应在发出商品时确认收入，结转成本。在此之前预收的款项应确认为负债。

会计相关核算知识

（1）预收货款时，借记“银行存款”，贷记“预收账款”；

（2）发出商品时，首先，借记“预收账款”，贷记“主营业务收入”和“应交税费——应交增值税（销项税额）”；其次，借记“主营业务成本”，贷记“库存商品”；

（3）收到补付货款时，借记“银行存款”，贷记“预收账款”。

当企业预收款销售业务不多时，可以不设“预收账款”账户，而通过“应收账款”账户核算。

理论案例

【案例设计5-10】西秦股份有限公司与海河公司签订协议，采用预收款方式向海河公司销售一批商品。该批商品实际成本为600 000元。协议约定，该批商品销售价格为800 000元，增值税额为128 000元；海河公司应在协议签订时预付60%的货款（按销售价格计算），剩余货款于2个月后支付。西秦股份有限公司应作如下账务处理：

（1）收到60%货款时：

借：银行存款　　480 000

　　贷：预收账款　　480 000

（2）发出商品确认收入时：

借：预收账款　　928 000

　　贷：主营业务收入　　800 000

　　　　应交税费——应交增值税（销项税额）　　128 000

借：主营业务成本　　600 000

　　贷：库存商品　　600 000

（3）收到补付货款时：

借：银行存款　　448 000

　　贷：预收账款　　448 000

子情境六　委托代销商品的核算

理论知识概述

采用支付手续费方式委托代销商品，是指委托方和受托方签订合同或协议，委托方根据合同或协议约定向受托方计算支付代销手续费，受托方按照合同或协议规定的价格销售代销商品的销售方式。

采用视同买断方式委托代销商品，是指委托方和受托方签订合同或协议，委托方按协议价格收取委托代销商品的货款，实际售价可以由受托方自己确定，实际售价与协议价之间的差额归受托方所有的销售方式。如果委托方和受托方之间的协议明确标明，受托方在取得代销商品后，无论是否能够卖出、是否获利，均与委托方无关，那么委托方和受托方之间的代销商品交易，与委托方直接销售商品给受托方没有实质区别。

会计相关核算知识

一、账户设置

对于委托方而言，应设置“委托代销商品”账户，该账户核算企业委托其他单位代为销售商品的成本（或进价）。该账户借方登记发出代销商品的实际成本，贷方登记已经售出商品的成本，期末借方余额反映尚未销售的委托其他单位代销商品的实际成本。该账户可以按受托方设置明细账进行明细核算。

受托方可通过“受托代销商品”“受托代销商品款”等科目，对受托代销商品进行核算。

“受托代销商品”（或代理业务资产）账户，用来核算企业接受其他单位委托代销的商品，借方登记代销业务发生时收到的代销商品，贷方登记销售业务发生后结转到主营业务成本的金额，余额在借方表示受托代销商品的接受价或售价，该账户可以按委托方设置明细账进行明细核算。

“受托代销商品款”（或代理业务负债）账户，用来核算企业接受代销商品的价款。该账户贷方登记收到代销商品的金额，借方登记代销商品售出后转销的金额，期末贷方余额表示尚未销售的代销商品的价款。该账户可以按委托方设置明细账进行明细核算。

二、具体核算

（1）采用支付手续费方式委托代销商品，在这种销售方式下，委托方在发出商品时通常不应确认销售商品收入，而应在收到受托方开出的代销清单时确认销售商品收入，同时将应支付的代销手续费计入销售费用；受托方应在代销商品销售后，按合同或协议约定的方法计算确定代销手续费，确认劳务收入。

（2）采用视同买断方式委托代销商品，在符合商品销售收入确认条件时，委托方应确认相关销售商品收入。如果委托方和受托方之间的协议明确标明，将来受托方没有将商品售出时可以将商品退回给委托方，或受托方因代销商品出现亏损时可以要求委托方补偿，那么委托方在交付商品时不确认收入，受托方也不作购进商品处理；受托方将商品销售后，按实际售价确认销售收入，并向委托方开具代销清单；委托方收到代销清单时，再确认本企业的销售收入。

理论案例

【案例设计5－11】 西秦股份有限公司委托秦岭公司销售商品200件，商品已经发出，每件成本为60元。合同约定秦岭公司应按每件100元对外销售，西秦股份有限公司按售价的10%向秦岭公司支付手续费。秦岭公司对外实际销售100件，开出的增值税专用发票上注明的销售价格为10 000元，增值税税额为1 600元，款项已经收到。西秦股份有限公司收到秦岭公司开具的代销清单时，向秦岭公司开具一张相同金额的增值税专用发票。假定：西秦股份有限公司发出商品时纳税义务尚未发生；西秦股份有限公司采用实际成本核算，秦岭公司采用进价核算代销商品。

西秦股份有限公司应作如下账务处理：

（1）发出商品时：

借：委托代销商品	12 000	
贷：库存商品		12 000

（2）收到代销清单时：

借：应收账款	11 600	
贷：主营业务收入		10 000
应交税费——应交增值税（销项税额）		1 600
借：主营业务成本	6 000	
贷：委托代销商品		6 000
借：销售费用	1 000	

贷：应收账款 1 000

代销手续费金额：10 000 × 10% = 1 000（元）

（3）收到秦岭公司支付的货款时：

借：银行存款 10 600

贷：应收账款 10 600

秦岭公司的账务处理如下：

（1）收到商品时：

借：受托代销商品 20 000

贷：受托代销商品款 20 000

（2）对外销售时：

借：银行存款 11 600

贷：受托代销商品 10 000

应交税费——应交增值税（销项税额） 1 600

（3）收到增值税专用发票时：

借：应交税费——应交增值税（进项税额） 1 600

贷：应付账款 1 600

（4）支付货款并计算代销手续费时：

借：受托代销商品款 10 000

应付账款 1 600

贷：银行存款 10 600

其他业务收入 1 000

【案例设计5-12】西秦股份有限公司委托长城公司销售甲商品50件，协议价为每件200元，该商品成本为每件60元，增值税税率为16%。西秦股份有限公司收到长城公司开来的代销清单时开具增值税专用发票，发票上注明：售价10 000元，增值税为1 600元。长城公司实际销售时开具的增值税专用发票上注明：售价15 000元，增值税为2 400元。假定按代销协议，长城公司可以将没有代销出去的商品退回给西秦股份有限公司。

根据上述资料，西秦股份有限公司应作如下账务处理：

（1）西秦股份有限公司将甲商品交付长城公司时：

借：发出商品 3 000

贷：库存商品 3 000

（2）西秦股份有限公司收到代销清单时：

借：应收账款——长城公司 11 600

贷：主营业务收入 10 000

应交税费——应交增值税（销项税额） 1 600

借：主营业务成本 3 000

贷：发出商品 3 000

（3）收到长城公司汇来的11 600元货款时：

借：银行存款 11 600

贷：应收账款——长城公司 11 600

长城公司的账务处理如下：

（1）收到甲商品时：

借：代理业务资产或受托代销商品	10 000	
贷：代理业务负债或受托代销商品款		10 000

（2）实际销售时：

借：银行存款	17 400	
贷：主营业务收入		15 000
应交税费——应交增值税（销项税额）		2 400
借：主营业务成本	10 000	
贷：代理业务资产或受托代销商品		10 000
借：代理业务负债或受托代销商品款	10 000	
贷：应付账款——西秦股份有限公司		10 000

（3）按合同协议价将款项付给西秦股份有限公司时：

借：应付账款——西秦股份有限公司	10 000	
应交税费——应交增值税（进项税额）	1 600	
贷：银行存款		11 600

实操案例

【案例设计 5－4】2019 年 5 月 27 日，西秦股份有限公司委托宏基股份有限公司代销 A 产品（M610 车床）5 台，该商品已发出，每件成本 24 000 元。西秦公司按售价的 10% 向宏基股份有限公司支付代销手续费，代销协议如下。

相关原始凭证：

委托代销产品协议书

今由西秦股份有限公司委托宏基股份有限公司代销 A 产品（M610 车床）5 台，以每台不含税售价 3 万元计价出售。双方以宏基股份有限公司每月开具的“代销商品结算清单”结算货款，西秦股份有限公司根据“代销商品结算清单”金额的 10% 向宏基股份有限公司支付代销手续费。

委托方签章 西秦股份有限公司合同专用章　　　　受托方签章 宏基股份有限公司合同专用章

2019 年 5 月 27 日　　　　2019 年 5 月 27 日

出 库 单

No. 023

会计部门编号

仓库部门编号 001 2019 年 5 月 27 日

编号	名称	规格	单位	出库数量	单价	金额	备注
001	A 产品	M610	台	5			委托代销
合计				5			

第二联交财务部

生产车间或部门：一车间 仓库管理员：李宏

编制相关记账凭证：

转 账 凭 证

转字第 16 号

2019 年 5 月 27 日 附件贰 张

摘要	总账科目	明细科目	借方金额										贷方金额										记账符号
			千	百	十	万	千	百	十	元	角	分	千	百	十	万	千	百	十	元	角	分	
发出委托代销商品	委托代销商品	A 产品			1	2	0	0	0	0	0	0											☐
	库存商品	A 产品													1	2	0	0	0	0	0	0	☐
																							☐
																							☐
																							☐
合计				¥	1	2	0	0	0	0	0	0		¥	1	2	0	0	0	0	0	0	☐

会计主管 记账 复核 制证 吴亮

子情境七　销售材料等存货

会计相关核算知识

一、账户设置

企业销售原材料、包装物等存货实现的收入以及结转的相关成本，通过“其他业务收入”和“其他业务成本”科目核算。

（1）“其他业务收入”账户，属于收入类科目，核算企业确认的除主营业务收入活动以外的其他经营活动实现的收入，包括出租固定资产、出租无形资产、出租包装物和商品、销售材料等实现的收入。贷方登记实现的收入，借方登记期末转入“本年利润”科目的数额，结转后本科目无余额。本科目可按其他业务收入种类进行明细核算。

（2）“其他业务成本”账户，属于费用类科目，核算企业确认的除主营业务收入活动以外的其他经营活动所发生的支出，包括出租固定资产的折旧额、出租无形资产的摊销额、出租包装物的成本或摊销额、销售材料的成本等。借方登记发生的其他业务成本，借方登记期末转入“本年利润”科目的数额，结转后本科目无余额。本科目可按其他业务成本种类进行明细核算。

二、具体核算

企业在日常活动中还可能发生对外销售不需用的原材料、随同商品对外销售单独计价的包装物等业务。企业销售原材料、包装物等存货也视同商品销售，其收入确认和计量原则比照商品销售处理。

理论案例

【案例设计 5－13】西秦股份有限公司销售一批原材料，开出的增值税专用发票上注明的售价为 10 000 元，增值税税额为 1 600 元，款项已由银行收妥。该批原材料的实际成本为 9 000 元。西秦股份有限公司应作如下账务处理：

（1）取得原材料销售收入：

借：银行存款	11 600	
贷：其他业务收入		10 000
应交税费——应交增值税（销项税额）		1 600

（2）结转已销原材料的实际成本：

借：其他业务成本	9 000	
贷：原材料		9 000

实操案例

【案例设计 5－5】西秦股份有限公司 2019 年 6 月 20 日销售原材料生铁 1 吨给黄河有限责任公司，开出增值税专用发票，金额为 1 万元，增值税额为 1.6 万元，当日收到黄河有限责任公司签发的商业承兑汇票一张。

相关原始凭证：

材料出库单

用途：销售　　　　2019 年 6 月 20 日　　　　材料库　005

产品名称	型号规格	产品编号	计量单位	数量	单价	成本
生铁			吨	1	7 500.00	7 500.00
合计				1	¥7 500.00	¥7 500.00

记账：刘悦　　　保管：陈升　　　主管：李佳　　　制单：陈升

陕西省增值税专用发票

全国统一发票监制章 陕西 国家税务总局监制

记　账　联

No. 0048170

3500033267　　　　开票日期：2019 年 6 月 20 日

购买方	名　　称：黄河有限责任公司 纳税人识别号：19007845613844l 地 址 、电 话：陕西西安太白路 029－89177456 开户行及账号：工行太白路营业部 02165973186	密码区	67/＊＋3＊0/611＊＋＋0/＋0＊/＊＋3＋2/9 ＊11＊＋66666＊＊066611＊＋66666＊ 1＊＊＋216＊＊＊6000＊261＊2＊4/＊547 203994＋－42＊64151＊6915361/3

货物或应税劳务、服务名称	规格型号	单位	数量	单价	金额	税率	税额
生铁		吨	1	10 000.00	10 000.00	16%	1 600.00
合计					¥10 000.00		¥1 600.00
价税合计（大写）	⊗壹万壹仟陆佰元整				（小写）¥11 600.00		

销售方	名　　称：西秦股份有限公司 纳税人识别号：10000200001010900 地 址 、电 话：陕西省咸阳市文林路 37 号 029－33696782 开户行及账号：中国建行银行陕西省咸阳市西兰路分行 665674890	备注	西秦股份有限公司 1000020000101090 发票专用章

收款人：张丽红　　　复核：王礼敢　　　开票人：陈立明　　　销售方：章

国税函（2014）257号浙江印钞厂

第一联：记账联　销售方记账凭证

商业承兑汇票

2 $\frac{A}{0}$ $\frac{B}{1}$ 00354729

出票日期（大写） 贰零壹玖年 陆月零贰拾日

付款人	全称	黄河有限责任公司	收款人	全称	西秦股份有限公司
	账号	02165973186		账号	665674890
	开户银行	工行太白路营业部		开户银行	建行陕西省咸阳市西兰路分行

出票金额	人民币（大写）	亿	千	百	十	万	千	百	十	元	角	分
	壹万壹仟陆佰元整				¥	1	1	6	0	0	0	0

汇票到期日（大写）	贰零壹玖年零玖月贰拾日	付款行	行号	2630
交易合同号码	32456123		地址	陕西西安太白路15号

本汇票已经承兑，到期无条件支付票款 黄河有限责任公司 财务专用章 付款人签章： 承兑日期：2019年9月20日	本汇票请予以承兑于到期日汇款 出票人签章：

此联收款人开户行随托收凭证寄付款行作借方凭证附件

注意事项
一、本票在指定的城市范围使用。
二、本票经背书人可以转让。

被背书人	被背书人	被背书人
背书人签章 年 月 日	背书人签章 年 月 日	背书人签章 年 月 日

编制相关记账凭证：

转 账 凭 证

转字第 17 号

2019年6月20日 附件贰 张

摘要	总账科目	明细科目	借方金额 千	百	十	万	千	百	十	元	角	分	贷方金额 千	百	十	万	千	百	十	元	角	分	记账符号
销售生铁	应收票据	黄河公司				1	1	6	0	0	0	0											☐
	其他业务收入	生铁														1	0	0	0	0	0	0	☐
	应交税费	增值税（销）															1	6	0	0	0	0	☐
																							☐
																							☐
合计					¥	1	1	6	0	0	0	0			¥	1	1	6	0	0	0	0	☐

会计主管　　记账　　复核　　制证 吴亮

转　账　凭　证

转字第　10　号

2019 年 6 月 20 日　　附件壹　　张

摘要	总账科目	明细科目	借方金额										贷方金额										记账符号
			千	百	十	万	千	百	十	元	角	分	千	百	十	万	千	百	十	元	角	分	
结转已销生铁成本	其他业务成本	生铁					7	5	0	0	0	0											□
	原材料	生铁															7	5	0	0	0	0	□
																							□
																							□
																							□
合计						¥	7	5	0	0	0	0				¥	7	5	0	0	0	0	□

会计主管　　记账　　复核　　制证　吴亮

模块二　提供劳务收入

学习内容框架提要

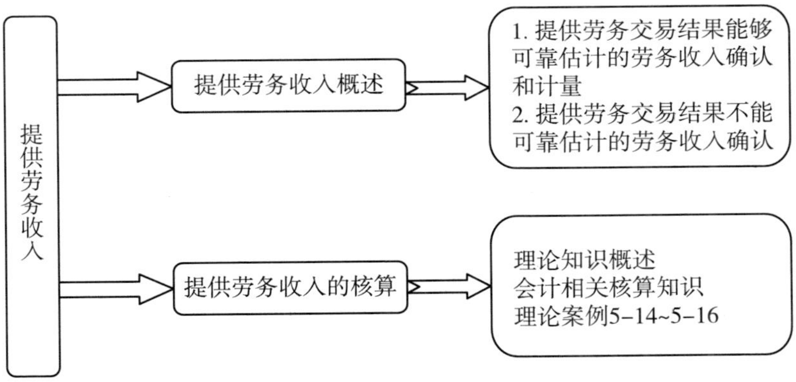

【职业能力目标】

通过本模块的学习，理解提供劳务收入的确认条件，掌握完工百分比法确认收入的会计处理。

【典型工作任务】

◆ 提供劳务收入的会计处理。

◆ 完工百分比法的应用。

学习情境一　提供劳务收入概述

一、提供劳务交易结果能够可靠估计的劳务收入的确认和计量

企业在资产负债表日提供劳务交易的结果能够可靠估计的，应当采用完工百分比法确认提供劳务收入。

提供劳务的交易结果能够可靠估计的条件

提供劳务的交易结果能够可靠估计，是指同时满足下列条件：

1. 收入的金额能够可靠地计量

收入的金额能够可靠地计量，是指提供劳务收入的总额能够合理地估计。通常情况下，企业应当按照从接受劳务方已收或应收的合同或协议价款确定提供劳务收入总额。随着劳务的不断提供，可能会根据实际情况增加或减少已收或应收的合同或协议价款，此时，企业应及时调整提供劳务收入总额。

2. 相关的经济利益很可能流入企业

相关的经济利益很可能流入企业，是指提供劳务收入总额收回的可能性大于不能收回的可能性。企业在确定提供劳务收入总额收回的可能性时，应当进行定性分析。如果确定提供劳务收入总额收回的可能性大于不能收回的可能性，即可认为提供劳务收入总额很可能流入企业。通常情况下，企业提供的劳务符合合同或协议要求，接受劳务方承诺付款，就表明提供劳务收入总额收回的可能性大于不能收回的可能性。

3. 交易的完工进度能够可靠地确定

交易的完工进度能够可靠地确定，是指交易的完工进度能够合理地估计。企业确定提供劳务交易的完成进度，通常可以选用下列方法：

（1）已完工作的测量，这是一种比较专业的测量方法，由专业测量师对已经提供的劳务进行测量，并按一定方法计算确定提供劳务交易的完工进度。

（2）已经提供的劳务占应提供劳务总量的比例，这种方法主要以劳务量为标准确定提供劳务交易的完工程度。

（3）已经发生的成本占估计总成本的比例，这种方法主要以成本为标准确定提供劳务交易的完工程度。

4. 交易中已发生和将要发生的成本能够可靠地计量

交易中已发生和将要发生的成本能够可靠地计量，是指交易中已经发生和将要发生的成本能够合理地估计。

二、提供劳务交易结果不能可靠估计的劳务收入的确认

企业在资产负债表日提供劳务交易结果不能够可靠估计的，即不能满足提供劳务交易的结果能够可靠估计的三个条件中的任何一条时，企业就不能采用完工百分比法确认提供劳务的收入。

学习情境二　提供劳务收入的核算

子情境一　完工百分比法的应用

理论知识概述

在资产负债表日提供劳务交易的结果能够可靠估计的，应当采用完工百分比法确认提供劳务收入。完工百分比法，是指按照提供劳务交易的完工进度确认收入和费用的方法。

在这种方法下，企业应当在资产负债表日按照提供劳务收入总额乘以完工进度扣除以前会计期间累计已确认提供劳务收入后的金额，确认当期提供劳务收入；同时，按照提供劳务估计总成本乘以完工进度扣除以前会计期间累计已确认提供劳务成本后的金额，结转当期劳务成本。用公式表示如下：

本期确认的提供劳务收入 = 提供劳务收入总额 × 完工进度
－以前会计期间累计已确认的提供劳务收入

本期确认的提供劳务成本 = 提供劳务预计成本总额 × 完工进度
－以前会计期间累计已确认的提供劳务成本

会计相关核算知识

一、账户设置

在采用完工百分比法确认和结转提供劳务成本时，企业应设置的会计科目是“劳务成本”科目。“劳务成本”科目。核算企业对外提供劳务发生的成本。借方登记发生的各项劳务成本，贷方登记结转劳务的成本，余额在借方，反映企业尚未完成或尚未结转的劳务成本。本科目按提供劳务种类进行明细核算。

二、具体核算

劳务成本发生时，按实际发生数借记“劳务成本”科目，贷记“银行存款”或“应付职工薪酬”等科目。资产负债表日按本期确认的劳务收入借记“银行存款”或“预收账款”科目，贷记“主营业务收入”等科目。同时结转本期应确认的劳务成本，应借记“主营业务成本”，贷记“劳务成本”。

理论案例

【案例设计 5－14】 西秦股份有限公司于 2019 年 12 月 1 日接受一项设备安装任务，安装期为 3 个月，合同总收入 300 000 元，增值税税率为 10%，至年底已预收安装费 220 000 元，实际发生安装费用 140 000 元（假定均为安装人员薪酬），估计还会发生 60 000 元。假定西秦股份有限公司按实际发生的成本占估计总成本的比例确定劳务的完工进度，不考虑其他因素。西秦股份有限公司应作如下账务处理：

实际发生的成本占估计总成本的比例 = 140 000 ÷（140 000 + 60 000）= 70%

2019 年 12 月 31 日确认的提供劳务收入 = 300 000 × 70% － 0 = 210 000（元）

2019 年 12 月 31 日结转的提供劳务成本 =（140 000 + 60 000）× 70% － 0 = 140 000（元）

（1）实际发生劳务成本时：

借：劳务成本　　140 000

　　贷：应付职工薪酬　　140 000

（2）预收劳务款时：

借：银行存款　　220 000

　　贷：预收账款　　220 000

（3）2019 年 12 月 31 日确认提供劳务收入并结转劳务成本时：

借：预收账款　　231 000

　　贷：主营业务收入　　210 000

　　　　应交税费——应交增值税（销项税额）　　21 000

借：主营业务成本　　140 000

　　贷：劳务成本　　140 000

【案例设计 5 - 15】 西秦股份有限公司于 2019 年 10 月 1 日与红光公司签订合同，为红光公司定制一项软件，工期大约 5 个月，合同总收入 400 000 元，增值税税率为 6%，至 2019 年 12 月 31 日，西秦股份有限公司已发生成本 220 000 元（假定均为开发人员薪酬），预收账款 250 000 元。西秦股份有限公司预计开发该软件还将发生成本 80 000 元。2019 年 12 月 31 日，经专业测量师测量，该软件的完工进度为 60%。假定西秦股份有限公司按季度编制财务报表，不考虑其他因素。西秦股份有限公司应作如下账务处理：

2019 年 12 月 31 日确认提供劳务收入 = 400 000 × 60% - 0 = 240 000（元）

2019 年 12 月 31 日确认提供劳务成本 =（220 000 + 80 000）× 60% - 0 = 180 000（元）

（1）实际发生劳务成本时：

借：劳务成本　　220 000

　　贷：应付职工薪酬　　220 000

（2）预收劳务款项时：

借：银行存款　　250 000

　　贷：预收账款　　250 000

（3）2019 年 12 月 31 日确认提供劳务收入并结转劳务成本时：

借：预收账款　　254 400

　　贷：主营业务收入　　240 000

　　　　应交税费——应交增值税（销项税额）　　14 400

借：主营业务成本　　180 000

　　贷：劳务成本　　180 000

子情境二　提供劳务交易结果不能可靠估计

会计相关核算知识

企业在资产负债表日提供劳务交易结果不能够可靠估计的，企业就不能采用完工百分比法确认提供劳务的收入。应当分别下列情况处理：

（1）已经发生的劳务成本预计能够得到补偿的，应当按照已经发生的劳务成本金额确认提供劳务收入，并按相同金额结转劳务成本。

在这种情况下，企业应按已经发生的劳务成本金额，借记“应收账款”“预收账款”等科目，贷记“主营业务收入”科目；同时，借记“主营业务成本”科目，贷记“劳务成本”科目。

（2）已经发生的劳务成本预计只能部分得到补偿的，应当按照能够得到补偿的劳务成本金额确认收入，并按已经发生的劳务成本结转劳务成本。

在这种情况下，企业应当按照能够得到补偿的劳务成本金额，借记“应收账款”“预收账款”等科目，贷记“主营业务收入”科目；同时，借记“主营业务成本”科目，贷记“劳务成本”科目。

（3）已经发生的劳务成本预计全部不能得到补偿的，应当将已经发生的劳务成本计入当期损益，不确认提供劳务收入。

在这种情况下，企业应按已经发生的劳务成本金额，借记“主营业务成本”科目，贷记“劳务成本”科目。

理论案例

【案例设计 5－16】 西秦股份有限公司于 2019 年 11 月 1 日接受玉林公司委托，为其培训一批学员，培训期为 6 个月，当日开学。协议约定，玉林公司应向西秦股份有限公司支付的培训费总额为 60 000 元，增值税税率为 6%，分三次等额支付，第一次在开学时预付，第二次在 2020 年 2 月 1 日支付，第三次在培训结束时支付。当日，玉林公司预付第一次培训费。

2019 年 12 月 31 日，西秦股份有限公司得知玉林公司经营发生困难，后两次培训费能否收回难以确定。因此，西秦股份有限公司只将已经发生的培训成本 30 000 元（假定均为培训人员薪酬）中能够得到补偿的部分（即 20 000 元）确认为收入，将发生的 30 000 元成本全部确认为当年费用。假定西秦股份有限公司按年度编制财务报表，不考虑其他因素。西秦股份有限公司应作如下账务处理：

（1）2019 年 11 月 1 日收到乙公司预付的培训费时：

借：银行存款	21 200	
贷：预收账款		21 200

（2）实际发生培训支出 30 000 元时：

借：劳务成本	30 000	
贷：应付职工薪酬		30 000

（3）2019 年 12 月 31 日确认提供劳务收入并结转劳务成本时：

借：预收账款	21 200	
贷：主营业务收入		20 000
应交税费——应交增值税（销项税额）		1 200
借：主营业务成本	30 000	
贷：劳务成本		30 000

模块三　让渡资产使用权收入

【职业能力目标】

通过本模块的学习，了解让渡资产使用权的使用费收入的确认条件，掌握让渡资产使用权的使用费收入的会计处理。

【典型工作任务】

◆ 让渡资产使用权使用费收入的会计处理。

理论知识概述

一、让渡资产使用权收入的确认

让渡资产使用权收入包括利息收入、使用费收入等，其应在同时满足下列条件时，才能予以确认：

（1）相关的经济利益很可能流入企业；

（2）收入的金额能够可靠地计量。

二、让渡资产使用权收入的计量

企业应当分别下列情况确定让渡资产使用权收入金额：

（1）利息收入金额，按照他人使用本企业货币资金的时间和实际利率计算确定；

（2）使用费收入金额，按照有关合同或协议约定的收费时间和方法计算确定。

会计相关核算知识

如果合同或协议规定一次性收取使用费，且不提供后续服务的，应当视同销售该项资产一次性确认收入；提供后续服务的，应在合同或协议规定的有效期内分期确认收入。如果合同或协议规定分期收取使用费的，应按合同或协议规定的收款时间和金额或规定的收费方法计算确定的金额分期确认收入。

知识拓展

收入在利润表中的列示方法："营业收入"项目，根据"主营业务收入""其他业务收入"科目的发生额分析计算填列；"营业成本"项目，根据"主营业务成本""其他业务成本"科目的发生额分析计算填列。

收入是企业实现利润的前提条件，对企业的现金流量变化影响很大。收入是企业在日常活动中形成的、会导致所有者权益增加的、与所有者投入资本无关的经济利益的总流入，包括商品销售收入、提供劳务收入和让渡资产使用权收入。在确认商品销售收入时，应同时满足五个条件：第一，企业已将商品所有权上的主要风险和报酬转移给购货方；第二，企业既没有保留通常与所有权相联系的继续管理权，也没有对已售出的商品实施有效控制；第三，相关的经济利益很可能流入企业；第四，收入的金额能够可靠地计量；第五，相关的已发生或将发生的成本能够可靠地计量。商品销售收入的会计处理主要包括：

一般商品销售业务、已经发出商品但不符合收入确认条件的销售业务、销售折让、销售退回、采用预收款方式销售商品、具有融资性质的分期收款销售商品、采用支付手续费方式委托代销商品、销售材料等情况。

提供劳务收入分别按提供劳务的交易结果能够可靠估计和提供劳务交易结果不能够可靠估计两种情况。提供劳务交易结果能够可靠估计时，在满足相关条件后，采用完工百分比法确认收入；提供劳务交易结果不能够可靠估计时，应当分别下列情况处理：第一，已经发生的劳务成本预计能够得到补偿的，应当按照已经发生的劳务成本金额确认提供劳务收入，并按相同金额结转劳务成本；第二，已经发生的劳务成本预计只能部分得到补偿的，应当按照能够得到补偿的劳务成本金额确认收入，并按已经发生的劳务成本结转劳务成本；第三，已经发生的劳务成本预计全部不能得到补偿的，应当将已经发生的劳务成本计入当期损益，不确认提供劳务收入。企业与其他企业签订的合同或协议包括销售商品和提供劳务时，销售商品部分和提供劳务部分能够区分且能够单独计量的，应当将销售商品的部分作为销售商品处理，将提供劳务的部分作为提供劳务处理；销售商品部分和提供劳务部分不能够区分，或虽能区分但不能够单独计量的，应当将销售商品部分和提供劳务部分全部作为销售商品处理。

让渡资产使用权收入包括利息收入、使用费收入等，其应在同时满足下列条件时，才能予以确认：第一，相关的经济利益很可能流入企业；第二，收入的金额能够可靠地计量。利息收入金额，按照他人使用本企业货币资金的时间和实际利率计算确定；使用费收入金额，按照有关合同或协议约定的收费时间和方法计算确定。如果合同或协议规定一次性收取使用费，且不提供后续服务的，应当视同销售该项资产一次性确认收入；提供后续服务的，应在合同或协议规定的有效期内分期确认收入。如果合同或协议规定分期收取使用费的，应按合同或协议规定的收款时间和金额或规定的收费方法计算确定的金额分期确认收入。

项目六

费　用

学习内容框架提纲

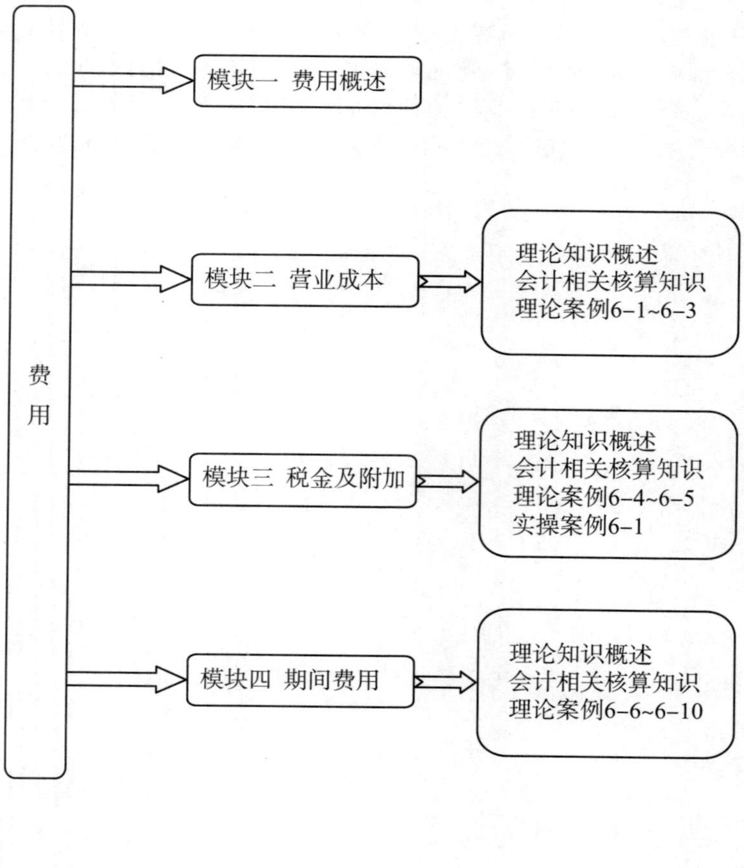

【职业能力目标】

通过本项目的学习，了解费用的概念、内容和特征；掌握税金及附加核算的内容，掌握营业成本、税金及附加和期间费用的会计处理方法。

【典型工作任务】

◆ 税金及附加的核算。

◆ 期间费用的核算。

模块一 费用概述

理论知识概述

一、费用的含义和特征

企业在生产经营过程中，必须要发生各种耗费，包括原材料等劳动对象的耗费、机器设备等劳动手段的耗费，以及人工等劳动力的耗费。费用是指企业在日常生活中发生的、会导致所有者权益减少的、与向所有者分配利润无关的经济利益的总流出。对费用有广义和狭义两种解释。广义认为，费用包括企业各种费用和损失。狭义认为，费用只包括为获得营业收入提供商品或劳务而发生的耗费，即仅仅指与商品或劳务的提供相联系的耗费，并非所有的耗费都表现为费用，如企业的投资支出、利润分配等。费用具有以下特征：

（一）费用是企业在日常生活中发生的经济利益的总流出

如前所述，日常活动是指企业为完成其经营目标所从事的经常性活动以及与之相关的其他活动。工业企业制造并销售产品、商业企业购买并销售产品、咨询公司提供咨询服务、软件开发企业为客户开发软件、安装公司提供安装服务、租赁公司出租资产活动中发生的经济利益的总流出构成的费用。工业企业对外出售不需要用的原材料结转的材料成本等，也构成费用。

费用形成于企业日常活动的特征使其与产生于非日常活动的损失相区分。企业从事或发生的某些活动也能导致经济利益流出企业但不属于企业的日常活动。例如，企业处置固定资产、无形资产等非流动资产，因违约支付罚款、对外捐赠、因自然灾害等非常原因造成财产毁损等，这些活动或事项形成的经济利益的总流出属于企业的损失而不是费用。

（二）费用会导致企业所有者权益减少

费用既可能表现为资产的减少，如减少银行存款、库存现金等；也可能表现为负债的增加，如增加应付职工薪酬、应交税费（应交营业税、消费税等）等。根据“资产 - 负债 = 所有者权益”这一会计等式，费用一定会导致企业所有者权益的减少。

企业经营管理中的某些支出并不减少企业的所有者权益，也就不构成费用。例如企业以银行存款偿还一项负债，只是一项资产和一项负债的等额减少，对所有者权益没有影响，因此，不构成企业的费用。

（三）费用与向所有者分配利润无关

向所有者分配利润或股利属于企业利润分配的内容，不构成企业的费用。

（四）费用和产品成本不是同一概念

费用中的产品生产费用是构成产品的基础，费用是按时间归集的，而产品成本是按产品对象归集的。

二、费用的主要内容

企业的费用从狭义角度主要包括主营业务成本、其他业务成本、税金及附加、销售费用、管理费用和财务费用等。

模块二 营业成本

理论知识概述

营业成本是指企业为生产产品、提供劳务等发生的可归属于产品成本、劳务成本等的费用，应当在确认销售商品收入、提供劳务收入等时，将已销售商品、已提供劳务的成本等计入当期损益。营业成本包括主营业务成本和其他业务成本。

一、主营业务成本

主营业务成本是指企业销售商品、提供劳务等经常性活动所发生的成本。企业一般在确认销售商品、提供劳务等主营业务收入时，或在月末，将已销售商品、已提供劳务的成本转入主营业务成本。

二、其他业务成本

其他业务成本是指企业确认的除主营业务活动以外的其他经营活动所发生的支出。其他业务成本包括销售材料的成本、出租固定资产的折旧额、出租无形资产的摊销额、出租包装物的成本或者摊销额等。采用成本模式计量投资性房地产的，其投资房地产计提的折旧额或摊销额，也构成其他业务成本。

会计相关核算知识

账户设置及具体核算

（一）主营业务成本

企业应当设置“主营业务成本”科目，按主营业务的种类进行明细核算，用于核算企业因销售商品、提供劳务或者让渡资产使用权等日常活动而发生的实际陈本，借记“主营业务成本”科目，贷记“库存商品”“劳务成本”等科目。期末，将主营业务成本的余额转入“本年利润”科目，借记“本年利润”，贷记“主营业务成本”，结转后该科目无余额。

（二）其他业务成本

企业应当设置“其他业务成本”科目，核算企业确认的除主营业务活动以外的其他经营活动所发生的支出，包括销售材料的成本、出租固定资产的折旧额、出租无形资产的摊销额、出租包装物的成本或摊销额等。企业发生的其他业务成本，借记“其他业务成本”，贷记“原材料”“周转材料”“累计折旧”“累计摊销”“应付职工薪酬”“银行存款”等科目。本科目按其他业务成本的种类进行明细核算。期末，本科目余额转入“本年利润”科目，结转后本科目无余额。

理论案例

【案例设计6-1】 西秦股份有限公司2019年1月20日向甲公司销售一批产品，开出的增值税专用发票上注明售价为200 000元，增值税税额为32 000元；西秦股份有限公司已收到甲公司支付的货款232 000元，并将提货单送交甲公司；该批产品成本为190 000元。西秦股份有限公司应编制如下会计分录：

（1）销售实现时：

借：银行存款	232 000	
贷：主营业务收入		200 000
应交税费——应交增值税（销项税额）		32 000
借：主营业务成本	190 000	
贷：库存商品		190 000

（2）期末结转损益：

借：本年利润	190 000	
贷：主营业务成本		190 000
借：主营业务收入	200 000	
贷：本年利润		200 000

【案例设计6-2】 西秦股份有限公司2019年3月10日销售甲产品100件，单价1 000元，单位成本800元，增值税专用发票上注明售价100 000元，增值税税额16 000元，购货方尚未付款，销售成立。当月25日，因产品质量问题购货方退货。西秦股份有限公司应编制如下会计分录：

（1）销售产品时：

借：应收账款	116 000	
贷：主营业务收入		100 000
应交税费——应交增值税（销项税额）		16 000
借：主营业务成本	80 000	
贷：库存商品——甲产品		80 000

（2）销售退回时：

借：主营业务收入	100 000	
应交税费——应交增值税（销项税额）	16 000	
贷：应收账款		116 000
借：库存商品——甲产品	80 000	
贷：主营业务成本		80 000

【案例设计6-3】 西秦股份有限公司2019年5月2日向某公司销售一批原材料，开具

的增值税专用发票上注明的售价为10 000元，增值税税额为1 600元，款项已由银行收妥。该批原材料的实际成本为7 000元。西秦股份有限公司应编制如下会计分录：

（1）销售实现时：

借：银行存款　　11 600

　　贷：其他业务收入　　10 000

　　　　应交税费——应交增值税（销项税额）　　1 600

借：其他业务成本　　7 000

　　贷：原材料　　7 000

（2）期末，结转成本到本年利润：

借：本年利润　　7 000

　　贷：其他业务成本　　7 000

借：其他业务收入　　10 000

　　贷：本年利润　　10 000

模块三　税金及附加

理论知识概述

税金及附加是指企业经营主要业务应负担的消费税、城市维护建设税、资源税和教育费附加等。值得注意的是：房产税、车船税、土地使用税、印花税也在本科目核算。

一、消费税

消费税是国家为了调节消费结构，正确引导消费方向，在普遍征收增值税的基础上，选择部分消费品，再征收一道消费税。消费税实行价内征收，企业交纳的消费税计入销售税金，抵减产品销售收入。消费税是对生产、委托加工及进口应税消费品（主要指烟、酒、化妆品、高档次及高能耗的15类特定消费品）征收的一种税。消费税的计税方法主要有从价定率、从量定额及从价定率和从量定额复合计税三种。从价定率是根据商品销售价格和规定的税率计算应交消费税，从量定率是根据商品销售数量和规定的单位税额计算应交的消费税，复合计税是二者的结合。

二、资源税

资源税是国家对在我国境内开采矿产品或者生产盐的单位和个人征收的税种。资源税按照应税产品的课税数量和规定的单位税额计算，如开采石油、煤炭、天然气企业需要按开采的数量计算缴纳资源税。

对外销售应税产品应交纳的资源税记入“税金及附加”科目；自产自用应税产品应交纳的资源税应记入“生产成本”“制造费用”等科目。

三、教育费附加

教育费附加是国家为了发展我国的教育事业，提高人民的文化素质而征收的一项费用。

这项费用按照企业交纳流转税的一定比例计算，并与流转税一起交纳。

四、城市维护建设税

为了加强城市的维护建设，扩大和稳定城市维护建设资金的来源，国家开征了城市维护建设税。

会计相关核算知识

企业应当设置“税金及附加”科目，核算企业经营活动发生的消费税、城市维护建设税、资源税和教育费附加等相关税费。按规定计算确定的与经营活动相关的税费，借记本科目，贷记“应交税费”等科目；企业收到的返还的消费税等原记入本科目的各种税金，应按实际收到的金额，借记“银行存款”科目，贷记本科目；期末，应将本科目余额转入“本年利润”科目，结转后本科目应无余额。

理论案例

【案例设计 6－4】 西秦股份有限公司 2019 年 2 月 1 日取得应纳消费税的销售商品收入 3 000 000 元，该产品适用的消费税税率为 25%。西秦股份有限公司当月应做的与消费税有关的会计分录如下：

（1）应交消费税额＝3 000 000×25%＝750 000（元）

借：税金及附加　　750 000

　　贷：应交税费——应交消费税　　750 000

（2）交纳消费税时：

借：应交税费——应交消费税　　750 000

　　贷：银行存款　　750 000

【案例设计 6－5】 西秦股份有限公司 2019 年 4 月，当月实际应交增值税为 380 000 元，应交消费税 220 000 元，城建税税率 7%，教育费附加 3%，西秦股份有限公司应做的与城建税、教育费附加有关的会计分录如下：

（1）计算应交城建税和教育费附加时：

城市维护建设税：

（380 000＋220 000）×7%＝42 000（元）

教育费附加：

（380 000＋220 000）×3%＝18 000（元）

借：税金及附加　　60 000

　　贷：应交税费——应交城建税　　42 000

　　　　　　　——应交教育费附加　　18 000

（2）实际缴纳城建税和教育费附加时：

借：应交税费——应交城建税　　42 000

　　　　　——应交教育费附加　　18 000

　　贷：银行存款　　60 000

实操案例

【案例设计6－1】2019年1月31日，西秦股份有限公司教育费附加及城市建设维护税的计税依据是300 000元。

相关原始凭证：

税金及附加计算表

2019年12月31日

税目	计税依据	税率（%）	应交税额
城市维护建设税	300 000	7	21 000
教育费附加	300 000	3	9 000
合计			30 000

制单：吴亮　　会计主管：李贺

编制相关记账凭证：

转 账 凭 证

转字 第 01 号

2019年01月31日　　附件 壹 张

摘要	总账科目	明细科目	借方金额										贷方金额										记账符号
			千	百	十	万	千	百	十	元	角	分	千	百	十	万	千	百	十	元	角	分	
计算城市建设维护税	税金及附加					2	1	0	0	0	0	0											□
	应交税费	应交城市建设维护														2	1	0	0	0	0	0	□
																							□
																							□
																							□
合 计					¥	2	1	0	0	0	0	0			¥	2	1	0	0	0	0	0	□

会计主管　　记账　　复核　　制证 吴亮

模块四 期间费用

理论知识概述

一、期间费用的概念

期间费用是指企业日常活动发生的不能计入特定核算对象的成本，而应计入发生当期损益的费用。

期间费用是企业日常活动中所发生的经济利益的流出。它是随着时间推移而发生的，与当期产品的管理和产品销售直接相关，而与产品的产量、产品的制造过程无直接关系，即容易确定其发生的期间，但难以判别其所应归属的产品，因而不能列入产品制造成本，而在发生的当期直接计入当期损益。

二、期间费用的内容

期间费用包括销售费用、管理费用和财务费用。

（一）销售费用

销售费用是指企业销售商品和材料、提供劳务过程中发生的各项费用。具体包括以下内容：

（1）企业在销售商品过程中发生的包装费、保险费、展览费和广告费、商品维修费、预计产品质量保证损失、运输费、装卸费等费用。

（2）企业发生的为销售本企业商品而专设的销售机构的职工薪酬、业务费、折旧费、固定资产修理费等费用。

（3）售后服务费。包括提供售后服务中所发生运输费、保险费、特约维修点经费等。

（二）管理费用

管理费用是指企业为组织和管理生产经营活动而发生各种管理费用。具体包括以下内容：

（1）企业在筹建期间发生的开办费。

（2）董事会和执行管理部门在企业的经营管理中发生的或者应由企业统一负担的公司经费（包括行政管理部门职工薪酬、物料消耗、低值易耗品摊销、办公费和差旅费）。

（3）工会经费，是指按工资总额的一定比例提交的工会经费。

（4）董事会费，是指企业最高权力机构及其成员为执行职能而发生的各项费用，包括董事会成员津贴、会议费和差旅费等。

（5）聘请中介机构费。

（6）咨询费（含顾问费），是指企业向咨询机构进行科技、经营咨询支付的费用。

（7）诉讼费，是指企业因起诉或应诉而发生的各项费用。

（8）审计费用，是指查账验资及资产评估等而发生的费用。

（9）业务招待费，是指企业为业务经营的合理需要而支付的交际应酬费。

（10）技术转让费，是指使用他人的专利技术而支付的费用。

（11）研究开发费用，是指企业研究开发新产品、新技术、新工艺而发生的新产品设计费、工艺规程制定费、设备调试费、原材料和新产品的试验费、技术图书资料费、研究人员的工资与新产品试制、技术研究有关的其他经费等。

（12）排污费，是指企业按规定交纳的排污费用。

（13）坏账损失，是指企业逾期不能收回的应收款项。

（14）矿产资源补偿费以及未包括在以上项目内的其他管理费用。

（三）财务费用

财务费用是指企业为筹集生产经营所需资金等而发生的筹资费用。具体包括以下内容：

（1）利息支出（减利息收入），是指企业的短期借款、经营期间的长期借款及应付债券、带息应付票据及应收票据贴现等的利息支出减去银行存款、带息应收票据等的利息收入后的差额。

（2）汇兑损益，是指汇兑损失减去汇兑收益的差额。

（3）金融机构的手续费，是指企业与金融机构以银行汇票、商业汇票、汇兑、委托收款等结算方式结算款项以及委托银行或其他金融机构代理发行债券时所支付的手续费、印刷费等有关费用。但企业筹建期间发生的筹资费用以及在固定资产购建期间为购建固定资产发生的筹资费用，不列入财务费用。

（4）企业发生的现金折扣或收到的现金折扣等。

会计相关核算知识

一、销售费用的核算

为了总括反映销售费用的发生和结转情况，企业应设置“销售费用”科目，该科目核算企业销售商品和材料、提供劳务过程中发生的各种费用，借方登记发生的各项销售费用，贷方登记期末转入“本年利润”科目的销售费用，结转后本科目无余额。本科目应按销售费用的费用项目进行明细核算。

二、管理费用的核算

为了总括反映管理费用的发生和结转情况，企业应设置“管理费用”科目，用于核算企业为组织管理生产经营所发生的各种费用，借方登记发生的各项管理费用，贷方登记期末结转入“本年利润”科目的管理费用，结转后本科目无余额。本科目应按管理费用的费用项目进行明细核算。

三、财务费用的核算

为了总括反映财务费用的发生和结转情况，企业应设置“财务费用”科目，用于核算企业为筹集生产经营资金而发生的各种费用，借方登记发生的各项财务费用，贷方登记期末结转入“本年利润”科目的财务费用，结转后本科目无余额。本科目应按财务费用的费用项目进行明细核算。

理论案例

【案例设计6-6】西秦股份有限公司销售部2019年8月共发生费用200 000元，其中：应付销售人员薪酬120 000元，销售部专用办公设备折旧费60 000元，业务费20 000元，用银行存款支付。应作如下账务处理：

借：销售费用	200 000	
贷：应付职工薪酬		120 000
累计折旧		60 000
银行存款		20 000

【案例设计6-7】西秦股份有限公司筹建期间发生办公费、差旅费用等开办费20 000元，均用银行存款支付。应作如下账务处理：

借：管理费用　　20 000

　　贷：银行存款　　20 000

【案例设计6-8】 西秦股份有限公司2019年8月31日，按规定计提工会经费4 000元。应作如下账务处理：

借：管理费用　　4 000

　　贷：应付职工薪酬　　4 000

【案例设计6-9】 西秦股份有限公司2019年9月11日，就一项产品的设计方案向有关专家进行咨询，以现金支付咨询费50 000元。应作如下账务处理：

借：管理费用　　50 000

　　贷：库存现金　　50 000

【案例设计6-10】 西秦股份有限公司于2019年7月1日向银行借入生产经营用短期借款150 000元，期限6个月，年利率4%，该借款本金到期后一次归还，利息分月预提，按季支付。每月月末，预提当月应付利息时。应作如下账务处理：

借：财务费用　　500

　　贷：应付利息　　500

知识拓展

成本与费用是两个既有相互联系又存在重大区别的会计概念，就一般意义而言，成本与费用泛指企业在生产经营中所发生的各种资金耗费。企业的成本与费用，就其经济实质来看，是产品价值构成中c+v两部分价值的等价物，用货币形式来表示，也就是企业在产品经营中所耗费的资金的总和。

费用在利润表中的列示方法：税金及附加、销售费用、管理费用、财务费用项目根据“税金及附加”“销售费用”“管理费用”“财务费用”、总账科目的本期发生额直接填列。

模块知识小结

费用是指企业在日常生活中发生的、会导致所有者权益减少的、与向所有者分配利润无关的经济利益的总流出。

费用有广义和狭义之分，广义费用包括企业各种费用和损失。狭义费用只包括为获得营业收入提供商品或劳务而发生的耗费，即仅仅指与商品或劳务的提供相关的耗费。不论广义的还是狭义的费用都具有最终会导致企业资源减少和减少企业的所有者权益的特点。本章仅就狭义费用而言。其内容主要包括主营业务成本、其他业务成本、税金及附加、销售费用、管理费用、财务费用等。

项目七

利　润

学习内容框架提纲

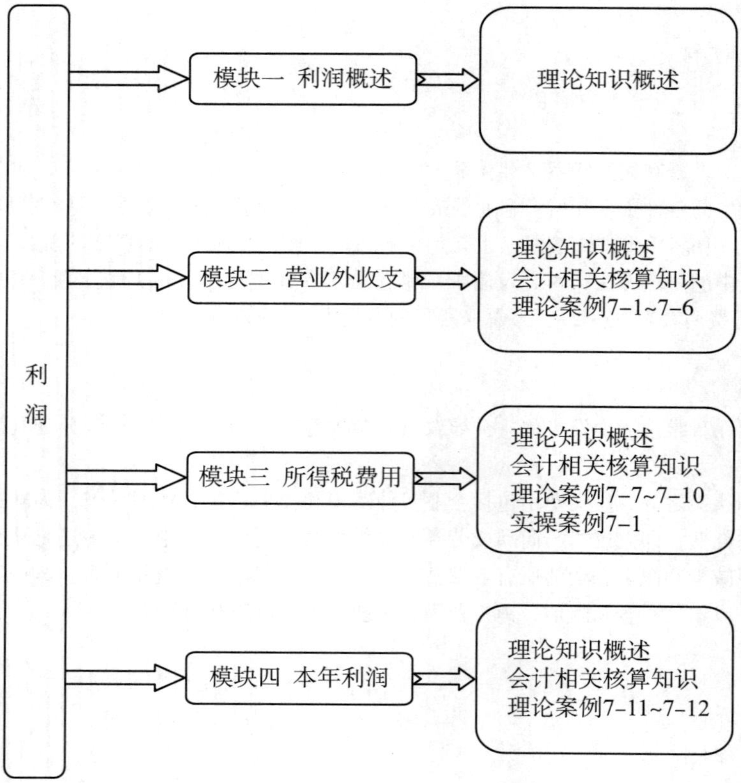

【职业能力目标】

通过本项目的学习，了解利润的含义，掌握利润的计算指标；掌握营业外收支的内容和会计核算；掌握所得税费用的含义和会计核算；掌握利润形成和分配过程的会计核算。

【典型工作任务】

- ◆ 利润的计算指标。
- ◆ 营业外收支的核算。
- ◆ 所得税费用的核算。
- ◆ 利润形成的核算。
- ◆ 利润分配的核算。

模块一 利润概述

理论知识概述

一、利润的含义

利润是指企业在一定会计期间的经营成果。通常情况下，如果企业实现了利润，表明企业的所有者权益将增加，业绩得到了提升；反之，如果企业发生了亏损（即利润为负数），表明企业的所有者权益将减少，业绩下降。利润是评价企业管理层业绩的指标之一，也是投资者等财务报告使用者进行决策时的重要参考。

二、利润的来源构成

利润包括收入减去费用后的净额、直接计入当期利润的利得和损失等。其中收入减去费用后的净额反映企业日常活动的经营业绩，直接计入当期利润的利得和损失反映企业日常活动取得的业绩。直接计入当期利润的利得和损失，是指应当计入当期损益、最终会引起所有者权益发生增减变动的、与所有者投入资本或者向所有者分配利润无关的利得或者损失。企业应当严格区分收入和利得、费用和损失之间的区别，以更加全面地反映企业的经营业绩。

利润构成项目与相关计算公式如下：

（一）营业利润

营业利润＝营业收入－营业成本－税金及附加－销售费用－管理费用－财务费用
－资产减值损失＋公允价值变动净收益（－公允价值变动净损失）
＋投资净收益（－投资净损失）±资产处置收益±其他收益

其中，营业收入是指企业经营业务所确认的收入总额，包括主营业务收入和其他业务收入。

营业成本是指企业经营业务所发生的实际成本总额，包括主营业务成本和其他业务成本。

资产减值损失是指企业计提各项资产减值准备所形成的损失。

公允价值变动净收益（或净损失）是指企业交易性金融资产、交易性金融负债，以及采用公允价值模式计量的投资性房地产等业务中公允价值变动形成的应计入当期损益的利得（或损失）。

投资净收益（或净损失）是指企业以各种方式对外投资所取得的净收益（或发生的净损失）。

（二）利润总额

利润总额＝营业利润＋营业外收入－营业外支出

其中，营业外收入是指企业发生的与其日常活动无直接关系的各项利得；营业外支出是指企业发生的与其日常活动无直接关系的各项损失。

（三）净利润

净利润＝利润总额－所得税费用

其中，所得税费用是指企业确认的应从当期利润总额中扣除的所得税费用。

模块二　营业外收支

学习情境一　营业外收入

理论知识概述

一、营业外收入的含义

营业外收入是指企业发生的与其日常活动无直接关系的各种收入。营业外收入并不是企业经营资金耗费所产生的，不需要企业付出代价，实际上是经济利益的净流入，不可能也不需要与有关的费用进行配比。

二、营业外收入核算的内容

营业外收入主要包括部分非流动资产处置利得、盘盈利得、捐赠利得、政府补助、确实无法支付而按规定程序经批准后转作营业外收入的应付款项等。

（1）部分非流动资产处置利得。因已丧失使用功能或自然灾害发生的毁损等原因（资产无使用价值了），产生的处置固定资产或无形资产的利得，其处置损益依然通过“营业外收支”核算。其他情况，包括出售、非货币性资产交换、债务重组、对外投资以及捐赠等原因，这种情况是为了换取对价，或者具有一定的商业目的，且资产还有使用价值。产生的固定资产或无形资产处置损益，则通过“资产处置损益”科目核算。

（2）企业合并损益，是指合并对价小于取得可辨认净资产公允价值的差额。

（3）盘盈利得，是指企业对于现金等资产清查盘点中盘盈的资产、报经批准后计入营业外收入的金额。其中固定资产盘盈。

（4）因债权人原因确实无法支付的应付款项，主要是指因债权人单位变更登记或撤销等而无法支付的应付款项等。

（5）政府补助，是指企业从政府无偿取得货币型资产或非货币型资产形成的利得。

（6）教育费附加返还款，是指自办职工子弟学校的企业，在交纳教育费附加后，教育部门返还给企业的所办学校经费补贴费。

（7）罚款收入，是指对方违反国家有关行政管理法规，按照规定支付给本企业的罚款，不包括银行的罚息。

会计相关核算知识

一、账户设置

为了总括反映营业外收入的增减变化和结余情况，企业应设置“营业外收入”科目，用于核算企业发生的各项营业外收入。贷方登记企业确认的各项营业外收入，借方登记期末结转入本年利润的营业外收入，结转后本科目无余额。本科目可按营业外收入项目进行明细核算。

二、具体核算

企业确认营业外收入时，借记“固定资产清理”“银行存款”“库存现金”“应付账款”等科目，贷记“营业外收入”科目。期末，应将“营业外收入”科目余额转入“本年利润”科目，借记“营业外收入”科目，贷记“本年利润”科目。

理论案例

【案例设计7-1】西秦股份有限公司2019年8月31日，将固定资产报废清理的净收益5 000元转作营业外收入。应作如下账务处理：

借：固定资产清理　　5 000

　　贷：营业外收入　　5 000

【案例设计7-2】西秦股份有限公司2019年8月17日，收到与乙公司签订合同的违约金罚没利得80 000元，存入银行。应作如下账务处理：

借：银行存款　　80 000

　　贷：营业外收入　　80 000

学习情境二　营业外支出

理论知识概述

一、营业外支出的含义

营业外支出是指企业发生的与其日常活动无直接关系的各项损失。

二、营业外支出核算的内容

营业外支出主要包括部分非流动资产处置损失、盘亏损失、罚款支出、非常损失等。

（1）部分非流动资产处置损失。因已丧失使用功能或自然灾害发生的毁损等原因（资产无使用价值了），产生的处置固定资产或无形资产的利得，其处置损益依然通过“营业外收支”核算。其他情况，包括出售、非货币性资产交换、债务重组、对外投资以及捐赠等原因，这种情况是为了换取对价，或者具有一定的商业目的，且资产还有使用价值。产生的固定资产或无形资产处置损益，则通过“资产处置损益”科目核算。

（2）盘亏损失，主要指对于固定资产清查盘点中盘亏的固定资产，在查明原因处理时按确定的损失计入营业外支出的金额。

（3）罚款支出，指企业由于违反税收法规、经济合同等而支付的各种滞纳金和罚款。

（4）公益性捐赠支出，指企业对外进行公益性捐赠发生的支出。

（5）非常损失，指企业对于因客观因素（如自然灾害等）造成的损失，在扣除保险公司赔偿后应计入营业外支出的净损失。

会计相关核算知识

一、账户设置

为了总括反映营业外支出的增减变化和结余情况，企业应设置“营业外支出”科目，用于核算企业发生的各项营业外支出。借方登记企业发生的各项营业外支出，贷方登记期末结转入本年利润的营业外支出，结转后本科目无余额。本科目可按营业外支出的项目进行明细核算。

二、具体核算

企业发生营业外支出时，借记“营业外支出”科目，贷记“固定资产清理”“待处理财产损溢”“库存现金”“银行存款”等科目。期末，应将“营业外支出”科目余额转入“本年利润”科目，借记“本年利润”科目，贷记“营业外支出”科目。

理论案例

【案例设计7－3】西秦股份有限公司2019年7月31日，将已经发生的原材料意外灾害损失400 000元转作营业外支出。应作如下账务处理：

借：营业外支出　　400 000

　　贷：待处理财产损溢　　400 000

【案例设计7－4】西秦股份有限公司2019年9月30日，通过民政局向灾区捐赠现金5 000元。应作如下账务处理：

借：营业外支出　　5 000

　　贷：库存现金　　5 000

【案例设计7－5】西秦股份有限公司2019年12月11日，将拥有的一项非专利技术出售，取得价款800 000元，应交的增值税为40 000元。该非专利技术的账面余额为900 000元，累计摊销额为100 000元，未计提减值准备。应作如下账务处理：

借：银行存款　　800 000

　　累计摊销　　100 000

　　营业外支出　　40 000

贷：无形资产　　900 000

　　应交税费——应交增值税　　40 000

【案例设计 7－6】西秦股份有限公司期末将本期营业外支出总额 810 000 元，转入“本年利润”科目。应作如下账务处理：

借：本年利润　　810 000

　　贷：营业外支出　　810 000

模块三　所得税费用

理论知识概述

一、企业所得税的概念

企业所得税是对我国内资企业和经营单位的生产经营所得和其他所得征收的一种税。纳税人范围比公司所得税大。企业所得税纳税人即所有实行独立经济核算的中华人民共和国境内的内资企业或其他组织，包括国有企业、集体企业、私营企业、联营企业、股份制企业、有生产经营所得和其他所得的其他组织。企业所得税的征税对象是纳税人取得的所得。包括销售货物所得、提供劳务所得、转让财产所得、股息红利所得、利息所得、租金所得、特许权使用费所得、接受捐赠所得和其他所得。所得税是根据企业应纳税所得额的一定比例上交的一种税金。

二、所得税费用的概念

所得税费用是指企业经营利润应交纳的所得税。“所得税费用”，核算企业负担的所得税，是损益类科目；这一般不等于当期应交所得税，因为可能存在“暂时性差异”。如果只有永久性差异，则等于当期应交所得税。应对国家征税政策，月度所得税征缴采取月度汇算清缴的方法实现，即多退少补的政策。具体表现为：企业设立一个汇算清缴账户，并存入一定的金额，在核算出当期的所得税时税款通过汇算清缴账户结算，即使后期存在差异的情况下也会在下一个会计期间返还或者补全。

三、当期所得税的计算

应纳税所得额是在企业税前会计利润（即利润总额）的基础上调整确定的。计算公式为：

应纳税所得额＝税前会计利润＋纳税调整增加额－纳税调整减少额

纳税调整增加额主要包括税法规定允许扣除项目中，企业已计入当期费用但超过税法规定扣除标准的金额（如超过税法规定标准的工资支出、业务招待费支出），以及企业已计入当期损失但税法规定不允许扣除项目的金额（如税收滞纳金、罚款、罚金）。

纳税调整减少额主要包括按税法规定允许弥补的亏损和准予免税的项目，如前五年内的未弥补亏损和国债利息收入等。

企业当期所得税的计算公式为：

应交所得税＝应纳税所得额×所得税税率

企业在计算确定当期所得税以及递延所得税费用（或收益）的基础上，应将两者之和确认为利润表中的所得税费用（或收益）。公式如下：

所得税费用 = 当期应交所得税费用 + 递延所得税费用（ - 递延所得税收益）

递延所得税费用 = 递延所得税负债增加额 + 递延所得税资产减少额

递延所得税收益 = 递延所得税负债减少额 + 递延所得税资产增加额

会计相关核算知识

一、账户设置

企业在损益类科目中需设置“所得税费用”科目，使用该科目时需注意：

（1）本科目核算企业确认的应从当期利润总额中扣除的所得税费用。

（2）本科目可按“当期所得税费用”“递延所得税费用”进行明细核算。

二、具体核算

所得税费用的主要账务处理：资产负债表日，企业按照税法规定计算确定的当期应交所得税，借记本科目（当期所得税费用），贷记“应交税费——应交所得税”科目；资产负债表日，根据递延所得税资产的应有余额大于“递延所得税资产”科目余额的差额，借记“递延所得税资产”科目，贷记本科目（递延所得税费用）；递延所得税资产的应有余额小于“递延所得税资产”科目余额的差额做相反的会计分录；企业应予确认的递延所得税负债，应当比照上述原则调整本科目、“递延所得税负债”科目及有关科目；期末，应将本科目的余额转入“本年利润”科目，结转后本科目无余额。

理论案例

【案例设计 7 - 7】 西秦股份有限公司 2019 年度按企业会计准则计算的税前会计利润为 20 000 000 元，所得税税率为 25%。当年按税法核定的全年计税工资为 3 000 000 元，A 公司全年实发工资为 3 200 000 元；经查，西秦股份有限公司当年营业外支出中有 100 000 元为税款滞纳罚金。假定西秦股份有限公司全年无其他纳税调整因素。

本例中，西秦股份有限公司有两项纳税调整因素，一是已计入当期费用但超过税法规定标准的工资支出；二是已计入当期营业外支出但按税法规定不允许扣除的税款滞纳金，这两个因素均应调整增加应纳税所得额。西秦股份有限公司当期所得税的计算如下：

纳税调整数 = 3 200 000 - 3 000 000 + 100 000

= 300 000（元）

应纳税所得额 = 20 000 000 + 300 000

= 20 300 000（元）

当期应交所得税额 = 20 300 000 × 25%

= 5 075 000（元）

借：所得税费用 5 075 000

贷：应交税费——应交所得税 5 075 000

【案例设计7－8】西秦股份有限公司2019年度按企业会计准则计算的税前会计利润为10 000 000元，所得税税率为25%。当年按税法核定的全年计税工资为3 000 000元，B公司全年实发工资为2 800 000元。假定西秦股份有限公司全年无其他纳税调整因素。

企业实际支付的工资总额超过计税工资时，超出的部分不得作为纳税扣除项目，应调整增加应纳税所得额。但企业实际支付的工资总额低于计税工资时，应按实际支付的工资总额作为纳税扣除项目，即企业实际支付的工资总额低于计税工资的部分不调整应纳税所得额。甲企业当期所得税的计算为：

当期应交所得税额＝10 000 000×25%

＝2 500 000（元）

借：所得税费用 2 500 000

贷：应交税费——应交所得税 2 500 000

【案例设计7－9】西秦股份有限公司2019年度按全年利润总额（即税前会计利润）为20 300 000元。其中包括本年收到的国库券利息收入300 000元。所得税税率为25%。假定本企业本年无其他纳税调整项目。西秦股份有限当期所得税的计算为：

应纳税所得额＝20 300 000－300 000

＝20 000 000（元）

当期应交所得税额＝20 000 000×25%

＝5 000 000（元）

借：所得税费用 5 000 000

贷：应交税费——应交所得税 5 000 000

【案例设计7－10】承【案例设计7－9】西秦股份有限公司递延所得税负债年初数为500 000元，年末数为400 000元；递延所得税资产年初数为200 000元，年末数为250 000元。

西秦股份有限公司所得税费用的计算如下：

递延所得税费用＝(400 000－500 000)＋(200 000－250 000)＝－150 000（元）

所得税费用＝当期所得税＋递延所得税费用

＝6 600 000－150 000

＝6 450 000（元）

借：递延所得税负债 100 000

递延所得税资产 50 000

贷：所得税费用 150 000

实操案例

【案例设计7－1】2019年12月31日，西秦股份有限公司计算并结转本期应交所得税费用。

相关原始凭证：

应交所得税费用计算表

2019 年 12 月 31 日

利润总额	纳税调整项目		应纳税所得税额	所得税税率	应交所得税费用
	调增金额	调减金额			
276 955.4	2 000		278 955.4	25%	69 738.85

编制相关记账凭证：

转　账　凭　证

转字　第　02　号

2019 年 12 月 31 日　　附件　　壹　　张

摘要	总账科目	明细科目	借方金额										贷方金额										记账符号
			千	百	十	万	千	百	十	元	角	分	千	百	十	万	千	百	十	元	角	分	
结转所得税费用	本年利润					6	9	7	3	8	8	5											□
	所得税费用															6	9	7	3	8	8	5	□
																							□
																							□
																							□
合　计					¥	6	9	7	3	8	8	5			¥	6	9	7	3	8	8	5	□

会计主管　　记账　　复核　　制证　吴亮

模块四　本年利润

理论知识概述

本年利润是指企业某个会计年度净利润（或净亏损），它是由企业利润组成内容计算确定的，是企业从公历年 1～12 月逐步累计而形成的一个动态指标。

会计相关核算知识

一、账户设置

（1）“本年利润”账户，所有者权益类，是一个汇总类账户，本账户核算企业当期实现的净利润（或发生的净亏损）。其贷方登记企业当期由收入类账户转入的各项收入、利得，包括“主营业务收入”“其他业务收入”“投资收益”“营业外收入”等账户的转入；以及转入“利润分配——未分配利润”账户的净亏损；借方登记企业当期由费用类账户转入的各项费用、损失，包括“主营业务成本”“其他业务成本”“税金及附加”“管理费用”“销售费用”“财务费用”“投资收益（净损失）”“营业外支出”“所得税费用”等账户的转入；以及转入“利润分配——未分配利润”账户的当期净收益。年末一般无余额。

（2）“利润分配”账户，所有者权益类。总括反映利润分配的增减变化和结余情况，用于核算企业利润的分配（或亏损的弥补）和历年分配（或弥补）后的余额。贷方登记年末转入的净利润，借方登记分配的利润，期末余额在贷方，表示尚未分配的利润；期末余额在借方，表示尚未弥补的亏损。该科目应设置以下明细科目进行明细核算：

①“提取法定盈余公积”明细科目，核算企业按规定提取的法定盈余公积。

②“提取任意盈余公积”明细科目，核算企业提取的任意盈余公积。

③“应付现金股利或利润”明细科目，核算企业按照利润分配方案分配给股东的现金股利或分配给投资人的利润。

④“转作股本的股利”明细科目，核算企业按照利润分配方案以分派股票股利的形式转作股本的股利或以利润转增的资本。

⑤“盈余公积补亏”明细科目，核算企业用盈余公积弥补的亏损等。

⑥“未分配利润”明细科目，核算企业全年实现的净利润（或净亏损）、利润分配和尚未分配利润（或尚未弥补的亏损）等。

二、具体核算

（一）利润形成的核算

企业期（月）末结转利润时，一般分为以下步骤：（1）结转收入类账户；（2）结转费用类账户；（3）计算结转“所得税费用”账户；（4）结转“本年利润”账户。结转后本科目应无余额。

理论案例

【案例设计7-11】西秦股份有限公司2019年有关损益类科目的年末余额为（该企业采用表结法年末一次结转损益类科目，所得税税率为25%）：

科目名称	结账前余额
主营业务收入	3 000 000元（贷）
其他业务收入	350 000元（贷）
公允价值变动损益	75 000元（贷）
投资收益	300 000元（贷）
营业外收入	25 000元（贷）
主营业务成本	2 000 000元（借）
其他业务成本	200 000元（借）
税金及附加	40 000元（借）
销售费用	250 000元（借）
管理费用	385 000元（借）
财务费用	100 000元（借）

资产减值损失　　50 000 元（借）

营业外支出　　125 000 元（借）

（1）结转各项收入类账户，应作如下账务处理：

借：主营业务收入　　3 000 000

　　其他业务收入　　350 000

　　公允价值变动损益　　75 000

　　投资收益　　300 000

　　营业外收入　　25 000

　　贷：本年利润　　3 750 000

（2）结转各项费用类账户，应作如下账务处理：

借：本年利润　　3 150 000

　　贷：主营业务成本　　2 000 000

　　　　其他业务成本　　200 000

　　　　税金及附加　　40 000

　　　　销售费用　　250 000

　　　　管理费用　　385 000

　　　　财务费用　　100 000

　　　　资产减值损失　　50 000

　　　　营业外支出　　125 000

经过上述结转后，“本年利润”科目的贷方发生额合计 3 750 000 元减去借方发生额合计 3 150 000 元，即为利润总额（税前会计利润）600 000 元。假设将该税前会计利润进行纳税调整后，应纳税所得额为 500 000 元。

（3）计算结转“所得税费用”账户：

当期应交所得税额 $=500\,000\times25\%=125\,000$（元）

假设西秦股份有限公司当期没有递延所得税费用，则应作如下账务处理：

借：所得税费用　　125 000

　　贷：应交税费——应交所得税　　125 000

结转“所得税费用”账户：

借：本年利润　　125 000

　　贷：所得税费用　　125 000

（4）结转“本年利润”账户。将“本年利润”科目年末余额（3 750 000 − 3 150 000 − 125 000）= 475 000 元转入“利润分配——未分配利润”科目，应作如下账务处理：

借：本年利润　　475 000

　　贷：利润分配——未分配利润　　475 000

（二）利润分配的核算

1. 利润分配的程序

企业取得的利润，应当按照规定进行分配。利润分配的过程和结果，不仅关系到所有者的合法权益是否得到保护，而且还关系到企业能否长期、稳定地发展。

企业当期实现的净利润，加上年初未分配利润（或减去年初未弥补亏损）后的余额，为可供分配的利润。可供分配的利润，一般按下列法定顺序分配：

（1）提取法定盈余公积，是指企业根据有关法律的规定，按照净利润的10%提取的盈余公积。法定盈余公积累计金额超过企业注册资本的50%以上时，可以不再提取。

（2）提取任意盈余公积，是指企业按照股东大会决议提取的任意盈余公积。

（3）应付现金股利或利润，是指企业按照利润分配方案分配给股东的现金股利，也包括非股份有限公司分配给投资者的利润。

（4）转作股本的股利，是指企业按照利润分配方案以分派股票股利的形式转作股本的股利，也包括非股份有限公司以利润转增的资本。

2. 利润分配的核算步骤

（1）企业按照有关法律规定提取的法定盈余公积，借记“利润分配——提取法定盈余公积”科目，贷记“盈余公积——法定盈余公积”科目；按股东大会或类似机构决议提取的任意盈余公积，借记“利润分配——提取任意盈余公积”科目，贷记“盈余公积——任意盈余公积”科目；（2）按股东大会或类似机构决议分配给股东的现金股利，借记“利润分配——应付现金股利或利润”科目，贷记“应付股利”科目；按股东大会或类似机构决议分配给股东的股票股利，在办理增资手续后，借记“利润分配——转作股本的股利”科目，贷记“股本”科目，如有差额，贷记“资本公积——股本溢价”科目。企业用盈余公积弥补亏损时，借记“盈余公积——法定盈余公积或任意盈余公积”科目，贷记“利润分配——盈余公积补亏”科目。（3）年终时，企业应将“利润分配”科目所属其他明细科目余额转入“未分配利润”明细科目。结转后，除“未分配利润”明细科目外，其他明细科目应无余额。

【案例设计7－12】 承【案例设计7－11】西秦股份有限公司2019年12月31日，按当年实现净利润465 000元的10%与15%分别提取法定盈余公积和任意盈余公积，向股东分派现金股利100 000元。应作如下账务处理：

（1）提取盈余公积：

借：利润分配——提取法定盈余公积	46 500	
——提取任意盈余公积	69 750	
贷：盈余公积——法定盈余公积		46 500
——任意盈余公积		69 750

（2）分配现金股利：

借：利润分配——应付现金股利或利润	100 000	
贷：应付股利		100 000

（3）结转“利润分配”其他明细科目余额：

借：利润分配——未分配利润	216 250	
贷：利润分配——提取法定盈余公积		46 500
——提取任意盈余公积		69 750
——应付现金股利或利润		100 000

知识拓展

为了使“本年利润”科目能准确、及时地提供当期利润额又不增加编制分录的工作量，单位在实际工作中“本年利润”账页采用多栏式。把“主营业务收入”“主营业务成本”“主营业务税金及附加”等项科目，由一级科目转变为“本年利润”下的二级科目使用，减少了结转时的工作量。但“收入”“成本”下设的产品明细账仍需按数量和金额登记。按“附表”账页中期末结出发生额，在编制损益表时不用查看多本账簿，只通过“本年利润”就能满足编制损益表的需要。“营业费用”“管理费用”“财务费用”等项费用，每月的发生额不大或业务笔数不多，也可直接作为“本年利润”的二级科目使用，以减少结转的工作量。如果上述费用较大或发生的业务笔数较多，仍需根据实际情况设置明细账，期末结转到“本年利润”科目中。

模块知识小结

利润是指企业在一定会计期间的经营成果。

营业收入是指企业经营业务所确认的收入总额，包括主营业务收入和其他业务收入。

营业成本是指企业经营业务所发生的实际成本总额，包括主营业务成本和其他业务成本。

营业利润 = 营业收入 − 营业成本 − 税金及附加 − 销售费用 − 管理费用 − 财务费用 − 资产减值损失
+ 公允价值变动净收益（ − 公允价值变动净损失）+ 投资净收益（ − 投资净损失）

营业外收入是指企业发生的与其日常活动无直接关系的各种收入。营业外收入并不是企业经营资金耗费所产生的，不需要企业付出代价，实际上是经济利益的净流入，不可能也不需要与有关的费用进行配比。营业外收入主要包括非流动资产处置利得、非货币性资产交换利得、盘盈利得、捐赠利得、政府补助、债务重组利得、确实无法支付而按规定程序经批准后转作营业外收入的应付款项等。

所得税费用是指企业经营利润应交纳的所得税。

本年利润是指企业某个会计年度净利润（或净亏损），它是由企业利润组成内容计算确定的，是企业从公历年 1 月至 12 月逐步累计而形成的一个动态指标。

利润分配是将企业取得的利润按照有关法定的分配程序进行分配。企业当期实现的净利润，加上年初未分配利润（或减去年初未弥补亏损）后的余额，为可供分配的利润。可供分配的利润，一般按下列顺序分配：（1）提取法定盈余公积；（2）提取任意盈余公积；（3）应付现金股利或利润；（4）转作股本的股利等。政府补助是指企业从政府无偿取得货币性资产或非货币性资产，但不包括政府作为企业所有者投入的资本。政府补助具有以下特征：政府补助是无偿的；政府补助通常附有条件；政府补助不包括政府的资本性投入。政府补助的主要形式：财政拨款、财政贴息、税收返还、无偿划拨非货币性资产。

项目八

财务报告

学习内容框架提纲

财务报告

- 模块一 财务报告概述
  - 财务报告的含义
  - 编制财务报告的目标
  - 财务报表的组成
  - 财务报表的分类
  - 财务报表编制的基本要求
- 模块二 资产负债表
  - 资产负债表的含义
  - 资产负债表的作用
  - 资产负债表的结构
  - 资产负债表项目的列示
  - 资产负债表的编制
- 模块三 利润表
  - 利润表的含义
  - 利润表的作用
  - 利润表的内容和结构
  - 利润表的编制
- 模块四 现金流量表
  - 现金流量表的含义
  - 现金流量表的作用
  - 现金流量表的结构
  - 现金流量表的编制基础
  - 现金流量的分类
  - 现金流量表的编制方法及程序
  - 现金流量表的编制
  - 现金流量表补充资料的编制
- 模块五 所有者权益变动表
  - 所有者权益变动表的含义
  - 所有者权益变动表的作用
  - 所有者权益变动表的结构
  - 所有者权益变动表的编制
- 模块六 财务报表附注
  - 财务报表附注的概念
  - 财务报表附注的作用
  - 财务报表附注披露的内容
  - 财务报表附注披露的基本要求
- 模块七 综合举例
  - 编制资产负债表
  - 编制年度利润表
  - 编制年度现金流量表
  - 编制所有者权益变动表

【职业能力目标】

了解财务报告的概念、目标、构成和分类，理解财务报表的编制要求，明确资产负债表、利润表、现金流量表的概念、作用及结构，掌握资产负债表、利润表和现金流量表的编制方法。

【典型工作任务】

◆ 掌握资产负债表、利润表和现金流量表的编制方法。

◆ 熟悉现金流量表的编制。

项目内容概述

财务报表是对企业财务状况、经营成果和现金流量的结构性表述。一套完整的财务报表至少应当包括资产负债表、利润表、现金流量表、所有者权益（或股东权益）变动表以及附注。编制财务报表是会计核算的一种专门方法，也是会计工作的一项重要内容。

模块一 财务报告概述

一、财务报告的含义

财务报告是指企业对外提供的反映企业某一特定日期的财务状况和某一会计期间的经营成果和现金流量等会计信息的文件。财务报告包括财务报表和其他应当在财务报告中披露的相关信息和资料。

财务报表由报表本身及其附注两部分构成，附注是财务报表的有机组成部分，而报表至少应当包括资产负债表、利润表和现金流量表等报表。考虑到小企业规模较小，外部信息需求相对较低，因此，小企业编制的报表可以不包括现金流量表。全面执行企业会计准则体系的企业所编制的财务报表，还应当包括所有者权益（股东权益）变动表。

财务报表是财务报告的核心内容，但除了财务报表之外，财务报告还应当包括其他相关信息。如企业可以在财务报告中披露其承担的社会责任、对社区的贡献、可持续发展能力等信息，这些信息尽管属于非财务信息，无法在财务报表中体现，但对于使用者的决策也是相关的，企业应当在财务报告中予以披露。

二、编制财务报告的目标

（一）向财务报告使用者提供决策所需的财务信息

企业编制财务报告的主要目标是向财务报告的使用者提供决策所需的企业财务状况、经营成果和现金流量等有关的财务信息。财务报告的使用者通常包括投资者、债权人、企业管理人员、政府及其有关部门和社会公众等。他们对会计报表所提供信息要求各有侧重。

（1）企业的投资者（包括潜在的投资者）和债权人（包括潜在的债权人），为了进行正确的投资决策和信贷决策，需要通过财务报告了解有关企业的财务状况、经营成果和现金流量情况的会计信息。投资人通过阅读财务报表，可以了解企业的财务状况及生产经营情况、了解其投资的完整性、投资报酬、资本结构的变化及企业未来的获利能力和利润分配政策等，以便于对企业状况和发展前景作出准确判断，为投资决策提供依据。对债权人而言，通过阅读分析财务报表，可以了解企业的偿债能力，了解其债权的保障、利息的获得，以及企业是否有足够的能力按期偿还债务等，以便为其做出信贷、融资决策提供依据。

（2）企业管理者为了考核和分析财务成本计划或预算的完成情况，总结经营工作的成绩和存在的问题，评价经济效益，需要全面了解企业经营情况，尽快做出决策，采取有效措施，改进经营管理。同时也可以利用报表信息，为未来经营计划和方针的制订提供准确依据，以使其更为科学合理。

（3）国家有关部门为了加强宏观经济管理，需要各单位提供财务报告资料，以便通过汇总分析，及时了解和掌握各企业单位的经营和管理情况，便于对企业的经营情况进行检查和分析。同时，还可以通过对企业财务报表提供的资料进行汇总分析，了解和考核国民经济总体的运行情况，从中发现存在的问题，以便对宏观经济运行做出正确决策，为政府进行国民经济宏观调控和控制提供依据。另外，还可以利用报表信息，检查和评价现有各项方针政策的科学合理性，以便为制定和修订方针政策提供依据。

（二）反映企业管理层受托责任的履行情况

在现代公司制下，企业所有权和经营权相分离，企业管理层是受委托人之托经营管理企业及其企业的各项资产，并负有相应的受托责任。而管理层所经营管理的企业各项资产基本上均为投资者投入的资本（或者留存收益作为再投资）或者向债权人借入的资金所形成的，企业管理层有责任妥善保管并合理、有效地运用这些资产。尤其是企业投资者和债权人等需要及时或者经常性了解企业管理层保管、使用资产的情况，以便评价企业管理层受托责任的履行情况和业绩情况，并决定是否需要调整投资或者信贷政策，是否需要加强内部控制和其他制度建设，是否需要更换管理层。因此，财务报告应当反映企业管理层受托责任的履行情况，以便于评价企业的经营管理责任和资源使用的有效性。

三、财务报表的组成

财务报表是对企业财务状况、经营成果和现金流量的结构性表述。完整的财务报表至少应当包括资产负债表、利润表、现金流量表、所有者权益（或股东权益）变动表以及附注。

（1）资产负债表，是反映企业在某一特定日期所拥有的资产、需偿还的债务以及股东（投资者）拥有的净资产情况的财务报表。

（2）利润表，是反映企业在一定会计期间的经营成果，即利润或亏损情况的财务报表，表明企业运用所拥有资产的获利能力。

（3）现金流量表，是反映企业在一定会计期间现金和现金等价物流入和流出情况的财务报表。

（4）所有者权益变动表，是反映构成所有者权益的各组成部分当期增减变动情况的财务报表。企业的净利润及其分配情况是所有者权益变动的组成部分，相关信息已经在所有者权益变动表及其附注中反映，企业不需要再单独编制利润分配表。

（5）附注，是财务报表不可或缺的组成部分，是对资产负债表、利润表、现金流量表和所有者权益变动表等报表中列示项目的文字描述或明细资料，以及对未能在这些报表中列示项目的说明等。

四、财务报表的分类

财务报表可以按照不同的标准进行分类。

（1）按财务报表反映的内容不同，可以分为静态报表和动态报表。静态报表是指综合反映企业某一特定日期资产、负债和所有者权益情况的报表，如资产负债表；动态报表是指综合反映企业一定期间的经营成果或者现金流量情况的报表，如利润表和现金流量表。

（2）按财务报表编制期间的不同，可以分为中期财务报表和年度财务报表。中期财务报表是以短于一个完整会计年度的报告期间为基础编制的财务报表，包括月报、季报和半年报等。中期财务报表至少应当包括资产负债表、利润表、现金流量表和附注，其中，中期资产负债表、利润表和现金流量表应当是完整报表，其格式和内容应当与年度财务报表相一致。与年度财务报表相比，中期财务报表中的披露可适当简略。

（3）按财务报表编制主体的不同，可以分为个别财务报表和合并财务报表。个别财务报表是由企业在自身会计核算基础上对账簿记录进行加工而编制的财务报表，它主要用以反映企业自身的财务状况、经营成果和现金流量情况。合并财务报表是以母公司和子公司组成的企业集团为会计主体，根据母公司和所属子公司的财务报表，由母公司编制的综合反映企业集团财务状况、经营成果及现金流量的财务报表。

五、财务报表编制的基本要求

（一）以持续经营为基础

企业在编制财务报表时，应当根据实际发生的交易和事项，根据《企业会计准则——基本准则》和其他各项会计准则的规定进行确认和计量，在此基础上编制财务报表。企业不应当以附注披露代替确认和计量。在编制财务报表过程中，企业管理层应当在考虑市场经营风险、企业盈利能力、偿债能力、财务弹性，以及企业管理层改变经营政策的意向等因素的基础上，对企业的持续经营能力进行评价。如果对企业的持续经营能力产生重大怀疑，应当在附注中披露导致对持续经营能力产生重大怀疑的影响因素，企业正式决定或被迫在当前或将在下一个会计期间进行清算或停止营业的，表明其处于非持续经营状态，应当采用其他基础编制财务报表，并在附注中声明财务报表未以持续经营为基础列报，并披露未以持续经营为基础的原因和财务报表的编制基础。

（二）以权责发生制为原则

企业编制的财务报表，除了现金流量表按照收付实现制原则编制外，其他报表均应按照权责发生制为原则编制。

（三）财务报表项目前后各期保持一致

企业编制的财务报表各项目应当在各个会计期间保持一致，不得随意变更，但下列情况除外：

（1）《企业会计准则》要求改变财务报表项目的列报。

（2）企业经营业务的性质发生重大改变后，变更财务报表项目的列报能够提供更可靠、更相关的会计信息。

（四）遵循重要性要求

重要性，是指财务报表某项目的省略或错报会影响使用者据此作出经济决策的，该项目具有重要性。判断项目的重要性，应当考虑该项目的性质是否属于企业日常活动，是否对企业对财务状况和经营成果具有较大影响等因素；判断项目金额大小的重要性，应当通过单项金额占资产总额、负债总额、所有者权益总额、营业收入总额、营业成本总额、净利润等直接相关项目金额的比重加以确定。

对于性质或功能不同的项目，比如存货和固定资产在性质上和功能上都有本质差别，应当分别在资产负债表上单独列报，但不具备重要性的项目可以合并列报。性质或功能类似的项目，比如原材料、在产品等项目在性质上类似，均通过生产过程形成企业的产品存货，因此可以合并列报，合并之后统称为“存货”在资产负债表上列报。

（五）财务报表项目的金额不得相互抵销

财务报表中资产项目和负债项目的金额、收入项目和费用项目的金额、直接计入当期利润的利得和损失项目的金额不得相互抵销，即不得以净额列报。比如，企业欠客户的应付款不得与其他客户欠本企业的应收款相抵销，如果相互抵销就掩盖了交易的实质。但企业会计准则另有规定的除外。

下列三种情况不属于抵销，可以净额列示：（1）一组类似交易形成的利得和损失以净额列示的，不属于抵销。比如，汇兑损益应当以净额列报，为交易目的而持有的金融工具形成的利得和损失应当以净额列报等。但是，如果相关利得和损失具有重要性，则应单独列报。（2）资产或负债项目按扣除备抵项目后的净额列示，不属于抵销。比如资产计提减值准备，表明资产的价值已经发生减损，按扣除减值准备后的净额列示，才能反映资产当时的真实价值，不属于抵销。（3）非日常活动产生的利得和损失，以同一交易形成的收益扣减相关费用后的净额列示，更能反映交易实质的，不属于抵销。非日常活动并非企业的主要业务，非日常活动产生的损益以收入扣除费用后的净额列示，更能有利于财务报表使用者的理解，不属于抵销。比如，非流动资产处置形成的利得和损失，应当按处置收入扣除该资产的账面金额和相关销售费用后的净额列报。

（六）遵循可比性要求

企业当期财务报表的列报，至少应当提供所有列报项目上可比会计期间的比较数据，以及与理解当期财务报表相关的说明，目的是向报表使用者提供对比数据，提高信息在会计期间的可比性，但另有规定的除外。如财务报表项目的列报发生变更，应当对上期比较数据按照当期的列报要求进行调整，并在附注中披露调整的原因和性质，以及调整的各项目金额。对上期比较数据进行调整不切实可行的，应当在附注中披露不能调整的原因。不切实可行，是指企业在做出所有合理努力后仍然无法采用某项会计准则规定。

（七）基本信息的披露和编报时间

企业应当在财务报表的显著位置，至少应披露以下基本信息：

（1）编制企业的名称；

（2）资产负债表日或财务报表涵盖的会计期间；

（3）人民币金额单位；

（4）财务报表是合并财务报表的，应当予以表明。

企业至少应当按年编制财务报表，年度财务报表涵盖的期间短于一年的，应当披露年度财务报表的涵盖期间，短于一年的原因以及报表数据不具可比性的事实。

模块二　资产负债表

一、资产负债表的含义

资产负债表是指反映企业在某一特定日期的财务状况的报表。它是根据资产 = 负债 + 所有者权益的基本原理及其相互关系，按照一定标准和顺序，将企业一定日期的资产、负债、所有者权益各项目进行适当分类、汇总、排列编制而成的，它能够提供企业在某一特定日期资产、负债、所有者权益的全貌。

二、资产负债表的作用

（1）可以反映企业某一特定日期的资产总额及其构成情况，分析企业所拥有或控制的经济资源及其分布状况，并为进一步分析企业的生产经营能力提供重要资料。

（2）可以反映企业某一特定日期的负债总额及其结构，了解企业面临的财务风险，分析企业目前和未来需要偿还债务的数量。

（3）可以反映企业所有者权益的构成情况，了解企业所有者在企业资产中享有的经济利益，考察企业资本的保全和增值情况。

（4）可以使报表使用者了解企业财务状况的全貌，分析企业财务结构的优劣和举债经营的合理程度，评价企业的偿债能力、支付能力、筹资能力等。

（5）可以了解企业未来的财务状况和财务安全程度，预测企业的发展前景。

三、资产负债表的结构

在我国，企业的资产负债表采用账户式结构。账户式资产负债表分为左右两方，左方为资产项目，大体按资产的流动性强弱排列，流动性强的资产排在前面，流动性弱的资产排在后面。右方为负债及所有者权益项目，一般按要求清偿时间的先后顺序排列，需要在一年以内或者长于一年的一个正常营业周期内偿还的流动负债排在前面，需要在一年以上或者长于一年的一个正常营业周期以上偿还的非流动负债排在中间，在企业清算之前不需要偿还的所有者权益项目排在后面。

账户式资产负债表中的资产各项目的合计等于负债和所有者权益各项目的合计，即资产负债表左方和右方平衡。因此，通过账户式资产负债表，可以反映资产、负债、所有者权益之间的内在关系，即“资产 = 负债 + 所有者权益”。此外，为了让使用者通过比较不同时点资产负债表的数据，掌握企业财务状况的变动情况及发展趋势，企业需要提供比较资产负债表，资产负债表各项目分为“年初余额”和“期末余额”两栏分别填列。

我国企业资产负债表的格式如表 8 – 4 所示。

四、资产负债表项目的列示

资产和负债应当分为流动资产和非流动资产、流动负债和非流动负债，按照流动性的强弱列示。

满足下列条件之一的资产，应当归类为流动资产：

（1）预计在一个正常营业周期中变现、出售或耗用；

（2）主要为交易目的而持有；

（3）预计在资产负债表日起1年内（含1年）变现；

（4）自资产负债表日起1年内，交换其他资产或清偿负债的能力不受限制的现金或现金等价物。

流动资产以外的资产应当归类为非流动资产，其中，正常营业周期，通常是指企业从购买用于加工的资产起至实现现金或现金等价物的期间。正常营业周期通常短于1年，在1年内有几个营业周期，但是，也存在正常营业周期长于1年的情况，如房地产开发企业开发用于出售的房地产开发产品、造船企业制造的用于出售的大型船只等，往往超过1年才变现、出售或耗用，仍应划分为流动资产。正常营业周期不能确定的，应当以1年（12个月）作为正常营业周期。

满足下列条件之一的负债，应当归类为流动负债：

（1）预计在一个正常营业周期中清偿；

（2）主要为交易目的而持有；

（3）自资产负债表日起1年内到期应予清偿；

（4）企业无权自主地将清偿推迟至资产负债表日后1年以上。

流动负债以外的负债应当归类为非流动负债。

对于在资产负债表日后1年内到期的负债，企业预计能够自主地将清偿义务展期至资产负债表日后1年以上的，应当归类为非流动负债；不能自主地将清偿义务展期的，即使在资产负债表日后财务报表批准报出日前签订了重新安排清偿计划协议，该项负债仍应归类为流动负债。

企业在资产负债表日或之前违反了长期借款协议，导致贷款人可随时要求清偿的负债，应当归类为流动负债。贷款人在资产负债表日或以前同意提供在资产负债表日后1年以上的宽限期，企业能够在此期限内改正违约行为，且贷款人不能要求随时清偿，该项负债应当归类为非流动负债。

所有者权益项目一般按照资本形成的先后顺序列示：实收资本、其他权益工具、资本公积、其他综合收益、盈余公积、未分配利润分项列示。

五、资产负债表的编制

资产负债表各项目均须填列“年初余额”和“期末余额”两栏。其中“年初余额”栏内各项数字，应根据上年年末资产负债表的“期末余额”栏内所列数字填列。如果本年度资产负债表规定的各个项目的名称和内容同上年度不一致，应对上年年末资产负债表各项目的名称和数字按照本年度的规定进行调整，填入报表中的“年初余额”栏内。“期末余额”栏主要有以下几种填列方法：

（一）直接根据总账科目余额填列

如“其他权益工具投资”“长期待摊费用”“递延所得税资产”“短期借款”“持有待售负债”“交易性金融负债”“应付职工薪酬”“应交税费”“递延所得税负债”“实收资本”“其他权益工具”“资本公积”“其他综合收益”“盈余公积”等项目，应当根据各总账科目的余额直接填列。

【案例设计8-1】 西秦股份有限公司2019年12月31日结账后“其他权益工具投资”总账科目余额为105 000元。

该企业2019年12月31日资产负债表中“其他权益工具投资”项目填列的金额为105 000元。

本例中，“其他权益工具投资”项目，反映资产负债表日企业指定为以公允价值计量且其变动计入其他综合收益的非交易性权益工具投资的期末账面价值。该项目应根据“其他权益工具投资”科目的期末余额填列。

【案例设计8-2】 西秦股份有限公司2019年4月8日向银行借入1年期借款320 600元，向其他金融机构借款230 900元，无其他短期借款业务发生。

该企业2019年12月31日资产负债表中“短期借款”项目填列的金额为：

320 600+230 900=551 500（元）

本例中，企业直接以“短期借款”总账科目余额填列在资产负债表中。

【案例设计8-3】 西秦股份有限公司2019年12月31日，“交易性金融负债”账户的期末总账余额为100 000元。

该企业2019年12月31日，资产负债表中“交易性金融负债”项目填列的金额为100 000元。

本例中，“交易性金融负债”行项目，反映资产负债表日企业承担的交易性金融负债，以及企业持有的直接指定为以公允价值计量且其变动计入当期损益的金融负债的期末账面价值。该项目应根据“交易性金融负债”科目的相关明细科目期末余额填列。

【案例设计8-4】 西秦股份有限公司2019年12月31日应付车间生产工人工资58 750元及福利费8 225元，应付管理人员工资308 000元及福利费43 120元，无其他应付职工薪酬项目。

该企业2019年12月31日资产负债表中“应付职工薪酬”项目填列的金额为：

58 750+8 225+308 000+43 120=418 095（元）

本例中，企业应直接以“应付职工薪酬”总账科目余额填列在资产负债表中。

（二）根据几个总账科目余额计算后填列

资产负债表中有些项目则需根据几个总账科目的期末余额计算填列。例如：（1）如“货币资金”项目，需根据“库存现金”“银行存款”“其他货币资金”三个总账科目的期末余额的合计数填列；（2）1～11月未分配利润项目，根据“本年利润”科目期末贷方余额加“利润分配”科目期末贷方余额的数额填列（如发生亏损，有未弥补的亏损，则应在本项目内以“-”号填列）。（3）“其他应付款”项目，应根据“应付利息”“应付股利”和“其他应付款”科目的期末余额合计数填列。（4）“长期应付款”行项目，应根据“长期应付款”科目的期末余额，减去相关的“未确认融资费用”科目的期末余额后的金额，加上“专项应付款”科目的期末余额填列。

【案例设计8-5】 西秦股份有限公司2019年12月31日结账后的“库存现金”科目余额为10 500元，“银行存款”科目余额为4 160 000元，“其他货币资金”科目余额为1 500 000元。

该企业2019年12月31日资产负债表中“货币资金”项目填列的金额为：

10 500 + 4 160 000 + 1 500 000 = 5 670 500（元）

本例中，企业应当按照“库存现金”“银行存款”和“其他货币资金”三个总账科目余额加总后的金额，作为资产负债表中“货币资金”项目的金额。

（三）根据有关明细科目余额计算填列

资产负债表中有的项目不能根据总账科目的期末余额，或者几个总账科目的期末余额简单计算后填列，而需要根据有关总账科目及其所属明细科目的期末余额分析计算后填列。例如：（1）“应付票据及应付账款”项目，该项目应根据“应付票据”科目的期末余额，以及“应付账款”和“预付账款”科目所属的相关明细科目的期末贷方余额合计数填列。（2）“应收票据及应收账款”项目，需要根据“应收票据”科目期末余额，“应收账款”和“预收账款”两个科目所属明细科目的期末借方余额合计数，减去“坏账准备”科目期末余额中应收账款坏账准备后的数额填列；（3）“预付账款”项目，需要根据“预付账款”和“应付账款”两个科目所属明细科目的期末借方余额合计数，减去“坏账准备”科目期末余额中预付账款坏账准备后的数额填列；（4）“预收账款”项目，需要根据“预收账款”和“应收账款”两个科目所属明细科目的期末贷方余额合计数填列。

【案例设计 8－6】西秦股份有限公司 2019 年 12 月 31 日结账后有关科目余额如表 8－1 所示。

表 8－1　　西秦股份有限公司 2019 年 12 月 31 日结账后有关科目余额

科目名称	总账余额
应收票据	50 000
应付票据	30 000

科目名称	明细科目借方余额	明细科目贷方余额
应收账款	1 548 000	102 000
预付账款	924 000	41 800
应付账款	512 000	2 854 000
预收账款	718 000	3 442 000

该企业 2019 年 12 月 31 日资产负债表中相关的填列金额为：

（1）“应收票据及应收账款”项目金额为：50 000 + 1 548 000 + 718 000 = 2 316 000（元）

（2）“预付款项”项目金额为：924 000 + 512 000 = 1 436 000（元）

（3）“应付票据及应付账款”项目金额为：30 000 + 2 854 000 + 41 800 = 2 925 800（元）

（4）“预收款项”项目金额为：3 442 000 + 102 000 = 3 544 000（元）

本例中，“应收票据及应收账款”项目，应当根据“应收票据”科目余额 50 000 元，“应收账款”科目所属明细科目借方余额 1 548 000 元和“预收账款”科目所属明细科目借方余额 718 000 元加总，作为资产负债表中“应收票据及应收账款”项目的金额，即 2 316 000 元。

“预付账款”项目，应当根据“预付账款”科目所属明细科目借方余额 924 000 元和“应付账款”科目所属明细科目借方余额 512 000 元加总，作为资产负债表中“预付款项”项目的金额，即 1 436 000 元。

“应付票据及应付账款”项目，应当根据“应付票据”科目余额 30 000 元，“应付账款”科目所属明细科目贷方余额 2 854 000 元和“预付账款”科目所属明细科目贷方余额 41 800 元加总，作为资产负债表中“应付票据及应付账款”的项目金额，即 2 925 800 元。

“预收账款”项目，应当根据“预收账款”科目所属明细科目贷方余额 3 442 000 元和“应收账款”科目所属明细科目贷方余额 102 000 元加总，作为资产负债表中“预收款项”项目金额，即 3 544 000 元。

【案例设计 8 -7】 西秦股份有限公司 2019 年 12 月 11 日购入原材料一批，价款 150 000 元，增值税 24 000 元，款项已付，材料已验收入库，当年根据实现的产品销售收入计算的增值税销项税额为 51 600 元。还有其他未支付的房产税 800 元。

该企业 2019 年 12 月 31 日资产负债表中“应交税费”项目金额为：

51 600 - 24 000 + 800 = 28 400（元）

本例中，有未付增值税和房产税，由于本期应交增值税为销项税额减进项税额，即 27 600（51 600 - 24 000）元，加上未交纳的房产税 800 元，作为资产负债表中“应交税费”项目填列的金额为 28 400 元。

（四）根据总账科目和细账科目的余额分析计算填列

资产负债表中有的项目应根据其总账科目及明细科目的余额分析计算后填列。例如，(1)“交易性金融资产”项目，应根据“交易性金融资产”科目的相关总账和明细科目期末余额分析填列。自资产负债表日起超过 1 年到期且预期持有超过 1 年的以公允价值计量且其变动计入当期损益的非流动金融资产的期末账面价值，在“其他非流动金融资产”项目反映。(2)“其他债权投资”项目，应根据“其他债权投资”科目的相关明细科目期末余额分析填列。自资产负债表日起 1 年内到期的长期债权投资的期末账面价值，在“一年内到期的非流动资产”项目反映。企业购入的以公允价值计量且其变动计入其他综合收益的 1 年内到期的债权投资的期末账面价值，在“其他流动资产”行项目反映。(3)“债权投资”项目，应根据“债权投资”科目的相关明细科目期末余额，减去“债权投资减值准备”科目中相关减值准备的期末余额后的金额分析填列。自资产负债表日起 1 年内到期的长期债权投资的期末账面价值，在“一年内到期的非流动资产”行项目反映。企业购入的以摊余成本计量的一年内到期的债权投资的期末账面价值，在“其他流动资产”项目反映。(4)“长期待摊费用”项目，应根据“长期待摊费用”总账科目的余额扣除其所属明细科目中反映的将于 1 年内到期摊销金额后的余额填列，“长期待摊费用”中将于 1 年内到期摊销的金额，应在流动资产下“一年内到期的非流动资产”项目中填列。(5)“预计负债”项目，应当根据“预计负债”科目下的“应付退货款”明细科目是否在 1 年或一个正常营业周期内清偿，在“其他流动负债”或“预计负债”项目中填列。(6)“长期借款”项目，应根据“长期借款”总账科目余额扣除“长期借款”科目所属的明细科目中反映的将在 1 年内到期、且企业不能自主地将清偿义务展期的长期借款后的金额计算填列。而应当将 1 年内到期的长期借款，应填列在流动资产下“一年内到期的非流动资产”项目中。(7)“其他流动资产”和

“其他非流动资产”项目，分别根据“合同取得成本”（确认为资产）科目的明细科目初始确认时，摊销期限是否超过1年或一个正常营业周期进行填列，已计提减值准备的，还应减去“合同取得成本减值准备”科目中相关的期末余额后的金额填列。同理，确认为资产的应收退货成本，应当根据“应收退货成本”科目是否在1年或一个正常营业周期内出售，在“其他流动资产”或“其他非流动资产”项目中填列。(8) 确认为资产的合同履约成本，应当根据“合同履约成本”科目的明细科目初始确认时摊销期限是否超过1年或一个正常营业周期，在“存货”或“其他非流动资产”项目中填列，已计提减值准备的，还应减去“合同履约成本减值准备”科目中相关的期末余额后的金额填列。

【案例设计8-8】 西秦股份有限公司长期借款情况如表8-2所示。

表8-2　西秦股份有限公司长期借款

借款起始日期	借款期限（年）	金额（元）
2019年1月1日	3	1 050 000
2016年6月1日	4	1 800 000

该企业2019年12月31日资产负债表中“长期借款”项目的填列金额为1 050 000元。

本例中，企业应当根据“长期借款”总账科目余额2 850 000（1 050 000 + 1 800 000）元中的1 050 000元，作为资产负债表中“长期借款”项目的填列金额，而应当将1年内到期的长期借款1 800 000元，填列在流动资产下“一年内到期的非流动资产”项目中。

【案例设计8-9】 西秦股份有限公司2019年12月31日“长期待摊费用”科目的期末余额为400 000元，全部为摊销期限在1年以上的数额。

该企业2019年12月31日资产负债表中“长期待摊费用”项目的填列金额为400 000元。

本例中，企业应当将“长期待摊费用”总账科目余额400 000元，作为资产负债表中“长期待摊费用”项目的金额，即400 000元。如有将于1年内摊销完毕的数额，应当填列在流动资产下“一年内到期的非流动资产”项目中。

【案例设计8-10】 西秦股份有限公司2019年12月31日，应付甲公司的退货款32 000元（偿还期为2021年12月31日）作为“预计负债”的明细科目确认，该公司再无其他预计负债。

该企业2019年12月31日，资产负债表中“预计负债”项目填列的金额为32 000元。

本例中，按照《企业会计准则第14号——收入》（2017年修订）的相关规定确认为预计负债的应付退货款，应当根据“预计负债”科目下的“应付退货款”明细科目是否在1年或一个正常营业周期内清偿，在“其他流动负债”或“预计负债”项目中填列。

（五）根据有关科目余额减去其备抵科目余额后的净额填列

例如，(1) 资产负债表中的“长期股权投资”“持有待售资产”等，应当根据科目的期末余额减去其各自计提的“长期股权投资减值准备”“持有待售资产减值准备”等科目余额后的净额填列。(2) “固定资产”项目，应当根据“固定资产”科目的期末余额减去“累计折旧”“固定资产减值准备”科目余额，以及“固定资产清理”科目的期末余额填列。(3) “无形资产”项目，应当根据“无形资产”科目的期末余额，减去“累计摊销”“无形资产减值准备”科目余额后的净额填列。（4）采用成本模式计量的“投资性房地产”项目，应当根据“投资性房地产”科目的期末余额减去“投资性房地产累计折旧（摊销）”“投资性房地产减值准备”科目余额后的净额填列。采用公允价值模式计量投资性房地产的，直接根据“投资性房地产”科目余额填列。（5）“合同资产”和“合同负债”项目，应分别根据“合同资产”科目、“合同负债”科目的相关明细科目期末余额分析填列，同一合同下的合同资产和合同负债应当以净额列示，其中净额为借方余额的，应当根据其流动性在“合同资产”或“其他非流动资产”项目中填列，已计提减值准备的，还应减去“合同资产减值准备”科目中相关的期末余额后的金额填列；其中净额为贷方余额的，应当根据其流动性在“合同负债”或“其他非流动负债”项目中填列。

【案例设计8－11】 西秦股份有限公司2019年12月31日结账后“应收账款”科目所属各明细科目的期末借方余额合计500 000元，贷方余额合计200 000元，对应收账款计提的坏账准备为25 000元，“应收票据”科目期末借方余额为5 000元，假定“预收账款”科目所属明细科目无借方余额。

该企业2019年12月31日资产负债表中“应收票据及应收账款”项目的填列金额为：

500 000－25 000＋5 000＝480 000（元）

本例中，企业应当以“应收账款”科目所属各明细科目借方余额500 000元，减去对应收账款计提的坏账准备25 000元，再加上“应收票据”期末借方余额5 000元后的金额，作为资产负债表“应收票据及应收账款”项目的金额，即480 000元。应收账款科目所属明细科目贷方余额，应与“预收账款”科目所属明细科目贷方余额加总，填列为“预收款项”项目。

【案例设计8－12】 西秦股份有限公司2019年12月31日结账后的“长期股权投资”科目余额为160 000元，“长期股权投资减值准备”科目余额为9 000元。

该企业2019年12月31日资产负债表中“长期股权投资”项目的填列金额为：

160 000－9 000＝151 000（元）

本例中，企业应当以“长期股权投资”科目余额为160 000元，减去其备抵科目“长期股权投资减值准备”科目余额后的金额，作为资产负债表中“长期股权投资”的项目金额。

【案例设计8－13】 西秦股份有限公司2019年12月31日结账后的“固定资产”科目余额为1 800 000元，“累计折旧”科目余额为500 000元。“固定资产减值准备”科目余额为60 000元，“固定资产清理”科目贷方余额为30 000元。

该企业2019年12月31日资产负债表中“固定资产”项目的填列金额为：

1 800 000－500 000－60 000－30 000＝1 210 000（元）

本例中，企业应当以“固定资产”科目余额，减去“累计折旧”和“固定资产减值准备”两个备抵类科目余额后的金额，再加上“固定资产清理”科目的余额，作为资产负债表中“固定资产”的项目金额。

【案例设计8－14】 西秦股份有限公司2019年12月31日结账后的“无形资产”科目余额为800 000元，“累计摊销”科目余额为60 000元，“无形资产减值准备”科目余额为95 000元。

该企业2019年12月31日资产负债表中“无形资产”项目的填列金额为：

800 000－60 000－95 000＝645 000（元）

本例中，企业应当以“无形资产”科目余额，减去“累计摊销”和“无形资产减值准备”两个备抵类科目余额后的金额，作为资产负债表中“无形资产”的项目金额。

（六）综合运用上述填列方法分析填列

（1）资产负债表中“其他应收款”项目，根据“应收利息”“应收股利”和“其他应收款”科目的期末余额合计数，减去“坏账准备”科目中相关坏账准备期末余额后的金额填列。（2）“存货”项目，应根据“在途物资”“材料采购”“原材料”“委托加工物资”“包装物”“低值易耗品”“生产成本”“库存商品”“发出商品”“委托代销商品”等科目期末余额合计数加上或减去“材料成本差异”科目期末余额，再减去“存货跌价准备”科目期末余额后的净额填列。（3）“在建工程”项目，应根据“在建工程”科目的期末余额，减去“在建工程减值准备”科目的期末余额后的金额，以及“工程物资”科目的期末余额，减去“工程物资减值准备”科目的期末余额合计后的金额填列。

【案例设计 8 −15】 西秦股份有限公司 2019 年 12 月 31 日结账后的“其他应收款”科目余额为 40 000 元，“应收股利”科目余额为 2 000 元，“坏账准备”科目中有关其他应收款计提的坏账准备为 1 000 元。

该企业 2019 年 12 月 31 日资产负债表中“其他应收款”项目的填列金额为：

40 000 + 2 000 − 1 000 = 41 000（元）

本例中，企业应当以“其他应收款”科目余额，加上“应收股利”科目余额，减去“坏账准备”科目中其他应收款计提的坏账准备金额后的金额，作为资产负债表中“其他应收款”的项目金额。

【案例设计 8 −16】 西秦股份有限公司采用计划成本核算材料，2019 年 12 月 31 日结账后有关科目余额为：“材料采购”科目余额为 200 000 元，“原材料”科目余额为 3 000 000 元，“周转材料”科目余额为 1 900 000 元，“库存商品”科目余额为 1 500 000 元，“生产成本”科目余额为 700 000 元，“材料成本差异”科目余额为 120 000 元（贷方），“存货跌价准备”科目余额为 130 000 元。

该企业 2018 年 12 月 31 日资产负债表中“存货”项目的填列金额为：

200 000 + 3 000 000 + 1 900 000 + 1 500 000 + 700 000 − 120 000 − 130 000 = 7 050 000（元）

本例中，企业应当以“材料采购”“原材料”“周转材料”“库存商品”“生产成本”各科目余额加总后，加上或减去“材料成本差异”科目的余额（若为贷方余额，应减去；若为借方余额，应加上），再减去“存货跌价准备”科目余额后的金额，作为资产负债表中“存货”的项目金额。

（七）根据总账科目所属明细科目加计填列

资产负债表有些项目应根据总账科目所属明细科目直接填列。例如，“持有待售资产”项目，应根据固定资产和无形资产等总账科目所属“持有待售”明细科目余额加计填列。

实操案例

【案例设计 8 −1】 甲股份有限公司 2019 年 7 月的余额试算平衡表如表 8 −3 所示。

表 8－3 **余额试算平衡表**

2019 年 7 月 31 日

会计科目	期末余额	
	借方	贷方
库存现金	740	
银行存款	168 300	
应收账款	85 460	
坏账准备		6 500
原材料	66 500	
库存商品	101 200	
存货跌价准备		1 200
固定资产	468 900	
累计折旧		3 350
固定资产清理		5 600
长期待摊费用	14 500	
应付账款		93 000
预收账款		10 000
长期借款		250 000
实收资本		500 000
盈余公积		4 500
利润分配		19 300
本年利润		12 150
合计	905 600	905 600

补充资料：（1）应收账款有关明细账期末余额情况为：

应收账款——美华公司　借方余额　98 000

应收账款——华林公司　贷方余额　12 540

（2）长期待摊费用中含将于 1 年内摊销的金额 8 000 元。

（3）应付账款有关明细账期末余额情况为：

应付账款——创新公司　借方余额　5 000

应付账款——蓝天公司　贷方余额　98 000

（4）预收账款有关明细账期末余额情况为：

预收账款——红星公司　借方余额　2 000

预收账款——白云公司　贷方余额　12 000

（5）长期借款期末余额中将于 1 年内到期归还的长期借款数为 100 000 元。

要求：请完成下列资产负债表（见表 8－4）的编制。

表 8－4　资产负债表

制表单位：甲股份有限公司　　2019 年 7 月 31 日　　单位：元

资产	期末余额	年初余额	负债及所有者权益	期末余额	年初余额
流动资产：		（略）	流动负债：		（略）
货币资金	169 040		短期借款		
交易性金融资产			交易性金融负债		
衍生金融资产			衍生金融负债		
应收票据及应收账款	93 500		应付票据及应付账款	98 000	
预付账款	5 000		预收账款	24 540	
其他应收款			合同负债		
存货	166 500		应付职工薪酬		
合同资产			应交税费		
持有待售资产			其他应付款		
一年内到期的非流动资产	8 000		持有待售负债		
其他流动资产			一年内到期的非流动负债	100 000	
流动资产合计	442 040		其他流动负债		
非流动资产：			流动负债合计	222 540	
债权投资			非流动负债：		
其他债权投资			长期借款	150 000	
长期应收款			应付债券		
长期股权投资			其中：优先股		
其他权益工具投资			永续债		
其他非流动金融资产			长期应付款		
投资性房地产			预计负债		
固定资产	459 950		递延收益		
在建工程			递延所得税负债		
生产性生物资产			其他非流动负债		
油气资产			非流动负债合计	150 000	
无形资产			负债合计	372 540	
开发支出			所有者权益（股东权益）		
商誉			实收资本（股本）	500 000	
长期待摊费用	6 500		其他权益工具		
递延所得税资产			其中：优先股		
其他非流动资产			永续债		
非流动资产合计	466 450		资本公积		

续表

资产	期末余额	年初余额	负债所有者权益	期末余额	年初余额
			减：库存股		
			其他综合收益		
			盈余公积	4 500	
			未分配利润	31 450	
			所有者权益合计	535 950	
资产总计	908 490		负债和所有者权益总计	908 490	

模块三　利　润　表

一、利润表的含义

利润表是指反映企业在一定会计期间（月份、季度或年度）的经营成果（或亏损）的会计报表。企业在一定会计期间的经营成果，一般是指企业在一定期间内实现的利润，包括收入减去费用后的净额、直接计入当期利润的利得和损失、其他综合收益等。其中，直接计入当期利润的利得和损失，是指应计入当期损益、会导致所有者权益发生增减变动的、与所有者投入资本或向所有者分配利润无关的利得和损失。

二、利润表的作用

企业在一定期间的经营成果应按收入实现原则和配比原则确认计算的营业收入、费用和利润表示。利润表除了反映营业收入、费用成本和利润外，还反映投资净收益、营业外收支等情况。其作用主要表现在以下几个方面：

（1）通过利润表反映的收入和费用等数据，有助于了解企业的经营成果。

（2）通过比较、分析利润表中各项目构成因素，有助于了解各项收入、费用及利润之间的增长趋势，发现经营中存在的问题，以便改善经营管理。

（3）通过利润表提供的不同时期的比较数据，有助于了解企业利润增长的趋势，评价、预测企业的获利能力，并据此作出是否投资或再投资、投资哪里、采取何种方案投资等决策。

由于利润表是企业经营业绩的综合体现，又是进行利润分配的主要依据，因此，利润表是财务报表中的主要报表。

三、利润表的内容和结构

（一）利润表的内容

（1）营业收入，由主营业务收入和其他业务收入组成。

（2）营业利润，营业收入减去营业成本（主营业务成本和其他业务成本）、税金及附加、销售费用、管理费用、研发费用、财务费用、资产减值损失、信用减值损失；加上其他收益、投资收益（减去投资损失）、净敞口套期收益（减去套期损失）、公允价值变动收益（减去公允价值变动损失）和资产处置收益（减去处置损失），即为营业利润。

（3）利润总额，营业利润加上营业外收入，减去营业外支出，即为利润总额。

（4）净利润，利润总额减去所得税费用，即为净利润。

（5）其他综合收益，是指企业根据其他会计准则规定未在当期损益中确认的各项利得和损失。其他综合收益项目分为下列两类：①以后会计期间不能重分类进损益的其他综合收益。主要包括重新计量设定收益计划净负债或净资产导致的变动、按照权益法核算的在被投资单位以后会计期间不能重分类进损益的其他综合收益变动中所享有的份额、其他权益工具投资公允价值变动、企业自身信用风险公允价值变动。②以后会计期间在满足规定条件时将重分类进损益的其他综合收益项目。主要包括：按照权益法核算的在被投资单位以后会计期间可重分类进损益的其他综合收益变动中所享有的份额、其他债权投资公允价值变动、金融资产重分类计入其他综合收益的金额、其他债权投资信用减值准备、现金流量套期储备、外币财务报表折算差额等。

（6）综合收益总额，反映企业净利润与其他综合收益税后净额的合计金额。

（7）每股收益，普通股或潜在普通股已公开交易的企业，以及正处于公开发行普通股或潜在普通股过程中的企业，还应当在利润表中列示每股收益信息，包括基本每股收益和稀释每股收益两项指标。

（二）利润表的结构

利润表是通过一定的表格来反映企业的经营成果。由于不同国家和地区对财务报表的信息要求不完全相同，利润表的结构也不完全相同。目前比较普遍的利润表的结构有单步式和多步式两种。我国企业的利润表采用多步式结构，如表 8 -7 所示。

四、利润表的编制

（一）我国企业利润表的主要编制步骤和内容

第一步，以营业收入为基础，减去营业成本、税金及附加、销售费用、管理费用、财务费用、研发费用、资产减值损失，信用减值损失；加上其他收益、投资收益（减去投资损失）、净敞口套期收益（减去套期损失）、公允价值变动收益（减去公允价值变动损失）和资产处置收益（减去处置损失），计算出营业利润。

第二步，以营业利润为基础，加上营业外收入，减去营业外支出，计算出利润总额。

第三步，以利润总额为基础，减去所得税费用，计算出净利润（或净亏损）。

第四步，以净利润为基础，加上其他综合收益的税后净额，计算出综合收益总额。

第五步，以净利润为基础，考虑其他综合收益的影响，计算每股收益。

（二）利润表各项目的填列方法

利润表各项均需填列“本期金额”和“上期金额”两栏。其中“上期金额”栏内各项数字，应根据上年该期利润表的“本期金额”栏内所列数字填列。“本期金额”栏内各期数字，除“基本每股收益”和“稀释每股收益”项目外，应当按照相关科目的发生额分析填列。如“营业收入”项目，根据“主营业务收入”“其他营业收入”科目的发生额分析计算填列；“营业成本”项目，根据“主营业务成本”“其他业务成本”科目的发生额分析计算填列。其他项目均按照各该科目的发生额分析填列。

（1）“信用减值损失”项目，要求计提的各项金融工具减值准备所形成的预期信用损失。该项目应根据“信用减值损失”科目的发生额分析填列。

（2）“净敞口套期收益”项目，反映净敞口套期下被套期项目累计公允价值变动转入当期损益的金额或现金流量套期储备转入当期损益的金额。该项目应根据“净敞口套期损益”科目的发生额分析填列；如为套期损失，以“-”号填列。

（3）“其他权益工具投资公允价值变动”项目，反映企业指定为以公允价值计量且其变动计入其他综合收益的非交易性权益工具投资发生的公允价值变动。该项目应根据“其他综合收益”科目的相关明细科目的发生额分析填列。

（4）“企业自身信用风险公允价值变动”项目，反映企业指定为以公允价值计量且其变动计入当期损益的金融负债，由企业自身信用风险变动引起的公允价值变动而计入其他综合收益的金额。该项目应根据“其他综合收益”科目的相关明细科目的发生额分析填列。

（5）“其他债权投资公允价值变动”项目，反映企业分类为以公允价值计量且其变动计入其他综合收益的债权投资发生的公允价值变动。企业将一项以公允价值计量且其变动计入其他综合收益的金融资产重分类为以摊余成本计量的金融资产，或重分类为以公允价值计量且其变动计入当期损益的金融资产时，之前计入其他综合收益的累计利得或损失从其他综合收益中转出的金额作为该项目的减项。该项目应根据“其他综合收益”科目下的相关明细科目的发生额分析填列。

（6）“金融资产重分类计入其他综合收益的金额”项目，反映企业将一项以摊余成本计量的金融资产重分类为以公允价值计量且其变动计入其他综合收益的金融资产时，计入其他综合收益的原账面价值与公允价值之间的差额。该项目应根据“其他综合收益”科目下的相关明细科目的发生额分析填列。

（7）“其他债权投资信用减值准备”项目，以公允价值计量且其变动计入其他综合收益的金融资产的损失准备。该项目应根据“其他综合收益”科目下的“信用减值准备”明细科目的发生额分析填列。

（8）“现金流量套期储备”项目，反映企业套期工具产生的利得或损失中属于套期有效的部分。该项目应根据“其他综合收益”科目下的“套期储备”明细科目的发生额分析填列。

（9）“研发费用”项目，反映企业进行研究与开发过程中发生的费用化支出。该项目应根据“管理费用”科目下的“研发费用”明细科目的发生额分析填列。

（10）“其中：利息费用”项目，反映企业为筹集生产经营所需资金等而发生的应予费用化的利息支出。该项目应根据“财务费用”科目的相关明细科目的发生额分析填列。

（11）“利息收入”项目，反映企业确认的利息收入。该项目应根据“财务费用”科目的相关明细科目的发生额分析填列。

（12）“其他收益”项目，反映计入其他收益的政府补助等。该项目应根据“其他收益”科目的发生额分析填列。

（13）“资产处置收益”行项目，反映企业出售划分为持有待售的非流动资产（金融工具、长期股权投资和投资性房地产除外）或处置组（子公司和业务除外）时确认的处置利得或损失，以及处置未划分为持有待售的固定资产、在建工程、生产性生物资产及无形资产而产生的处置利得或损失。债务重组中因处置非流动资产产生的利得或损失和非货币性资产交换中换出非流动资产产生的利得或损失也包括在本项目内。该项目应根据“资产处置损益”科目的发生额分析填列；如为处置损失，以“－”号填列。

（14）“营业外收入”行项目，反映企业发生的除营业利润以外的收益，主要包括债务重组利得、与企业日常活动无关的政府补助、盘盈利得、捐赠利得（企业接受股东或股东的子公司直接或间接的捐赠，经济实质属于股东对企业的资本性投入的除外）等。该项目应根据“营业外收入”科目的发生额分析填列。

（15）“营业外支出”行项目，反映企业发生的除营业利润以外的支出，主要包括债务重组损失、公益性捐赠支出、非常损失、盘亏损失、非流动资产毁损报废损失等。该项目应根据“营业外支出”科目的发生额分析填列。

（16）“（一）持续经营净利润”和“（二）终止经营净利润”行项目，分别反映净利润中与持续经营相关的净利润和与终止经营相关的净利润；如为净亏损，以“－”号填列。

下面就个别项目填列方法举例说明如下：

【案例设计8－17】 西秦股份有限公司2019年度“主营业务收入”科目的贷方发生额为3 200 000元，借方发生额为50 000元（系11月发生的购买方退货），“其他业务收入”科目的贷方发生额为400 000元。

该企业2019年度的利润表中“营业收入”的项目金额为：

3 200 000－50 000＋400 000＝3 550 000（元）

本例中，企业一般应当以“主营业务收入”和“其他业务收入”两个总账科目的贷方发生额之和，作为利润表中“营业收入”的项目金额。当年发生销售退回的，应以冲减主营业务收入后的金额，填列“营业收入”项目中。

【案例设计8－18】 西秦股份有限公司2019年度“主营业务成本”科目的借方发生额为2 400 000元；2019年1月8日，2018年12月销售给某单位的一批产品有质量问题被退回，其成本为180 000元；该企业的财务报表批准报出日为2019年3月1日；“其他业务成本”科目借方发生额50 000元。

该企业2019年度的利润表中“营业成本”的项目金额为：

2 400 000－180 000＋50 000＝2 270 000（元）

本例中，企业一般应当以“主营业务成本”和“其他业务成本”两个总账科目的借方发生额之和，作为利润表中“营业成本”的项目金额。当年发生销售退回的，应减去销售退回商品成本后的金额，填列“营业成本”项目。

【案例设计8－19】 西秦股份有限公司2019年12月31日“资产减值损失”科目当年借方发生额为300 000元；贷方发生额为50 000元。

该企业2019年度的利润表中“资产减值损失”的项目金额为：

300 000－50 000＝250 000（元）

本例中，企业应当以“资产减值损失”总账科目借方发生额减去贷方发生额后的余额，作为利润表中“资产减值损失”的项目金额。

【案例设计8－20】 西秦股份有限公司2019年年末“公允价值变动损益”科目贷方发生额为600 000元，借方发生额为50 000元。

该企业2019年度的利润表中“公允价值变动损益”的项目金额为：

600 000－50 000＝550 000（元）

本例中，企业应当以“公允价值变动损益”总账科目贷方发生额减去借方发生额后的余额，作为利润表中“公允价值变动损益”的项目金额，若相减后为负数，表示公允价值变动损失，以“－”号填列。

总之，企业应当根据编制利润表的多步式步骤，确定利润表中各主要项目的金额，相关计算公式如下：

营业利润＝营业收入－营业成本－税金及附加－销售费用－管理费用－研发费用－财务费用－资产减值损失－信用减值损失＋其他收益＋投资收益（或－投资损失）＋净敞口套期收益（或－套期损失）＋公允价值变动收益（或－公允价值变动损失）＋资产处置收益（或－处置损失）

利润总额＝营业利润＋营业外收入－营业外支出

净利润＝利润总额－所得税费用

其他综合收益的税后净额＝不能重分类进损益的其他综合收益＋将重分类进损益的其他综合收益

综合收益总额＝净利润＋其他综合收益的税后净额

普通股或潜在普通股以公开交易的企业，以及正处于公开发行普通股或潜在普通股过程中的企业，还应当在利润表中分别列示基本每股收益和稀释每股收益，并在附注中披露下列相关信息：

（1）基本每股收益和稀释每股收益分子、分母的计算过程；

（2）列报期间不具有稀释性但以后期间很可能具有稀释性的潜在普通股；

（3）在资产负债表日至财务报告批准报出日之间，企业发行在外普通股或潜在普通股数发生重大变化的情况。

实操案例

【案例设计8－2】甲股份有限公司2019年度有关损益类科目和“其他综合收益”明细科目的本年累计发生净额分别如表8－5和表8－6所示（所得税税率25%）。

表8－5 **损益类账户发生额资料**

2019年度 单位：元

账户名称	本期发生额	
	借方	贷方
主营业务收入		1 250 000
其他业务收入		30 000
投资收益		31 500
营业外收入		50 000
主营业务成本	750 000	
其他业务成本	15 000	
税金及附加	2 000	
销售费用	20 000	

续表

账户名称	本期发生额	
	借方	贷方
管理费用	157 100	
财务费用	41 500	
资产减值损失	30 900	
营业外支出	19 700	
所得税费用	85 300	

表 8－6　　甲股份有限公司“其他综合收益”明细科目

2019 年度累计发生净额　　单位：元

明细科目名称	借方发生额	贷方发生额
权益法下在被投资单位以后将重分类进损益的其他综合收益中享有的份额（30%）	0	12 000
合计	0	12 000

注：甲股份有限公司持有乙公司 30% 的股份，能够对乙公司施加重大影响。2019 年度，乙公司因持有的其他债权投资发生公允价值变动，计入其他综合收益的金额为 40 000 元。假定甲股份有限公司与乙公司适用的会计政策、会计期间相同，投资时乙公司有关资产、负债的公允价值与其账面价值相同，双方在当期及以前期间未发生任何内部交易，并且假定不考虑交易费用、税费及其他相关因素。

要求：根据上述资料编制甲股份有限公司 2019 年度利润表（见表 8－7）。

表 8－7　　利润表

编制单位：甲股份有限公司　　2019 年度　　单位：元

项目	本期金额	上期金额（略）
一、营业收入	1 280 000	
减：营业成本	765 000	
税金及附加	2 000	
销售费用	20 000	
管理费用	157 100	
研发费用	0	
财务费用	41 500	
其中：利息费用	41 500	
利息收入	0	
资产减值损失	30 900	
加：其他收益	0	
投资收益（损失以“－”号填列）	31 500	

续表

项目	本期金额	上期金额（略）
其中：对联营企业和合营企业的投资收益	0	
净敞口套期收益（损失以“－”号填列）	0	
公允价值变动收益（损失以“－”号填列）	0	
资产处置收益（损失以“－”号填列）	0	
二、营业利润（亏损以“－”号填列）	295 000	
加：营业外收入	50 000	
减：营业外支出	19 700	
三、利润总额（亏损总额以“－”号填列）	325 300	
减：所得税费用	85 300	
四、净利润（净亏损以“－”号填列）	240 000	
（一）持续经营净利润（净亏损以“－”号填列）	240 000	
（二）终止经营净利润（净亏损以“－”号填列）	0	
五、其他综合收益的税后净额	12 000	
（一）不能重分类进损益的其他综合收益	0	
1. 重新计量设定收益计划变动额	0	
2. 权益法下不能转损益的其他综合收益	0	
3. 其他权益工具投资公允价值变动	0	
4. 企业自身信用风险公允价值变动	0	
（二）将重分类进损益的其他综合收益	12 000	
1. 权益法可转损益的其他综合收益	12 000	
2. 其他债权投资公允价值变动		
3. 金融资产重分类计入其他综合收益的金额	0	
4. 其他债权投资信用减值准备	0	
5. 现金流量套期储备	0	
6. 外币财务报表折算差额	0	
六、综合收益总额	252 000	
七、每股收益	略	
（一）基本每股收益	略	
（二）稀释每股收益	略	

模块四 现金流量表

一、现金流量表的含义

现金流量表是反映企业在一定会计期间现金和现金等价物流入和流出情况的动态报表。现金流量表以现金的流入和流出反映企业在一定期间内的经营活动、投资活动和筹资活动对财务状况的影响，反映企业现金流入和流出的全貌。现金流量表从编制原则上看，是按照收付实现制原则编制，将权责发生制下的盈利信息调整为收付实现制下的现金流量信息，便于信息使用者了解企业净利润的质量。

二、现金流量表的作用

(1) 通过现金流量表能够说明企业的偿债能力、支付股利的能力和资金周转能力。

(2) 通过现金流量表能够分析企业未来获取现金的能力，有助于预测企业未来现金流量。

(3) 通过现金流量表能够分析企业投资和理财活动对经营成果和财务状况的影响，掌握企业经营活动、投资活动和筹资活动的现金流量，可以从现金流量角度了解净利润的质量，为分析和判断企业的财务前景提供信息。

(4) 通过现金流量表能够提供一定时期现金流入和流出的动态信息，表明企业在报告期内由经营活动、投资活动和筹资活动获得多少现金、获得的现金是如何运用的，从而能够说明资产、负债、净资产的变动原因，对资产负债表和利润表起到连接和补充说明的作用。

三、现金流量表的结构

我国企业现金流量表采用报告式结构，分类反映经营活动产生的现金流量、投资活动产生的现金流量和筹资活动产生的现金流量，最后汇总反映企业某一期间的现金及现金等价物的净增加额。我国企业现金流量表的格式，如表 8 - 8 所示。

四、现金流量表的编制基础

现金流量表是以现金为基础编制的。这里所指的现金是广义的现金概念，是指现金及现金等价物。现金包括库存现金、可随时用于支付的银行存款、可随时用于支付的其他货币资金（如外埠存款、银行外汇存款、银行本票存款等）等。不能随时用于支付的存款不属于现金。

这里的现金等价物，是指企业持有的期限短、流量性强、易于转换为已知金额现金、价值变动风险小的投资。期限短，一般是指从购买日起 3 个月内到期。现金等价物通常包括 3 个月内到期的债券投资等。权益性投资变现的金额通常不确定，因而不属于现金等价物。企业应该根据具体情况，确定现金等价物的范围，一经确定不得随意变更。

五、现金流量的分类

企业从银行提取现金、用现金购买短期到期的国库券等现金和现金等价物之间的转换不属于现金流量。现金流量表通常将企业一定期间产生的现金流量划分为以下三类：

（一）经营活动产生的现金流量

经营活动，是指企业投资活动和筹资活动以外的所有交易和事项。

经营活动产生的现金流入主要包括销售商品、提供劳务、税费返还等所收到现金；经营活动的现金流出主要包括购买商品、接受劳务所支付的现金、交纳税款、支付职工工资及为职工支付的现金等。

（二）投资活动产生的现金流量

投资活动，是指企业长期资产的购建和不包括在现金等价物范围内的投资及其处置活动。这里的长期资产指固定资产、在建工程、无形资产、其他资产等持有期限在1年或一个营业周期以上的资产。这里讲的投资活动，既包括实物资产投资，也包括金融资产投资。因为现金等价物视同现金，所以现金等价物范围内的投资及处置活动不包括在投资活动内。不同企业由于行业特点不同，对投资活动的认定也不同。比如：交易性金融资产所产生的现金流量，对于工商企业而言，属于投资活动现金流量，对于证券公司来说，属于经营活动现金流量。

投资活动的现金流入主要包括收回投资所收到的现金，取得投资收益所收到的现金，处置固定资产、无形资产和其他长期资产所收回的现金净额等。投资活动的现金流出主要包括购建固定资产、无形资产和其他长期资产所支付的现金，投资金融资产所支付的现金等。

（三）筹资活动产生的现金流量

筹资活动，是指导致企业资本及债务规模和构成发生变化的活动。这里所说的资本，既包括实收资本（股本），也包括资本溢价（股本溢价）；这里所说的债务，指对外举债，包括向银行借款、发行债券以及偿还债务等。

筹资活动产生的现金流入量主要包括吸收投资所收到的现金（比如发行股票）、发行债券、借款所收到的现金等；筹资活动的现金流出主要包括偿还债务所支付的现金、分配利润、股利或偿付利息所支付的现金等。通常情况下，偿付应付账款、应付票据等商业应付款等属于经营活动，不属于筹资活动。

此外，对于企业日常活动之外的、不经常发生的特殊项目，如自然灾害损失、保险赔款、捐赠等，应当并归到相关类别中，并单独反映。比如，对于自然灾害损失和保险赔款，如果能够确指属于流动资产损失，应当列入经营活动产生的现金流量；属于固定资产损失，应当列入投资活动产生的现金流量。

六、现金流量表的编制方法及程序

企业一定期间的现金流量可分为三个部分，即经营活动现金流量、投资活动现金流量和筹资活动现金流量。编制现金流量表时，列报经营活动现金流量的方法有两种：一是直接法；二是间接法。这两种方法通常也称为编制现金流量表的直接法和间接法。直接法和间接法各有特点。

在直接法下，一般是以利润表中的营业收入为起算点，调节与经营活动有关项目的增减变动，然后计算出经营活动的现金流量。在间接法下，则是以净利润为起算点，调整不涉及现金的收入、费用、营业外收支等有关项目，剔除投资活动、筹资活动对现金流量的影响，据此计算出经营活动产生的现金流量。相对而言，采用直接法编制的现金流量表，便于分析企业经营活动产生的现金流量的来源和用途，预测企业现金流量表的未来前景。而间接法不易做到这一点。

我国《企业会计准则》规定，企业应当采用直接法列示经营活动产生的现金流量。同时，要求在附注中提供以净利润为基础调节到经营活动现金流量信息。采用直接法具体编制现金流量表时，又可以采用工作底稿法或T型账户法，也可以根据有关科目记录分析填列。

（一）工作底稿法

工作底稿法是以工作底稿为手段，以利润表和资产负债表数据为基础，结合有关科目的记录，对每一项目进行分析并编制调整分录，从而编制出现金流量表的一种方法。采用工作底稿法编制现金流量表的具体程序是：

第一步，将资产负债表的年初余额和期末余额过入工作底稿的年初余额栏和期末余额栏。

第二步，对当期业务进行分析并编制调整分录。在编制调整分录时，要以利润表项目为基础，从“营业收入”开始，结合资产负债表项目逐一进行分析。调整分录大体有这样几类：第一类是涉及利润表中的收入、成本和费用项目以及资产负债表中的资产、负债及所有者权益项目，通过调整，将权责发生制下的收入、费用转换为现金基础；第二类是涉及资产负债表和现金流量表中的投资、筹资项目，反映投资和筹资活动的现金流量；第三类是涉及利润表和现金流量表中的投资和筹资项目，目的是将利润表中有关投资和筹资方面的收入和费用列入现金流量表投资、筹资现金流量中去。此外，还有一些调整分录并不涉及现金收支，只是为了核对资产负债表项目的期末年初变动。

在调整分录中，有关现金和现金等价物的事项，并不直接借记或贷记现金，而是分别记入“经营活动产生的现金流量”“投资活动产生的现金流量”“筹资活动产生的现金流量”有关项目。借记表明现金流入，贷记表明现金流出。

第三步，将调整分录过入工作底稿中的相应部分。

第四步，核对调整分录，借方、贷方合计数均已经相等，资产负债表项目年初余额加减调整分录中的借贷金额以后，应当等于期末余额。

第五步，根据工作底稿中的现金流量表项目部分编制正式的现金流量表。

（二）T型账户法

是指以T型账户为手段，以资产负债表和利润表数据为基础，对每一项目进行分析并编制调整分录，从而编制出现金流量表的一种方法。采用T型账户法编制现金流量表的具体程序是：

第一步，为所有的非现金项目（包括资产负债表项目和利润表项目）分别开设T型账户，并将各自的期末期初变动数过入各该账户。如果项目的期末数大于期初数，则将差额过入和项目余额相同的方向；反之过入相反的方向。

第二步，开设一个大的“现金及现金等价物”T型账户，每边分别为经营活动、投资活动和筹资活动三个部分，左边记现金流入，右边记现金流出。与其他账户一样，过入期末期初变动数。

第三步，以利润表项目为基础，结合资产负债表分析每一个非现金项目的增减变动，并据此编制调整分录。

第四步，将调整分录过入各T型账户，并进行核对，该账户借贷相抵后的余额与原先过入的期末期初变动数应当一致。

第五步，根据大的“现金及现金等价物”T型账户编制正式的现金流量表。

（三）分析填列法

分析填列法是直接根据资产负债表、利润表和有关会计科目明细账的记录，分析计算出现金流量表各项目的金额，并据以编制现金流量表的一种方法。

七、现金流量表的编制

编制现金流量表的过程就是将权责发生制下的会计资料转换为收付实现制表示的现金流动。由于企业编制的资产负债表、利润表及有关账户记录资料反映的会计信息都是以权责发生制为基础记录并报告的，所以现金流量表的编制必然是以资产负债表、利润表及有关资料为依据。

直接法编制现金流量表，实际上是从利润表的营业收入、营业成本项目为起点，通过调整有关资产负债表项目，分别调整与经营活动有关的流动资产和流动负债的增减变动，将权责发生制确认的本期各项收支调整为以收付实现制为基础的经营活动现金流量，即以实际现金收支表述各项经营活动现金流量。

（一）经营活动产生的现金流量项目填列方法

1. “销售商品、提供劳务收到的现金”项目

该项目反映企业销售商品、提供劳务实际收到的现金（包括应向购买方收取的增值税销项税额），包括本期销售商品、提供劳务收到的现金，以及前期销售商品、提供劳务本期收到的现金和本期预收的款项，减去本期退回本期销售的商品和前期销售本期退回的商品支付的现金。企业销售材料和代购代销业务收到的现金，也在本项目反映。本项目可以根据“库存现金”“银行存款”“应收账款”“应收票据”“预收账款”“主营业务收入”“其他业务收入”等科目的记录分析填列。根据账户记录分析计算该项目的金额，通常可以采用以下公式：

销售商品、提供劳务收到的现金 = 当期销售商品、提供劳务收到的现金 + 当期收回前期的应收账款和应收票据收到的现金 + 当期预收的款项 − 当期销售退回支付的现金 + 当期收回前期核销的坏账损失

或

销售商品、提供劳务收到的现金 = 营业收入 + 应交增值税（销项税额）的发生额 + 应收票据及应收账款（期初余额 − 期末余额）+ 预收账款（期末余额 − 期初余额）− 当期计提的应收账款坏账准备 − 支付应收票据贴现息 − 非现金资产抵债减少的应收账款、应收票据

【案例设计 8－21】 西秦股份有限公司本期商品销售收入400万元，其中收到现金的部分为300万元；应收票据期初余额为50万元；本期收回应收票据3万元，应收票据期末余额为47万元；应收账款期初余额为60万元，本期收回以前应收账款30万元，应收账款期末余额为130万元。

则销售商品、提供劳务收到的现金可计算如下：300＋3＋30＝333（万元）

或 400＋（50－47）＋（60－130）＝333（万元）

2. “收到的税费返还”项目

该项目反映企业收到返还的各种税费，包括收到返还的增值税、消费税、关税、所得

税、教育费附加等。本项目可以根据“库存现金”“银行存款”“营业外收入”“其他应收款”等科目的记录分析填列。

【案例设计 8 - 22】 西秦股份有限公司本期收到返还的增值税 40 万元，所得税 15 万元。该企业收到税费返还计算如下：

40 + 15 = 55（万元）

3. “收到其他与经营活动有关的现金”项目

该项目反映企业除了上述各项目以外所收到的其他与经营活动有关的现金，如罚款收入、经营租赁的租金收入、流动资产损失中由个人赔偿的现金收入、除税费返还外的其他政府补助收入等。若某项其他与经营活动有关的现金流入金额较大，应单列项目反映。本项目可以根据“库存现金”“银行存款”“营业外收入”“管理费用”“销售费用”等科目的记录分析填列。

4. “购买商品、接受劳务支付的现金”项目

该项目反映企业购买商品、接受劳务实际支付的现金（包括增值税进项税额），包括本期购买材料、商品、接受劳务支付的现金，以及本期支付前期购买商品、接受劳务的未付款项以及本期预付款项，减去本期发生的购货退回收到的现金。企业代购代销业务支付的现金，也在本项目反映。企业购入工程物资支付的现金在“购建固定资产、无形资产和其他长期资产支付的现金”项目中填列；为购置存货而发生的借款利息资本化部分，应在“分配股利、利润或偿付利息支付的现金”项目中填列。本项目可以根据“库存现金”“银行存款”“应付账款”“应付票据”“预付账款”“主营业务成本”“其他业务成本”等科目的记录分析填列。根据账户记录分析计算该项目的金额，通常可以采用以下公式：

购买商品、接受劳务支付的现金 = 当期购买商品、接受劳务支付的现金 + 当期支付前期的应付账款和应付票据 + 当期预付的账款 - 当期因购货退回收到的现金

或

购买商品、接受劳务支付的现金 = 营业成本 + 应交增值税（进项税额）+ 存货（期末余额 - 期初余额）+ 应付票据及应付账款（期初余额 - 期末余额）+ 预付账款（期末余额 - 期初余额）- 以非现金资产清偿债务减少的应付账款和应付票据或增加的存货 - 购货退回收到的现金

【案例设计 8 - 23】 西秦股份有限公司当期购买原材料款项为 30 万元（含增值税），用银行存款支付；本期支付到期的应付票据 8 万元；购买工程用物资 25 万元（含增值税），款项已用银行存款支付。

购买商品，接受劳务所支付的现金可计算如下：

30 + 8 = 38（万元）

5. “支付给职工以及为职工支付的现金”项目

该项目反映企业实际支付给职工，以及为职工支付的现金。包括本期实际支付给职工的工资、奖金、各种津贴和补贴等，以及为职工支付的其他费用。企业代扣代缴的职工个人所得税，也在本项目反映。本项目不包括支付给离退休人员的各项费用及支付给在建工程人员的工资及其他费用，企业支付给离退休人员的各项费用（包括支付的统筹退休金以及未参加统筹的退休人员的费用），在“支付其他与经营活动有关的现金”项目反映；支付给在建工程人员的工资及其他费用，在“购建固定资产、无形资产和其他长期资产支付的现金”

项目反映。

企业为职工支付的医疗、养老、失业、工伤、生育等社会保险基金、补充养老保险、住房公积金、支付给职工的住房困难补助，以及企业支付给职工或为职工支付的其他福利费用等，应按职工的工作性质和服务对象，分别在“购建固定资产、无形资产和其他长期资产支付的现金”项目和“支付给职工以及为职工支付的现金”项目中反映。本项目可以根据“应付职工薪酬”“库存现金”“银行存款”等科目的记录分析填列。

【案例设计8－24】 西秦股份有限公司本期实际支付工资40万元，各种奖金10万元，其中经营人员工资26万元，奖金7万元，在建工程人员工资14万元，奖金3万元。

支付给职工以及为职工支付的现金可计算如下：

26＋7＝33（万元）

6. “支付的各项税费”项目

该项目反映企业按规定支付的各种税费，包括企业本期发生并支付的税费，以及本期支付以前各期发生的税费和本期预交的税费，如所得税、增值税、消费税、印花税、房产税、土地增值税、车船使用税、教育费附加、矿产资源补偿费等，但不包括计入固定资产价值实际支付的耕地占用税，也不包括本期退回的增值税、所得税。本期退回的增值税、所得税在“收到的税费返还”项目反映。本项目可以根据“应交税费”“库存现金”“银行存款”等科目的记录分析填列。

【案例设计8－25】 西秦股份有限公司期初未交所得税21万元；本期发生的所得税300万元已全部交纳；期末未交所得税10万元。此外，企业当期向税务机关交纳增值税6万元。

支付的各项税费可计算如下：

300＋(21－10)＋6＝317（万元）

7. “支付其他与经营活动有关的现金”项目

该项目反映企业除上述各项目外所支付的其他与经营活动有关的现金，如经营租赁支付的租金、支付的罚款、差旅费、业务招待费、保险费等、离退休人员的薪酬支出等。若其他与经营活动有关的现金流出金额较大，应单列项目反映，本项目可以根据“库存现金”“银行存款”“管理费用”“营业外支出”等科目的记录分析填列。

（二）投资活动产生的现金流量

1. “收回投资收到的现金”项目

该项目反映企业出售、转让或到期收回除现金等价物以外的交易性金融资产、债权投资、其他债权投资、其他权益工具投资、长期股权投资、投资性房地产而收到的现金，以及收回债权性投资本金而收到的现金。债权性投资收回的利息，不包括在本项目中，应在“取得投资收益所收到的现金”项目反映。此外，处置子公司及其他营业单位收到的现金净额，也不包括在本项目中，而是单设项目反映。本项目可根据“交易性金融资产”“债权投资”“其他债权投资”“其他权益工具投资”“长期股权投资”“投资性房地产”“库存现金”“银行存款”等科目的记录分析填列。

【案例设计8－26】 西秦股份有限公司本期将账面成本为10万元的短期股票投资，划分为交易性金融资产，现全部出售，收到款项10万元存入银行。

则收回投资收到的现金金额为10万元。

2. “取得投资收益收到的现金”项目

该项目反映企业因股权投资而分得的现金股利、因债券投资而取得的利息收入，以及从子公司、联营企业和合营企业分回利润收到的现金。本项目不包括收到的股票股利。本项目根据“应收利息”“应收股利”“投资收益”“银行存款”“库存现金”等科目的记录分析填列。

3.“处置固定资产、无形资产和其他长期资产收回的现金净额”项目

该项目反映企业出售、报废固定资产、无形资产和其他长期资产收到的现金（包括由于自然灾害等原因所造成的固定资产等长期资产报废、毁损而收到的保险赔款收入），减去为处置这些资产而支付的有关费用后的净额。如所收回的现金净额是负数，则应在“支付其他与投资活动有关的现金”项目反映。本项目可以根据“固定资产清理”“库存现金”“银行存款”等科目的记录分析填列。

【案例设计8－27】西秦股份有限公司本期出售一台不需用设备，收到价款40万元，该设备原价30万元，已提折旧10万元。支付该设备拆卸费用0.5万元，运输费用0.05万元，设备已交购买单位。

处置固定资产、无形资产和其他长期资产收回的现金净额可计算如下：

40－0.5－0.05＝39.45（万元）

4.“处置子公司及其他营业单位收到的现金净额”项目

该项目反映企业处置子公司及其他营业单位所取得的现金，减去相关处置费用，以及子公司及其他营业单位持有的现金和现金等价物后的净额。如果处置子公司及其他营业单位收到的现金净额为负数，则将该金额填列至“支付其他与投资活动有关的现金”项目中。本项目可以根据“长期股权投资”“银行存款”“库存现金”等科目的记录分析填列。

5.“收到其他与投资活动有关的现金”项目

该项目反映企业除了上述各项目以外，所收到的其他与投资活动有关的现金流入。比如，企业收回购买股票和债券时支付的、已宣告但尚未领取的现金股利或已到付息期但尚未领取的债券利息。若其他与投资活动有关的现金流入金额较大，应单列项目反映。本项目可以根据“应收股利”“应收利息”“银行存款”“库存现金”等科目的记录分析填列。

6.“购建固定资产、无形资产和其他长期资产支付的现金”项目

该项目反映企业本期购买、建造固定资产、取得无形资产和其他长期资产实际支付的现金，以及用现金支付的应由在建工程和无形资产负担的职工薪酬，不包括为购建固定资产而发生的借款利息资本化部分，以及融资租入固定资产支付的租赁费。企业为购建固定资产、无形资产和其他长期资产而发生的借款利息资本化部分，在筹资活动“分配股利、利润或偿付利息支付的现金”项目中反映；融资租入固定资产支付的租赁费，在“支付的其他与筹资活动有关的现金”项目中反映。本项目可以根据“固定资产”“在建工程”“无形资产”“库存现金”“银行存款”等科目的记录分析填列。

【案例设计8－28】西秦股份有限公司本期购入房屋一幢，价款2 800万元，通过银行存款支付价款1 700万元，其余价款暂欠。另为在建厂房购进建筑材料一批，价款及增值税为20万元，款项用银行存款支付。

购建固定资产、无形资产和其他长期资产支付的现金可计算如下：

1 700＋20＝1 720（万元）

7.“投资支付的现金”项目

该项目反映企业取得除现金等价物以外的对其他企业的权益性投资和债权性投资所支付

的现金，包括企业取得交易性金融资产、债权投资、其他债权投资、其他权益工具投资等而支付的现金，以及支付的佣金、手续费等交易费用。

企业购买股票或债券时，实际支付的价款中包含的已宣告但尚未领取的现金股利或已到付息期但尚未领取的债券利息，应在“支付的其他与投资活动有关的现金”项目中反映；企业收回购买股票和债券时支付的已宣告但尚未发放的现金股利或已到付息期但尚未领取的债券的利息，在“收到的其他与投资活动有关的现金”项目中反映。本项目可以根据“交易性金融资产”“债权投资”“其他债权投资”“其他权益工具投资”“长期股权投资”“库存现金”“银行存款”等科目的记录分析填列。

【案例设计8－29】 西秦股份有限公司本期取得交易性金融股资产（股票投资），价款300万元。交易费用3万元，用银行存款支付。

投资支付的现金可计算如下：

300＋3＝303（万元）

8. “取得子公司及其他营业单位支付的现金净额”项目

该项目反映企业购买子公司及其他营业单位购买出价中以现金支付的部分，减去子公司及其他营业单位持有的现金和现金等价物后的净额。本项目可以根据“长期股权投资”“库存现金”“银行存款”等科目的记录分析填列。

9. “支付其他与投资活动有关的现金”项目

该项目反映企业除上述各项以外所支付的其他与投资活动有关的现金流出，如企业购买股票时实际支付的价款中包含的已宣告而尚未发放的现金股利、购买债券时支付的价款中包含的已到期尚未领取的债券利息等。若某项其他与投资活动有关的现金流出金额较大，应单列项目反映。本项目可以根据“应收股利”“应收利息”“银行存款”“库存现金”等科目的记录分析填列。

（三）筹资活动产生的现金流量

1. “吸收投资收到的现金”项目

该项目反映企业以发行股票、债券等方式筹集资金实际收到的款项，减去直接支付的佣金、手续费、宣传费、咨询费、印刷费等发行费用后的净额。以发行股票、债券方式筹集资金和由企业直接支付的审计、咨询等费用，在“支付的其他与筹资活动有关的现金”项目中反映，不在本项目中反映。本项目可以根据“实收资本（或股本）”“库存现金”“银行存款”等科目的记录分析填列。

【案例设计8－30】 西秦股份有限公司对外公开募集股份2 000万股，每股面值1元，发行价每股3元。代理发行的证券公司为其支付的各种费用共计66万元。

吸收投资收到的现金计算如下：

（2 000×3）－66＝5 934（万元）

2. “取得借款收到的现金”项目

该项目反映企业举借各种短期、长期借款实际收到的现金。本项目可以根据“短期借款”“长期借款”“库存现金”“银行存款”等科目的记录分析填列。

3. “收到其他与筹资活动有关的现金”项目

该项目反映企业除上述各项目外所收到的其他与筹资活动有关的现金流入，如接受现金捐赠等。若某项其他与筹资活动有关的现金流入金额较大，应单列项目反映。本项目可以根据“银行存款”“库存现金”“营业外收入”等科目的记录分析填列。

4. “偿还债务支付的现金”项目

该项目反映企业偿还债务本金所支付的现金，包括偿还金融企业的借款本金、偿还债券本金等。企业支付的借款利息和债券利息在“分配股利、利润或偿付利息支付的现金”项目反映，不包括在本项目内。本项目可以根据“短期借款”“长期借款”“应付债券”“库存现金”“银行存款”等科目的记录分析填列。

【案例设计 8 -31】 西秦股份有限公司本期归还银行借款本金 550 万元，同时偿还到期债券本金 60 万元。

偿还债务支付的现金可计算如下：

550 +60 =610（万元）

5. “分配股利、利润或偿付利息支付的现金”项目

该项目反映企业实际支付的现金股利、支付给其他投资单位的利润或用现金支付的借款利息、债券利息等。本项目可以根据“应付股利”“应付利息”“财务费用”“库存现金”“银行存款”等科目的记录分析填列。

6. “支付其他与筹资活动有关的现金”项目

该项目反映企业除上述各项目外所支付的其他与筹资活动有关的现金流出，如捐赠现金支出，融资租入固定资产支付的租赁费等，以发行股票、债券等方式筹集资金而由企业直接支付的审计、咨询等费用，以分期付款方式购建固定资产以后各期支付的现金等。其他与筹资活动有关的现金流出金额较大，应单列项目反映。本项目可以根据“营业外支出”“长期应付款”“银行存款”“库存现金”等科目的记录分析填列。

（四）汇率变动对现金及现金等价物的影响

该项目反映企业外币现金流量以及境外子公司的现金流量折算为人民币时，所采用的现金流量发生日的即期汇率或按照系统合理的方法确定的、与现金流量发生日即期汇率近似汇率折算的人民币金额与“现金及现金等价物净增加额”中的外币现金净增加额按期末汇率折算的人民币金额之间的差额。

在编制现金流量表时，可逐笔计算外币业务发生的汇率变动对现金的影响，也可不必逐笔计算而采用简化的计算方法，即通过现金流量表补充资料中“现金及现金等价物净增加额”数额与现金流量表中“经营活动产生的现金流量净额”“投资活动产生的现金流量净额”“筹资活动产生的现金流量净额”三项之和比较，其差额即为“汇率变动对现金及现金等价物的影响”项目的金额。

八、现金流量表补充资料的编制

除现金流量表反映的信息外，企业还应在附注中披露将净利润调节为经营活动现金流量、不涉及现金收支的重大投资和筹资活动、现金及现金等价物净变动情况等信息。

（一）将净利润调节为经营活动现金流量

现金流量表采用直接法反映经营活动产生的现金流量，同时，企业还应采用间接法反映经营活动产生的现金流量。间接法，是指以本期净利润为起点，通过调整不涉及现金的收入、费用、营业外收支以及经营性应收应付等项目的增减变动，调整不属于经营活动的现金收支项目，据此计算并列报经营活动产生的现金流量的方法。在我国，现金流量表补充资料应采用间接法反映经营活动产生的现金流量情况，以对现金流量表中采用直接法反映的经营活动现金流量进行核对和补充说明。

采用间接法列报经营活动产生的现金流量时，需要对四大类项目进行调整：一是实际没有支付现金的费用；二是实际没有收到现金的收益；三是不属于经营活动的损益；四是经营性应收应付项目的增减变动。

间接法下经营活动产生的现金流量净额的计算如下：

经营活动产生的现金流量净额＝净利润＋实际没有支付现金的费用－实际没有收到现金的收益＋不涉及经营活动的费用－不涉及经营活动的收益＋与经营活动有关的、非现金流动资产的减少数＋与经营活动有关的流动负债的增加数

具体项目如下：

1. 净利润

该项目根据利润表中的净利润数填列。

2. 资产减值准备

该项目反映企业本期实际计提的各项资产减值准备，包括坏账准备、存货跌价准备、长期股权投资减值准备、债权投资减值准备、投资性房地产减值准备、固定资产减值准备、在建工程减值准备、无形资产减值准备、商誉减值准备、生产性生物资产减值准备、油气资产减值准备等。本项目可以根据“资产减值损失”科目的记录分析填列。

3. 固定资产折旧、油气资产折耗、生产性生物资产折旧

该项目反映企业本期累计计提的固定资产折旧、油气资产折耗、生产性生物资产折旧。本项目可根据“累计折旧”“累计折耗”等科目的贷方发生额分析填列。

4. 无形资产摊销

该项目反映企业本期累计摊入成本费用的无形资产价值。本项目可以根据“累计摊销”科目的贷方发生额分析填列。

5. 长期待摊费用摊销

该项目反映企业本期累计摊入成本费用的长期待摊费用。本项目可以根据“长期待摊费用”科目的贷方发生额分析填列。

6. 处置固定资产、无形资产和其他长期资产的损失

该项目反映企业本期处置固定资产、无形资产和其他长期资产发生的净损失（或净收益）。如为净收益以“－”号填列。本项目可以根据“资产处置损益”科目的记录分析填列。

7. 固定资产报废损失

该项目反映企业本期发生的固定资产盘亏净损失。该项目可以根据“营业外支出”和“营业外收入”科目所属有关明细科目的记录分析填列。

8. 公允价值变动损失

该项目反映企业持有的交易性金融资产、交易性金融负债、采用公允价值模式计量的投资性房地产等公允价值变动形成的净损失。如为净收益以“－”号填列。本项目可以根据“公允价值变动损益”科目所属有关明细科目的记录分析填列。

9. 财务费用

该项目反映企业本期实际发生的属于投资活动或筹资活动的财务费用。属于投资活动、

筹资活动的部分，在计算净利润时已扣除，但这部分发生的现金流出不属于经营活动现金流量的范畴。所以，在将净利润调节为经营活动现金流量时，需要予以加回。本项目可以根据“财务费用”科目的本期借方发生额分析填列；如为收益，以“－”号填列。

10. 投资损失

该项目反映企业对外投资实际发生的投资损失减去收益后的净损失。本项目可以根据利润表“投资收益”项目的数字填列；如为投资收益，以“－”号填列。

11. 递延所得税资产减少

该项目反映企业资产负债表“递延所得税资产”项目的期初余额与期末余额的差额。本项目可以根据“递延所得税资产”科目发生额分析填列。

12. 递延所得税负债增加

该项目反映企业资产负债表“递延所得税负债”项目的期初余额与期末余额的差额。本项目可以根据“递延所得税负债”科目发生额分析填列。

13. 存货的减少

该项目反映企业资产负债表“存货”项目的期初与期末余额的差额。期末数大于期初数的差额，以“－”号填列。

14. 经营性应收项目的减少

该项目反映企业本期经营性应收项目（包括应收票据、应收账款、预付账款、长期应收款和其他应收款等经营性应收项目中与经营活动有关的部分及应收的增值税销项税额等）的期初与期末余额的差额。期末数大于期初数的差额，以“－”号填列。

15. 经营性应付项目的增加

该项目反映企业本期经营性应付项目（包括应付票据、应付账款、预收账款、应付职工薪酬、应交税费和其他应付款等经营性应付项目中与经营活动有关的部分及应付的增值税进项税额等）的期初余额与期末余额的差额。期末数小于期初数的差额，以“－”号填列。

（二）不涉及现金收支的重大投资和筹资活动

企业应当在附注中披露不涉及当期现金收支，但影响企业财务状况或在未来可能影响企业现金流量的重大投资和筹资活动。主要包括：

（1）“债务转为资本”项目，反映企业本期转为资本的债务金额；

（2）“一年内到期的可转换为公司债券”项目，反映企业1年内到期的可转换公司债券的本息；

（3）“融资租入固定资产”项目，反映企业本期融资租入的固定资产的最低租赁付款额扣除分期计入利息费用的未确认融资费用后的额净额。

（三）现金及现金等价物净变动情况

该项目反映企业一定会计期间现金及现金等价物的期末余额减去期初余额后的净增加额（或净减少额），是对现金流量表中“现金及现金等价物净增加额”项目的补充说明。该项目的金额应与现金流量表“现金及现金等价物净增加额”项目的金额核对相符。

实操案例

【案例设计8－3】根据模块七综合案例的资料，采用分析填列的方法，编制甲股份有限公司2015年度的现金流量表。

第一，甲股份有限公司2019年度现金流量表各项目金额，分析确定如下：

（一）经营活动现金流量

1. 销售商品、提供劳务收到的现金＝营业收入＋应交增值税（销项税额）的发生额＋应收票据及应收账款（期初余额－期末余额）－当期计提的应收账款坏账准备－支付应收票据贴现息－非现金资产抵债减少的应收账款、应收票据

＝2 500 000＋(96 000＋224 000＋80 000)＋(1 290 200－1 459 160)－1 800－40 000－23 240

＝2 666 000（元）

或者：销售商品、提供劳务收到的现金＝当期销售商品、提供劳务收到的现金＋当期收回前期的应收账款和应收票据收到的现金

＝1 624 000＋400 000＋102 000＋540 000

＝2 666 000（元）

2. 购买商品、接受劳务支付的现金＝营业成本＋应交增值税（进项税额）＋存货（期末余额－期初余额）＋应付票据及应付账款（期初余额－期末余额）－当期列入生产成本、制造费用的职工薪酬－当期列入生产成本、制造费用的折旧费－以非现金资产清偿债务而增加的存货

＝1 500 000＋(48 000＋31 936＋18 000)＋(5 165 400－5 160 000)＋(2 309 600－2 109 600)－(550 000＋20 000＋77 000＋2 800)－160 000－16 000

＝977 536（元）

或者：购买商品、接受劳务支付的现金＝当期购买商品、接受劳务支付的现金＋当期支付前期的应付账款或应付票据

＝348 000＋(234 000－2 464)＋198 000＋200 000

＝977 536（元）

3. 支付给职工以及为职工支付的现金

＝本年度支付的工资－为在建工程人员支付的工资

＝1 000 000－400 000

＝600 000（元）

4. 支付的各项税费

＝当期教育费附加＋应交税费（应交增值税－已交税金）＋当期所得税费用

＝4 000＋200 000＋189 725

＝393 725（元）

5. 支付其他与经营活动有关的现金

＝销售费用

＝20 000＋1 200＋20 000＋1 200

＝42 400（元）

（二）投资活动现金流量

1. 收回投资收到的现金

＝出售交易性金融资产＝34 060（元）

2. 处置固定资产收回的现金净额

＝(1 600－1 000)＋696 000

=696 600（元）

3. 购建固定资产支付的现金

=用现金购买的固定资产、工程物资 + 支付给在建工程人员的薪酬

=200 290 + 348 000 + 400 000

=948 290（元）

4. 投资支付的现金

=购入交易性金融资产 =40 901（元）

（三）筹资活动现金流量

1. 取得借款收到的现金 =2 000 000（元）

2. 偿还债务支付的现金

=偿还短期借款和长期借款

=500 000 + 1 200 000

=1 700 000（元）

3. 偿付利息支付的现金 =420 000（元）

第二，将净利润调节为经营活动现金流量各项目计算分析如下：

（1）资产减值准备 =60 000 + 1 800 =61 800（元）

（2）固定资产折旧 =200 000（元）

（3）无形资产摊销 =120 000（元）

（4）处置固定资产、无形资产和其他长期资产的损失（收益："－"号）= －100 000（元）

（5）固定资产报废损失（收益："－"号）=39 400（元）

（6）财务费用（收益："－"号）=20 000（元）

（7）投资损失（收益："－"号）= －2 980（元）

（8）递延所得税资产减少（增加："－"号）= －15 000（元）

（9）存货的减少（增加："－"号）=5 165 400 －5 160 000 = －5 400（元）

（10）经营性应收项目的减少（增加："－"号）

=（1 459 160 －1 290 200）+1 800 = －170 760（元）

注：应收账款已计提的坏账准备要加回。

（11）经营性应付项目的增加（减少："－"号）

=（2 109 600 －2 309 600）+［360 000 －（456 000 －400 000）－220 000］+［191 133 －（96 000 +230 －48 000 －27 350 －51）－73 200］

= －18 896（元）

注：不包括应付给在建工程人员工资以及购入固定资产、工程物资、交易性金融资产等相关的应交增值税。

第三，根据上述数据，编制现金流量表（见表 8 －8）及补充资料（见表 8 －9）。

表 8－8 **现金流量表**

编制单位：甲股份有限公司 2019 年度 单位：元

项目	本期金额
一、经营活动产生的现金流量：	
销售商品、提供劳务收到的现金	2 666 000
收到的税费返还	0
收到的其他与经营活动有关的现金	0
经营活动现金流入小计	2 666 000
购买商品、接受劳务支付的现金	977 536
支付给职工以及为职工支付的现金	600 000
支付的各项税费	393 725
支付的其他与经营活动有关的现金	42 400
经营活动现金流出小计	2 013 661
经营活动产生的现金流量净额	652 339
二、投资活动产生的现金流量：	
收回投资所收到的现金	34 060
取得投资收益所收到的现金	0
处置固定资产、无形资产和其他长期资产收回的现金净额	696 600
处置子公司及其他营业单位收到的现金净额	0
收到的其他与投资活动有关的现金	0
投资活动现金流入小计	730 600
购建固定资产、无形资产和其他长期资产支付的现金	948 290
投资所支付的现金	40 901
取得子公司及其他营业单位支付的现金净额	0
支付的其他与投资活动有关的现金	0
投资活动现金流出小计	989 191
投资活动产生的现金流量净额	－258 531
三、筹资活动产生的现金流量：	
吸收投资收到的现金	0
取得借款收到的现金	2 000 000
收到的其他与筹资活动有关的现金	0
筹资活动现金流入小计	2 000 000
偿还债务所支付的现金	1 700 000
分配股利、利润或偿付利息支付的现金	420 000
支付的其他与筹资活动有关的现金	0
筹资活动现金流入出小计	2 120 000

续表

项目	本期金额
筹资活动产生的现金流量净额	-120 000
四、汇率变动对现金及现金等价物的影响	
五、现金及现金等价物净增加额	273 808
加：期初现金及现金等价物余额	2 812 600
六、期末现金及现金等价物余额	3 086 408

表8-9 **现金流量表补充资料**

补充资料	本期金额	上期金额
1. 将净利润调节为经营活动现金流量：		略
净利润	524 175	
加：资产减值准备	61 800	
固定资产折旧、油气资产折耗、生产性生物资产折旧	200 000	
无形资产摊销	120 000	
长期待摊费用摊销	0	
处置固定资产、无形资产和其他长期资产的损失（收益以“-”号填列）	-100 000	
固定资产报废损失（收益以“-”号填列）	39 400	
公允价值变动损失（收益以“-”号填列）	0	
财务费用（收益以“-”号填列）	20 000	
投资损失（收益以“-”号填列）	-2 980	
递延所得税资产减少（增加以“-”号填列）	-15 000	
递延所得税负债增加（减少以“-”号填列）	0	
存货的减少（增加以“-”号填列）	-5 400	
经营性应收项目的减少（增加以“-”号填列）	-170 760	
经营性应付项目的增加（减少以“-”号填列）	-18 896	
其他	0	
经营活动产生的现金流量净颤	652 339	
2. 不涉及现金收支的重大投资和筹资活动：		
债务转为资本	0	
一年内到期的可转换公司债券	0	
融资租入固定资产	0	
3. 现金及现金等价物净变动情况：		
现金的期末余额	3 086 408	
减：现金的期初余额	2 812 600	
加：现金等价物的期末余额	0	
减：现金等价物的期初余额	0	
现金及现金等价物净增加额	273 808	

模块五 所有者权益变动表

一、所有者权益变动表的含义

所有者权益变动表是反映构成所有者权益的各组成部分当期的增减变动情况的报表。

二、所有者权益变动表的作用

通过所有者权益变动表，不仅可以全面反映一定时期所有者权益总额的增减变动情况，还可以提供所有者权益增减变动的重要结构信息，让报表使用者准确理解所有权益增减变动的根源。

三、所有者权益变动表的结构

在所有者权益变动表上，企业至少应当单独列示反映下列信息的项目：（1）综合收益总额；（2）会计政策变更和差错更正的累计影响金额；（3）所有者或其他权益工具持有者投入资本和向所有者分配利润等；（4）提取的盈余公积；（5）实收资本或资本公积、盈余公积、未分配利润等的期初余额和期末余额及其调节情况。

所有者权益变动表以“矩阵式”的格式列示：一方面，列示导致所有者权益变动的交易或事项，即所有者权益变动的来源，对一定时期所有者权益的变动情况进行全面反映；另一方面，按照所有者权益各组成部分（即实收资本、其他权益工具、资本公积、其他综合收益、盈余公积、未分配利润和库存股）列示交易或事项对所有者权益各部分的影响。我国所有者权益变动表的格式可以参见表 8－16。

四、所有者权益变动表的编制

（一）所有者权益变动表项目的填列方法

所有者权益变动表各项目均需填列“本年金额”和“上年金额”两栏。

所有者权益表变动表“上年金额”栏内各项数字，应根据上年度所有者权益变动表“本年金额”内所列数字填列。上年度所有者权益变动表规定的各个项目的名称和内容同本年度不一致的，应对上年度所有者权益变动表各项目的名称和数字按照本年度的规定进行调整，填入所有者权益变动表的“上年金额”栏内。

所有者权益变动表“本年金额”栏内各项数字一般应根据“实收资本（或股本）”“其他权益工具”“资本公积”“其他综合收益”“盈余公积”“利润分配”“库存股”“以前年度损益调整”科目的发生额分析填列。

企业的净利润及其分配情况作为所有者权益变动的组成部分，不需要单独编制利润分配表列示。

（二）所有者权益变动表主要项目说明

（1）“上年年末余额”项目，反映企业上年资产负债表中实收资本（或股本）、其他权益工具、资本公积、库存股、其他综合收益、盈余公积、未分配利润的年末余额。

（2）“会计政策变更”“前期差错更正”项目，分别反映企业采用追溯调整法处理的会计政策变更的累计影响金额和采用追溯重述法处理的会计差错更正的累计影响金额。

（3）“本年增减变动金额”项目：

①“综合收益总额”项目，反映净利润和其他综合收益扣除所得税影响后的净额相加后的合计金额。

②“所有者投入和减少资本”项目，反映企业当年所有者投入的资本和减少的资本。

“所有者投入普通股”项目，反映企业接受普通股投资者投入形成的实收资本（或股本）和资本溢价或股本溢价。

“其他权益工具持有者投入资本”项目，反映企业接受其他权益工具持有者投入形成的实收资本（或股本）和资本公积，应根据“实收资本”“资本公积”等科目发生额分析填列。

“股份支付计入所有者权益的金额”项目，反映企业处于等待期中的权益结算的股份支付，当年计入资本公积的金额。

③利润分配项目，反映企业当年的利润分配金额。

④“所有者权益内部结转”项目，反映企业构成所有者权益的组成部分之间的增减变动情况。

“资本公积转增资本（或股本）”项目，反映企业以资本公积转增资本或股本的金额。

“盈余公积转增资本（或股本）”项目，反映企业以盈余公积转增资本或股本的金额。

“盈余公积弥补亏损”项目，反映企业以盈余公积弥补亏损的金额。

“设定收益计划变动额结转留存收益”项目，反映企业设定收益计划变动额转增留存收益的金额。

“其他综合收益结转留存收益”项目，反映企业其他综合收益结转为留存收益的金额。

模块六　财务报表附注

一、财务报表附注的概念

财务报表附注是财务报告的重要组成部分，是资产负债表、利润表、现金流量表和所有者权益变动表等会计报表本身无法或难以充分表达的内容和项目所作的补充说明和详细解释。

二、财务报表附注的作用

（1）附注的披露，对会计报表列示项目的含义进行补充说明，帮助使用者更准确地把握其含义，增加了会计信息的可理解性。

（2）附注对会计报表中未列示的项目进行详细或明细说明，拓展了企业财务信息的内容，突破了揭示项目必须用货币加以计量的局限性。

（3）附注通过揭示会计政策的变更原因及事后的影响等，可以使不同行业或同一行业不同企业的会计信息相互可比，提高了会计信息的可比性。

三、财务报表附注披露的内容

附注是财务报表的重要组成部分。企业应当按照如下顺序披露附注的内容：

（1）企业的基本情况；

（2）财务报表的编制基础；

（3）遵循企业会计准则的说明；

（4）重要会计政策和会计估计；

（5）会计政策和会计估计变更以及差错更正的说明；

（6）重要报表项目的说明；

（7）或有和承诺事项、资产负债表日后非调整事项、关联方关系及其交易等需要说明的事项；

（8）有助于财务报表使用者评价企业管理资本的目标、政策及程序的信息。

四、财务报表附注披露的基本要求

（1）附注披露的信息应当是定量、定性信息的结合，从而能从量和质两个角度对企业经济事项完整地进行反映，也才能满足信息使用者的决策需求。

（2）附注应当按照一定的结构进行系统合理的排列和分类，有顺序地披露信息。由于附注的内容多，因此更应该按逻辑顺序排列，分类披露，条理清晰，具有一定的组织结构，以便于使用者理解和掌握，也更好地实现财务信息的可比性。

（3）附注相关信息应当与资产负债表、利润表、现金流量表和所有者权益变动表等报表中列示的项目相互参照，有助于使用者联系相关信息，并由此从整体上更好地理解财务报表。

项目知识小结

财务报表是对企业财务状况、经营成果和现金流量的结构性表述，由资产负债表、利润表、现金流量表、所有者权益变动表以及附注构成。

资产负债表是反映企业某一特定日期财务状况的财务报表。我国企业资产负债表采用账户式结构，左方为资产，全部项目按资产的流动性大小排列；右边为负债及所有者权益，全部项目按求偿权先后顺序排列。资产负债表各项目数据是主要通过以下几种方法填列：直接根据总账科目余额填列；根据几个总账科目余额计算后填列；根据明细账科目余额计算填列；根据总账科目和明细账科目余额分析计算填列；根据有关科目余额减去其备抵科目余额后的净额填列；综合运用上述填列方法分析填列；根据总账科目所属明细科目加计填列等。

利润表是反映企业一定会计期间的经营成果的报表。我国一般采用多步式结构，该表的各项目主要是根据“损益类”科目本期发生额分析填列的。

现金流量表是反映企业一定会计期间现金和现金等价物流入和流出的报表。现金流量表是以现金为编制基础的。企业现金流量分为经营活动产生的现金流量、投资活动产生的现金流量、筹资活动产生的现金流量三个基本部分。现金流量表的编制按照对经营活动现金流量取得的方式不同分为直接法和间接法，我国企业会计准则要求用直接法编制现金流量表。在直接法下，现金流量表的具体编制可以采用工作底稿法、T型账户法和分析填列法。

工作底稿法是以工作底稿为手段，以利润表和资产负债表数据为基础，对每一项目进行分析并编制调整分录，从而编制现金流量表的一种方法。其基本程序是：第一步，将资产负债表的期初数和期末数过入工作底稿的期初数栏和期末数栏；第二步，对当期业务进行分析并编制调整分录；第三步，将调整分录过入工作底稿；第四步，核对调整分录；第五步，根据工作底稿编制现金流量表。

T型账户法是以利润表和资产负债表为基础，结合有关科目的记录，对现金流量表的每一项目进行分析并编制调整分录，通过T型账户编制出现金流量表的一种方法。其基本程序是：第一步，为所有的非现金项目（包括资产负债表项目和利润表项目）分别开设T型账户，并将各自的期末年初变动数过入各该账户。第二步，开设一个大的"现金及现金等价物"T型账户，每边分别为经营活动、投资活动和筹资活动三个部分，左边记现金流入，右边记现金流出，与其他账户一样，过入期末年初变动数。第三步，以利润表项目为基础，结合资产负债表分析每一个非现金项目的增减变动，并据此编制调整分录。第四步，将调整分录过入各T型账户，并进行核对，该账户借贷相抵后的余额与原先过入的期末年初变动数应当一致。第五步，根据大的"现金及现金等价物"T型账户编制正式的现金流量表。

分析填列法是直接根据资产负债表、利润表和有关会计科目明细账的记录，分析计算出现金流量表各项目的金额，并据以编制现金流量表的一种方法。

所有者权益变动表，是指反映企业在一定会计期间所有者权益构成及增减变化情况的报表。

财务报表附注是对资产负债表、利润表、现金流量表和所有者权益变动表等会计报表本身无法或难以充分表达的内容和项目所做的补充说明和详细解释。

知识拓展

《会计基础工作规范》规定，对外报送的财务报告的格式，应当符合国家有关规定；单位内部使用的财务报告，其格式要求由各单位自行规定。国家统一会计制度对于对外报送的会计报表及其附表格式都有统一规定，各单位在编制会计报表时应当严格执行统一规定，不能随意增列或减并表内项目，更不能任意变更表内各项目的经济内容，以免引起使用方面的混乱。对于内部使用的财务报告格式，各单位在自行规定时，格式要科学合理、体系完整、结构严谨、简明实用。

模块七　综合举例

一、资料

（1）乙股份有限公司为一般纳税人，适用的增值税税率为16%，所得税税率为25%；原材料采用计划成本进行核算。该公司2018年12月31日的资产负债表如表8－10所示。其中"应收账款"科目的期末余额为800 000元，"坏账准备"科目的期末余额为1 800元；"固定资产"科目的期末余额是2 200 000元，"累计折旧"科目的期末余额为600 000元。其他如存货、长期股权投资、固定资产、无形资产等资产都没有计提资产减值准备。

表8－10　　　　　　　　　　**资产负债表**

编制单位：乙股份有限公司　　　　　2018年12月31日　　　　　　　　单位：元

资产	金额	负债和所有者权益（或股东权益）	金额
流动资产：		流动负债：	
货币资金	2 812 600	短期借款	600 000
交易性金融资产	30 000	交易性金融负债	
衍生金融资产		衍生金融负债	
应收票据及应收账款	1 290 200	应付票据及应付账款	2 309 600
预付款项	200 000	预收款项	
其他应收款	610 000	合同负债	

续表

资产	金额	负债和所有者权益（或股东权益）	金额
存货	5 160 000	应付职工薪酬	220 000
合同资产		应交税费	73 200
持有待售资产		其他应付款	100 000
一年内到期的非流动资产		持有待售负债	
其他流动资产		一年内到期的非流动性资产	
流动资产合计:	10 102 800	其他流动负债	2 000 000
非流动资产:		流动负债合计	5 302 800
债权投资		非流动负债:	
其他债权投资		长期借款	1 200 000
长期股权投资	500 000	应付债券	
其他权益工具投资		其中：优先股	
其他非流动金融资产		永续债	
投资性房地产		长期应付款	
固定资产	1 600 000	预计负债	
在建工程	3 000 000	递延收益	
生产性生物资产		递延所得税负债	
油气资产		其他非流动负债	
无形资产	1 200 000	非流动负债合计	1 200 000
开发支出		负债合计	6 502 800
商誉		所有者权益（或股东权益）:	
长期待摊费用		实收资本（或股本）	10 000 000
递延所得税资产		其他权益工具	
其他非流动资产	400 000	其中：优先股永续债	
非流动资产合计	6 700 000	资本公积	
		减：库存股	
		其他综合收益	
		盈余公积	200 000
		未分配利润	100 000
		所有者权益合计	10 300 000
资产总计	16 802 800	负债和所有者权益总计	16 802 800

（2）2019 年度，乙股份有限公司共发生如下经济业务：

①收到银行通知，用银行存款支付到期的商业承兑汇票 200 000 元。

②购入原材料一批，收到的增值税专用发票上注明的原材料价款为 300 000 元，增值税进项税额为 48 000 元，款项以通过银行转账支付，材料尚未验收入库。

③收到原材料一批，实际成本 200 000 元，计划成本为 190 000 元，材料已验收入库，货款已于上月支付。

④用银行汇票支付材料采购价款，公司收到开户银行转来银行汇票多余款收账通知，通知上填写的多余款为2 464元，购入材料价款199 600元，支付的增值税进项税额31 936元，原材料已验收入库，该批材料的计划价格200 000元。

⑤销售产品一批，开出的增值税专用发票上注明的销售价款为600 000元，增值税销项税额为96 000元，货款尚未收到。该批产品实际成本360 000元，产品已发出。

⑥公司将交易性金融资产（股票投资）出售取得价款34 060元，该投资的成本为30 000元，公允价值变动为增值1 000元，投资收益为3 060元。同时，计算转让该金融商品应交增值税。

⑦购入不需安装的设备1台，收到增值税专用发票上注明的设备价款为170 940元，增值税进项税额27 350元（为了核算方便，小数位四舍五入，取整数），支付包装费、运费2 000元（未取得增值税专用发票）。价款及包装费、运费均以银行存款支付。设备已交付使用。

⑧购入工程物资一批用于建造厂房，收到增值税专用发票上注明价款为300 000元，增值税48 000元，全部用于工程建设。款项已通过银行转账支付。

⑨工程本年度发生应付职工薪酬456 000元。

⑩一项工程完工，交付生产使用，已办理竣工手续，固定资产价值2 800 000元。

⑪基本生产车间一台机床报废，原价400 000元，已计提折旧360 000元，清理费用1 000元，残值收入1 600元，均通过银行存款收支。该项固定资产已清理完毕，不考虑相关税费。

⑫从银行借入3年期借款2 000 000元，借款已存入银行账户。

⑬销售产品一批，开出的增值税专用发票上注明的销售价款为1 400 000元，增值税销项税额为224 000元，款项已存入银行。销售产品的实际成本为840 000元。

⑭公司将要到期的一张面值为400 000元的无息银行承兑汇票（不含增值税），连同解讫通知和进账单交银行办理转账。收到银行盖章退回的进账单一联。款项银行已收妥。

⑮公司出售一台不需要设备，收到总价款696 000元（其中增值税为96 000元），该设备原价值800 000元，已提折旧300 000元。该项设备已交付给购入单位。

⑯通过公开市场交易取得交易性金融资产（股票投资），价款40 000元，支付交易费用850元，取得增值税专用发票上注明的增值税额为51元（增值税税率为6%）。

⑰支付工资1 000 000元，其中包括支付在建工程人员的工资400 000元。

⑱分配应支付的职工薪酬600 000元（不包括在建工程应负担的工资），其中生产人员薪酬550 000元，车间管理人员薪酬20 000元，行政管理部门薪酬30 000元。

⑲发生职工福利费84 000元（不包括在建工程应负担的福利费56 000元），其中生产工人福利费77 000元，车间管理人员福利费2 800元，行政管理部门福利费4 200元。

⑳基本生产车间领用原材料，计划成本为1 400 000元，领用低值易耗品计划成本100 000元，采用一次摊销法摊销。

㉑结转基本生产车间领用原材料和低值易耗品应分摊的材料成本差异。材料成本差异率均为5%。

㉒对行政管理部门使用的无形资产进行摊销为120 000元；以银行存款支付本年基本生产车间应负担的水费180 000元，取得的增值税专用发票上注明的增值税税额为

18 000 元。

㉓计提固定资产折旧 200 000 元，其中应计入制造费用 160 000 元，计入管理费用 40 000 元。计提固定资产减值准备 60 000 元。

㉔收到应收账款 102 000 元，存入银行。计提应收账款坏账准备 1 800 元。

㉕用银行存款支付本期发生的产品展览费 20 000 元，取得增值税专用发票上注明的增值税税额为 1 200 元。

㉖计算并结转本期完工产品成本 2 564 800 元。没有期初在产品，本期生产的产品全部完工入库。

㉗广告费 20 000 元，取得增值税专用发票上注明的增值税税额为 1 200 元，已用银行存款支付。

㉘公司采用银行承兑汇票结算方式销售产品一批，开出的增值税专用发票上注明的销售价款为 500 000 元，增值税销项税税额为 80 000 元，收到 580 000 元的银行承兑汇票一张，产品实际成本为 300 000 元。

㉙公司将上述 580 000 元的银行承兑汇票到银行办理贴现，贴现息为 40 000 元。

㉚公司本期产品销售应交纳的教育费附加为 4 000 元。

㉛用银行存款交纳增值税 200 000 元；教育费附加 4 000 元。

㉜本期在建工程应负担的长期借款利息费用 400 000 元，长期借款为分期付息。

㉝提取应计入本期损益的长期借款利息费用 20 000 元，长期借款为分期付息。

㉞归还短期借款本金 500 000 元。

㉟支付长期借款利息 420 000 元。

㊱偿还长期借款本金 1 200 000 元。

㊲上年度销售产品一批，购货方开出面值为 23 240 元的商业承兑汇票一张。本期由于购货方财务困难，无法按合同规定偿还债务，经双方协议，乙股份有限公司同意购货方用产品抵偿该应收票据。用于抵债的产品市价为 16 000 元，增值税税率为 16%。

㊳持有的交易性金融资产 2015 年 12 月 31 日的公允价值为 41 000 元。

㊴乙公司购入丙公司发行的股票 200 万股，占丙公司表决权股份的 0.5%，乙公司将其指定为以公允价值计量且变动计入其他综合收益的非交易性其他权益工具投资。2018 年 12 月 31 日，该股票每股上涨了 0.2 元。

㊵结转本期产品销售成本⑤360 000 + ⑬840 000 + ㉘300 000 = 1 500 000（元）。

㊶假设本例中，除计提固定资产减值准备 60 000 元造成固定资产账面价值与其计税基础存在差异外，不考虑其他项目的所得税费用影响。企业按照税法规定计算确定的应交所得税为 189 725 元，递延所得税资产为 15 000 元。

㊷将各损益类科目结转本年利润。

㊸按照净利润的 10% 提取法定盈余公积。

㊹将利润分配各明细科目的余额转入“未分配利润”明细科目，结转本年利润。

㊺用银行存款交纳当年应交所得税。

要求：编制乙股份有限公司 2019 年度经济业务的会计分录，并在此基础上编制资产负债表、利润表、现金流量表和所有者权益变动表。

二、根据上述资料编制会计分录

（1）借：应付票据	200 000	
贷：银行存款		200 000
（2）借：材料采购	300 000	
应交税费——应交增值税（进项税额）	48 000	
贷：银行存款		348 000
（3）借：原材料	190 000	
材料成本差异	10 000	
贷：材料采购		200 000
（4）借：材料采购	199 600	
应交税费——应交增值税（进项税额）	31 936	
银行存款	2 464	
贷：其他货币资金——银行汇票		234 000
借：原材料	200 000	
贷：材料成本差异		400
材料采购		199 600
（5）借：应收账款	696 000	
贷：主营业务收入		600 000
应交税费——应交增值税（销项税额）		96 000
（6）借：其他货币资金——存出投资款	34 060	
贷：交易性金融资产——成本		30 000
——公允价值变动		1 000
投资收益		3 060
借：公允价值变动损益	1 000	
贷：投资收益		1 000
借：投资收益	230	
贷：应交税费——转让金融商品应交增值税		230

转让金融商品应交增值税 =（34 060 − 30 000）/（1 + 6%）× 6% = 230（元）

（为了核算方便，小数位四舍五入，取整数）

（7）借：固定资产	172 940	
应交税费——应交增值税（进项税额）	27 350	
贷：银行存款		200 290

170 940 + 2 000 = 172 940（元）。购入固定资产的包装费、运费 2 000 元计入固定资产原值。

（8）借：工程物资	300 000	
应交税费——应交增值税（进项税额）	28 800	
——待抵扣进项税额	19 200	
贷：银行存款		348 000

（9）借：在建工程	456 000	
贷：应付职工薪酬		456 000
（10）借：固定资产	2 800 000	
贷：在建工程		2 800 000
（11）借：固定资产清理	40 000	
累计折旧	360 000	
贷：固定资产		400 000
借：固定资产清理	1 000	
贷：银行存款		1 000
借：银行存款	1 600	
贷：固定资产清理		1 600
借：营业外支出——非流动资产报废损失	39 400	
贷：固定资产清理		39 400
（12）借：银行存款	2 000 000	
贷：长期借款		2 000 000
（13）借：银行存款	1 624 000	
贷：主营业务收入		1 400 000
应交税费——应交增值税（销项税额）		224 000
（14）借：银行存款	400 000	
贷：应收票据		400 000
（15）借：固定资产清理	500 000	
累计折旧	300 000	
贷：固定资产		800 000
借：银行存款	696 000	
贷：固定资产清理		600 000
应交税费——应交增值税（销项税额）		96 000
借：固定资产清理	100 000	
贷：资产处置损益		100 000
（16）借：交易性金融资产——成本	40 000	
投资收益	850	
应交税费——应交增值税（进项税额）	51	
贷：其他货币资金——存出投资款		40 901
（17）借：应付职工薪酬	1 000 000	
贷：银行存款		1 000 000
（18）借：生产成本	550 000	
制造费用	20 000	
管理费用	30 000	
贷：应付职工薪酬——工资		600 000
（19）借：生产成本	77 000	

制造费用	2 800	
管理费用	4 200	
贷：应付职工薪酬——职工福利		84 000
（20）借：生产成本	1 400 000	
贷：原材料		1 400 000
借：制造费用	100 000	
贷：周转材料——低值易耗品		100 000
（21）借：生产成本	70 000	
制造费用	5 000	
贷：材料成本差异		75 000
（22）借：管理费用——无形资产摊销	120 000	
贷：累计摊销		120 000
借：制造费用——水费	180 000	
应交税费——应交增值税（进项税额）	18 000	
贷：银行存款		198 000
（23）借：制造费用——折旧费	160 000	
管理费用——折旧费	40 000	
贷：累计折旧		200 000
借：资产减值损失——固定资产减值	60 000	
贷：固定资产减值准备		60 000
（24）借：银行存款	102 000	
贷：应收账款		102 000
借：资产减值损失——坏账准备	1 800	
贷：坏账准备		1 800
（25）借：销售费用——展览费	20 000	
应交税费——应交增值税（进项税额）	1 200	
贷：银行存款		21 200
（26）借：生产成本	467 800	
贷：制造费用		467 800
借：库存商品	2 564 800	
贷：生产成本		2 564 800
（27）借：销售费用——广告费	20 000	
应交税费——应交增值税（进项税额）	1 200	
贷：银行存款		21 200
（28）借：应收票据	580 000	
贷：主营业务收入		500 000
应交税费——应交增值税（销项税额）		80 000
（29）借：财务费用——贴现息	40 000	
银行存款	540 000	

贷：应收票据 580 000

（30）借：税金及附加 4 000

贷：应交税费——应交教育费附加 4 000

（31）借：应交税费——应交增值税（已交税金） 200 000

——应交教育费附加 4 000

贷：银行存款 204 000

（32）借：在建工程 400 000

贷：应付利息 400 000

（33）借：财务费用——利息费用 20 000

贷：应付利息 20 000

（34）借：短期借款 500 000

贷：银行存款 500 000

（35）借：应付利息 420 000

贷：银行存款 420 000

（36）借：长期借款 1 200 000

贷：银行存款 1 200 000

（37）借：库存商品 16 000

应交税费——应交增值税（进项税额） 2 560

营业外支出——债务重组损失 4 680

贷：应收票据 23 240

（38）借：交易性金融资产——公允价值变动 1 000

贷：公允价值变动损益 1 000

（39）借：其他权益工具投资——公允价值变动 400 000

贷：其他综合收益——其他权益工具投资公允价值变动 400 000

（40）借：主营业务成本 1 500 000

贷：库存商品 1 500 000

（41）借：所得税费用——当期所得税费用 189 725

贷：应交税费——应交所得税 189 725

借：递延所得税资产 15 000

贷：所得税费用——递延所得税费用 15 000

（42）借：主营业务收入 2 500 000

资产处置损益 100 000

投资收益 2 980

贷：本年利润 2 602 980

借：本年利润 1 904 080

贷：主营业务成本 1 500 000

税金及附加 4 000

销售费用 40 000

管理费用 194 200

财务费用　60 000
资产减值损失　61 800
营业外支出　44 080

借：本年利润　174 725
　贷：所得税费用　174 725

(43) 借：利润分配——提取法定盈余公积　52 417.5
　　贷：盈余公积——法定盈余公积　52 417.5

提取法定盈余公积数额为(2 602 980 - 1 904 080 - 174 725) × 10% = 52 417.5（元）

(44) 借：利润分配——未分配利润　52 417.5
　　贷：利润分配——提取法定盈余公积　52 417.5

借：本年利润　524 175
　贷：利润分配——未分配利润　524 175

(45) 借：应交税费——应交所得税　189 725
　　贷：银行存款　189 725

三、根据年初资产负债表和上述会计分录编制年末资产负债表

如表 8 - 11 所示。

表 8 - 11　　**资产负债表**

编制单位：乙股份有限公司　　2019 年 12 月 31 日　　单位：元

资产	期末余额	年初余额	负债所有者权益	期末余额	年初余额
流动资产：			流动负债：		
货币资金	3 086 408	2 812 600	短期借款	100 000	600 000
交易性金融资产	40 000	30 000	交易性金融负债		
衍生金融资产		0	衍生金融负债		
应收票据及应账收款	1 459 160	1 290 200	应付票据及应付账款	2 109 600	2 309 600
预付账款	200 000	200 000	预收账款		
其他应收款	610 000	610 000	合同负债		
存货	5 165 400	5 160 000	应付职工薪酬	360 000	220 000
合同资产			应交税费	191 133	73 200
持有待售资产			其他应付款	100 000	100 000
一年内到期的非流动资产			持有待售负债		
其他流动资产			一年内到期的非流动负债		
流动资产合计	10 560 968	10 102 800	其他流动负债	2 000 000	2 000 000
非流动资产：			流动负债合计	4 860 733	5 302 800

续表

资产	期末余额	年初余额	负债所有者权益	期末余额	年初余额
债权投资			非流动负债：		
其他债权投资			长期借款	2 000 000	1 200 000
长期应收款			应付债券		
长期股权投资	500 000	500 000	其中：优先股		
其他权益工具投资	400 000		永续债		
其他非流动金融资产			长期应付款		
投资性房地产			预计负债		
固定资产	3 772 940	1 600 000	递延收益		
在建工程	1 356 000	3 000 000	递延所得税负债		
生产性生物资产			其他非流动负债		
油气资产			非流动负债合计	2 000 000	1 200 000
无形资产	1 080 000	1 200 000	负债合计	6 860 733	6 502 800
开发支出			所有者权益（股东权益）		
商誉			实收资本（股本）	10 000 000	10 000 000
长期待摊费用			其他权益工具		
递延所得税资产	15 000		其中：优先股		
其他非流动资产	400 000	400 000	永续债		
非流动资产合计	7 523 940	6 700 000	资本公积		
			减：库存股		
			其他综合收益	400 000	
			盈余公积	252 417.5	200 000
			未分配利润	571 757.5	100 000
			所有者权益合计	11 224 175	10 300 000
资产总计	18 084 908	16 802 800	负债和所有者权益总计	18 084 908	16 802 800

注：“应收票据及应收账款”科目的年末余额为 1 462 760 元，“坏账准备”科目的期末余额为 3 600 元。

四、编制年度利润表

（1）根据对前述业务的上述会计处理，乙股份有限公司 2019 年度利润表科目本年累计发生额如表 8－12 所示。

表 8－12　　2019 年度利润表科目本年累计发生额　　单位：元

科目名称	借方发生额	贷方发生额
营业收入		2 500 000
营业成本	1 500 000	

续表

科目名称	借方发生额	贷方发生额
税金及附加	4 000	
销售费用	40 000	
管理费用	194 200	
财务费用	60 000	
资产减值损失	61 800	
投资收益		2 980
资产处置损益		100 000
营业外支出	44 080	
所得税费用	174 725	

（2）根据本年相关科目发生额编制利润表如表 8－13 所示。

表 8－13 **利润表**

编制单位：乙股份有限公司 2019 年度 单位：元

项目	本期金额	上期金额（略）
一、营业收入	2 500 000	
减：营业成本	1 500 000	
税金及附加	4 000	
销售费用	40 000	
管理费用	194 200	
研发费用	0	
财务费用	60 000	
其中：利息费用	60 000	
利息收入	0	
资产减值损失	61 800	
加：其他收益	0	
投资收益（损失以“－”号填列）	2 980	
其中：对联营企业和合营企业的投资收益	0	
净敞口套期收益（损失以“－”号填列）	0	
公允价值变动收益（损失以“－”号填列）	0	
资产处置收益（损失以“－”号填列）	100 000	
二、营业利润（亏损以“－”号填列）	742 980	
加：营业外收入	0	
减：营业外支出	44 080	
三、利润总额（亏损总额以“－”号填列）	698 900	

续表

项目	本期金额	上期金额（略）
减：所得税费用	174 725	
四、净利润（净亏损以“－”号填列）	524 175	
（一）持续经营净利润（净亏损以“－”号填列）	524 175	
（二）终止经营净利润（净亏损以“－”号填列）	0	
五、其他综合收益的税后净额	400 000	
（一）不能重分类进损益的其他综合收益	0	
1. 重新计量设定收益计划变动额	0	
2. 权益法下不能转损益的其他综合收益	0	
3. 其他权益工具投资公允价值变动	400 000	
4. 企业自身信用风险公允价值变动	0	
（二）将重分类进损益的其他综合收益	0	
1. 权益法可转损益的其他综合收益	0	
2. 其他债权投资公允价值变动	0	
3. 金融资产重分类计入其他综合收益的金额	0	
4. 其他债权投资信用减值准备	0	
5. 现金流量套期储备	0	
6. 外币财务报表折算差额	0	
六、综合收益总额	924 175	
七、每股收益	略	
（一）基本每股收益		
（二）稀释每股收益		

五、编制年度现金流量表

沿用本例资料以及编制的资产负债表和利润表，采用工作底稿法编制现金流量表的具体步骤如下：

（1）将资产负债表的年初余额和年末余额过入工作底稿的期初数栏和期末数栏。

（2）对当期业务进行分析并编制调整分录。编制调整分录时，要以利润表项目为基础从“营业收入”开始，结合资产负债表项目逐一进行分析。

本例调整分录如下：

①分析调整营业收入：

借：经营活动现金流量——销售商品收到现金　　2 329 240

　　应收票据及应收账款　　170 760

　　贷：营业收入　　2 500 000

利润表中的营业收入是按权责发生制反映的，应转换为现金制。为此，应调整“应收票据及应收账款”的增减变动。本例应收票据及应收账款增加 170 760 元（计提的坏账准备 1 800 元要加回来，即 1 459 160 - 1 290 200 + 1 800），应减少经营活动产生的现金流量。

②分析调整营业成本：

借：营业成本　　1 500 000
　　应付票据及应付账款　　200 000
　　存货　　5 400
　　贷：经营活动现金流量——购买商品支付的现金　　1 705 400

应付票据及应付账款减少 200 000 元，表明本期用于购买存货的现金支出增加 200 000 元；存货增加 5 400 元，表明本期用于购买商品的现金增加。

③调整本年税金及附加：

借：税金及附加　　4 000
　　贷：应交税费　　4 000

④计算销售费用付现：

借：销售费用　　40 000
　　应交税费　　2 400
　　贷：经营活动现金流量——支付的其他与经营活动有关的现金　　42 400

本例中利润表中所列销售费用与按现金制确认数相同。

⑤分析调整管理费用：

借：管理费用　　194 200
　　贷：经营活动现金流量——支付的其他与经营活动有关的现金　　194 200

管理费用中包含着不涉及现金支出的项目，此笔分录先将管理费用全额转入“经营活动现金流量——支付的其他与经营活动有关的现金”项目中，至于不涉及现金支出的项目，后边再分别进行调整。

⑥分析调整财务费用：

借：财务费用　　60 000
　　贷：经营活动现金流量——销售商品收到的现金　　40 000
　　　　应付利息　　20 000

本期增加的财务费用中，长期借款利息是 20 000 元；另外 40 000 元是票据贴现利息，由于在调整应收票据时已全额计入“经营活动现金流量——销售商品收到的现金”，所以要从“经营活动现金流量——销售商品收到的现金”项目内冲回。值得注意的是“应付利息”在资产负债表中是合并在“其他应付款”中核算的。

⑦分析调整资产减值损失：

借：资产减值损失　　61 800
　　贷：坏账准备　　1 800
　　　　固定资产减值准备　　60 000

本期计提的坏账准备和固定资产增值准备影响净利润，但不影响现金流量。

⑧分析调整公允价值变动损益：

借：交易性金融资产　　1 000
　　贷：公允价值变动损益　　1 000

借：公允价值变动损益　　1 000

　　贷：投资收益　　1 000

本期发生的公允价值变动收益影响净利润，但不影响现金流量。资产负债表日，交易性金融资产公允价值增加 1 000 元。本期处置交易性金融资产，调整公允价值变动损益 1 000 元，转入投资收益。

⑨分析调整投资收益：

借：投资收益　　850

　　贷：投资活动现金流量——投资所支付的现金　　850

借：投资活动现金流量——收回投资所收到的现金　　3 060

　　贷：投资收益　　3 060

借：投资收益　　230

　　贷：应交税费　　230

投资收益应从利润表项目中调整出来，列入投资活动现金流量中。本例投资收益包括两个部分：一是购买交易性金融资产发生了 850 元的交易费用；二是出售交易性金融资产获利 3 850 元，其中 1 000 元已在分录⑧中调整。

⑩分析调整资产处置收益：

借：投资活动现金流量——处置固定资产收到的现金　　696 000

　　累计折旧　　300 000

　　贷：资产处置损益　　100 000

　　　　固定资产　　800 000

　　　　应交税费　　96 000

⑪分析调整营业外支出：

借：营业外支出　　39 400

　　投资活动现金流量——处置固定资产收到的现金　　600

　　累计折旧　　360 000

　　贷：固定资产　　400 000

借：营业外支出　　4 680

　　应交税费　　2 560

　　经营活动现金流量——购买商品支付的现金　　16 000

　　贷：经营活动现金流量——销售商品收到的现金　　23 240

本例中营业外支出 44 080 元是由两个部分组成：一部分营业外支出 39 400 元，是处置固定资产的损失，处置过程中收到的现金应列入投资活动现金流量中；另一部分营业外支出是债务重组损失 4 680 元，债务重组中增加存货 16 000 元，已经记入了“经营活动现金流量——购买商品支付的现金”，债务重组中减少的应收票据 23 240 元，也已经记入了“经营活动现金流量——销售商品收到的现金”，应作补充调整。

⑫分析调整所得税费用：

借：所得税费用　　174 725

　　递延所得税资产　　15 000

　　贷：应交税费　　189 725

⑬调整净利润：

借：净利润　　524 175

　　贷：未分配利润　　524 175

⑭分析调整交易性金融资产：

借：交易性金融资产　　40 000

　　应交税费　　51

　　贷：投资活动现金流量——投资所支付的现金　　40 051

借：投资活动现金流量——收回投资所收到的现金　　31 000

　　贷：交易性金融资产　　31 000

本例中交易性金融资产在取得时成本为 40 000 元，支付现金属于“投资活动现金流量——投资所支付的现金”；处置时账面余额 31 000 元，收到现金属于“投资活动现金流量——收回投资所收到的现金”。

⑮分析调整其他权益工具投资：

借：其他权益工具投资——公允价值变动　　400 000

　　贷：其他综合收益——其他权益工具投资公允价值变动　　400 000

⑯分析调整固定资产：

借：固定资产　　172 940

　　应交税费　　27 350

　　贷：投资活动现金流量——购建固定资产支付的现金　　200 290

借：固定资产　　2 800 000

　　贷：在建工程　　2 800 000

本期固定资产的增加包括两个部分：一是购入设备 172 940 元；二是在建工程完工转入 2 800 000 元。本期处置和报废固定资产已在分录⑩和⑪中调整。

⑰分析调整累计折旧：

借：经营活动现金流量——支付的其他与经营活动有关的现金　　40 000

　　　　　　　　　——购买商品支付的现金　　160 000

　　贷：累计折旧　　200 000

本期计提的折旧 200 000 元中，计入管理费用的 40 000 元，计入制造费用的 160 000 元，前面已经调整为现金流出，现在补充调整。

⑱分析调整在建工程：

借：在建工程　　456 000

　　贷：应付职工薪酬　　456 000

借：在建工程　　400 000

　　贷：应付利息　　400 000

本期在建工程增加的原因，包括以下三个方面：一是支付工资 400 000 元；二是为建造工人计提的福利费 56 000 元，资本化到在建工程成本中；三是支付的长期借款利息 400 000 元，资本化到在建工程成本中，值得注意的是“应付利息”在资产负债表中是合并在“其他应付款”中核算。

⑲分析调整工程物资：

借：工程物资 300 000

应交税费 48 000

贷：投资活动现金流量——购建固定资产支付的现金 348 000

本期以现金购买工程物资 348 000 元，属于投资活动，为购建固定资产支付的现金。值得注意的是“工程物资”在资产负债表中是合并在“在建工程”中核算。

⑳分析调整无形资产的累计摊销：

借：经营活动现金流量——支付的其他与经营活动有关的现金 120 000

贷：累计摊销 120 000

无形资产摊销时已计入管理费用，作为现金流出，所以应作补充调整。

㉑分析调整短期借款：

借：短期借款 500 000

贷：筹资活动现金流量——偿还债务所支付的现金 500 000

偿还短期借款应列入筹资活动的现金流量。

㉒分析调整应付职工酬薪：

借：应付职工薪酬 1 000 000

贷：经营活动现金流量——支付给职工以及为职工支付的现金 600 000

投资活动现金流量——购建固定资产支付的现金 400 000

借：经营活动现金流量——购买商品支付的现金 649 800

——支付的其他与经营活动有关的现金 34 200

贷：应付职工酬薪 684 000

本期共支付应付职工薪酬 1 000 000 元，其中：400 000 元是在建工程人员的工资，应记入“投资活动现金流量——购建固定资产支付的现金”中，其余 600 000 元属于“经营活动现金流量——支付给职工以及为职工支付的现金”。

本期分配应付工资及福利费总额为 684 000 元（600 000 元 + 84 000 元），由于工资费用分配时已分别计入制造费用和管理费用，作为现金流出，所以要补充调整。

㉓分析调整应交税费：

借：应交税费 393 725

贷：经营活动现金流量——支付的各项税费 393 725

本期支付的各项税费包括税金及附加 4 000 元、已交增值税 200 000 元，以及已交所得税 189 725 元。为便于分析，企业在日常核算中，应按应交税费的税种分设明细账，以便取得分析所得的数据。

借：应交税费 97 936

贷：经营活动现金流量——购买商品支付的现金 97 936

借：经营活动现金流量——销售商品收到的现金 400 000

贷：应交税费 400 000

本期在商品购入过程中负担的增值税进项税额共 97 936 元（48 000 + 31 936 + 18 000），其中 18 000 元是购入水费支付的进项税，也作为“经营活动现金流量——购买商品支付的现金”，债务重组过程中的进项税 2 560 元已经在⑪中调整过了；购入固定资产的进项税 27 350 元和工程物资的进项税 48 000 元已经在⑯和⑲中调整过了。

销售商品收到的增值税销项税额共400 000（96 000 + 224 000 + 80 000）元，作为“经营活动现金流量——销售商品收到的现金”；处置固定资产的销项税96 000元已经在⑩中调整过了。

㉔分析调整应付利息：

借：应付利息　　420 000

　　贷：筹资活动现金流量——偿付利息支付的现金　　420 000

本期支付的长期借款利息420 000元，作为筹资活动现金流量。值得注意的是“应付利息”在资产负债表中是合并在“其他应付款”中核算的。

㉕分析调整长期借款：

借：筹资活动现金流量——取得借款所收到现金　　2 000 000

　　贷：长期借款　　2 000 000

借：长期借款　　1 200 000

　　贷：筹资活动现金流量——偿还债务所支付的现金　　1 200 000

本期借入长期借款和以现金偿还长期借款，均作为筹资活动现金流量。

㉖调整提取盈余公积：

借：未分配利润　　52 417.5

　　贷：盈余公积　　52 417.5

㉗最后调整现金净变化额：

借：现金　　273 808

　　贷：现金净增加额　　273 808

（3）将调整分录过入工作底稿的相应部分如表8 - 14所示。

表8 - 14　　现金流量表工作底稿

项目	期初数	调整分录		期末数
		借方	贷方	
一、资产负债表项目				
借方项目：				
货币资金	2 812 600	㉗273 808		3 086 408
衍生金融资产				
交易性金融资产	30 000	⑧1 000 ⑭40 000	⑭31 000	40 000
应收票据及应收账款	1 292 000	①170 760		1 462 760
预付款项	200 000			200 000
其他应收款	610 000			610 000
存货	5 160 000	②5 400		5 165 400
合同资产				

续表

项目	期初数	调整分录		期末数
		借方	贷方	
持有待售资产				
一年内到期的非流动资产				
其他流动资产				
债权投资				
其他债权投资				
长期应收款				
长期股权投资	500 000			500 000
其他权益工具投资		400 000		400 000
其他非流动金融资产				
投资性房地产				
固定资产——原价	2 200 000	⑯2 972 940	⑩800 000 ⑪400 000	3 972 940
在建工程	3 000 000	⑱856 000 ⑲300 000	⑮2 800 000	1 356 000
生产性生物资产				
油气资产				
无形资产	1 200 000			1 200 000
开发支出				
商誉				
长期待摊费用				
递延所得税资产		⑫15 000		15 000
其他非流动资产	400 000			400 000
借方项目合计	17 404 600			18 408 508
贷方项目：				
坏账准备	1 800		⑦1 800	3 600
累计折旧	600 000	⑩300 000 ⑪360 000	⑰200 000	140 000
累计摊销			⑳120 000	120 000
固定资产减值准备			⑦60 000	60 000

续表

项目	期初数	调整分录		期末数
		借方	贷方	
短期借款	600 000	㉑500 000		100 000
交易性金融负债				
应付票据及应付账款	2 309 600	②200 000		2 109 600
预收款项				
合同负债				
应付职工薪酬	220 000	㉒1 000 000	⑱456 000 ㉒684 000	360 000
应交税费	73 200	⑪2 560 ④2 400 ⑭51 ⑯27 350 ⑲48 000 ㉓491 661	③4 000 ⑨230 ⑩96 000 ⑫189 725 ㉓400 000	191 133
其他应付款	100 000	㉔420 000	⑥20 000 ⑱400 000	100 000
持有待售负债				
一年内到期的费流动负债				
其他流动负债	2 000 000			2 000 000
长期借款	1 200 000	㉕1 200 000	㉕2 000 000	2 000 000
应付债券				
长期应付款				
预计负债				
递延收益				
递延所得税负债				
其他流动负债				
实收资本（或股本）	10 000 000			10 000 000
其他权益工具				
资本公积				
其他综合收益			400 000	400 000
盈余公积	200 000		㉖52 417. 5	252 417. 5
未分配利润	100 000	㉖52 417. 5	⑬524 175	571 757. 5

续表

项目	期初数	调整分录		期末数
		借方	贷方	
贷方项目合计	17 404 600			18 408 508
二、利润表项目				
营业收入			①2 500 000	2 500 000
营业成本		②1 500 000		1 500 000
税金及附加		③4 000		4 000
销售费用		④40 000		40 000
管理费用		⑤194 200		194 200
研发费用				
财务费用		⑥60 000		60 000
资产减值损失		⑦61 800		61 800
信用减值损失				
其他收益				
投资收益（损失以“－”号填列）		⑨850 ⑨230	⑧1 000 ⑨3 060	2 980
净敞口套期收益				
公允价值变动收益（损失以“－”号填列）		⑧1 000	⑧1 000	0
资产处置收益			⑩100 000	100 000
营业外收入				
营业外支出		⑪39 400 ⑪4 680		44 080
所得税费用		⑫174 725		174 725
净利润（净亏损以“－”号填列）		⑬524 175		524 175
三、现金流量表项目				
（一）经营活动产生的现金流量				
销售商品、提供劳务收到的现金		①2 329 240 ㉓400 000	⑥40 000 ⑪23 240	2 666 000
收到的税费返还				
收到的其他与经营活动有关的现金				
经营活动现金流入小计				2 666 000

续表

项目	期初数	调整分录		期末数
		借方	贷方	
购买商品、接受劳务支付的现金		⑪16 000 ⑰160 000 ㉒649 800	②1 705 400 ㉓97 936	977 536
支付给职工以及为职工支付的现金			㉒600 000	600 000
支付的各项税费			㉓393 725	393 725
支付的其他与经营活动有关的现金		⑰40 000 ⑳120 000 ㉒34 200	④42 400 ⑤194 200	42 400
经营活动现金流出小计				2 013 661
经营活动产生的现金流量净额				652 339
（二）投资活动产生的现金流量				
收回投资所收到的现金		⑨3 060 ⑭31 000		34 060
取得投资收益所收到的现金				
处置固定资产、无形资产和其他长期资产收回的现金净额		⑩696 000 ⑪600		696 600
处置子公司及其他营业单位收到的现金净额				
收到的其他与投资活动有关的现金				
投资活动现金流入小计				730 660
购建固定资产、无形资产和其他长期资产支付的现金			⑯200 290 ⑲348 000 ㉒400 000	948 290
投资支付的现金			⑨850 ⑭40 051	40 901
取得子公司及其他营业单位收到的现金净额				
支付的其他与投资活动有关的现金				
投资活动现金流出小计				989 191
投资活动产生的现金流量净额				–258 531
（三）筹资活动产生的现金流量				
吸收投资收到的现金				

续表

项目	期初数	调整分录		期末数
		借方	贷方	
取得借款收到的现金		㉕2 000 000		2 000 000
收到的其他与筹资活动有关的现金				
筹资活动现金流入小计				2 000 000
偿还债务支付的现金			㉑500 000 ㉕1 200 000	1 700 000
分配股利、利润和偿付利息支付的现金			㉔420 000	420 000
支付的其他与筹资活动有关的现金				
筹资活动现金流出小计				2 120 000
筹资活动产生的现金流量净额				－120 000
四、汇率变动对现金等价物的影响				
五、现金及现金等价物净增加额			㉗273 808	273 808
调整分录借贷合计		18 724 307.5	18 724 307.5	

（4）核对调整分录，借方、贷方合计数均已经相等，资产负债表项目年初余额加减调整分录中的借贷金额以后，也已等于期末数。

（5）根据工作底稿中的现金流量表项目部分编制正式的现金流量表如 8－15 所示。

表 8－15 **现金流量表**

编制单位：乙股份有限公司 2019 年度 单位：元

项目	本期金额
一、经营活动产生的现金流量：	
销售商品、提供劳务收到的现金	2 666 000
收到的税费返还	
收到的其他与经营活动有关的现金	
经营活动现金流入小计	2 666 000
购买商品、接受劳务支付的现金	977 536
支付给职工以及为职工支付的现金	600 000
支付的各项税费	393 725
支付的其他与经营活动有关的现金	42 400
经营活动现金流出小计	2 013 661

续表

项目	本期金额
经营活动产生的现金流量净额	652 339
二、投资活动产生的现金流量：	
收回投资所收到的现金	34 060
取得投资收益所收到的现金	
处置固定资产、无形资产和其他长期资产收回的现金净额	696 600
处置子公司及其他营业单位收到的现金净额	
收到的其他与投资活动有关的现金	
投资活动现金流入小计	730 660
购建固定资产、无形资产和其他长期资产支付的现金	948 290
投资所支付的现金	40 901
取得子公司及其他营业单位支付的现金净额	
支付的其他与投资活动有关的现金	
投资活动现金流出小计	989 191
投资活动产生的现金流量净额	-258 531
三、筹资活动产生的现金流量：	
吸收投资收到的现金	
取得借款收到的现金	2 000 000
收到的其他与筹资活动有关的现金	
筹资活动现金流入小计	2 000 000
偿还债务所支付的现金	1 700 000
分配股利、利润或偿付利息支付的现金	420 000
支付的其他与筹资活动有关的现金	
筹资活动现金流入出小计	2 120 000
筹资活动产生的现金流量净额	-120 000
四、汇率变动对现金及现金等价物的影响	
五、现金及现金等价物净增加额	273 808
加：期初现金及现金等价物余额	2 812 600
六、期末现金及现金等价物余额	3 086 408

表 8－16

所有者权益变动表

会企 04 表

编制单位：乙股份有限公司　　2019 年度　　单位：元

项目	本年金额										上年金额（略）
	实收资本（或股本）	其他权益工具			资本公积	减：库存股	其他综合收益	盈余公积	未分配利润	所有者权益合计	
		优先股	永续债	其他							
一、上年年末余额	10 000 000							200 000	100 000	10 300 000	
加：会计政策变更											
前期差错更正											
二、本年年初余额	10 000 000							200 000	100 000	10 300 000	
三、本年增减变动金额（减少以“－”号填列）											
（一）综合收益总额							400 000		524 175	924 175	
（二）所有者投入和减少资本											
1. 所有者投入的普通股											
2. 其他权益工具持有者投入资本											
3. 股份支付计入所有者权益的金额											
4. 其他											

续表

项目	本年金额										上年金额（略）
	实收资本（或股本）	其他权益工具			资本公积	减：库存股	其他综合收益	盈余公积	未分配利润	所有者权益合计	
		优先股	永续债	其他							
（三）利润分配											
1. 提取盈余公积								52 417.5	－52 417.5	0	
2. 对所有者（或股东）的分配											
3. 其他											
（四）所有者权益内部结转											
1. 资本公积转增资本（或股本）											
2. 盈余公积转增资本（或股本）											
3. 盈余公积弥补亏损											
4. 设定收益计划变动额结转留存收益											
5. 其他综合收益结转留存收益											
6. 其他											
四、本年年末余额	1 000 000						400 000	252 417.5	571 757.5	11 224 175	

参 考 文 献

1. 中华人民共和国财政部:《企业会计准则——基本准则》,经济科学出版社 2006 年版。

2. 《企业会计准则讲解》(2006)。

3. 中华人民共和国财政部:《企业会计准则——应用指南(2006)》,中国财政经济出版社 2006 年版。

4. 程运木:《企业会计财务会计》,中国财政经济出版社 2002 年版。

5. 程运木:《财务会计》,中国财政经济出版社 2005 年版。

6. 马建钢:《财务会计》,立信会计出版社 2007 年版。

7. 中国会计学会:《高级会计实务科目考试辅导用书》,大连出版社 2007 年版。

8. 财政部会计资格评价中心:《初级会计实务》,中国财政经济出版社 2007 年版。

9. 财政部会计资格评价中心:《中级会计实务》,中国财政经济出版社 2007 年版。

10. 中华会计网校:《新企业会计准则及相关制度精读精讲》,东方出版社 2015 年版。

11. 北大东奥:《初级会计实务》,北京大学出版社 2015 年版。

12. 刘永泽:《中级财务会计》,东北财经大学出版社 2015 年版。

13. 陈德萍:《财务会计》,中国财政经济出版社 2002 年版。

14. 刘芳霞:《财务会计》,中国科学技术出版社 2008 年版。

15. 全国注册税务师执业资格考试教材编写组:《财务与会计》,中国税务出版社 2013 年版。

16. 全国注册税务师执业资格考试教材编写组:《税法(Ⅰ)》,中国税务出版社 2013 年版。

17. 全国注册税务师执业资格考试教材编写组:《税法(Ⅱ)》,中国税务出版社 2013 年版。

18. 刘晓玉:《初级会计实务》,大连理工大学出版社 2015 年版。

19. 财政部会计资格评价中心:《初级会计实务》,经济科学出版社 2018 年版。